Ilja Mosche Rückle · Von Blei zu Gold

Ilja Mosche Rückle

Von Blei zu Gold

Die Transformation Deines Seins

Weimarer Schiller-Presse

FRANKFURT A.M. LONDON NEW YORK

Die neue Literatur, die – in Erinnerung an die Zusammenarbeit Heinrich Heines und Annette von Droste-Hülshoffs mit der Herausgeberin Elise von Hohenhausen – ein Wagnis ist, steht im Mittelpunkt der Verlagsarbeit. Das Lektorat nimmt daher Manuskripte an, um deren Einsendung das gebildete Publikum gebeten wird.

Bibliografische Information der Deutschen Nationalbibliothek
Die Deutsche Nationalbibliothek verzeichnet diese Publikation in der Deutschen Nationalbibliografie; detaillierte bibliografische Daten sind im Internet abrufbar über http://dnb.d-nb.de.

Lektorat: Alexandra Eryiğit-Klos
Titelbild: Aristal Branson / Pixabay
Für die Zitation aus der Bibel wurde die Übersetzung der Universität Innsbruck genutzt.

Websites der Verlagshäuser der Frankfurter Verlagsgruppe:

www.frankfurter-verlagsgruppe.de
www.frankfurter-literaturverlag.de
www.frankfurter-taschenbuchverlag.de
www.public-book-media.de
www.august-von-goethe-literaturverlag.de
www.fouque-verlag.de
www.weimarer-schiller-presse.de
www.deutsche-hochschulschriften.de
www.prinz-von-hohenzollern-emden.de

Gedruckt auf säurefreiem, alterungsbeständigem Papier, hergestellt aus chlorfrei gebleichtem Zellstoff (TcF-Norm).

Printed in the EU

SBN 978-3-8372-2817-5

2. überarbeitete Auflage 2025

Ein Unternehmen der
FRANKFURTER VERLAGSGRUPPE GMBH
Mainstraße 143
D-63065 Offenbach
Tel. 069-40-894-0 • Fax 069-40-894-194
E-Mail: lektorat@frankfurter-literaturverlag.de

Für meinen Sohn

Nico

Dieses Buch bietet Dir einen Weg über die Selbstbemeisterung des konditionierten Ego-Verstandes, heraus aus der Schwere des Seins in die vollkommene Freiheit.

Kehre zurück zu Deinem wahren Sein!

Ilja Mosche Rückle

Einleitung

Lieber Leser, Freund und Suchender,

lass mich Dich auf Deiner Suche mitnehmen auf einen Weg heraus aus dem Labyrinth und teilweisen Chaos des Lebens, in das wir ohne wirkliche „Gebrauchs- und Funktionsanweisung" gesetzt werden, umgeben von all den Irrwegen, Sackgassen und Fehlinformationen, die uns den Blick auf das Wesentliche nehmen.

Ich behaupte nicht, dass es der einzige Weg ist, aber ich bin von allem, was ich Dir hier mitgeben werde, vollkommen überzeugt. Ich bin diesen Weg selbst gegangen, gehe ihn immer noch und entdecke weiterhin jeden Tag eine lichter und heller werdende, mich umgebende Welt voll von Wundern, die mir zuvor verborgen geblieben sind, obwohl sie schon immer da waren. Ich weiß, dass dieser Weg mich mit möglicherweise neu auftretenden Gabelungen zu meinem Ziel bringen wird.

Bevor ich diesen transformierenden, spirituellen Weg entdecken durfte, war ich jahrzehntelang von einer inneren Unzufriedenheit, Aggression und einem Drang nach Respekt und Stärke im Außen behaftet. Eine ständige Suche nach Anerkennung und Bewunderung im Außen war mein Antrieb. Schwäche war tabu. Ich war bereits in jungen Jahren sehr sportbegeistert und schrieb schon früh eigene Trainings- und Ernährungspläne. Ich verliebte mich in das Bodybuilding und dessen Verkörperung der Kraft und scheinbaren physischen Überlegenheit nach außen. Im Alter von 17 Jahren nahm ich bereits an Bodybuildingmeisterschaften teil – ein Sport, den ich wirklich sehr lange „lebte" und liebte.

Ich war in diesem Bereich ständig befeuert von einem großen, inneren Hunger, immer besser und stärker als andere werden zu wollen und über mich selbst hinauszuwachsen, gepaart mit einem Ehrgeiz und einer Disziplin, die keiner meiner damaligen und späteren Trainingskollegen je halten konnte. Abitur und die folgende

Ausbildung waren in meiner Jugend nur noch Nebensache; allein der Sport war meine Passion.

Durch das entsprechende Aussehen und die damalige, enorme Kraft ergab sich dann irgendwann mein Nebenjob als Türsteher und „Rausschmeißer", den ich über 25 Jahre ausübte, begleitet von Nachtgestalten, undurchsichtigen, unwissenden Menschen und einem Rockerklub.

Aus diesen Bereichen meines Lebens durfte ich enorm viel über Menschen und ihr menschliches oder auch unmenschliches Verhalten lernen.

Im Rückblick waren das alles Bereiche – auch das Bodybuilding mit der Identifikation über den Körper und das Ego –, die fast ausschließlich ins Außen abzielten. Es ging darum, Stärke auszustrahlen, zu beeindrucken, vielleicht sogar darum, andere abzuschrecken und vor allem darum, respektiert werden zu wollen ...

Neben den wundervollen, harmonischen Tagen mussten meine Frau und meine Kinder meine innere Wut und Unzufriedenheit lange Zeit ertragen, und ich denke, es war für alle eine große Herausforderung. Diese innere Wut und Aggression waren nie gegen sie gerichtet, doch sie waren da und wüteten oft in mir; eigentlich war ich damals hilflos in diesem Zustand gefangen und ich war in dieser Hinsicht niemandem ein gutes Vorbild. Hauptberuflich war ich Schlosser, hatte aber über viele Jahre dauerhaft ein bis zwei Nebenjobs.

Dieser Lebensstil, eine Krise in unserer Ehe, die auch meiner Suche nach Anerkennung geschuldet war, plagende Sorgen um die Hausfinanzierung, die daraus entstehenden Zweifel, Depressionen bis hin zu Selbstmordgedanken führten mich zu einem Wendepunkt in meinem Leben. Der Druck wurde trotz aller inneren und äußeren Stärke zu hoch. In Form eines Herzinfarktes schenkte mir das Leben selbst einen Wink mit dem Zaunpfahl, doch jetzt endlich Dinge in meinem Leben anders anzugehen. Fast hätten sich meine damaligen Gedanken, aus dem Leben scheiden zu wollen, erfüllt (dies nur als Denkanstoß zum ersten Wochenimpuls: „Die Kraft der Gedanken").

Es war im Endeffekt ein Warnschuss vor den Bug, mein „Wecker", um aufzuwachen und zu erkennen, wie das Leben wirklich „tickt" und wie befreit und wunderschön es sein kann.

Ich fing an, aus dem Traum des sogenannten Lebens, aus der Illusion des Wachseins oder der Matrix, wie sie uns so beigebracht wird, aufzuwachen, und ich bin inzwischen unendlich dankbar für diesen Herzinfarkt als Startschuss in ein neues Leben, denn er hat mir diesen Perspektivwechsel überhaupt erst ermöglicht und mir den Wahrheitsschlüssel gereicht. Er schickte mich auf diese Suche aus dem Nebel des unverstandenen Lebens, um darin den wahren Sinn zu entdecken.

Mit der darauffolgenden Coronakrise und meinem damals pubertierenden Dobermann Ares, der mich oft an meine Grenzen brachte und mir immer wieder aufzeigte, dass ich mich noch nicht in meiner Mitte befand, ließ sich das Wachstum im Inneren nicht mehr aufhalten.

Daher mein Dank an all meine Lebenskrisen und Engpässe, deren Ursachen und die daraus folgenden und entstandenen Wirkungen! All Deine Krisen, die vielleicht auch Dich auf die Suche geschickt haben, können Dir dienen. Ich bin mir sicher, dass Du mit diesem Kurs als Anleitung wieder zu Deiner Mitte zurückfindest und auf diese Weise mit hoher Wahrscheinlichkeit auch zu Frieden, Glück und neuer Freiheit in Deinem Leben findest!

All die angeschnittenen Themen meines Lebens wirst Du in den Wochenimpulsen und im zweiten Teil meiner Lebenserfahrung – dann mit den dazugehörenden Ursachen – wiederfinden und kannst sicherlich Parallelen ziehen und Vergleiche anstellen.

Eines vorab: Das Leben, Gott oder auch das Universum will immer nur das Beste für Dich!

Dieser Kurs – oder auch das Programm in seiner Ganzheit – ist eine kurze, intensive Einführung in diverse Möglichkeiten, die Dir helfen sollen, Deinen eigenen, für Dich idealen Weg aus Deinen Begrenzungen zu entdecken. Du wirst darin mit sehr hoher Wahrscheinlichkeit Deine persönlichen Veränderungsmöglichkeiten finden, die sich über die verschiedenen Funktionsweisen des Lebens und Übungen herauskristallisieren werden. Es sind Deine eigenen, persönlichen Richtungsgeber, entsprechend Deinen inneren Anlagen, die bereits darauf warten, von Dir entdeckt und freigelegt zu werden. Der individuelle Weg des Einzelnen ist immer schon in jedem von uns durch Talente und Potenziale in seiner eigenen Großartigkeit und Einzigartigkeit angelegt. Oft werden wir durch schmerzhafte Hinweise des Lebens – bei Missachtung dieses eigentlichen Weges – darauf hingewiesen, uns darauf zurückzubesinnen. Dieser Weg hat im Menschsein für alle das gleiche Ziel – und doch hat jeder seinen ganz eigenen individuellen Weg, eine andere Ausgangssituation, verschiedene Blickwinkel, unterschiedliche Stärken, Schwächen, Begabungen und Talente.

In diesem Intensivkurs bleibt die Intensität bzw. die Länge oder Kürze dieses Weges Dir als Leser anhand der Verinnerlichung des Wissens und der Übungen durch Deine freie Wahl selbst überlassen – wie alles im Leben. Dieser Weg führt über eine Selbstbemeisterung, bei der wir Körper, Geist und Seele mitnehmen werden. Wir werden diese erkennen, isolieren, erhöhen und wieder zu einer stabilen Einheit zusammenführen; möglicherweise wird sich dadurch eine Neuordnung oder ein Führungswechsel innerhalb Deines Systems ergeben: Selbstbemeisterung durch Selbstkontrolle, durch Selbstliebe und durch Selbstannahme des eigenen, großartigen Seins und Deiner Individualität. Von der Abhängigkeit der äußeren Umstände zurück in Dein Inneres und wahres, selbstbestimmtes Ich.

Die eigentliche Lebensaufgabe eines jeden Menschen – auch Deine – besteht nicht darin, möglichst viel um Dich herum anzuhäufen und Deinen Kindern weiterzugeben, sei es nun materiell oder die Anhäufung von Wissen, sondern darin, Deine eigene innere Welt wirklich vollkommen zu machen, denn dort finden dauerhaftes Glück, Zufriedenheit und wirkliche Freiheit ihren Anfang und sind auch nur dort zu finden. Nur von hier aus kannst Du wirklich anfangen, Deine Außenwelt zu vervollkommnen und Deinen Mitmenschen bedingungslos zu helfen, denn was Du im Innersten trägst, ist das, was Du im Außen erfährst.

Auch wenn es Dir momentan vielleicht nicht gefällt: Jeder hat alles in seinem Leben selbst erschaffen; also gilt es, den Blick nach innen zu richten und zu erkennen, welche Gewohnheiten, welche eigenen Schöpfungen bzw. Fehlschöpfungen herausgeholt und beseitigt werden sollten, um innerlich aufzuräumen, und welche neu installiert und aufgenommen werden dürfen. Du hast jetzt, gerade „jetzt" – denn dies ist der einzige Moment, in dem wir etwas bewirken können – die Möglichkeit, die Rollenbilder, die Du in all den erdenklichen Lebensbereichen „spielst", in die Du Dich teils selbst gezwängt hast und in die Du teils schon in Kindheitstagen hineingepresst wurdest, zu erkennen und abzustreifen. Genau ab jetzt kannst Du den begrenzenden Rahmen, der den Käfig Deines ungeliebten Alltags bildet, erkennen, aufsprengen und einreißen, um Dich wieder neu und authentisch in Deiner vielleicht noch unbekannten Mitte und in Deinem Selbst zu finden.

Es ist vielleicht Deine innere alchemistische Transformation von Blei zu Gold, die große Suche der Jahrhunderte. „Wie innen, so außen", so beschreibt es eines der universellen Gesetze der Hermetik. Es bedeutet, dass der Ursprung und Ausgangspunkt immer in uns liegen, aber die Auswirkungen werden sich auf wundersame Weise im Außen zeigen. Du kannst durch diese innere Wandlung und Transformation Deinen eigenen eingesperrten Geist, Dein Dir innewohnendes Genie oder auch den magischen Flaschengeist aus Deinem Inneren erwecken, wenn Du Dich von dem äußeren Staub bzw. von all den unnützen, nicht mehr dienlichen Konditionierungen befreist und dadurch Platz für Deine Wünsche schaffst und wahr werden lässt.

Diese Befreiung aus der konditionierten Einengung des Herzens unserer Gesellschaft ist nur durch das Ablegen der bleiernen Verstrickungen um Dein Herz, bestehend aus Missklang, Wut, Kritik, Gier, Rechthaberei, Schuldzuweisung und Verurteilung des Verstandes, möglich.

Du wirst Erkenntnis darüber gewinnen, dass sowohl das innere Glück als auch das äußere Glück in unserem Leben eine wichtige Rolle spielen und dass sie beide miteinander verwoben sind. Trotzdem wirst Du einen Weg dorthin erfahren, ohne Dich von äußeren Gegebenheiten abhängig zu machen. Zudem erfolgt die Einsicht, dass Gefühle wie Glück und Leid, die Hochs und Tiefs wie ein schwingendes Pendel einerseits in unser Leben gehören, wir aber andererseits immer die Wahl haben, Dinge bewusst zu verursachen, und damit den Ausschlag dieses Pendels beeinflussen können. Wir haben immer und in jeder Situation die freie Wahl des Blickwinkels, wie wir auf eine Lebenssituation schauen und ob wir sie annehmen oder ablehnen.

Ein Ziel der Selbstbemeisterung ist immer die harmonische, neutrale Ausmittlung in unserem Leben und die Unabhängigkeit von äußeren Gegebenheiten. Die Ent-Wicklung Deiner äußeren Verwicklungen ist der Weg zurück in Dein Herz, ins Zentrum Deines Labyrinths, um von dort aus den einen Weg bzw. Ausweg erkennen zu können. Dieser Weg führt Dich mit all Deinen persönlichen Talenten und Gaben über die Leichtigkeit und Freude hinaus in wirkliche Freiheit.

Zurück zu dieser einen Essenz des Lebens an sich, die unser wahres Sein ist und die in jedem Leben sichtbar wird, bestehend aus Liebe, Leichtigkeit, Freiheit und Harmonie. Sie entspringt einer ewig sprudelnden Quelle in Dir, die vielleicht wieder ein bisschen freigelegt werden darf, damit das Fließen für Dich wieder spürbar wird und damit die Fülle dieser Quelle nicht sofort wieder ungenutzt versickert. Diese energetische Quelle in Deinem Herzen gilt es wiederzuentdecken, um festzustellen, welche wirklich magischen Kräfte, welche Möglichkeiten und welches Glück darin verborgen liegen, immer bereit, jederzeit und vollkommen frei verfügbar von Dir entgegengenommen werden zu dürfen. Und das in unbegrenzter göttlicher Fülle!

Du bist in jedem Augenblick Deines Lebens – die meisten von uns sind diesbezüglich leider unwissend darüber – von schöpferischen Energieströmen durchflutet, durch deren erlernte Handhabung Du Deine Zukunft und die Richtung Deines Lebens selbst spürbar steuern kannst. Du entscheidest mit jedem Gedanken, mit jeder Handlung in allen gelebten Situationen über den Verlauf Deiner zukünftigen Erlebnisse. Dazu erhältst Du den Schlüssel, um Dich aus Deinen negativen Erlebnissen und Dauerschleifen zu befreien und Deiner Opferrolle (alle anderen sind schuld), in die Du vielleicht öfter noch versinkst, zu entkommen. Du bist vollkommen frei zu entscheiden, ob Du sie weiterhin als Hauptthemen in Deinem Leben immer wieder durchleben möchtest oder ob Du von jetzt an Deine Zukunft selbst in die Hand nimmst und anfängst, sie selbst zu kreieren!

Du hast, auch wenn Du es jetzt noch nicht glauben kannst, die Wahl: gesegnete Vollkommenheit bzw. Dein Himmel oder Dich niederdrückende Unvollkommenheit, vergleichbar mit den Höllenqualen, die immer wiederkehren, um Dich wachzurütteln!

Alle Fehler und Dämonen, alle inneren Widerstände Deiner Vergangenheit, die Dir immer wieder begegnen und Dir „höllische" Kopf- und Herzschmerzen bereiten und Dich leiden lassen, sind genauso Segnungen, um eigene Unvollkommenheiten und deren Ursachen überhaupt erst entdecken zu können und sie dann durch diese Erkenntnis in Heilung und Vollkommenheit transformieren zu können. In allen Situationen hast Du die Macht, Dich für eine Seite zu entscheiden.

Alle Deine Gedanken, Reaktionen und Handlungen sind von Dir frei wählbar und mit etwas Übung und Zeit kontrollierbar, wodurch sich wunderbare neue Gewohnheiten und Erfolge einstellen werden.

Deine Selbstberichtigung und Selbstkontrolle sind ein Abstreifen oder Abschälen negativer menschlicher Prägungen und schädlicher Glaubenssätze, wie zum Beispiel irgendwelche Zwänge, Verurteilung, Schuld(zuweisung) und Missgunst, denn in der Mitte Deines Herzens bist Du bereits wartende Vollkommenheit und Liebe. Du wirst Dich jetzt, wenn Du bereit bist, Schicht für Schicht, Gedanke für Gedanke und Gewohnheit für Gewohnheit aus Deinen „erlernten“ Verwicklungen befreien können.

Entdecke Deine persönliche Möglichkeit der Befreiung sämtlicher Begrenzungen. Eine einzigartige Wahrheit und Erleuchtung warten auf Dich in Form eines Dir noch nicht vertrauten Ichs. Dein höheres Selbst bzw. Deine Seele ist durch diese äußeren Konditionierungen und Prägungen unserer heutigen Gegenwart immer mehr in den Hintergrund oder gar in Vergessenheit geraten. Noch nie gab es so viele Burn-outs und Herzinfarkte wie heutzutage, die uns den Rückzug der Seele aufzeigen und verdeutlichen wollen.

Ein enorm großer Prozentsatz der Menschen irrt vernebelt durchs Leben, innerlich stetig getrieben auf der Suche nach einer für sie noch unbekannten tatsächlichen Erfüllung oder einer Befreiung, vielleicht auch nach einer vollkommenen Fülle und Freiheit. Diese Hoffnung und die Suche nach Zufriedenheit werden sich im Außen niemals erfüllen können. Immer schneller, weiter, besser, nach immer mehr strebt der Mensch und wird dabei nie vollkommen glücklich – geschweige denn irgendwo ankommen.

Dein inneres Licht begleitet Dich von Deiner irdischen Geburt an durch all Deine gewählten Erfahrungen, um Dich letztendlich aus dem umgebenden NEBEL Deiner äußeren Verstrickungen herauszuführen, zurück ins wirkliche LEBEN. Erkenne das eine im anderen, dann erkennst Du den Weg! In dem Augenblick, in dem

Du den Nebel der äußeren Matrix und die illusionäre Welt erkennst, erkennst Du den Weg zurück zu Dir und dem wahren Leben!

Vorab möchte ich anmerken, dass ich selbst kein Anhänger einer Religion, einer Kirche, einer Sekte oder einer menschlich beeinflussten Glaubensrichtung bin. Ich werde des Öfteren einige Zitate und Bibelstellen anführen, um Dir die darin immer geltenden Wahrheiten und universellen Gesetze darzulegen. Ohne die machtorientierte Beeinflussung durch den Faktor „Mensch" bzw. die Kirche, sei es nun im Christentum in den vergangenen Jahrhunderten oder auch durch den Extremismus im Islam, sind dort wundervolle goldene Leitlinien fürs Leben verborgen. Gerade in den Aussagen Jesu in der Bibel, im Koran in der Person des Isa oder auch in sanskritischen Lehren wollen uns diese Weisheiten die Funktionsweisen des Lebens und das Wissen um die Macht in jedem Menschsein offenlegen. Die Kirche verdrehte diese Aussagen, um den Menschen über Jahrhunderte in Schuld, auferlegter Sünde und Angst vor der Hölle kleinzuhalten. Diese Unter-Haltung und Ver-Führung des Menschen werden inzwischen von anderen Eliten weitergeführt mittels anderer, sehr intelligenter Methoden. „Let me entertain you!" Entertainment (to enter = eintreten / tain(t) = verderben / ment = mental/geistig) und Nachrichten, um sich in Abhängigkeit *danach auszurichten*. Eine „Ablenkung", um die eigentliche Wirkweise des Menschen zu nutzen und ihn nicht in seine eigene Kraft kommen zu lassen.

Die Lebensaufgabe des Menschen besteht aus seelischer Sicht darin, als Seele Erfahrungen zu machen, um daran zu reifen, sowie letztendlich in der Rückkehr zu unserem wahren Sein, in der eigenen Auferstehung zu unserem wahren Ich. Zu unserem inneren L Ich t, dem heiligen Herzen Jesu, dem Sitz des Buddha und im Islam zum „Ort" der höchsten Gottesliebe und Gotterkenntnis als ursprünglichem Grundsatz und höchstem Ziel in fast jeder Religion. In dieser Erkenntnis liegt das Christusbewusstsein (altgriechische Bedeutung: „Chrestós" oder „Buddhi"; beide Begriffe stehen für das Menschheitsideal, nachdem alle Triebe und jegliches instinktgesteuerte Verhalten abgelegt wurden), welches wiederum für die Klarheit und den Wahrheitsschlüssel steht und welches jedem Menschen innewohnt. Genau darauf gründet das Beispiel der Auferstehung, das Jesus uns leibhaftig vermitteln wollte: die Auferstehung zum wahren Selbst.

Das Glück, dem die Menschheit hinterherhetzt, liegt nicht im Außen und nicht im Materiellen, denn nichts davon wirst Du am Ende Deiner Tage dieses Lebens mitnehmen können. Materielles Glück trägt natürlich zu unserem irdischen Glück bei und die Fülle soll auch gern gelebt werden, jedoch stets in Harmonie mit dem Inneren. Deine linke Hand, stehend für das Seelische, Weibliche und Emotionale, und Deine rechte Hand, stehend für das Äußere, Rationale und Geistige, treffen sich vor Deinem Herzen, vor Deiner Brust. Das ist das eigentliche Sinnbild für diese Harmonie.

Durch das Ablegen sämtlicher Zweifel und alter, nicht mehr dienlicher Glaubenssätze sowie durch die Integration von neuem Wissen – mit standhaftem Willen und Glauben an Dich selbst – und durch die gezielte Ausrichtung Deiner Aufmerksamkeit kann eine für Dich jetzt wahrscheinlich noch nicht vorstellbare Schöpferkraft geweckt werden. Der feste Glaube und das Wissen an unser Göttliches im Inneren machen „Wunder", wie zum Beispiel Spontanremissionen, Wunderheilungen oder sogenannte „glückliche Zufälle", überhaupt erst möglich. Überdenke: Wenn Dir etwas „zufällt", muss es von irgendwoher kommen, geworfen oder losgelassen werden. Diese Wunder sind nur ein Teil unserer Fähigkeiten als Schöpferwesen … Gott schuf Dich nach seinem Ebenbild! Finde Deinen eigenen, persönlichen Weg in diesem Kurs aus der bleiernen, manchmal erdrückenden menschlichen Schwere, die gewiss einem jedem von uns auf die eine oder andere Art bekannt ist, in ein golden strahlendes Licht und in eine neue Leichtigkeit Deines wahren Seins. In Deinem Innersten bist Du reinstes L-ich-t, denn beide, das Ich und das Licht, sind eins, und Du darfst umgebendes

L-eben mit seinen Verwicklungen und wundervollen Erfahrungen und T-od in einem Menschsein erfahren, und das ist nicht das Ende.

Dir stehen in wirklich jedem Augenblick alle Türen offen. Du musst nur den ersten Schritt wagen und Deinen Weg gehen, den Weg zurück zu Dir selbst, denn es ist der einzige, wirklich wichtige und notwendige Schritt in Deinem Leben! Er wird mit jedem weiteren Schritt lichter und leichter werden und führt Dich mit Beständigkeit zu Liebe, Glück, Fülle und Freiheit! Finde zurück zu diesem Ich!

„Ich bin das Licht, der Weg und die Wahrheit!“

– Jesus in Johannes 14,6 –

Inhalt

Der Kursverlauf 25

Kleines Grundwissen 29

Die fünf Kursabschnitte in der Übersicht 55

Block 1 mit Übungen in den Wochen 1, 2 und 3 60

Gedankenimpuls für Woche 1: Die Macht der Gedanken, Gewohnheiten, Emotionen und Worte 71

Gedankenimpuls für Woche 2: Die Akzeptanz Deines Ichs 102

Gedankenimpuls zu Woche 3: Vom Stress in die Gelassenheit 119

Block 2 mit Übungen für die Wochen 4, 5 und 6 132

Gedankenimpuls zu Woche 4: Die Dankbarkeit, Die Kraft der Affirmation 142

Gedankenimpuls für Woche 5: Das Glück in Dir, Glaube und Überzeugung 157

Gedankenimpuls für Woche 6: Dein Zauberstab der Imagination 177

Block 3 mit Übungen für die Woche 7 184

Gedankenimpuls für Woche 7: Selbst erschaffene Fesseln auf dem Weg deiner Selbstbemeisterung 193

Block 3: Änderung der Übungen in den Wochen 8 und 9 211

Gedankenimpuls für Woche 8: Loslassen als Weg in die Freiheit, Lebensfreude und Leichtigkeit als Wegweiser zu deinen Potentialen 217

Gedankenimpuls für Woche 9: Die gehaltene Aufmerksamkeit und der Fokus als Weichenstellung des Lebens 229

Block 4 mit Übungen in den Wochen 10,11 und 12 241

Gedankenimpuls für Woche 10: Wachstum, Entwicklung und Weisheit durch Schmerz und Leid, Freiheit durch Vergebung 249

Gedankenimpuls für Woche 11: Die menschliche Liebe und die wahre Liebe, Die Selbstkontrolle 265

Gedankenimpuls für Woche 12: Der Sinn des Lebens und die Identifikation mit deinem wahren Ich 283

Block 5 mit Übungen für die Wochen 13,14 und 15 299

Gedankenimpuls für Woche 13: Die Illusionen des Außens, Einige meiner Lebenssituationen mit Deutung 303

Gedankenimpuls für Woche 14: Die Kraft des Herzens und das L-ich-t darin 323

Gedankenimpuls für Woche 15: Deine „Ich bin“-Präsenz und ihre Magie 343

Die sieben Grundsätze der Hermetik 368

Zusammenfassende Aussagekraft in der hermetischen Lehre 388

Realitätsabgleich der äußeren Welt anhand der Hermetik..........391

Danksagung 405

Für dieses Werk genutzte Quellen und Inspiration 407

Der Kursverlauf

Dieser Kurs geht über einen Zeitraum von 15 Wochen, kann aber nach eigenem Interesse auch verlängert oder mehrmals wiederholt werden, denn jeder wird nach Bewusstseinsstand, Art seines Weges und Interessenbereichen einen anderen Ablauf, tiefere Erkenntnisse in anderen Kapiteln und eigene Entwicklungen darin entdecken. Obwohl der Kurs von mir verfasst wurde, entdecke ich darin immer wieder neue Entwicklungsmöglichkeiten. Wenn ich von mir bzw. meinen Erfahrungen ausgehen darf, werden sich immer wieder Erweiterungen zeigen und zuvor nicht gesehene Türen öffnen. Wie bei einer Zwiebel, deren Schichten sich erst nach Entfernen der äußeren Schale offenbaren.

Die 15 Wochen sind in 5 Blöcke à 3 Wochen unterteilt, um Dir verschiedene Möglichkeiten zu zeigen und Dich in verschiedene Gewohnheiten einzuführen; diese beginnen sich nach ca. 21 tägigem Wiederholen im Unterbewusstsein zu installieren. Du kannst dann nachträglich entscheiden, ob Du diese beibehältst, weiterführst oder durch neue austauschst.

Die Intensität und die Dauer der einzelnen Übungen wird in den Blöcken gesteigert. Es ist aber im Endeffekt jedem selbst überlassen, wie viel Einsatz er oder sie in sich selbst investieren möchte. Doch in diesem überschaubaren Zeitraum von knapp 4 Monaten möchte ich Dir ans Herz legen, diese Sache so gut wie möglich durchzuziehen, denn es geht um Dein wertvollstes Ziel: Dich selbst!

Nimm Dir aber auch bewusst ein bis zwei freie Tage pro Woche, um Deine Energie aufrechtzuerhalten, Wissen sacken zu lassen und Deine Übungen zu den wöchentlichen Gedankenimpulsen zu machen. Wähle Dir am besten im Voraus mindestens einen freien Tag pro Woche und finde dann in Deinen eigenen Rhythmus. Ein solcher Plan ist kein Muss, er soll Dir lediglich als Geländer auf Deiner Bewusstseinstreppe nach oben dienen. Die Geschwindigkeit Deiner Schritte wählst Du selbst, Schritt für Schritt in Deinem eigenen Tempo und gemäß Deinen Möglichkeiten.

Jede Entdeckung oder Erfindung hat immer einen Energieaufwand und die Aufmerksamkeit des jeweiligen Entdeckers oder Erfinders gefordert. Genauso erfordert Deine Entwicklung und Entdeckung Deines Selbst, mit all den wirklichen Erweiterungen und Schätzen darin, von Dir einen aufzubringenden Energieaufwand, am besten immer in Verbindung mit Leichtigkeit und Freude im Hinblick auf Dein Ziel und ohne in Mangel zu verfallen. Auf das Geben von Energie folgt im gleichen oder sogar noch größeren Maße das Erhalten von Energie – das Gesetz der Geschlechtlichkeit aus der Hermetik. Deine energetische Investition von Zeit, Willen und Hingabe in Dich selbst wird Dir das Leben in einem anderen Licht zeigen. Ein Licht, das Dir das Leben von innen heraus erleuchtet!

Deine Bemühungen werden sich auszahlen und Du wirst es Dir selbst am meisten danken, diese Herausforderung mit größter Hingabe gemeistert zu haben. Je größer Deine Hingabe und Dein Vertrauen, desto größer wird die Freude und das Wachstum daran sein.

Du wirst wissen, welche Bereiche oder Übungen Dir am meisten liegen oder Dir den größten Nutzen gebracht haben. Wobei Du wissen solltest, dass die Übung, die Dir intuitiv am besten gefallen hat, und die, die Dich am meisten gefordert hat, bzw. die Übung, die Du anfangs am meisten abgelehnt hast, meist die größten Potenziale für Dich birgt.

Pro Woche bekommt Dein Verstand einen gedanklichen Impuls, für den es wöchentliche oder tägliche Übungen gibt, die Du mit in Deinen Alltag integrieren sollst, kannst oder darfst, um Dein Ego als Freund mitzunehmen. Wiederhole oder lies diese Impulse gerne öfter oder immer wieder während der aktuellen Woche durch, um sie besser zu verinnerlichen. Die Übungen dazu zielen auf die Klarwerdung und Verdeutlichung ab. Sie lassen Dich den Inhalt besser in Deinen Verstand und in Dein Unterbewusstsein als Erfahrung aufnehmen und ihn nicht nur als rein theoretisches, gelesenes und oft schnell vergessenes Wissen aufnehmen. Ein „learning by doing"-Effekt zur Verinnerlichung.

Die täglichen Übungen und Abläufe werden Deinen Körper, Deine Gesundheit und Deinen Geist fördern, Dir helfen, festsitzende Blockaden und Spannungen zu entdecken und aufzulösen, und Dich seelisch und spirituell wachsen und in Deine Mitte kommen lassen, wodurch sich Deine Bewusstwerdung immer weiter ausdehnen wird. Das Ziel ist ein Wachstum in allen Bereichen Deines Seins, ein zusammenhängendes Wachstum sowohl in körperlicher Hinsicht (Gesundheit und Fitness) als auch in geistiger und seelischer Hinsicht. – Ein gesunder Geist in einem gesunden Körper, bewohnt durch Deine wunderbare, heilende und reifende Seele im Inneren.

Ich werde Dir zunächst den Abriss eines kleinen Grundwissens über bestimmte Themen und Bereiche vermitteln und Dir dabei die Vorteile, die Möglichkeiten und den eigentlichen Sinn dessen aufzeigen. Sehr gerne kannst Du bei Interesse dieses Grundwissen über Bücher oder auch über das Internet erweitern, wenn Du spürst, dass ein schlafender Geist in Dir geweckt wurde.

Ebenso bleibt es Dir überlassen, ob Du die Wochenimpulse vorab nur liest oder den Kurs in seinem vorgesehenen Verlauf in Angriff nimmst. Alles soll Dir in genau der Art und Weise dienen, wie es am besten für Dich ist. Doch nur unter Mitnahme Deiner Seele, Deines Körpers und Deines Verstandes wird dieser Kurs seine volle Effektivität in seinem gesamten Volumen entfalten und ganzheitlich wirken können. Auf allen drei Schwingungsebenen unseres Seins – Vater, Sohn und Geist oder die Triskele der Kelten, als unsere direkten lokalen Vorfahren – sind mögliche Hinweise der Notwendigkeit zur Besinnung auf diesen Weg.

Ich, als Verfasser dieses Kurses, wünsche Dir aus tiefstem Herzen den größtmöglichen Erfolg und eine gesegnete Rückkehr zurück in Dein wundervolles Licht! Du hast alle Vollkommenheit und Magie bereits schon in Dir!

Bewahre Deine Listen und Mitschriften bei den Übungen aller Wochenimpulse auf oder hefte sie am besten ab. Im Verlauf und bei einer möglichen Wiederholung des Kurses oder wenn Du diesen zeitlich versetzt wieder zur Hand nimmst, werden Dir Dein persönliches Wachstum, Deine Entwicklung und die daraus entstandenen Vertiefungen begegnen und auffallen, die Dir aktuell vielleicht noch nicht bewusst sind. Es ist ähnlich wie bei einer Diät, bei der sich die wöchentlichen Resultate nicht wirklich offenbaren, dafür aber im Endresultat eindeutig ersichtlich werden. Möglicherweise sind die ersten Schritte dieser Wanderung die schwersten und bedeuten eine sehr ungewohnte Umstellung und Veränderung je nach Deiner vorherigen Lebensweise, doch möglicherweise führen sie Dich zur allerschönsten Reise Deines Lebens! Die erreichten Ziele in Klarheit und Freiheit bleiben fortwährend in Deinem vergrößerten Bewusstsein bestehen.

Kleines Grundwissen

Zur Optimierung Deiner verschiedenen Lebensbereiche, um ein besseres Körper-, Geist- und Seelengefühl zu entwickeln und Deine Energie für Deine Übungen und Dein damit verbundenes Wachstum hoch zu halten, empfehle ich Dir, folgende Bereiche in Deinem Leben zu berücksichtigen oder in den Übungen zu vertiefen und zu intensivieren. Pflege Deinen Körper als einen Tempel Deiner Seele und lerne wieder, auf ihn zu hören. Entrümple und renoviere ihn öfter und halte ihn in Schuss, um Dich wirklich darin wohlzufühlen. Gestalte ihn als Wohlfühlzuhause für Deine Seele, als ob Du einen hohen Gast darin wohnen lassen willst. Unser Körper dient uns als Antenne auf diesem Planeten. Er kommuniziert die ganze Zeit mit uns, doch wir haben vergessen oder, besser gesagt, verlernt, auf ihn zu hören.

Ernährung

Achte auf eine gesunde Ernährung: viel frisch gewachsene, lichtvolle, wenn möglich pflanzliche Nahrung.

Achte auf gute Fette, gutes Protein, viel Rohkost, Gemüse, Obst, Kartoffeln, Nüsse und Samen. Verwende hauptsächlich basische Lebensmittel.

Meide Brot, Teigwaren, viel tierisches Protein, Fertigprodukte, Einfachzucker, schlechte Fette und Transfette. Einfachzucker (auch Weißmehl) und die darin enthaltenen Säuren sind die größten Verursacher unserer Volkskrankheiten durch die Übersäuerung. Sie verursachen primär Entzündungen im Körper. Die Zuckersucht im Menschen ist nachgewiesen stärker als die Kokainsucht. Es gibt bei Interesse darüber sehr empfehlenswerte Bücher und Alternativen.

Achte auf Deinen Säure-Basen-Haushalt!

Trinke viel reines, möglichst fluoridfreies Wasser. Fluorid verkalkt Deine Zirbeldrüse, sie ist Dein Zugang und Deine Antenne zu höheren Dimensionen. (Informiere Dich bei Interesse zu diesem Thema unter den Stichworten „zellverfügbares Wasser“ / „hexagonales Wasser“.)

Trenne Essen und Trinken durch mindestens eine halbe Stunde Pause voneinander.

Trinke am besten morgens, gleich nach dem Aufstehen, mindestens 0,7 l Wasser, um die extrahierten Giftstoffe der nächtlichen Reinigung des Körpers auszuspülen und so eine tägliche Entgiftung und Reinigung als erste einfache Handlung des Tages zu vollziehen (japanische Wasserkur). Viele unserer körperlichen Vorgänge und neuronalen Vernetzungen basieren auf Zellosmose und Elektrizität, reines Wasser begünstigt sie!

Zur zusätzlichen Entgiftung gegen Schwermetalle, Schlacken und Giftstoffe bietet sich dabei Zeolith an, das durch seine schwammartige Struktur die Schwermetalle bindet. Ergänzend fördert es durch seinen fast 70-prozentigen Silizium-Quarz-Anteil die elektrische Leitfähigkeit, verbunden mit ausreichend Wasser, unterstützt enorm die Herzgesundheit in unserem Körper und wirkt in Verbindung mit Magnesium stark basisch. Viele Menschen in unseren Breitengraden sind chronisch übersäuert.

Beachte Dein Hungergefühl und das Völlegefühl. Iss nach Hunger und nicht aus Gewohnheit. Dein Körper sagt Dir, wenn es reicht. Fang an, ihn wieder bewusster wahrzunehmen.

Das Ego ist Dein größter Feeder. Es war zu früheren, „magereren“ Zeiten unser Überlebensinstinkt! Entscheide Dich bewusst, Mahlzeiten anzupassen. Zudem bekamen wir als Babys und Kinder, wenn wir Unmut äußerten, meistens etwas in den Mund gesteckt (Schnuller oder Süßes), um zu schweigen. Diese Konditionierung führen wir mit unserem beigebrachten Belohnungsdenken (Süßes, Zigaretten, Alkohol etc.) weiter bis ins hohe Alter. Du belohnst Deinen Körper damit aber nicht, Du schadest ihm. Es ist immer eine Art Ausflucht. Nur Deine verstandesmäßige Konditionierung wird kurzfristig befriedigt. Du hilfst Deinem Körper damit aber nicht bzw. vergiftest ihn sogar teilweise.

Das Einzige, was Dir dabei hilft, ist Deine Überzeugung und der Glaube, dass es gut für Deine Nerven ist und Du es Dir jetzt „verdient" hast! Es liegt an Dir, diese Verknüpfungen zu durchbrechen!

Entschlacke Deinen Körper, z. B. mit Intervallfasten. Zweimal essen am Tag reicht absolut aus.

Zum Beispiel 16 Stunden fasten und in den verbleibenden 8 Stunden ein- bis zweimal essen. Möglich sind auch 12/12 oder 14/10 Stunden. Es wird sich ein neues Körpergefühl einstellen.

Iss langsam und bewusst – das ist vielleicht die wichtigste Ernährungsform überhaupt!

Du kannst idealerweise auch gerne einen Fastentag pro Woche einlegen. Achte dabei auf ausreichend Wasserzufuhr und vielleicht ein basisches Bad am Abend zum Entgiften.

Mehrtägiges Fasten ist ideal zum wirklichen Entgiften; kombiniert mit einer eventuellen Darmreinigung werden dabei viele Krankheitserreger beseitigt. Es ist eine relativ unbekannte, dafür fast immer erfolgreiche Methode in der Krebsbehandlung. Allerdings empfiehlt es sich, dies unter Anleitung und Begleitung eines Arztes zu tun!

Vermeide es, spät zu essen. Mindestens 3 bis 4 Stunden vor dem nächtlichen Schlaf solltest Du keine feste Nahrung mehr zu Dir nehmen.

Supplementierung durch Mineralstoffe halte ich für sinnvoll, da unsere Böden durch Raubbau, Monokulturen und Überdüngung viel nährstoffärmer sind als früher. Bor oder Borax wirkt Wunder gegen Entzündungen und entkalkt die Zirbeldrüse, Deinen geistigen Empfänger – diese wurde durch die Moderne klein „gezüchtet". Bor wird von der Pharmaindustrie verteufelt, aber nicht ohne Grund, denn es würde viele Medikamente überflüssig machen. (Buchtipp: Verschlusssache Zirbeldrüse von Dieter Broers)

Es wurde in Studien nachgewiesen, dass Natrium / normales Kochsalz in entsprechenden Mengen giftiger wirkt als Bor in der entsprechenden Menge.

MSM (organischer Schwefel als eines der meist vorkommenden Elemente im menschlichen Körper) hilft zum Beispiel auch hervorragend gegen Entzündungen und Schmerzen in Gelenken. Nicht zu verwechseln mit industriellem Schwefel!!

Falls Du auf natürliche Weise Deine Blutzirkulation unterstützen und Entzündungen entgegenwirken möchtest, dann lege ich Dir nahe, Dich mit Nattokinase (bester natürlicher Blutverdünner, hervorragend gegen Impfschäden aller Art), OPC, Vitamin D3, Vitamin K2 und Vitamin C sowie dem Coenzym Q10 zu beschäftigen – interessante Vorträge dazu gibt es von Robert Franz.

Diese sind von enormer Bedeutung für das eigene Immunsystem. Ich selbst habe damit wunderbare Ergebnisse erzielt: Ich hatte bessere Blutwerte und -bilder als mit jeglichen Medikamenten. Dies ist kein ärztlicher Rat, es handelt sich um eigene Erfahrungswerte und Bestätigungen durch alternativ behandelnde Ärzte.

Dein Körper weiß, was ihm und damit Dir wirklich guttut!

Achte insbesondere auf eine ausreichende Zufuhr von Vitamin C! Außer bei uns Menschen und bei den Affen produziert jedes Tier sein eigenes Vitamin C. Arterienverkalkung ist die Vorstufe von Skorbut, hervorgerufen durch einen Mangel an Vitamin C. Ein Gedankenanstoß dazu: Ein Hund produziert ca. 5000 mg Vitamin C am Tag. Empfehlungen für Menschenaffen bewegen sich im gleichen Rahmen. Die empfohlene Menge an Vitamin C für uns Menschen liegt bei 160 mg! Ist das logisch? Wer verdient an unserer größten Volkskrankheit? Vitamin C, vor allem natürliches Vitamin C, kann in entsprechender Anwendung und Dosierung (2–3 g) Dein Leben verlängern! Weiter oben genanntes OPC optimiert die Aufnahme von Vitamin C und bindet es direkt in unser kollagenes Gewebe wie zum Beispiel schwache Arterien. Arteriosklerose ist reparabel, die Schulmedizin weist dies zurück, obwohl es bewiesen wurde.

Vergleiche die Ernährung von früher – Gemüse, Obst und Kräuter – mit der von heute: Fertigpizza, Pommes und Regale voller Süßigkeiten und Einfachzucker.

Schlaf

Alles Wachstum findet im Schlaf statt. Zum Beispiel werden neue neuronale Gehirnverknüpfungen, Muskelzellen, geistige und verstandesmäßige Regeneration in der Nachtruhe verarbeitet und in Entwicklung und Wachstum umgesetzt. Selbst Deine Seele geht nachts auf Reisen und verbindet sich mit Deinem Ursprung, dem seelischen Kollektiv. Pflege Deinen Schlaf! Er fördert Dein Wachstum von Geist, Körper und Seele. Übergangsphasen in den Schlaf sind für Dich nutzbare Zugangsportale zu Deiner Dir vielleicht noch unbekannten Kraftquelle des Unterbewusstseins! Je gesünder und bewusster Dein Schlaf – und somit auch Du –, desto weniger benötigst Du davon.

Eigne Dir einen natürlichen Schlafrhythmus an, um einen gesunden Serotonin-Melatonin-Spiegel zu ermöglichen. Melatonin fördert die Gesundungsprozesse, die Regeneration und die „Reparatur“ im Körper, es gilt als Wunderhormon in der Krebsheilung und bewirkt ebenso die Entwicklung der Zirbeldrüse. Regelmäßige Gaben von Melatonin können allerdings Deine eigene Ausschüttung senken. Dein Körper prüft diese Hormonspiegel. Wenn Du Melatonin verwenden willst, dann am besten liposomales Gel und dies unter Aufsicht eines Heilpraktikers oder Arztes.

Tanke am besten tagsüber viel natürliches Licht, es sorgt für das Glückshormon Serotonin. Die meiste Lichtaufnahme geschieht über Deine Augen (schmeiß die Sonnenbrille weg, sie hält Dich nur von Deinem Licht fern). Manche Yogis schauen lange direkt in die Sonne und haben davon keine Schädigungen der Augen, sondern gar Erweiterungen! Wir nehmen 70 % des Lichts durch die Augen auf! Erhöhst Du Deinen Serotoninspiegel, steigt nachts parallel dazu Dein Melatonin.

Sorge nachts für vollständige Dunkelheit – ohne Licht, Handy und Fernseher (dieser hemmt enorm einen gesunden Schlaf) – zugunsten einer vollständigen Melatoninausschüttung und eines erholsamen Schlafs.

Der beste, gesündeste Schlaf ist der vor 24 Uhr!

Vermeide am besten mindestens eine halbe Stunde vor dem Schlafengehen künstliche Lichtquellen, wie z. B. von Handy, Bildschirmen oder Fernseher. Sie blockieren die Melatoninausschüttung und den Tiefschlaf.

Schütze Deinen Schlaf und Dein Gehirn vor elektromagnetischen Feldern, wie WLAN oder Steckdosen oder Handy in Kopfnähe. Am besten das Handy ausschalten.

Überdenke alles Beigebrachte und Konditionierte immer wieder und höre auf Dein Herz und Dein Bauchgefühl. Lasse Dich wieder mehr von Deiner Intuition leiten, wenn sie sich bei Dir meldet. Hinterfrage viel mehr. Auch Dich selbst! Beginne wieder die Sprache des Herzens zu lernen!

Sport und Bewegung

Beides dient Dir als Auslassventil bei angestautem oder aufgebautem Druck durch Deine äußeren umgebenden Bedingungen wie Arbeit oder spannungsgeladene Alltagssituationen. Sport schafft einen Energieausgleich bei mentalem Energiestau, wie zum Beispiel bei Stress, und sorgt für einen harmonischeren, ausgeglichenen Zustand. Nicht abgebaute, energetische Anstauungen spiegeln sich oft in körperlichen Verspannungen und Blockaden. Nutze hier Sport oder regelmäßige Bewegung als Ausgleichsmöglichkeit. Dabei ist kein Leistungssport gemeint (dies ist ein anderes Thema und birgt die Gefahr, in ein Extrem zu kippen). Sport macht den Kopf wieder frei, indem Du den Fokus auf den Körper richtest.

Halte Dich körperlich fit und pflege Dein Wunderwerk Körper! Stärke dadurch die Grundfesten Deines vorher beschriebenen Tempels. Verbessere Deine Haltung und Deinen muskulären Halteapparat, falls nötig.

Bewegung im Allgemeinen, sei es durch Sport oder durch Spaziergänge, unterstützt Dein Herz-Kreislauf-System, fördert die Durchblutung und die Elastizität Deiner Blutgefäße. Dein Fluss des Lebens in Deinem Körper kann wieder frei fließen.

Spaziergänge bringen Deinen Kopf in einen heruntergefahrenen Modus, der es Dir vereinfacht, unterbewusst Lösungen für Aufgaben zu finden. Albert Einstein, zum Beispiel, nutzte diese Technik, um Ideen gedanklich zu verarbeiten und Lösungen zu verwirklichen.

Dehnen oder Yoga erhöht Deine Flexibilität im Körper und auch im Geiste und lässt die Energie wieder fließen. („Wie außen, so innen", sagt das hermetische universelle Gesetz der Analogie.)

Qigong, Yoga oder Tai-Chi sind sogenannte Bewegungsmeditationen und wunderbare Methoden, um Bewegung, Flexibilität und Atmung (Körper, Geist und Seele) miteinander zu verbinden und zu vereinen. Deine Energiebahnen, die Meridiane, werden befreit. Qi, Prana oder Deine Energie kann wieder fließen. Ich selbst liebe das Qigong, besonders in den Morgenstunden im Sommer, wenn der Tag anbricht und die Sonne erwacht.

Trainiere Deine Sinne als ruhige Variante einer alternativen Körperpflege: das Sehen durch aktives Augentraining, das Hören, das Riechen und das Tasten. Beginne, die Dinge wieder besser und aufmerksamer wahrzunehmen!

<u>Kalte Dusche oder Eisbaden</u>

Physisch:

Erhöhte Dopaminausschüttung um 200 bis 300 %. Danach entstehen sehr starke Glücksgefühle und Zufriedenheit.

Der Blutkreislauf wird gestärkt. Durch die Weitung und Verengung der Blutgefäße wird die Elastizität der Aderwände verbessert. Du bekommst eine bessere Durchblutung und entzündungshemmende Prozesse im Körper werden in Gang gesetzt. Alternativ sind auch Kneippkuren möglich.

Du erfährst eine bessere und schnellere Regeneration und eine stärkere Fettverbrennung

Eine enorme Stärkung des Immunsystems wird gestartet und die Leukozytenzahl erhöht sich.

Psychisch:

Reduktion des Stresslevels in Verbindung mit Bauchatmung. Es entsteht ein neuronaler Lernvorgang, in Stresssituationen ruhig zu bleiben und zu atmen.

Du trainierst Dich mental, Dein Ego zu überwinden und ins kalte Wasser zu gehen. Deine Willensstärke wird automatisch wachsen und es wird Dir in vielen Lebensbereichen helfen, neue Dinge anzugehen und durchzuziehen.

Ich selbst kann es nur empfehlen, denn es ist jeden Tag bzw. jeden Morgen ein sehr fit machendes, Energie spendendes Erlebnis!

Spirituell gesehen nimmt Wasser Energien auf. So kannst Du Dich durch diese „äußerliche" Reinigung mit Wasser von schlechten Energien befreien, bevor Du in die tiefere, innere Reinigung in Form der Meditation gehst, oder um die in der Meditation befreiten gefangenen Energien abzuspülen. Dies ist ebenfalls eine Möglichkeit zur Erdung.

Atmung

Tiefe Bauchatmung lässt den Stresslevel sofort sinken. Wir versinken heutzutage im Dauerstress, das bedeutet, dass die Gehirnaktivität und das Verdauungssystem dauerhaft heruntergefahren sind!

Bewusste Bauchatmung bringt Dich immer wieder, bis Du den Stress letztendlich komplett aus Deinem Leben verabschieden kannst, in Deinen natürlichen Grundzustand zurück. Flache, oberflächliche Atmung entsteht nur bei Angst, Druck, Stress, Weinen oder niedrig schwingenden Emotionen. Durch die gezählte Atmung kannst Du Deinen Zustand und Dein Befinden ändern. Es ist fast unmöglich, wirklich tief zu atmen und dabei negative Gefühle zu empfinden oder Stress zu haben.

Versteckte Traumata und Blockaden in Form von Anspannungen können durch bewusstes Atmen gelöst werden. Atme Dich frei! (Übung der intensiven Atemarbeit ab Woche 8)

Allein die tiefe Atmung wirkt basisch und entgiftet den Blutkreislauf, viele Menschen wissen das nicht! Sie entspannt Muskeln und Organe. Der Atem ist der Lebensrhythmus. Er ist das Leben schlechthin!

Taoist Che Zia Shu: „*Atmung und die damit verbundenen Übungen sind hundertmal wirksamer als jedes Medikament!*“ Richtiges Atmen ist Gesundheit.

Atmen mildert Stress, Angstzustände, Panikattacken und Depressionen. Es steigert Aufmerksamkeit, Konzentration und das Lymphsystem. Körperhaltung, Geduld und Gelassenheit werden verbessert.

Atmung ist die größte Energiezufuhr für Deinen Lichtkörper. Betreibe Lichtatmung, indem Du imaginär Licht einatmest, durch Mund und Nase, aber auch durch Deine Haut und all Deine Zellen. So lange, bis Du innerlich von Licht geflutet bist. Du wirst dadurch in allen Bereichen Deines Seins lichtvoller und ein strahlendes Inneres und Äußeres erhalten. Du kannst Dir diese kleine Übung merken für alle Momente, in denen Dich negative Emotionen überkommen, um wieder in Deine Mitte zu finden.

Erdung

Verbinde Dich durch Barfußlaufen wieder mit Mutter Erde und der Natur. Dies bringt Deine Energien wieder zum Fließen. Deine Durchblutung (z. B. in den Füßen) wird enorm verbessert.

Über die Füße erfolgt eine Aufnahme von Elektronen und Antioxidantien. Wir sind durch Gummisohlen und Betonböden dauerhaft von diesem natürlichen und notwendigen Elektronenaustausch abisoliert! Dieser elektronische Austausch und die Harmonisierung sind wissenschaftlich durch Messungen erwiesen. Wieder möchte ich auf die wichtigen elektronischen Vorgänge im Körper hinweisen, die dadurch unterstützt und geladen werden. Ich werde im Verlauf des Kurses näher darauf eingehen. Wir sind elektromagnetische Lichtwesen.

Erdung führt zur Linderung von oxidativem Stress und von chronischen Entzündungen, vor allem in den Gelenken.

Einstellung des Tag- und Nachtrhythmus/des Melatonin- und Serotoninspiegels.

Stresslinderung und Entspannung des Nervensystems und des Körpers.

Die Erdung ist ein hochinteressantes Thema für Deine Gesundheit mit null Kosten und – meiner Erfahrung nach – optimalen gesundheitlichen Erfolgen.

Gehe wieder häufiger in die Natur und verbinde Dich mit ihr. Ihre Schwingung wirkt beruhigend sowie heilend auf Dich und passt Deine Schwingungen an sich erhöhende Schwingungen an. Bemerkenswert: Naturvölker bekommen keine unserer modernen Volkskrankheiten!

Eine spürbare Öffnung und Aktivierung Deines Wurzelchakras sind eine weitere Folge, welche sich in Deinem gesamten Energiesystem widerspiegelt.

Auch das Kaltduschen oder Schwimmen in Seen ist eine Form der Erdung.

Glücklich sein

Dies ist die vielleicht wichtigste Einstellung und Übung. Lebe, liebe und lache möglichst viele Momente an jedem einzelnen Tag. Buddha sagte: „Es gibt keinen Weg zum Glück, glücklich sein ist unser Weg!“ Es kann Dich niemand vom Glücklichsein abhalten, außer Du selbst, indem Du Dich Deinem negativen Gedankenstrom hingibst.

Glücklich sein ist das beste Supplement im Leben für Deine Gesundheit. Du wirst sehr selten wirklich glückliche Menschen finden, die wirklich krank sind. Auch Krankheiten sind Blockaden und sich übertragende niedrige Schwingungen. Erschaffe Dir im Inneren ein Glücksgefühl, ein herrliches Wohlgefühl aus überbordender Freude, indem Du wunderbare Glücksmomente Deines Lebens in Deinem Inneren zusammenführst, sie im Bereich Deines Solarplexus und des Herzens versammelst und zu einem Leuchten wachsen lässt. Es entsteht mit der Zeit ein unheimlich warmes, wunderschönes Glücksgefühl, das Du immer weiter vergrößern und auch in schwierigen Situationen abrufen kannst. Es ist wirklich frei wählbar, trainierbar und äußerst wichtig – und dennoch tun es so wenige.

Glücklich sein ist durch die daraus entstehenden Opiate und Endorphine im Körper das natürlichste Schmerzmittel, ein Booster für Dein Immunsystem und ein wundervoller Zustand. Beides – sowohl die Schwere als auch die Leichtigkeit und das Glücklichsein – ist ein wählbarer Zustand, und wir haben in jedem Augenblick die Wahl, wie wir Situationen, Momente, Aufgaben, Herausforderungen, ja das Leben selbst angehen. Übe und trainiere Dein Glücksgefühl! Auch wenn es sich für Dich noch nicht vorstellbar anhört: Es ist wirklich trainierbar durch die freie Wahl. Das Glück sowie auch das Leid sind wählbare Gefühlsebenen und als Gewohnheiten installierbar. Glück kann Dich selbst durch schwierige Lebenslagen tragen!

Lebe, liebe, lache und tanze Dein Leben und Du wirst im Spiegel einen dauerhaft glücklichen Menschen finden! Das gilt auch und am meisten für die harten Jungs! In jedem Augenblick steckt das Glück in Dir, es ist jederzeit verfügbar und bereit herauszubrechen, wenn Du es nur lässt! Genieße Dein Leben bewusst. Es wurde Dir zur Freude geschenkt, nicht zum Leid! Das Paradies ist kein Ort, es ist ein Gefühl und Bewusstseinszustand in Dir!

Nimm Dir ebenfalls bewusste Auszeiten, um in die Entspannung zu kommen. Damit meine ich allerdings nicht Handy oder Fernsehen, sondern bewusste Entspannungen oder Übungen, um Deinen Vagusnerv zu aktivieren.

Meditation

Es gibt viele Arten der Meditation, die aber alle auf die Ausmittung und Harmonisierung Deines Selbst abzielen. Meditation ist das Tor zu Dir selbst und zu Deiner Seele. Jeder, der daran Interesse hat, sich selbst durch Meditation zu finden, wird mit Sicherheit die für ihn passende Methode finden!

Meditation bietet Dir Möglichkeiten, direkt auf Dein Unterbewusstsein Einfluss zu nehmen und einzuwirken. Was das bedeuten kann, erfährst Du im ersten Wochenimpuls der Gedanken.

In der Meditation werden Ängste, negative Emotionen und Zeitdruck bzw. Zeitmangel reduziert. Ich höre oft den Satz: „Ich habe keine Zeit zu meditieren." Die Menschen jagen der Zeit im Außen hinterher und verursachen selbst immer mehr Zeitmangel, statt in sich selbst aufzuräumen, Ruhe zu schaffen und sie damit in ihr Leben zu ziehen (mehr dazu im Kursverlauf).

Meditation verbindet Dich mit einer höheren Dimension, geistiger Führung und kann mit gegebener Übung oder, je nach Deiner

Bewusstseinsstufe, die Verschleierung der von Menschen geschaffenen Matrix auflösen, in Form von Erleuchtung oder Christusbewusstsein. (Das Wort „Christus“ ist auch gleichbedeutend mit der „Klarheit“.)

Meditation bringt gesundheitliche Vorteile, wie Senkung des Blutdrucks, Schmerzlinderung sowie Milderung oder Auflösung von Angst und Depressionen.

Neue neuronale Verknüpfungen entstehen im Gehirn, die uns bessere Konzentrations- und Lernfähigkeiten schenken.

Meditieren hebt Deine allgemeine Stimmung und lässt Dich in Stresssituationen länger ruhig und kontrolliert bleiben. Es verstärkt immer Deine positiven Eigenschaften!

Meditieren ist ein großer, ausschlaggebender Part Deiner Selbstfindung und Bemeisterung Deines Egos. Du bekommst direkte Spiegelungen Deines Allgemeinzustandes sowie sogenannter „schlechter Tage“, an denen Dein Ego sich lautstark meldet und Dich schlecht in die innere Ruhe kommen lässt. Allein schon diese Erkenntnis sowie die Akzeptanz des momentanen Istzustandes sind ein Schritt zur Ego-Identifikation und der daraus möglichen fortschreitenden Bemeisterung.

In tiefen Meditationen wird Dimethyltryptamin (DMT), ein Halluzinogen, durch unsere Zirbeldrüse ausgeschüttet. Man geht davon aus, dass eine große Menge DMT während des Sterbens oder bei Nahtoderfahrungen ausgeschüttet wird. Diese Ausschüttung erreicht man, wie gesagt, auch bei sehr tiefen Meditationen, beim intensiven Atmen oder in Übergängen vom Wachsein in den Schlafzustand, und zwar in den sogenannten Theta- oder Deltafrequenzbereichen im Gehirn, um einen direkten Zugang zu Deinem Selbst zu erlangen.

Meditation bringt uns in Berührung mit dem, was die Welt im Innersten zusammenhält.

Es ist eine Methode, Deinen Geist zu trainieren, so zu funktionieren, wie er sollte! So wie er Dir ursprünglich geschenkt wurde!

Suche die wahre Stille in Dir und nimm Dir den Raum und die Zeit, um Deine eigenen Träume und Ziele wiederzuentdecken und hineinzuwachsen! Du bist das Wertvollste, was Du in Deinem Leben besitzt und je besitzen wirst! Liebe Dich von ganzem Herzen und mit ganzer Seele, dann kannst Du auch Deine Nächsten wirklich und wahrhaftig lieben!

Ich werde Dir im Kursverlauf einige Meditationen anbieten, die mir selbst in der Stille der Meditation so gegeben wurden, wofür ich sehr dankbar bin. Ich hoffe, sie werden Dir gefallen. Falls dem nicht so ist, verwirf es nicht. Es gibt wundervolle Meditationen und Meditationsübungen auf dem Markt, in Yogazentren und im Internet, die Dir möglicherweise mehr zusagen. Suche und finde Deinen ganz eigenen Weg!

Grundwissen zum Leben und dessen wirkliche Funktionsweise (basierend auf den universellen Gesetzen):

Um Dir klar zu werden, welche Lebens- und Verhaltensweisen Dich fördern und welche Dich behindern oder sogar reduzieren, ist es hilfreich, Dir die Vorstellung des Lebens als einen großen Spiegel ins Bewusstsein zu nehmen. Dieser Ansatz gründet auf einer großen Wahrheit, wiederzufinden in der Hermetik und den universellen Gesetzen, die seit Anfang unserer Zeit existieren und doch immer wieder von der Menschheit bzw. ihren lenkenden Organisationen verdrängt werden. Sie ist das Fundament, die Funktionsweise und der Grundsatz allen Lebens auf der Erde sowie aller Religionen ohne die menschliche, machtorientierte Beeinflussung.

Diese Lehren sollten meiner Meinung nach in unseren Schulen gelehrt werden, denn sie beinhalten die wirkliche Funktionsweise des Lebens, die natürlichen Gesetze, die über unseren gesellschaftlichen Gesetzen stehen und nicht das teils unnötige Anhäufen und Abfragen von Wissen beabsichtigen, ohne jegliche Berücksichtigung der individuellen, von Gott gegebenen Talente oder Potenziale der Kinder.

Schaust Du nun in diesen großen Spiegel, der Dir in wirklich allen Situationen und Momenten Deines Lebens vorgehalten wird, wirst Du mit etwas Übung und wachsendem Wissen erkennen, dass alles, was Du durch Gedanken, Emotionen, Worte und Handlungen aussendest, in gleicher Stärke, oder sogar verstärkt, zeitversetzt zu Dir zurückkehrt, solange Du als Mensch agierst, oder besser gesagt: solange Du auf alle eintretenden, äußeren Gegebenheiten reagierst und Dich beeinflussen lässt.

Daraus erklärt sich das „Schick-sal“ in seiner wahren Bedeutung, denn Du selbst „schickst“ oder „sendest“ es aus und empfängst Spiegelungen Deiner gesendeten Frequenzen. Auch wenn Dir das noch schwerfällt zu glauben: Das unerbittliche Schicksal ist Dein eigenes „Mach-sal“! Verinnerliche das bitte! Die zweite Silbe „-sal“ ist der Ursprung des Wortes Salbe/Salbung/Heilung. Du schickst etwas aus, um Dich und Deine innere Einstellung darin erkennen zu können, daraus zu lernen und heilen zu können! Du bekommst Deine inneren Einstellungen in allen Bereichen Deines Lebens gespiegelt. So wie Deine Innenwelt sich in Deinen Einstellungen zeigt, so offenbart sich Dir Deine Außenwelt und Umgebung.

Dadurch werden die glücklichen und auch alle unglücklichen Zufälle im Leben zu Zu(rück)fällen Deiner positiven oder negativen

Aussendungen. Und wenn Du einen „Ein-fall“ hast oder wenn Dir etwas „ein-fällt“, dann enthält auch dieses Wort eine erkennbare Aussagekraft, wenn Du Deinen Geist öffnest oder Dich für ein Thema begeisterst.

Schickst Du nun Wut, Aggression, Mangel und ständige Unzufriedenheit aus, werden sie Dir immer wieder in allen möglichen Bereichen Deines Lebens begegnen. Immer und immer wieder, bis Du beginnst, Dich als Verursacher zu erkennen, und anfängst, diesen Kreislauf durch Verhaltensänderungen zu durchbrechen. Hass, Vorurteile, Bewertungen und Negativität, ausgesendet an Deine Mitmenschen, werden Dir keine Liebe zurückspiegeln, sondern genau das, was Du in Dein Feld gesät hast, nämlich Menschen und Geschehnisse, die mit Deinen Schwingungen und Aussendungen in Resonanz gehen und sie Dir spiegeln. Alle Menschen in Deinem Umfeld, die Du wahrnimmst, zeigen Dir Deine eigenen Seiten und Verhaltensweisen auf. Sogar im Volksmund, beziehungsweise unserem übrig gebliebenen, überlieferten Wissen, spricht man von der sogenannten „gleichen Wellenlänge“ (Frequenz oder Schwingung) oder man sagt: „Gleiches zieht Gleiches an.“

Und nun wird Dir vielleicht auch unsere gesellschaftliche Gesamtsituation als kollektive Spiegelung bewusst. Mindestens 95 % der Menschheit jammern und klagen über alles, was sich so ereignet, unwissend, dass diese Ereignisse eben durch dieses Verhalten verursacht und verstärkt werden. In einer zu 95 % positiv ausgerichteten Gesellschaft sähe die Welt hundertprozentig anders aus. Es bedarf eines Wachstums und einer Veränderung in dieser Gesellschaft, doch die beginnt im Verhalten jedes Einzelnen, jeder zuerst bei sich selbst. Denn wir werden andere nicht wirklich ändern können, höchstens vielleicht als Motivation dienen, aber ändern kann sich nur jeder selbst.

Immer und immer wieder dürfen wir uns diese Spielregel des Lebens klarmachen, bis wir die in uns selbst wirkende Ursache all unserer Erfahrungen erkennen und diesen Kreislauf unterbrechen, um andere Auswirkungen zu empfangen! Liebe und Angst: Sie bilden die zwei Hauptpole dieses Planeten der Polarität. Sie werden vertreten durch Himmel und Hölle, Gott und den Teufel, Engelchen oder Teufelchen auf Deinen Schultern, Licht und Dunkelheit, Bewusstheit oder Ego-Identifikation. Du triffst immer und in jeder Handlung eine Wahl. Handelst Du aus Liebe oder aus Angst heraus? Beobachte Dich bitte mal eine Zeit lang aus dieser Perspektive. Deine Angst zeigt sich dann in gefühlten Mängeln oder Verlustängsten. Es ist wegweisend …

„Was du nicht willst, das man dir tut, das füg auch keinem anderen zu!" – Diese goldene Regel, dieser Grundsatz, diese Spiegelung des hermetischen Gesetzes von Ursache und Wirkung taucht in allen großen Religionen – Christentum, Islam, Judentum, Buddhismus und Hinduismus – auf. Ohne die Beeinflussung von menschlichen Faktoren und mit der Extraktion dieser gemeinsamen Grundsätze wird Dich der Weg wieder zu den sieben hermetischen und universellen Gesetzen führen!

„Richtet nicht, auf dass ihr nicht gerichtet werdet. Denn wie ihr richtet, so werdet ihr gerichtet werden, und nach dem Maß, mit dem ihr messt und zuteilt, wird euch zugeteilt werden!! Warum siehst du den Splitter im Auge deines Bruders, aber den Balken in deinem Auge bemerkst du nicht?"

„Vergib, auf dass auch dir vergeben werde."

„Alles, was ihr wollt, dass euch die Menschen tun, das tut auch ihnen! Darin besteht das Gesetz und die Propheten!"

(Bibelausschnitte aus Matthäus 7)

Wichtig ist: Du allein bist derjenige, der diesen Kreislauf an Spiegelungen erkennen, beenden und umkehren kann, vorausgesetzt, Du willst gewisse Dinge in Deinem Leben ändern! Niemand kann und wird dies für Dich tun!

Das Ganze funktioniert natürlich auch im positiven Sinne. Wenn Du Liebe aussendest, wirst Du Liebe erhalten. Hilf und es wird Dir geholfen werden! Wirklich alles, was Du aussendest, kommt spiegelbildlich zu Dir in verschiedenen Situationen zurück. Wirklich alles!

Wenn Du das nächste Mal so richtig am Schimpfen und Lästern bist, betrachte Dich mal imaginär für einen Augenblick aus ein bis zwei Metern Entfernung und frage Dich, ob Du das gespiegelt haben möchtest bzw. ob Du solche Menschen in Dein Leben ziehen willst. Findest Du so jemanden selbst sympathisch, willst Du auf Dauer solche Mitmenschen und Begleiter in Deinem Umfeld?

Du triffst mit allem, was Du in jedem Moment aussendest, positiv oder negativ, immer Dich selbst, und Du allein entscheidest, ob es ein schmerzhafter Querschläger aus Deiner eigenen Waffe, Deinem Werkzeug Ego oder ein Glück bringender Volltreffer aus Deinem Herzen und Deiner Seele wird. Es ist ein unumstößliches Gesetz!! Fange an, darauf zu achten, und es wird Dir immer klarer werden. Alles, was Du Deinen Mitmenschen weitergibst, ist im Endeffekt eine Gabe an Dich selbst!

Dies entwickelt sich mit der Zeit zur gewünschten Selbstkontrolle und Selbstbemeisterung, mit der Du Dein Leben durch die bewusste Wahl Deiner Denk- und Verhaltensweisen verändern kannst. Die Selbstkontrolle ist letztlich immer Dein persönliches Wachstum und Deine stetige Bereicherung auf verschiedenen Ebenen. Aus dieser Selbstkontrolle entsteht Schritt für Schritt Deine Selbstbemeisterung und die bewusste Lenkung des Lebens!

Es wird wahrscheinlich eine gewisse Zeit benötigen, doch die Wandlung der Ereignisse in Deine gewünschte Richtung wird sich hundertprozentig zeigen. Es lohnt sich also, dranzubleiben. Alles, was Du in Deinem Leben willkommen heißen möchtest und wohin Du wachsen möchtest, steht schon für Dich bereit; Du darfst nur begrenzende Glaubenssätze auflösen und Dein Sein und Innenleben entsprechend transformieren.

Was möchtest Du? Mangel, Hass, Gier, Nörgeln, Rechthaberei, Lästern, Verbitterung, Dunkelheit, Trennung, Alleinsein, Verurteilung? – Oder: Fülle, Liebe, Harmonie, Licht, Dankbarkeit, Leichtigkeit, Hilfsbereitschaft, Hingabe, Freude, Segen, Wohlwollen? Welche Eigenschaften würdest Du an Dir selbst oder an Menschen, die neu in Dein Leben treten, begrüßen? Variante 1 oder Variante 2? Du selbst entscheidest dies mit Deinem Sein und Tun! Was möchtest Du davon erleben? Wähle es aus und denke es, sprich es, lebe es! Du wirst es bekommen.

Dieser Weg der Bewusstmachung oder die Beobachtung Deines Ichs zeigt Dir, wie Du Dich immer weiter vervollkommnen kannst, um Dein Leben im Außen ins Positive und Wünschenswerte zu verwandeln. Der Kurs ist ein Aufzeigen verschiedener Möglichkeiten und soll ein Impulsgeber und eine Orientierungshilfe für Deine persönliche, individuelle Ausrichtung sein. Darin steckt auch die umgekehrte Erkenntnis, dass alles, was sich Dir negativ oder schmerzhaft zeigt, eine Aussage hat bzw. Dich zur notwendigen Veränderung ruft. Beginne, die Hinweise des Lebens lesen zu lernen.

Werde Dir immer klarer, dass Du der Regisseur, der Darsteller und der Bühnenbildner Deines Lebens bist. Wo Du auch im Leben stehst und was immer Du gerne ändern möchtest, Du wirst den Film Deines Lebens nicht im Außen bzw. an der Leinwand oder an Deinem äußeren Spiegelbild ändern können.

Alles, was Dir im Leben begegnet, beruht auf in der Vergangenheit gesetzten Ursachen. An diesen gespiegelten Auswirkungen kannst Du nichts mehr ändern, sondern sie nur in Gelassenheit annehmen und bestenfalls daraus lernen und Schlüsse ziehen. Du kannst immer nur die Ursachen neu setzen, um gewünschte Ergebnisse zu erzielen. Willst Du Deinen Lebensfilm ändern, musst Du zurück zum Projektor.

Und genau dieser Projektor bist in diesem Beispiel Du, in Deinen Gedanken, Worten und Taten. Was der Projektor sendet, erscheint an der Leinwand. Ist Dir beispielsweise Dein Bauch im Spiegel zu dick, musst Du auch an Dir selbst etwas ändern, um Dein Spiegelbild zu verändern.

Welchen Film möchtest Du denn gerne sehen? Frage Dich das bitte tief in Deinem Inneren! Und zwar immer wieder und so oft wie möglich, bis Dir klar wird, was Du zu tun hast. Du kannst Dich dann auch fragen: „Was sollte ich ausstrahlen, um das zu mir zu ziehen, was ich mir wünsche?" In unserer bisherigen, sehr tief sitzenden Konditionierung, in unserer Opferrolle („Das Leben ist halt nun mal so!") und anderen Glaubenssätzen ist es anfangs nicht ganz einfach, dem zu entwachsen. Doch wie gesagt, es wurde uns so beigebracht, um uns nicht in unser eigentliches Potenzial wachsen zu lassen.

In der Analyse Deines Lebensspiegels, um die Spiegelung des Lebens deuten zu können bzw. um zu verstehen, was es Dir sagen will, ist es unbedingt notwendig, eine objektive und bewusste Haltung einzunehmen. Anleitungen hierzu biete ich Dir im Kursverlauf. Ganz wichtig für Dich: Schaffe dazu ruhige Momente und lege dabei Emotionen so gut wie möglich ab.

Aufwallende Emotionen wie Mitleid, Enttäuschung, Trauer und Wut sind selten gute, wertungsfreie Erkenntnisträger und Entscheidungshilfen, sie begraben Deine Intuition und Deine bewusste Neugestaltung! Sie sind jedoch stets eine bewusste Wahl, denn niemand zwingt uns dazu, und sie werden mit wachsender Selbstkontrolle immer weniger werden. Kommen sie auf, lass sie frei, lass sie gehen, aber triff währenddessen keine Entscheidungen. Entscheide nur in Momenten, in denen Du besonnen und in Deiner Mitte bist. Beginne, wieder auf Dein Bauchgefühl und auf Dein Herz zu hören. Der Verstand kann nur auf Erfahrungen zurückgreifen, was sich bei neuen Entscheidungen als problematisch erweisen könnte. Denn dann ist die Angst flugs zur Stelle und Entscheidungen zu Veränderungen werden schnell wieder verworfen. Hingegen hätte die Liebe in Deinem Herzen wahrscheinlich anders entschieden.

Genauso sollte kein Streit in Emotionen gefochten und keine Entscheidung in emotionaler Erregung getroffen werden. Gewinne immer erst Abstand zur Deutung der Spiegelungen und Situationen. Zieh Dich hierzu am besten zurück, rede mit Menschen, die wirklich zu Dir stehen, Dir positiv in den betreffenden Lebensbereiche zur Seite stehen können und vor allem ehrlich sind. Oder schlafe erst einmal darüber bzw. nimm die Frage bewusst mit in den Schlaf und richte sie an Dein höchstes Selbst. Deine Seele wird Dir antworten und diese Antworten werden Dir in den kommenden Tagen immer klarer und deutlicher werden.

Fange an, an Deinen Spiegelungen zu erkennen, was Du ändern solltest und was sich wie ein roter Faden durch Dein Leben zieht. Das Leben schickt uns immer wieder Prüfungen in körperlicher oder weltlicher Form, nur um uns im Endeffekt unsere bestehende, innere Haltung vor Augen zu führen. Dies letztendlich nur zu dem Zweck und mit der Möglichkeit, uns durch Veränderung dieser Haltung ins Wachstum zu führen und dadurch zu unserer inneren Vollkommenheit zurückentwickeln zu können. Meistere Dich innerlich, dann meisterst Du alle Prüfungen im Leben, bis sie vollständig aus Deinem Leben verschwinden!

„Kümmert euch erst um das Himmelreich in euch [Dein Herz und die richtige Einstellung], dann wird es euch im Außen werden!“

„Macht das Reich Gottes [Dein Herz] zu eurem wichtigsten Anliegen, lebt in Gottes Gerechtigkeit, und er wird euch all das geben, was ihr braucht.“

(Matthäus 6,33)

Als Beispiel folgt hier ein ungefährer Stufenplan körperlicher Hinweise im menschlichen Leben als Aufruf zu Veränderungen:

1. Bevor ein Hinweis in Form eines Problems im Lebensspiegel sichtbar wird, kann sich ein Verlust von Lebensfreude und Leichtigkeit einstellen. Ein innerer Wunsch, ein Traum oder eine Sehnsucht nach Veränderung oder Befreiung kann auftauchen, um Dich auf einen Wechsel zurück auf Deinen Seelenweg zum Glück hinzuweisen.
2. Die zweite Hinweisstufe äußert sich dann schon auf der körperlichen Ebene. Es ist ein zartes Fingertippen des Lebens auf Deine Schulter, die kaum ein Mensch wirklich wahrnimmt. Es sind die kleinen „Zufälle“ und Missgeschicke im Leben mit nicht wirklich deutlichen Symptomen, wie zum Beispiel ein Stolpern, etwas öfter fallen zu lassen oder ein plötzlicher Durchfall (etwas Altes loslassen sollen), mehrmaliges Anschlagen von zum Beispiel Kopf oder Ellenbogen, wobei es hier bei allen drei Anzeichen hilfreich ist, seine vorherigen Gedanken zu betrachten, denn hierauf erfolgten diese Reaktionen. Oder einfach eine leichte Erkältung. Man hat wortwörtlich und sprichwörtlich „die Nase von etwas voll“ oder etwas „nimmt einem die Luft zum Atmen“ etc.
3. Die dritte Mahnung des Lebens wird dann deutlicher und äußert sich in Entzündungen, kleineren Unfällen, Schnitten oder Verletzungen, wobei immer die bestimmten energetischen Bereiche betroffen sind.
4. Findet auch dieser universelle Schubser keine Beachtung, geht es in die für den Menschen störende, nervige Dauerschleife. Körperliche Beschwerden werden langfristig, Rückenschmerzen dauerhaft, chronische Entzündungen entstehen oder Verletzungen wollen nicht ausheilen. Dauerhafter Bluthochdruck als Druckanzeiger, entstanden, um Deine ungeliebten, nicht geänderten Lebensbereiche zu verdeutlichen.

Das Leben will Dich merklich „behindern", um endlich Deine Aufmerksamkeit zu erhalten. Es zerrt schon regelrecht an Dir, um Dich nicht in einen Abgrund laufen zu lassen. Dies wird in einem reißenden, dauerhaften Schmerz erkennbar. Die Sehkraft kann schwinden, um Dir den Hinweis zu geben, endlich „die Augen zu öffnen", um Deinen Weg zu erkennen. Depressionen können entstehen.

5. Die fünfte Stufe erfolgt dann in Verlusten. Beispielsweise in einem Verlust von Körperteilen, in Form irreparabler Schäden an Deinem Körper, im Absterben von Organen oder im Organversagen, Erblindung, Herzinfarkte oder Krebs als letzte Mahnung. Deine Starrheit und die Verweigerungen von notwendigen Veränderungen Deiner Lebensweise spiegeln sich in den Stauungen in Deinem Energiesystem, blockieren jegliches Weiterfließen und äußern sich in einem Absterben in betroffenen energetischen Bereichen.
6. Wird diese Mahnung nicht beachtet und keine gravierende Veränderung vorgenommen, erfolgt die Beendigung dieser Inkarnation. Eine letzte Möglichkeit besteht im Loslassen der Seele, im Tod selbst vielleicht noch die verpasste Chance und den ausgelassenen Richtungswechsel zu erkennen oder die im Leben nicht erkannte Klarheit für diese Inkarnation zu gewinnen.
7. Konnte selbst im Tod diese Klarheit nicht entstehen, kommt es zu einer Neuauflage des Lebensspiels mit den gleichen zu lösenden Thematiken, meist unter erschwerten Umständen. Das Karma Deiner stetig wiederholten, nicht geänderten Ursachen und nicht erkannten Spiegelungen begleitet Dich in die nächste Runde, um dort den Kreislauf schließen zu können und in die Auflösung zu kommen. Angeborene Störungen, Krankheiten oder Behinderungen werden dadurch möglich.

Dies ist nur eine Richtlinie für die körperlichen Hinweise des Lebens, die Dich wecken wollen. Das Leben wird Dir Mängel, Extreme und gelebte Einseitigkeit immer zusätzlich spiegeln, seien sie nun materieller, mentaler oder spiritueller Art. So kann ein finanzieller Mangel oder die Sorge um Geld zu dauerhafter Knappheit, aber auch zu Krankheit führen, genauso wie Dich ein Mangel an Liebe zu Einsamkeit und einem gebrochenen, erstarrten Herzen führen kann, egal wie reich Du bist. Jeder hier auf dieser Welt ist aus einer anderen Ausgangssituation heraus gestartet und hat unterschiedliche Betrachtungsweisen, um seine seelisch gewählten Aufgaben in seine Erfahrungen zu ziehen und daran zu reifen. Diese Aufgaben gilt es in den verschiedenen Lebensbereichen an den eigenen Spiegelungen zu erkennen und zu transformieren, um in Leichtigkeit zu leben und nicht den Stufenplan der körperlichen Symptome durcharbeiten zu dürfen.

Niemand wurde auf diesen Planeten strafversetzt. Der Mensch bzw. Du kamst hierher, um Deinen Schatz an Erfahrungen zu vergrößern und daran zu reifen, um letztendlich Dich selbst zu finden und zu erkennen, um dadurch Dein Leben zu einem für Dich idealen, optimalen und leichten Leben zu verwandeln. Es ist dieser Weg, den die meisten Menschen unwissend in Äußerlichkeiten suchen, darin aber nie vollkommene Befriedigung erlangen können, mit der finalen Erkenntnis, sie am Ende dieser Inkarnation doch wieder loslassen müssen. Finde den Schöpfer in Deinem Herzen, manifestiere darin Dein Glück im Inneren und Äußeren in vollkommener Harmonie! Je bewusster Du mit der Zeit wirst, desto schneller werden sich Spiegelungen und Manifestationen zeigen und Karma und Krankheit werden sich auflösen. Je egobehafteter Du bist, desto größer und verschwommener ist der Abstand von negativer oder auch positiver Ursache zu den Auswirkungen und Spiegelungen!

„Alle Dinge sind möglich dem, der da glaubt!"

(Markus 9,23)

Hinweis: Diese Aussage bezieht sich nicht auf den kirchlich-weltlichen Glauben, sondern auf den Glauben an sich selbst!

Die fünf Kursabschnitte in der Übersicht:

***Block 1**: Wochen 1–3*

Installiere Deine neuen Übungen und mache den Tagesablauf zur neuen Gewohnheit.

Morgens:

1. Pflege Deinen Geist.
   Deine positive Ausrichtung für den Tag direkt nach dem Aufwachen.
   Morgendliche Gedankenhygiene

2. Pflege Deine Seele.
   Bauchatmung
   7-Punkte-Lockerung Deines Körpers
   Meditation

3. Pflege Deinen Körper.
   kalte Dusche oder eisbaden

Abends:

4. Komme nach dem Tag zurück in Deine Mitte.
   Sport oder ein Spaziergang (ca. ½ Stunde),
   um die Anspannung und den Druck des Tages abzubauen

Integriere die täglichen Übungen der wöchentlichen Gedankenimpulse in Deinen Alltag, so gut oder so oft es Dir möglich ist. Nimm Dir Zeit, in Dich zu gehen und im Laufe der Woche Deine wöchentlichen Erkenntnisse zu erarbeiten. Dadurch erhältst Du am Ende des Kurses ein vollständiges Bild Deines Selbst.

***Block 2**: Wochen 4–6*

Vertiefe Deine Gewohnheiten und erlange Zugang zu Deinem Herzen, zu Deinem Glauben und zu Deiner Schöpferkraft.

Morgens:

1. Pflege Deinen Geist und richte Dich aus.
   morgendliche Gedankenhygiene mit Dankbarkeitsübungen

2. Pflege Deine Seele.
   Atemübungen
   7-Punkte-Lockerung übergehend zu
   Meditation
   Affirmation und Gestaltung Deines Traums

3. Pflege Deinen Körper.
   kalt duschen oder eisbaden

Abends:

- Komme nach dem Tag zurück in Deine Mitte.
- Treibe eine halbe Stunde Sport oder mache ein Spaziergang in der Natur.
- direkt im Anschluss: Beginne ein Dankbarkeitstagebuch, in das Du jeden Abend Folgendes festhältst: Erfolge des Tages, Erfolge in Bezug auf Deine Selbstbemeisterung und den Kurs sowie Dinge, Menschen und Situationen, für die Du dankbar bist.

Vor dem Schlafengehen:

Reflektiere Deinen Tag. Gab es Situationen, in denen Du anders hättest reagieren können? Gehe Deinen Tag gedanklich noch einmal bewusst durch und lenke ihn gedanklich positiv um!

***Block 3**: Wochen 7–9*

Lösen von festsitzenden Blockaden durch intensive Atemarbeit. Erkennen und Befreiung von Deinen menschlichen Verstrickungen im Außen. Komme ins Handeln.

Morgens:

1. Pflege Deinen Geist und richte Dich aus.
   Morgendliche Gedankenhygiene mit Dankbarkeitsübung

2. Pflege Deine Seele.

   Woche 7: Atemübungen

   7-Punkte-Lockerung mit Meditation

   Ab Wochen 8–9: intensive Atemarbeit

   Affirmation für Deine Lebensausrichtung

3. Pflege Deinen Körper.
   kalt duschen oder eisbaden

Abends:

Komme zurück in Deine Mitte!
Installiere ein rollierendes System im täglichen Wechsel!
Treibe am ersten Tag eine halbe Stunde Sport oder mache einen Spaziergang in der Natur.

Am nächsten Tag:

Bauchatmung Deiner Wahl
7-Punkte-Lockerung mit anschließender Meditation
Führe direkt danach Dein Erfolgs- und Dankbarkeitstagebuch.

Vor dem Schlafengehen:

Gehe Deinen Tag noch einmal bewusst durch und nimm, falls nötig, mental entsprechende Korrekturen vor.

Schlafe mit einer imaginierten Filmszene Deines Lebenstraums ein, um diesen in Deiner Realität zu erwecken.

***Block 4**: Wochen 10–12*

Es geht in die tieferen Ebenen Deines Seins. Erkenntnisse durch tiefe Vergebung, der Sinn von Schmerz, Einblicke in die bedingungslose Liebe und wer Du wirklich bist.

Morgens:

1. Pflege Deinen Geist.

Ist Dein erster Gedanke schon automatisiert?
Wachst Du schon in Glück, Liebe und Dankbarkeit auf?
Intensiviere Deine Gedankenhygiene. Wie groß kann und darf dieses morgendliche Gefühl noch werden?
Übe Dankbarkeit und Segen.

2. Pflege Deine Seele.

Intensiviere Deine Atemarbeit.
Atme Dich frei von allem, was Dich begrenzt, gefolgt von Deiner Affirmation.

3. Pflege Deinen Körper und Deine Gesundheit.

kalt duschen oder eisbaden

Abends:

Komme zurück in Deine Mitte. Praktiziere abwechselnd Sport- und Meditationseinheiten.

Führe Dein Erfolgs- und Dankbarkeitstagebuch.

Vor dem Schlafengehen:

Vergeben von allen Anschuldigungen gegenüber Dir selbst und allen Seelen, die Dich umgeben.

Finde Deinen seelischen Übergangszustand hin zu einem erweiterten Bewusstsein.

***Block 5**: Wochen 13–15*

Finde zurück zum Zentrum Deines Seins sowie zur Entfaltung Deiner wahren Größe und Schöpferkraft.

Etabliere einen individuellen, persönlichen, für Dich optimalen Tagesablauf für Dein größtmögliches Wachstum durch Dich selbst.

Block 1

Block 1: Tagesabläufe für die Wochen 1–3:

Etabliere und verankere Dir neue Gewohnheiten und Tagesroutinen ins Unterbewusstsein. Beginne Deine drei Seins-Ebenen zu erkennen und zu pflegen. Die Strukturierung Deines Tages hilft Dir beim Installieren dieser neuen Gewohnheit.

Übung morgens:

1) Pflege Deinen Geist.

Deine neue Ausrichtung für den Tag: Betreibe als erste Handlung des Tages Gedankenhygiene. Vielleicht schaffst Du es, Deinen inneren Wecker – oder auch den äußeren, wenn Du ihn noch benötigst – etwas früher zu stellen, um nicht in den gleichen, bisher gewohnten morgendlichen Verlauf zu verfallen. Nimm Dir Zeit für Dich. Bist Du zentriert, zentriert sich auch Deine Außenwelt. Bist Du gestresst, stresst Dich komplett alles im Außen! Beginne den Tag in Gelassenheit und innerer Ruhe.

Nach dem Öffnen Deiner Augen transformierst Du Deine gestressten Gedanken, was die Welt heute schon wieder auf Dich werfen mag, in positive Gedanken! Sammle die schönsten der Dir innewohnende Erinnerungen und die damit verbundenen Gedanken und Emotionen. Spüre die Freude, das Lachen, die Wärme und die Liebe dieser Momente in Deiner Mitte. Du bist der Herr Deiner Gedanken und Emotionen. Jetzt ist die Zeit für die allerschönsten davon! Verinnerliche dieses Gefühl vom Bereich Deines Bauches über Deinen Solarplexus bis zu Deinem Herzen. Spüre es dort, wie es immer mehr hinaufsteigt bis in ein breites Lächeln. Die reine Freude! Das ist Dein Wohlgefühl, dass Du ab jetzt jeden Morgen aufkommen lässt und dass sich dadurch immer weiter und weiter vergrößern wird. Aus diesem Gefühl wird mit der Zeit eine überbordende Freude aus Deinem Herzen, die als Automation, ohne bewusste Anstrengung, direkt nach dem Öffnen Deiner Augen entsteht. Und Deine Gedanken? Lenke sie, bevor Du auch nur einen Fuß vom Bett auf den Boden setzt, in diese Richtung:

Wie fantastisch darf mein Tag heute werden? Welche Wunder erwarten mich heute? Wie wunderbar leicht fallen mir heute alle Arbeiten und Pflichten? Das Leben wird mich reich beschenken! Alles, was ich heute beginne, fällt mir spielend leicht!

Übertrage mental Dein neu erschaffenes, immer stärker werdendes Wohlgefühl auf alle Situationen des Tages, vor allem auf die herausfordernden! Das sind Deine kleinen Prüfungen, die Du ab jetzt spielend meistern wirst, bis es keine mehr sind. Deinen schimpfenden, widerspenstigen und plappernden Verstand erkennst Du als Dein Ego und schickst es in Licht und Liebe immer wieder weg! Vor allem in diesen Glücksmomenten, denn sie entstehen und leben im Herzen. Sieh Dich in allen Situationen des Tages positiv und in Liebe und Freude handeln!

2) Pflege Deine Seele.

Finde einen möglichst ungestörten und ruhigen Ort für Dich, am besten auf einem Stuhl oder im Schneidersitz auf einem Kissen sitzend. Auch die liegende Variante ist in der Meditation möglich. Das Bett würde ich allerdings nicht wählen, denn das verbindet Dein Unterbewusstsein mit Schlaf. Für die Atemtechnik wähle am besten die sitzende Variante.

- Bauchatmung:

Führe Dir, wenn Du magst, eine Erinnerung für einen Zeitraum von mindestens 5 Minuten vor Augen. Du darfst auch gerne länger üben. Wenn Du sitzt, sitze aufrecht und nicht angelehnt. Die

Wirbelsäule soll aufrecht und gerade sein, sie ist Dein körperlicher Energiekanal. Über sie fließt Deine energetische und körperliche Systemsteuerung. Dort verläuft der Vagusnerv oder der Parasympathikus, der Dir durch das Herunterfahren Deines Körpersystems den direkten Zugriff auf Deine Kraftquelle, das Unterbewusstsein und dessen Programmierung, ermöglicht. Auch diese äußere Haltung spiegelt Deine innere Haltung, und zwar in jeder Situation, in die Du Dich begibst.

Du atmest durch die Nase tief in die Mitte des Bauches und spürst dabei, wie Deine Bauchdecke sich hebt und weitet. Der Brustkorb sollte sich nicht großartig bewegen; wenn, dann erst, nachdem sich Dein Bauch vollständig mit Luft gefüllt hat. Lass Deinen Bauch sich ausdehnen wie einen Ballon, wobei er stets weich und entspannt bleiben sollte, ohne sich durch zu großen willentlichen Zwang zu verhärten. Wenn es Dir hilft, lege anfangs eine Hand auf den Bauch und die andere auf die Brust, um die Einatmung besser zu spüren und zu fühlen, in welchen Bereich Du atmest.

Beim Ausatmen lässt Du den Atem durch die Nase ausströmen und ziehst dabei die Bauchdecke langsam und behutsam in Richtung Deiner Wirbelsäule. Teste mit entstehender Routine die mögliche Tiefe des Atems in den Bauch. Komme in ein rhythmisches, fließendes und gleichmäßiges Atmen. Dies ohne Anstrengung! Ein tiefes Ein- und Ausströmen der Atemluft auf jeweils ca. 4 Sekunden beim Einatmen und ca. 5 Sekunden beim Ausatmen. Du kannst innerlich gerne mitzählen, um so Deinen Gedankenstrom zu reduzieren. Dein Atem sollte durchgehend fließen, konzentriere Dich nur auf ihn. Spüre die noch etwas kühlere Außenluft durch die Nase, vorbei an Deiner Kehle in den Bauch einströmen und dann wieder erwärmt ausfließen.

Du atmest Dich so in eine tiefere Entspanntheit und gelangst in eine angenehme, bewusste Ruhephase.

Der Atem ist das Selbst und die Seele des Menschen. Mit dem ersten tiefen Atemzug beginnt diese Inkarnation bei unserer Geburt und beim letzten Ausatmen entweichen das Leben und die Seele aus unserem Körper. Der Atem ist der Träger der Seele und verbindet sie mit dem Körper. Das Wort „Atman“ bedeutet im altindischen Sanskrit „Seele“, Du findest es wieder in unserem deutschen Wort „atmen“! Es atmet mich (unbewusste Atmung) und ich atme das Leben ein und aus (bewusste Atmung).

„Der Atem ist ein Strom, der von der physischen Ebene zum inneren Zentrum fließt, ein Strom, der durch den Körper, den Geist und die Seele geht, den Lebenskern berührt und wieder zurückströmt.“

– Sufi Inayat Khan –

- 7-Punkte-Lockerung:

Bewusste Lockerung des Körpers und Loslassen von Spannungen:

Übe auch hier mindestens 5 Minuten, wobei Du auch hier gerne die Zeit verlängern darfst. Ich bin überzeugt, wenn Du erst einmal die wohltuende Entspannung fühlst, wirst Du auch diesen Zeitraum ausdehnen.

Wechsele von der bewussten Bauchatmung in Deine ruhige, natürliche Atmung. Dann gehe wie folgt vor:

1. Schließe Deine Augen. Lass bewusst Deine Schultern Richtung Boden sinken und lass die lastende Schwere von ihnen abfallen. Lass alle Spannungen aus Nacken und Schulterbereich entweichen und über Deinen Körper in den Boden fließen.
2. Spüre bewusst Deine Fußsohlen. Stelle Dir bildlich vor, wie sie sich weiten und sich ausdehnen, warm und groß werden. Alle Spannung weicht aus ihnen heraus. Alle Muskeln

und Sehnen in diesem Bereich lockern sich. Atme in Deine Fußsohlen und lasse los. Wiederhole dies, bis Du es fühlst …

3. Spüre bewusst Deine Handflächen. Stelle Dir bildlich vor, wie sie sich weiten und sich ausdehnen, warm und groß werden. Alle Spannung weicht aus ihnen heraus. Alle Muskeln und Sehnen in diesem Bereich lockern sich. Atme in Deine Handflächen und lasse auch sie vollständig los. Fühle es.
4. Lockere den Bereich um Deine Augen und Deine Stirn, beide inneren und beide äußeren Augenwinkel. Stelle Dir dazu am besten vor, sie wären aus weichem Wachs und würden in der Sonne anfangen zu schmelzen und nach unten zu fließen. Lass den Bereich um Deine Augen vollkommen los und in eine tiefe Entspanntheit sinken.
5. Lockere den Bereich um Deine Ohren sowie auch Deine Ohren selbst. Stelle Dir dazu am besten vor, sie wären aus weichem Wachs und würden in der Sonne anfangen zu schmelzen und nach unten zu fließen. Lasse auch diesen Bereich vollkommen los und nach unten in eine tiefe Entspanntheit sinken.
6. Lockere die Zunge in Deinem Mund. Spüre die Anspannung darin und lasse sie gehen. Deine Zunge senkt sich entspannt auf dem Boden Deines Mundes.
7. Lockere den Bereich Deines Beckenbodens. Entspanne Deinen Po, Deine Leisten, den Beckenboden und den Bereich um Deine Genitalien. Lasse alles los und lasse jede Anspannung gehen. Gehe alle Bereiche immer wieder durch und sinke immer weiter in Deine Mitte.

Das mag sich im ersten Moment vielleicht viel für Dich anfühlen, ist aber innerhalb weniger Tage vollkommene Routine. Du beginnst immer mit den Schultern. Dann kannst Du Fußsohlen und Handflächen folgen lassen, die Du nach kurzer Zeit kombinieren und gleichzeitig ausführen kannst. Genau so kombinierst Du dann mit etwas mehr Übung die Augen und die Ohren.

Die Zunge und den Beckenboden kannst Du dann ebenso gleichzeitig sinken lassen. Gehe alle Bereiche immer wieder durch. Bleibe dabei in Deiner ruhigen, natürlichen Bauchatmung.

Kommst Du in diesen entspannten Zustand, in dem Dein Körper in eine immer tiefer werdende Entspannung sinkt, kannst Du einen tiefen Atemzug nehmen und noch mal alle Bereiche gleichzeitig lockern. Fühle jetzt Deinen Körper als Gesamtheit. Spüre den Körper als Teil Deines Egos und lasse ihn in eine tiefe Ruhe und Gelassenheit sinken. Atme natürlich weiter …

Genau jetzt, mit zunehmender Bewusstheit und dem Spüren und Sinken Deines Körpers, kannst Du anfangen, Dich als Herr dieses Systems und Körpers wahrzunehmen. Du bist nicht dieser Körper. Du bist Benutzer und Eigentümer der vorübergehenden Leihgabe dieses Körpers. Übe diese Lockerung und Lösung Deiner inneren und äußeren Anspannungen als Einstieg in die Meditation.

- Meditation:

Die Tiefe der Meditation oder überhaupt die Möglichkeit, darin einzutreten, hängt immer von Deiner Entspanntheit des Körpers oder Egos ab. Hast Du schon Erfahrung in der Meditation, wird Dir dies bewusst sein. Genau diese Abfolge von Entspannung über den Atem und die bewusste Lockerung des Körpers erleichtern vielen den Einstieg in die Meditation.

Wenn Du durch die Entspannungsübungen anfangen kannst, den Körper bewusst wahrzunehmen, befindest Du Dich eigentlich schon im Anfangsstadium der Meditation, in einem Bereich der Alphawellen, die Dein Unterbewusstsein öffnen und Dich an die Schwelle zu Deinem Bewusstseinsbereich stellen.

Du kannst nun versuchen, immer weiter loszulassen und Dich vollkommen wahrzunehmen. Optional kannst Du auch eine imaginäre weiße Leinwand vor Deinem inneren Auge leer halten, um später dort Deine Imaginationen zu üben oder Dich führen zu lassen. Finde Deinen persönlichen Weg in die Meditation, experimentiere und teste verschiedene Möglichkeiten. Finde Dich selbst in Dir!

Vorschlag für die Meditation in Block 1

– Die bewusste Wahl Deiner menschlichen Erfahrung –

Kommst Du nach der 7 Punkte-Lockerung in diesen tiefen, entspannten Zustand, lasse Dich immer tiefer sinken. Wenn Deine Augen noch nicht geschlossen sind, schließe sie jetzt …

Die Atmung fließt ruhig, sanft und flach. Vollkommen natürlich und entspannt, ganz von alleine. Vor Deinem inneren Auge sinkt eine kleine, schwebende Feder vor Dir herab, langsam kreisend und von der Luft getragen. Während Du sie beim Absinken betrachtest, sinkst auch Du in eine noch tiefere Entspannung. Du lässt Deinen ganzen Körper bis in die angenehme, wohlige Schwere des Schlafes gleiten, wobei Du geistig voll präsent bist und Deine Wirbelsäule Dir als unangestrengte Säule dient. Vollkommene Entspannung durchflutet Dich!

In dem Moment, wenn Deine Feder den Boden erreicht, bist Du absolut sicher, wohlig und entspannt. Du beginnst den Dich umgebenden Raum in unendlicher Weite wahrzunehmen. Das vorher bestehende Zimmer ist nicht mehr vorhanden, nur noch Weite und Leere. Je mehr Du Dich auf ihn konzentrierst, desto größer und weiter erstreckt er sich. Vor Dir und hinter Dir. Links und rechts von Dir. Über Dir und unter Dir. Verharre dort in diesem Augenblick. Nimm ihn bewusst wahr und spüre Dich in seine Unendlichkeit, wie ein Universum ohne Sterne. Unbegrenzte, endlose Weite in alle Richtungen in einem angenehmen, friedlichen Schwarz und allen weiteren Farben, die sich Dir vielleicht offenbaren oder zeigen wollen.

Richte Deine Aufmerksamkeit nun auf Deine Wahrnehmung und Deine Ohren und lausche in diese Weite. Höre nicht nur mit den Ohren, sondern nimm mit all Deinen Sinnen diese endlose Weite wahr. Erreichen Dich vielleicht Geräusche, nimmst Du sie wahr, aber erkennst gleichzeitig die unendliche Stille des Raumes, die hinter den Geräuschen herrscht und aus der sie ausnahmslos entstanden sind. Hinter und zwischen allen Geräuschen und Worten herrscht diese wahre, wunderbare Stille als Ursprung aller Geräusche. Verbinde gedanklich die ewige Weite des Raumes, die Dich umgibt, und die Stille als Ursprung aller Geräusche. Nimm sie wahr! Erkenne diese einmalige Wahrheit in der Wahrnehmung! Atme frei in dieser ursprünglichen Weite. Spüre diese ursprüngliche Leere und fühle jetzt, wie sie Deine körperlichen Grenzen einnimmt und durchdringt und sage Deinem Ego, dass es sich nicht zu fürchten braucht. Für diese Meditation bist Du von Körper und Ego befreit.

Genau in diesem Moment entdeckst Du Dich und Dein wahres Sein in Deiner erkennenden Mitte. Du sinkst vollständig in diese Mitte und nimmst ein Licht aus Deinem Herzen kommend wahr. Es ist ein warmes, unendlich helles Licht, das eine Kugel aus Licht um Dich entstehen lässt, ähnlich wie der Lichtschein einer Kerze. Es ist eine undurchdringliche Hülle aus Gottes Licht und Liebe. Sie umstrahlt Dich hell in Deinem Bewusstsein und schützt Dich vollkommen gegen alles Äußere. Du empfindest Wärme, Liebe, unendlichen Frieden und Sicherheit!

Aus dem Dich umgebenden Raum beginnen vereinzelt Tropfen auf Deine Dich umgebende Hülle zu fallen. Du blickst auf und erkennst, dass es sich bei jedem einzelnen dieser Tropfen um Gedanken und Emotionen Deiner Außenwelt handelt, die von dort an Deine undurchdringliche Hülle klopfen, um daran abzuperlen zu müssen. Du erkennst: Ich bin reinstes Sein in meiner Mitte, vollkommen geschützt, zeitlos und ewig!

Erkennst Du bewusst einen Gedanken oder eine Emotion, die Du Dir anschauen möchtest, streckst Du imaginär Deinen Arm aus und bittest ihn durch Deinen freien, von Gott gegebenen Willen herein. Du kannst ihn nun betrachten und seine Schwingungen wahrnehmen. Gefällt er Dir nicht, entlässt Du ihn in Licht und Liebe zurück in den unendlichen, ursprünglichen Raum und schließt für ihn diese Türe. Erkenne von diesem Moment an die Möglichkeit zur Wahl, was Du in Deine Wahrnehmung aufnimmst. Erkenne Schwingungen der Freude und Liebe oder auch die draußen tobende Wut in vollkommener Sicherheit und Gelassenheit.

Gefällt Dir der Gedanke oder die Emotion, frei von Bewertung, ob positiv oder negativ, und Du willst ihn in Deinem Menschsein erleben und in Deine Erfahrung einfließen lassen, nimmst Du ihn liebevoll und führst ihn zu Deinem Herzen. Von dort aus schickst Du ihn als Wort oder als Bild hinaus in Deine zukünftige Realität, denn am Anfang war das Wort, ausgesendet von Deinem höheren Bewusstsein!

Aus Deinem hell strahlenden Herzen wird er nun in den umgebenden Raum wie an eine Leinwand geworfen, um als Reflexion wieder zu Deinem Ego und Mensch als Erfahrung zurückzukehren. Doch Du bist immer noch reines Sein und erkennst nun bewusst die Funktionsweise des Lebens im Menschen. Du hast als Bewusstsein die freie Wahl, was Du in Deine Erfahrung ziehst! Du wählst als Bewusstsein die Zukunft Deines Ichs! Alle tobenden Gedanken, Emotionen und jeglicher Stress können Dich in Deiner undurchdringlichen Hülle aus göttlichem Licht nicht berühren, denn es sind nur Erfahrungen und Reflexionen des Raumes, die Du bewusst oder unbewusst ausgesendet hast. Doch Du bist reines Bewusstsein und in dieser Reinheit bist Du unangreifbar und ewig. Genieße diesen Zustand, solange Du willst, und nimm ihn in Deinem Herzen wahr.

In dieser neuen Erkenntnis kehrst Du nun ganz langsam und in Deiner Zeit in Deinen Körper zurück. Entspanne ihn noch mal über die 7 Punkte. Du nimmst jetzt Deinen Platz in Dir und Deinem

Körper wieder ein und erlebst Deinen kommenden Tag als vollkommenes Bewusstsein, das sich seine Gedanken und Erfahrungen frei wählen kann. Fühle Deinen Körper. Wackle mit den Fingern und Deinen Zehen und komme zurück in Deinen Raum und Deine Zeit, in der Zeitspanne, die Du benötigst. Dann öffne Deine Augen. Du fühlst Dich frisch und voller Energie!

3) Pflege Deinen Körper. Er ist ein heiliger Tempel.

Die Vorteile des Kaltduschens oder Eisbadens habe ich Dir bereits beschrieben. Ich weiß, dass es Dir anfangs vielleicht nicht einfach fallen wird, aber es wird mit der Zeit ein Energie spendender, Laune hebender Start in den Tag werden!

Probiere es in kleinen Schritten und steigere Dich dann immer weiter. Wenn es am Anfang nur die Beine sind, ist das auch prima. Beginne mit den Füßen, fahre dann mit den Waden fort, anschließend den Oberschenkeln, bis Du den Kopf erreichst. Versuche, nicht in eine Stressatmung zu verfallen, sondern atme tief und bewusst über die Nase in den Bauch hinein. Dies ist eine hervorragende Übung, sich auf Stresssituationen vorzubereiten und sie mit der Bauchatmung zu kontrollieren.

Für diese anfängliche Morgenroutine bedarf es insgesamt circa 35 bis 40 Minuten (am Anfang, bis die Übungen gewohnheitsmäßig installiert sind, vielleicht ein bisschen mehr). Nimm Dir morgens diese Zeit für Dich, um Dich selbst zu finden und auf den Tag auszurichten. Sei es Dir selbst wert und dehne diese Zeitspanne, wenn Du beginnst, um ihren Nutzen und ihre Möglichkeiten zum Wachstum zu erkennen.

Du wirst komplett anders, positiver und energetischer in Deinen Tag starten. Gehe die Zeit, die Du früher aufstehst bzw. aufstehen solltest, abends eher ins Bett. Es geht um Dein wichtigstes Projekt in Deinem Leben: Dich selbst! Alle Zeitangaben sind minimale Zeiten, die Du gerne ausdehnen darfst!

Übung abends:

Nimm Dir bewusst Zeit für Dich, pflege Deine Gesundheit und Deine Fitness. Baue Spannungen und Druck des Alltags mit einer mindestens halbstündigen Sporteinheit ab oder gehe spazieren, am besten in die Natur, oder erde Dich und lasse die Energie von Mutter Erde Dich in eine harmonische Balance bringen. Sie weiß schon allein über Deinen Augenausdruck, welche Energie Du benötigst.

Qigong, Tai-Chi, Yoga oder das Dehnen sind wunderbare Möglichkeiten, Anspannungen abzubauen – bei geeignetem Wetter am besten in der Natur –, ohne Geld investieren zu müssen. Lockere Deine Muskulatur, dann erfolgt auch eine innere Befreiung! Und andersherum.

Krafttraining mit dem eigenen Körper stellt eine weitere kostenfreie Variante dar. Nutze dieses Ventil, um jeden Tag wieder in Deine Mitte zu kommen und den Tag harmonisiert und ausgeglichen zu beenden.

Gedankenimpuls für Woche 1

1.1 Die Macht der Gedanken

Wie Du Deine Gedanken bewusst wahrnimmst, sie steuerst und sie wieder zu Deinem Diener machst!

Achte auf Deine Gedanken, denn sie werden zu Deinen Worten.
Achte auf Deine Worte, denn sie werden zu Deinen Handlungen.
Achte auf Deine Handlungen, denn sie werden zu Deinen Gewohnheiten.
Achte auf Deine Gewohnheiten, denn sie bilden Deinen Charakter.
Achte auf Deinen Charakter, denn er wird zu Deinem Schicksal!

– Charles Reade (1814–1884) –

Gehaltene Gedanken können letztendlich zu deinem Schicksal werden! Eine neue Idee in Deinem Leben entspringt immer Deinen Gedanken und der erste Gedanke ist immer die Grundlage vor einem ersten Schritt in neue Lebensbereiche wie Hobbys, Berufswahl, Dein Äußeres oder Gewohnheiten. Alles in Deinem Leben, was Dich umgibt, war ein bewusster, unbewusster oder beigebrachter Gedanke oder Glaubenssatz Deines Umfelds. Immer durch Dich ins Leben gerufen.

„Am Anfang war das Wort, und das Wort war bei Gott. [...] Alles ist durch das Wort geworden und ohne das Wort wurde nichts, was geworden ist" (Johannes 1,1–3). Der Gedanke als Ursprung des Wortes, als Anfang unseres Universums und der Welt als Verdeutlichung des biblischen Gleichnisses.

Deine Gedanken erschaffen und verändern Deine, Dich umgebende Welt, immer abhängig davon, wie intensiv Du sie in Deine ausgerichtete oder bewusste Aufmerksamkeit nimmst.

Du bist der Schöpfer Deiner erlebten Welt durch Deine gedankliche Ausrichtung! Sämtliche Bereiche Deines Lebens, die Dir bisher begegnet sind, waren in ihrem Ursprung alle ein in Deiner Aufmerksamkeit lang genug aufrechtgehaltener Gedanke, bevor sie Realität wurden!

Gedanken, besonders in Verbindung mit starken, intensiven Emotionen, erzeugen Deine Zukunft. Sie können erschaffen, Sie können aber auch zerstören. Wünsche und Träume entstehen durch und bestehen aus Gedanken und wachsen durch bewusste, kontinuierliche Aufmerksamkeit, tiefe Emotionen wie Freude und Dankbarkeit und die bildliche Vorstellung zur erlebten Realität.
Es funktioniert natürlich auch über Ängste, Hass und Missgunst, aber ich vermute, das ist nicht Deine gewünschte Realität und Transformation, die Du Dir hier erwartest und erhoffst! Wichtig ist daher immer die positivste Ausrichtung Deiner Gedanken und das Wissen, dass Du nicht Deine Gedanken bist. Du hast einen Verstand und Du hast Gedanken, aber nur durch die Beendigung Deiner Identifikation mit Ihnen erlangst Du die Kontrolle über sie zurück!

Ein enorm wichtiger Grundsatz für Deine Zukunft, den es sich immer und immer wieder zu verinnerlichen gilt: Die Energie folgt stets Deiner Aufmerksamkeit! Habe also durch bewusstes, ständiges Erinnern und Ausrichten auf das Positive so viele gute Gedanken wie nur irgend möglich! Dies ist in vielerlei Hinsicht eine Kernaussage in der Selbstbemeisterung, deren Wichtigkeit Du im Laufe des Kurses immer besser verstehen wirst!

Der Mensch denkt zwischen 60.000 bis 80.000 Gedanken am Tag. Diese Anzahl ist für den bewussten Verstand nicht steuerbar. Der größte Teil davon wird von Deinem Unterbewusstsein für Dich gefiltert, ausgehend von der Wichtigkeit oder den Prioritäten, die Du durch die Ausrichtung Deiner Aufmerksamkeit gesetzt und als Ziel- oder Interessenbereiche festgelegt hast.

Je nachdem, was Dich interessiert oder was wichtig für Dich ist, extrahiert Dein Unterbewusstsein dementsprechend Bereiche aus Gesprächen, Texten und Deiner Umwelt für Dich und lässt Dich diese wahrnehmen. Du kannst dies mit der automatischen Auswahl vergleichen, die zum Beispiel Suchmaschinen im Internet oder YouTube entsprechend Deinen Interessenbereichen für Dich herausfiltert und anbietet.

Mit circa 5 % bewusstem Denken erleben wir nur die Spitze unserer Gedankenwelt, denn 95 % laufen unterbewusst ab! Werde Dir hierbei der Wichtigkeit Deiner bewussten Gedanken klar! Du kannst es mit dem Autofahren vergleichen. Diese 5 % sind Dein Lenker am Steuer, mit dem Du die geballte Kraft und möglicherweise nicht sofort zu stoppende Wucht Deines Wagens oder Unterbewusstseins lenkst, um letztendlich an Dein Ziel zu gelangen. Der Wagen fährt nicht ohne Fahrer, aber der Fahrer auch nicht ohne den Wagen. Die Kraft des Wagens muss gemeistert werden, genau wie die Kraft Deiner Realitätserschaffung, um das zu erleben, was Du erleben möchtest.

Dieses Fahrzeug, Dein Unterbewusstsein oder eben auch die Kraftquelle Deiner Manifestationen folgt unerbittlich der Bewegung Deines Lenkrades. Du kannst Deinen Wagen auf der Straße Deiner Träume halten oder auch abrupt in den Graben lenken, je nach dauerhafter Ausrichtung Deiner Gedanken. Das ist die Macht der Lenkung Deiner Gedanken, ihrer Kontrolle und die Selbstbemeisterung als erster Schritt!

Bewusste Gedanken:

Für diese 5 % Deiner Gedanken, also Deine bewussten Gedankengänge verbunden mit ihren dazugehörigen Emotionen, gilt es also so vollkommen wie nur möglich die Kontrolle zu übernehmen, um die Auswirkung und den Verlauf Deiner gewünschten Lebensgestaltung beeinflussen zu können und Deinem Unterbewusstsein die gewünschte Programmierung aufzuspielen.

Davon ausgehend, dass Du an Deinem Leben grundsätzlich etwas ändern und es lenken willst, ist das der erste Schritt für Dich, den es nun zu tun gilt!

Erhebe Dich auf diese Weise wieder zum Herrn über Deinen Verstand: Er soll Dir helfen und dienen, er soll aber nicht Deinen Kopf und Dein Leben beherrschen!

Wir brauchen ihn für die logischen Denkvorgänge wie zum Beispiel rechnen, Listen erstellen und um logische Abläufe zu sortieren. Als Freund sollten wir ihn stets mitnehmen, aber um Lebensentscheidungen zu treffen, ist er nicht die richtige Wahl! Kannst Du Deinen unkontrollierten Denker mit der Zeit identifizieren und beobachten, wirst Du erkennen, dass ungefähr 90 % dieser Gedankengänge wirklich nutzlos oder aus der Perspektive des Lebensspiegels sogar schädlich sind. Er vergleicht sich ständig mit anderen, bewertet, urteilt, lästert und muss sich ständig durchsetzen. Du erkennst ihn am besten, wenn Deine Gedanken in die Vergangenheit oder in eine mögliche Zukunft abdriften. Er projiziert Deine meist unbegründeten Ängste in Deine Realität. Wenn Deine Gedanken des Öfteren ihre Herrschaft zurückfordern oder mal wieder gerne ins Negative abdriften, mache Dir stets bewusst, dass Du nicht Dein Gedanke bist. Es gibt da Dein Bewusstsein, Dein inneres Selbst und die Seele und es gibt da Dein Ego bzw. Deinen Verstand, Deinen Körper und Deine Persönlichkeit mit ihrem Charakter.

Kehre von Deiner Außenwelt und Deinem Ego-Verstand zurück in Dein Inneres und in Dein Bewusstsein. Kehre zurück als Herr und Ursprung des Verstandes in Deinem Körper. Erst durch diese bewusste Trennung kannst Du Deine negativen Gedanken bemerken und erkennen. Mit dem Wissen um die realitätserschaffende Wirkung lenkst Du sie dann in eine erwünschte, positive und aufbauende Richtung.

Es ist wie so vieles im Leben nur reine Übungssache und wird somit auch oft zur Überwindungssache, denn Dein Ego möchte seine Führung ungern abgeben! Trainiere immer wieder Deine

Bewusstseins- und Ego-Trennung, tu es wirklich jeden Tag, und festige damit Deine Sicherheit in der Behauptung Deines Selbst und sie wird Dir schnell zum Automatismus werden. Du kannst es Dir wie eine alte Waage vorstellen, deren Arme oder Hebel auf der einen Seite „Ego“ und auf der anderen Seite „Bewusstheit“ darstellen. Je bewusster Du das Gewicht – in diesem Fall in Form von bewusster Aufmerksamkeit Deiner Gedanken – auf die Seiten verteilst, desto mehr wird sich die Waage von selbst ausrichten und sich in ihrer bzw. Deiner Mitte einfinden.

Je besser Dir diese Trennung von Ego und Bewusstheit gelingt und Dich somit zu bewussteren, helleren Gedanken und damit zu neuen Erfahrungen führt, desto positiver und mit größerer Hingabe wirst Du sie trainieren. Darin erkennst Du dann auch den wahren Sinn dieser Übungen und findest Deine Motivation durch den bestätigten Erfolg im Leben.

Das dabei entstehende Glücksgefühl und die Freude sind hauptsächlich verantwortlich für die neuen Vernetzungen im Gehirn und etablieren diese Verbindungen, und zwar noch mehr und noch schneller als das geistige Training selbst. Es ist eine Art Belohnungseffekt, der durch chemische Botenstoffe verursacht wird und sich in Dir als Freude widerspiegelt. Du willst mehr davon! Es ist für Dein System jedes Mal ein emotionaler „Glückscocktail“ aus Glückshormonen! Dadurch bekommst Du immer mehr Routine darin und wirst von Tag zu Tag bewusster, welche Gedanken Du in Dein Energiefeld und damit in Deinen Lebenspiegel pulst!

Diese bewusste, trainierbare Trennung von Sein und Ego und die daraus entstehende Selbstkontrolle ermöglichen Dir im Endeffekt zu entscheiden, ob Du selbst Deine Gedanken bestimmst und lenkst oder ob Du von den umgebenden Rahmenbedingungen und äußerlichen Gegebenheiten fremdbestimmt wirst, indem sie konditionierte Gedankengänge in Dir in Gang setzen!

Diese Kontrolle wird insbesondere dann relevant, wenn Dir das Leben Situationen wie zum Beispiel einen Auffahrunfall, eine unschöne Arbeit oder einen launigen Chef liefert. Die gewohnten Reaktionen sind Ärger, negative oder destruktive Gedanken, schlechte Laune und Stress.

Ist das der Film Deiner Zukunft, den Du gerne immer und immer wieder sehen möchtest? Wer zwingt Dich denn zu so einer Reaktion? Du sagst jetzt sicherlich: „Das ist doch normal! Das macht doch jeder so! Sollte ich mich etwa nicht ärgern?“

Hinterfrage das bitte einmal. Es ist nämlich ein erlerntes Verhalten. Aber wozu dient Dir diese Reaktion heutzutage noch? Du befindest Dich schließlich nicht mehr im direkten Überlebenskampf der vergangenen Jahrhunderte.

Was wäre für Dich, Deine Gesundheit und Dein Wohlbefinden die ideale Reaktion? Was bringen Dir Ärger und schlechte Laune? Helfen Sie Dir weiter? Was für eine Zukunft erschaffe ich in diesen Momenten?

Anstatt Dir selbst zu schaden, könntest Du in Deiner Mitte bleiben und durch Deine neu erlernte Selbstkontrolle Deine Gedanken im Rahmen halten, daran wachsen und Dich ausrichten. Diese innere Harmonie wirkt sich äußerst positiv auf Deine Gesundheit aus sowie auch auf die Fähigkeit Deiner Problemlösung und stoppt eine neue negative Realitätsgestaltung in der Zukunft, denn so sendest Du keine neuen negativen Ursachen mehr aus! Das sind ausschließlich positive Aspekte, wohingegen eine gegenteilige Reaktion nur weitere negative Auswirkungen für Dich haben würde.

Zusätzlich wirst Du erstaunt und erfreut die Reaktionen Deiner Mitmenschen erleben, die Du als Belohnung auffassen kannst, denn durch Deine Gedankenkontrolle bist Du der Herr über Deine Reaktionen. Die anderen können dadurch nur von Dir profitieren und lernen oder auch weiterhin gegen sich selbst vorgehen, indem sie in der Negativitätsschleife im Lebensspiegel verweilen, je nach Überzeugung dessen, was sie von sich geben wollen oder worauf sie sich, meist unwissend und unbewusst, ausrichten!

Werde durch eine bewusste Gedankenkontrolle – oder auch Gedankenhygiene – wieder zum Herrn in Deinem eigenen Hause und Körper und übernimm Du die Führung in Deinem Leben. Du solltest jetzt zu Anfang sehr bewusst entscheiden, was Du aus Deiner Umwelt annimmst und wie Du reagierst, sonst ist Dein zukünftiger Lebensfilm nicht in Deiner Hand. Du bist der Einzige, der Deine Gedanken kontrollieren und ändern kann. Installiere Dir einen imaginären „Gedanken-Türsteher“ oder „Gedanken-Wächter“, der aussortiert, welche bewussten Gedanken Du in Dein System lässt. Weise Deinen imaginären Türsteher an, die negativen, pessimistischen und zweifelnden Gedanken zu erkennen und sofort abzuweisen; umgekehrt darf und soll er die Gedanken, die Deinem gewünschten Lebensfilm entsprechen, gern hereinbitten und auf die Liste der Stammgäste setzen, damit Du sie mehr und mehr verinnerlichen kannst.

Durch stetiges mentales Wiederholen (etwas bewusste Disziplin gehört dazu), Freude und ein unterstützendes Wohlgefühl vertieft sich diese Installation bzw. die Einstellung Deines geistigen Bodyguards bis hin zur Gewohnheit. Leichtigkeit, innerer Frieden und ein Glücksgefühl werden schon kurz nach der Übernahme des Kontrollzentrums Deines Denkens ein erster Beweis für Deine aktive Lenkung des Lebens sein.

Auch Beschimpfungen, Anfeindungen oder Rechthaberei anderer Menschen kannst Du gedanklich annehmen oder auch nicht. Ist das für Dich noch schwierig? Würde es Dich zum Beispiel stören, wenn Dich jemand in einer Fremdsprache beschimpft, die Du nicht verstehst? Wahrscheinlich nicht, zumindest nicht massiv, denn Du könntest diese Beschimpfung nicht in konkrete Informationen umwandeln. Insofern ist auch Dein Ego nicht oder nur in geringem Maße verletzlich.

Alles, was von außen, von der Dich umgebenden Welt auf Dich einwirkt, ist wie ein „Geschenk“. Du kannst es annehmen oder aber auch freundlich zurückweisen. Du hast immer die Wahl, wie Du auf etwas reagieren möchtest! Dies ist eine der ersten großen Freiheiten, welche die Selbstbemeisterung mit sich bringt! Durch diese Erkenntnis nimmst Du Dein Ego und Deinen Verstand als Freund mit, befreist ihn aus der Verantwortung Deiner ständigen unnötigen Verteidigung und zeigst ihm die Vorteile einer solchen Lebensführung in wachsender Gelassenheit und innerem Frieden auf!

Sei Dir stets und in allen Situationen bewusst, ob Du die Spiegelungen Deiner Reaktionen oder Gedanken als Dich wieder ereilende Realität haben möchtest.

„Was Du denkst, bist Du! Was Du bist, strahlst Du aus! Was Du ausstrahlst, ziehst Du an!“

– Buddha –

„An ihren Früchten sollt ihr sie erkennen. Sammelt man etwa Trauben von Dornbüschen oder Feigen von Disteln?“

(Matthäus 7,16)

„Denn es gibt keinen guten Baum, der faule Frucht trage, und keinen faulen Baum, der gute Frucht trage.“

(Lukas 6,43)

Zusammenfassung Möglichkeiten Deiner bewussten Gedankenkontrolle:

- Übe Dich täglich in positivem Denken und bewirke durch stetiges Wiederholen – wie bei einem Fitnesstraining – das Wachstum von neuen neuronalen Vernetzungen im Gehirn, die in der Folge in Automatismen übergehen und somit immer mehr von allein ablaufen. Unterstütze Dich selbst dabei, durch die Freude und das Glück nach dem Gelingen einer Gedankentransformation von „negativ“ in „positiv“! Wir haben stets die freie Wahl bezüglich unserer Gedanken. Wie bereits gesagt, fördern Deine Freude und Deine Glücksgefühle Deine neuen Vernetzungen. So wie Du viele Dinge im Leben anfangs in kleinen Schritten bewusst tun musstest, um sie zu meistern – zum Beispiel laufen, schreiben, Fahrrad fahren, Auto fahren etc. –, jetzt komplett automatisiert ablaufen, genauso lässt sich auch das positive Denken installieren!

- Lerne die Grundvoraussetzung bzw. die Fähigkeit, Deinen Verstand und Deine Gedanken mithilfe von Meditation und Atemtechniken zu kontrollieren und zur Ruhe zu bringen. Bewusste Bauchatmung beruhigt sofort das Gemüt; oberflächliche Atmung entsteht durch Stress, Wut oder beim Weinen. Dein Seelenzustand ändert und äußert sich parallel zu Deiner Atmung. Dein Atman spricht durch Deinen Körper. Lenke ihn also bewusst!
- Kehre in ärgerlichen Situationen zurück in Deine Mitte. Es ist, wie es ist. Ohne Bewertung. Ärgern ändert oder verbessert die Situation nicht. Ganz im Gegenteil: Ärger macht alles nur noch ärger! Komme in die Gelassenheit und erschaffe so eine neue Ausgangssituation, starte neu und mache das Beste daraus!
- Bewusstwerdung! Horche in Dich hinein und erspüre: Wer sitzt gerade am Ruder: mein Ego oder mein Selbst? Mache Dir das immer wieder bewusst und behalte im Hinterkopf, dass sich Deine Gedanken und die dazugehörenden Emotionen, je nach Art und Intensität, in ein Geschoss verwandeln können, das letztendlich zu Dir zurückkehrt. Hebe Deine Gedanken bewusst in solchen Schwingungen, die Du in Deinem Leben willkommen heißen willst. Hinweis: Ist die Angst oder der Zweifel in Deinen Gedanken beheimatet, verbirgt sich

dahinter das Ego. Tipp: Übersetze A.N.G.S.T mit „Annahmen negativer Gedanken sind Tatsachen". Wisse: Alle Zukunftsängste sind zu 99 % fiktiv und entspringen dem Ego.

Kraftquelle „Unterbewusstsein"

Das Unterbewusstsein oder das unterbewusste Denken – es sind, wie gesagt, 95 % unseres Denkens – beruht auf Gedankenmustern, Erfahrungen und Gewohnheiten, die sich in unserem Leben ereignet haben oder uns so beigebracht und einprogrammiert wurden. Sie können auch aus dem beschützenden Ego-Denken in Form des Bestrebens, möglichst wenig Herausforderungen meistern zu müssen und keine Veränderungen vornehmen zu müssen, entstehen, um in der eigenen Komfortzone bleiben zu können, je nachdem, worauf Dein bewusstes Denken ausgerichtet und fokussiert war. Darum: Mache Dir wieder und wieder die Macht dieses Werkzeuges bewusst! Es sind schließlich 95 % Deiner Realitätserschaffung, die wir bewusst beeinflussen und programmieren können, die aber meist unterbewusst und damit unbemerkt abläuft.

Um nun Dein Unterbewusstsein neu zu programmieren, musst Du den Fokus Deines bewussten Denkens neu ausrichten, indem Du neue gedankliche Zielsetzungen erschaffst und damit neue neuronale Vernetzungen in Deinem Gehirn entstehen lässt. Werden diese Ideen nun lang genug weiterverfolgt und bewusst gehalten, werden neue Verknüpfungen erschaffen, die dann neue Erfahrungen in Deinem Leben werden, um wiederum neue Gewohnheiten und veränderte Tagesabläufe mit sich zu bringen und damit gewünschte und bewusste Denkvorgänge zu etablieren – als neue Ausrichtung Deines Unterbewusstseins!

Die zweite Möglichkeit ist der direkte Zugriff auf das Unterbewusstsein, was aber nur in bestimmten Gehirnwellenbereichen möglich ist. In den Übungen dieses Kurses zu „Meditation", „Atemtechniken", „Bewusstseinszustände kurz vor dem Einschlafen",

„Affirmationen“ oder auch „Mantras“ wirst Du solche Gehirnwellenbereiche trainieren und erreichen! Es verhält sich gleich wie in der Meditation. Entsprechend der Tiefe Deiner Entspannung und der daraus entstehenden Tiefe Deiner Meditation entsteht die messbare Tiefe Deiner Gehirnwellenbereiche, die Dich in die Gleichschaltung von Herz und Gehirn kommen lässt, um einen bestmöglichen direkten Zugriff zum Unterbewusstsein zu ermöglichen.

Eine weitere Möglichkeit zur Erreichung dieser tieferen Gehirnwellenbereiche ist die Bespielung durch binaurale Wellen und bestimmte Frequenzbereiche. Wobei ich darauf hinweisen möchte, dass durch diese Wellen auch negative oder lenkende Programmierungen und Auswirkungen Deines Unterbewusstseins möglich sind. Vielleicht erkennst Du hierbei auch die mögliche Beeinflussung des Fernsehens, gesetzt den Fall, Du schläfst öfter vor dem Fernseher ein oder schläfst mit Fernsehbegleitung. In Einschlafphasen und Tiefschlafphasen ist Dein Tor zum Unterbewusstsein, das heißt, die Firewall auf Dein System (!) ist komplett offen und nimmt alles auf, was da so hereintrudelt. Dieses mediale „Angst-Programm“ ist mit sehr großer Vorsicht zu genießen! Schau Dir einmal das Spiegelbild der fernsehbeeinflussten Welt im Außen objektiv an: 95 % davon sind Action, Gewalt, Rache, Porno, Hass, Krankheit und Herzschmerz.

Alle Übungs- und Zugriffsmöglichkeiten dienen Dir zur Ausrichtung und Neuprogrammierung Deines unbewussten Denkens in die von Dir gewünschte Richtung, wie zum Beispiel Gefühle, Glück oder Liebe!

Die Gehirnwellenbereiche

- Die Beta-Tabellen sind unser normaler, unbewusster Zustand, der sich von Bereichen der Angst und des Stresses bis hin zu klarer Denkweise erstrecken kann. Je geringer die Zahl, desto ruhiger werden die Gehirnwellenbereiche. Bereiche der Betawellen befinden sich zwischen 38 Hz und 13 Hz. In diesen Bereichen erhältst Du nur in den untersten Bereichen Zugriff auf Dein Unterbewusstsein oder eben die dauerhafte bewusste Ausrichtung Deiner Gedanken.

- Die Alphawellen treten in entspannter und gelöster Grundhaltung auf. Sie sind das Tor zur Meditation und sogenannte Brückenbereiche, um Erinnerungen aus tiefen Meditation-Zuständen mitzunehmen. Diese Bereiche eröffnen uns den Zugriff auf unser Unterbewusstsein und ermöglichen, es neu zu programmieren. Du erreichst sie durch positiv geführte Meditationen, tiefe Atmung und zum Beispiel 108 maliges Wiederholen von Affirmationen oder Mantras. Durch diese Übung und ein Erreichen des Alphawellen-Zustandes schaltet sich unser aktiver Verstand ab und alles, was Du nun ansteuerst, geht direkt ins Unterbewusstsein. In diesem Zustand ist alles, was Deinen Körper bzw. Dein Unterbewusstsein erreicht, für ihn die absolute Wahrheit! Es entsteht eine Herz-Hirn-Kohärenz, in der Du neue Ideen festigen und Programmierungen aufspielen kannst (13 Hz bis 8 Hz).
- Thetawellen: Sie beinhalten teils schon seelische Anteile, Gipfelerfahrungen bei Meditationen, Kreativität und Spiritualität. Sie sind in diesem Kurs das Ziel in den späteren Atemübungen, um Spannungen und Blockaden freizusetzen (8 Hz bis 4 Hz).
- Deltawellen (4 Hz bis 0,5 Hz): Der bewusste Bereich befindet sich im traumlosen Tiefschlaf. Seelische Erfahrungen oder Erleuchtungen sind dort möglich.

(Bei Interesse kannst Du im Internet unter den Stichworten „Gehirnwellenbereiche“, „Gehirnwellenfrequenzen“ oder „binaurale Wellen“ mehr hierzu erfahren.)

Mit diesem Wissen kannst Du nun durch bewusst eingesetzte Denk- und Handlungsweisen oder auch direkt über die Frequenzbereiche Dein Unterbewusstsein lenken, verändern oder gewünschte Neuerungen programmieren, indem Du Dir sie gedanklich, wörtlich oder bildlich in Form von Affirmationen oder im Anschluss durch Deine Meditation einfließen lässt.

Lerne somit, Deine bewusste sowie auch Deine unbewusste Gedankenwelt zu kontrollieren und sie zu ändern und damit dein Leben nach deinen Wünschen zu gestalten. Überflute Deinen Geist mit positiven, optimistischen und konstruktiven Gedanken und Ideen, wie Fülle (in allen Bereichen), Glück, Liebe und Harmonie. Lass Dein Selbst als Herr in Deinem Leben siegen und erwarte diese Spiegelungen in freudiger Dankbarkeit und Erwartung!

„Unser Leben ist das Produkt unserer Gedanken."

– Marcus Aurelius –

„Du wirst morgen sein, was Du heute denkst!"

– Buddha –

„Das Glück Deines Lebens hängt von der Beschaffenheit Deiner Gedanken ab!"

– Buddha –

Affirmationen zu „Gedanken"

Verwende die folgenden Affirmationen – je nachdem, welche Dich im Besonderen anspricht oder welche Dir besonders gefällt, oder auch mehrere Affirmationen – als Übung zur Verinnerlichung. Sprich sie nach der Meditation oder beim Erwachen nach Deinem Wohlgefühl oder beim Einschlafen, um sie direkt in Dein Unterbewusstsein zu schreiben. Der berühmte Erfinder Thomas Alva

Edison programmierte sein Unterbewusstsein auf die Lösung seiner Erfindungen, indem er diese beim Einschlafen affirmierte. Er steigerte diesen Prozess, indem der eine Metallkugel in die Hand nahm, die im Moment des Einschlafens in eine metallische Schüssel fiel um ihn wieder aufwachen zu lassen und dieses Tor zum Unterbewusstsein mehrfach zu nutzen. Am Ende jedes Wochenimpulses zu den einzelnen Themen sowie am Ende des Kurses werde ich Dir dann verschiedene Beispiele mitgeben. Du kannst auch gerne Deine eigenen Affirmationen verwenden. Wofür auch immer Du Dich entscheidest, die Affirmationen sollen Dir als positive innerliche Bejahung dienen und Dir somit als Bekräftigung bei Deiner Ausrichtung helfen!

- Ich bin zu jedem Zeitpunkt des Tages der Herr meiner Gedanken!
- Ich richte meine Gedanken stetig auf die höchsten Schwingungen, auf Glück und auf Liebe aus, was auch immer mich zu stören versucht!
- Ich bin die unbesiegbare Wache über meinen Verstand, meinen Körper, mein Heim und meine Angelegenheiten!
- Ich selbst bin die einzige Gegenwart und Intelligenz, die hier handelt!
- Ich bin die bewusste Ausrichtung meiner Gedanken auf den Gegenpol dessen, was mich stört und schmerzt, um die Aufgaben des Lebens zu erkennen und zu lösen und um nur noch Positives in mein Leben zu ziehen!
- Ich wähle jetzt bewusst meine Gedanken, wissend um ihre Kraft, meine Zukunft in die für mich optimalen Bahnen lenken zu können!
- Ich bin, was immer ich wünsche zu sein oder zu erschaffen!

1.2 Die Macht der Gewohnheiten

Wie dargelegt wurde, kannst Du durch die Führung und die Änderung Deines bewussten Denkens Dein Unterbewusstsein und damit auch Dein Handeln und Deine Gewohnheiten beeinflussen und verändern.
Mit diesem Wissen kannst Du jetzt aber auch Deinen Blickwinkel ändern, um Deine Dir nicht dienlichen Gewohnheiten als Auswirkung Deiner unbewussten, nicht förderlichen Gedanken als Ursache zu erkennen!

Auf diesem Wege kannst Du jetzt zusätzlich Deine begrenzenden, abträglichen Gewohnheiten und Gedanken ans Tageslicht bringen, sie loswerden und sie am besten in für Dich förderliche Gedanken und Gewohnheiten transformieren! Zum Beispiel könntest Du das abendliche Fernsehprogramm gegen einen gemeinsamen, liebevollen Abend, ein aufbauendes Buch, ein Training oder eine Meditation eintauschen.

Dein Ego wird in der Zwischenzeit massiv und ausdauernd an alten Gewohnheiten festhalten, weil es, wie bereits erwähnt, gestützt von Erfahrungen und Tatsachen (Dinge, die bereits auf diese Weise getan wurden und von Dir selbst, einem Großteil Deines Bekanntenkreises und Deines Kulturkreises oder Deiner Religion) lebt und infolgedessen einen (vermeintlichen) „Sicherheitsbereich“ oder eine „Komfortzone“ für uns erschaffen hat, in dem bzw. in der uns „erfahrungsgemäß“ nichts passiert und in denen wir gut zu leben oder auch einfach nur zu überleben vermögen.

Doch das Leben soll kein reines „Überleben“ sein und es wird Dich immer wieder darauf aufmerksam machen. Nur muss man die Sprache des Lebens verstehen. Das funktioniert durch eigenes Interesse oder durch schmerzhafte Erfahrungen. Die Macht und die Stärke des nicht identifizierten Egos und der Gewohnheiten kannst Du in der Rückkehr von Menschen in beklemmende, selbst den Körper und die Psyche schädigende Situationen erkennen, wie zum

Beispiel häusliche Gewalt oder Missbrauch jeglicher Art. Oder in Süchten, in die sich die Betroffenen flüchten. Auch wenn der Körper sich in den höheren Warnstufen meldet oder schon zu zerfallen beginnt, hält das unbeherrschte Ego weiterhin daran fest oder es kehrt in Form von Rückfällen immer wieder dorthin zurück, nur, um Vertrautes aufrechtzuerhalten.

Leben ist immer Veränderung, Wachstum und Überwindung, Neues auszuprobieren. Die einzige Konstante im Leben ist die Veränderung und Wachstum. Leben heißt Dinge, die uns stören und behindern, einfach zu ändern oder loszulassen, den Schutzschild unserer Komfort- und Sicherheitszone abzulegen und aus Altem, Festgefahrenem auszubrechen.

Das Leben ist immer Veränderung! Ohne Veränderung geraten wir in Stagnation, Stillstand und Starrheit. In der Natur bedeutet dies immer ein Absterben. Wir kommen aus der Natur und in uns fließt das Leben wie in jedem Baum, jedem Tier und Lebewesen und sogar Stein. Alles schwingt und besteht im Innersten aus sich bewegenden Atomen. Ohne Veränderung und ohne Wachstum stirbt ein Baum und jede Pflanze. Du kannst es bei einigen Menschen auch schon erkennen, die wie innerlich abgestorben durch ihren Alltag ziehen. Leben ist Veränderung und ein ständiges Fließen wie ein Fluss! Im Fluss mit dem Leben, im Flow sein, es bewegt sich etwas, es fließt! Erkenne diesen Fluss auch als Atemfluss in Deinem am Anfang angesprochenen Atem/Atman wieder! Er kommt und er geht, für kurze Zeit oder ein Leben lang …

Verfallen Menschen in diese Stagnation, ist die Gefahr groß, dass der Körper dies bei anhaltender Ignoranz durch Wachstum in Leibesfülle oder sogar in Form von Zellwachstum bzw. Krebs auszugleichen versucht oder so signalisiert, das Leben doch wieder fließen zu lassen. Die Möglichkeit des Wachstums ist uns in all unseren Seinsebenen und Schwingungsebenen möglich – körperlich, geistig und spirituell!

Als Gegenbeispiel: Schau Dir Menschen höheren Alters an, die sich körperlich, geistig und/oder seelisch betätigen: Das Leben fließt und der Alterungsprozess verlangsamt sich. Bedenke: Der Fluss des Lebens fließt auch als Adern-System durch Dich. Nun spiegle einmal Starrheit und Stagnation hierhinein! Du bekommst „Volkskrankheiten“ wie Arteriosklerose, Herzinfarkte oder Schlaganfälle!

„Die einzige Konstante im Leben ist die Veränderung. Die einzige Sicherheit ist die Unsicherheit. Wenn Du weißt, dass Du mit allem fertig bist (wenn Du Dich erkannt hast), was auch immer da kommen mag, kannst Du Dich beruhigt zurücklehnen und dem Fluss des Lebens vertrauen! Du kannst Dir vertrauen!“

– Allan Watts –

Komm in Dein Vertrauen durch Deine Akzeptanz der nicht existierenden Sicherheit!

Gewohnheiten sind wie nervliche, neuronale Autobahnen. Sie entstanden als kleine Trampelpfade durch neue Ideen und wurden zu Schleichwegen; als diese öfter begangen wurden, entwickelten sie sich dann zu Wegnetzen und Straßen. Als sie regelmäßig begangen wurden, als sie zu Deinem Lebensinhalt und zu fest installierten, gepflegten zeitlichen Ritualen wurden, wurden sie zu Autobahnen in Deinen Verknüpfungen im Gehirn, die dann Dein Leben bestimmten! Genau diese Größenverhältnisse bestehen messbar auch bei unseren neuronalen Verbindungen.

Diese Autobahnen sind zum Beispiel bei Alzheimer Patienten, die so gut wie keine Erinnerung mehr haben, das Letzte, was bestehen bleibt. Sind die Erinnerungen an die Verwandten vergangen, existieren gewohnte Abläufe des Tages und Handlungen, die im Leben als Gewohnheit installiert wurden, weiterhin.

Verinnerliche Dir diese Bedeutsamkeit und Tiefe von fest geschaffenen Lebensgewohnheiten, die Du jetzt wissentlich und bewusst schaffen kannst, im Wissen um ihre Nutzung für Dein gesamtes Leben – für Deine Gegenwart wie auch für Deine Zukunft. Diese neuronalen Verknüpfungen bzw. Gewohnheiten können von Dir genau wie die positive Ausrichtung der Gedanken geübt, bewusst trainiert und in eine gewünschte, förderliche Richtung gelenkt werden. Die Wissenschaft bestätigt: Nach 21 Tagen Wiederholung in Abfolge hat sich eine neue Gewohnheit als „Schleichweg" installiert.

Alte Gewohnheiten werden durch neue ersetzt, welche sich dann als neue Auswirkung mit entsprechenden Ereignissen in Deinem Leben zeigen werden. Daher sind die neuen Übungen in einem Block von 3 Wochen bzw. 21 Tagen geplant, um Dich leichter in eine Installation dieser neuen Gewohnheit kommen zu lassen, vorausgesetzt, Du nimmst sie an.

Wisse, dass Dir Deine bewusst gesetzten Gewohnheiten zum Erreichen Deiner Ziele oder zu Lebensveränderungen dienen, indem Du sie in die für Dich erwünschte und erstrebenswerte Richtung lenkst. Mithilfe dieses Wissens wirst Du die Fokussierung auf Dein Ziel besser beibehalten können und es wird Dir leichterfallen, sie bis zur Zielerreichung weiterzuführen. Dadurch wirst Du Deine voraussichtlich wachsenden Idealvorstellungen immer weiter anpassen können.

„Die Gewohnheit ist so mächtig, dass sie uns selbst aus dem Bösen ein Bedürfnis macht!"

– Théodore Simon Jouffroy –

Die Änderung von Gewohnheiten

Die Änderung von Gewohnheiten erfolgt meist erst nach der Erkenntnis, dass diese Dir nicht mehr dienlich, ja vielleicht sogar schädlich sind. Frage Dich – Dich selbst, nicht Dein Ego (!) – bei jeder Gewohnheit in Deinem bisherigen Leben, die Du anzweifelst: Will ich (mein Bewusstsein, nicht mein Ego!) das jetzt wirklich so tun oder ist das eine Gewohnheit des Egos, die es zu ändern gilt? Will ich wirklich rauchen oder tue ich es nur aus Gewohnheit? Will ich jetzt wirklich vor dem Fernseher liegen und meiner Realität entfliehen, anstatt mir mein Leben direkt und nah anzusehen (statt „fernzusehen“)? Dient es mir zu irgendetwas? Wer will das jetzt? Mein Ego oder mein Bewusstsein? Passt dieses Verhalten noch zu mir, meinen neuen Zielen oder zu dem Leben, das ich mir wünsche? Fördert und inspiriert es mich oder bremst oder lähmt es mich gar? Wovon lenkt es mich eigentlich ab oder wovon will ich mich (unbewusst) ablenken?

Sei ehrlich, objektiv und entlarve Deine zu ändernden Gewohnheiten. Hast Du sie erkannt, kannst Du sie einfach loslassen und bewusst nicht mehr tun oder Du ersetzt sie durch eine neue, Dir förderliche Gewohnheit. Doch sei Dir bewusst, dass Du diese Veränderung sein musst! Eine nach der anderen.

Niemand anderes kann alte Gewohnheiten für Dich ändern, das kannst nur Du oder das Leben, wobei die zweite Variante meist mit körperlichen und/oder seelischen Schmerzen verbunden ist. Diese Veränderung beginnt wiederum als Gedanke in Dir! Im Außen kannst Du alte Gewohnheiten nicht ändern. Ändere Dich und Deine mentale Einstellung, dann ändern sich auch Deine Gewohnheiten und die Veränderung im Außen wird automatisch folgen.

Sei Du selbst Dein ersehntes, befreiendes Wachstum in Richtung Deines wahren Seins durch das Justieren Deiner Gedanken, Deiner Emotionen und Deiner Gewohnheiten. Geh raus aus der Opferrolle, aus dem ewigen Jammern und befreie Dich von dem Gedanken, die anderen seien schuld, denn so gibst Du Deine Macht zur Veränderung ab! Niemand außer Dir ist verantwortlich für Dein Leben und ändern kannst nur Du es! Immer nur Du und immer nur jetzt! Meisterst Du Dich selbst, meisterst Du Dein Leben, fortschreitend und in allen Bereichen!

„Schlechte Gewohnheiten sind die Fesseln des freien Menschen!"

– Ambrose Gwinnett Bierce –

„Wir erschrecken über unsere eigenen Sünden und Gewohnheiten, wenn wir sie an anderen erblicken!"

– Johann Wolfgang von Goethe –

„Du musst Dein Ändern leben"
(um Dein Leben wirklich zu ändern)

– Rainer Maria Rilke –

Affirmationen zu „Gewohnheiten"

- Ich bin die Loslösung und Befreiung aus alten, festgefahrenen Gewohnheiten, die ich nun erkannt habe und vollkommen auflöse!
- Ich bin die Veränderung in meinem Leben, die jetzt durch die Installation neuer, förderlicher Gewohnheiten beginnt!
- Ich bin die Erschaffung neuer Gewohnheiten, um mein Leben wirklich zu bereichern!

1.3 Die Kraft der Emotionen und der Worte

Worte und Emotionen verstärken die Auswirkung unserer Gedanken enorm. Wir pulsen sie entsprechend ihren Frequenzen in die energetische Welt, oft unwissend um ihre Macht und ihre Wirkung.

Wir besitzen allein durch sie die Macht und die Kraft, unsere Mitmenschen zu beeinflussen, sie zu streicheln und zu erheben oder sie zu verletzen oder gar zu vernichten! Wir beeinflussen mit ihnen unsere eigene Welt sowie unsere Umwelt. Genauso können sie Einfluss auf Dich nehmen, wenn Du sie von anderen annimmst oder Dich in ihre positive oder negative Schwingung ziehen lässt. Oft sind diese Schwingungen auch ohne Worte schon spürbar, zum Beispiel wenn Du Räume oder Orte betrittst, an denen Streit oder Gewalt stattgefunden hat.

Eine Emotion (E-motion: energy in motion) ist in Bewegung gesetzte Energie, die entweder Du oder eben Deine Mitmenschen „energetisch" von sich geben.

Der Gedanke als das stille Wort oder als bildliche Gestaltung im Ursprung vorausgesetzt, wird verstärkt durch unsere jedem von uns innewohnende schöpferische Energie. Er setzt eben diese realitätserschaffende Energie in Bewegung und lässt sie als körperliche Handlung und Realität in unserem Leben in Erscheinung treten und Gestalt annehmen. Gedanken sowie Worte sind meist mit dazugehörigen, gleich schwingenden Emotionen verknüpft. So fällt es schwer, den Hass und die Angst liebevoll zu beschreiben; umgekehrt ist es kaum möglich, in niedrig schwingenden Wörtern von Liebe zu sprechen. Alles hat Frequenzen und resoniert mit dem, was ihm entspricht.

Gedanken und Worte haben so ohne unterlegte Emotionen wesentlich weniger Kraft, Bedeutung und Ausstrahlung. Ein „Ich freue mich riesig" ohne Emotionen und mit ausdruckslosem Gesicht wird keine Wirkung auf den anderen haben und es würde Dir auch keiner abnehmen. Die verstärkende Macht der Emotionen wird ebenso spürbar, wenn wir diese aus erlebten Momenten und Situationen wieder aufkommen lassen, denn die Emotionen sind es, mit denen wir diese positiven oder negativen Erlebnisse in unsere Erinnerung und Seele einbrennen und mit uns tragen.

Die Emotion ist der Stoff, durch den diese Gravur in unserem Inneren Bestand hat. Alles Erlebte Deiner Vergangenheit, was emotionslos verlief, wird keinen Bestand in Deiner Erinnerung haben. Dagegen verbinden wir erlebte Situationen und Bilder, die uns bewegten, stets mit den damals empfundenen Emotionen aus der Vergangenheit. In diesem Wissen solltest Du, wie bei der Gedankenkontrolle, stets Deine Emotionen im Blick haben und versuchen, Dinge, die Du erlebst und nicht gespeichert haben möchtest, nicht auch noch durch aufgewühlte, aufschwellende Emotionen und dauerhaftes Wiederholen zu verstärken. Gehe sofort in eine abweisende, fast gefühlskalte Haltung, um Dich vor negativen Bespielungen Deines Inneren zu sichern. Schließe innerlich die Türen Deiner Gefühlswelt. Es hört sich hart an, aber die Situation wird die gleiche bleiben, ob Du Deine Seele schützt oder nicht. Damit meine ich in entsprechenden Situationen nicht die unterlassene Hilfsbereitschaft, sondern allein die Kontrolle der Emotion. Lebe die Liebe, Gnade, Hilfsbereitschaft und Barmherzigkeit, aber kontrolliere Deine Dich betreffenden Emotionen! Mache Dir in Alltagssituationen bewusst, dass jede Seele eine Wahl für diese Inkarnation getroffen hat und dass auch die entsprechende Situation zu etwas dient!

Autisten und traumatisierte Menschen tun dies unterbewusst, um sich zu schützen, weil sie vorherige Erfahrungen zu tief in ihre Seele dringen ließen. Manches davon bleibt in der Seele über den Tod hinaus. Du hast dieses Wissen und kannst es nutzen, es ist Dein Leben und Du entscheidest, was Du verinnerlichen willst und was nicht.

Willst Du Erfahrungen und Gedanken stärker und tiefer gespeichert haben, dann lass Deinen freudigen, positiven Emotionen freien Lauf! Lebe Deine Freude darin maximal. Öffne Dich und öffne Dein Herz weit und geh bewusst in die höchsten Schwingungen. Lebe verstärkt und jeden Tag alle positiven Emotionen noch bewusster. Finde Deinen eigenen, für Dich schnellsten Weg, Deine Emotionen im Alltag zu heben. Ob nun durch Gute-Laune-Musik, durch Dein morgendliches Wohlgefühl oder mittels bewusster Führung, ist vollkommen egal.

Beachte, welche Gedanken Du durch Worte verstärkst, mit wie viel Emotion Du sie belegst und sie zum Ausdruck bringst, wissend um die Macht, die Du aussendest. Achte auf die Wahl Deiner Worte. Du meinst, das geht doch gar nicht?

Beginne damit und Du wirst sehen, wie Dein System sich durch die Kraft der bewusst eingeführten neuen Gewohnheiten – in diesem Fall der bewussten Wahl Deiner Worte und Emotionen – von selbst umprogrammiert und anfängt, Dich auf gegenteiliges Verhalten – negative Worte, Kritik und schlechte Schwingungen – aufmerksam zu machen. Auch hier kannst Du Deinen imaginären Türsteher platzieren. Dein Unterbewusstsein richtet sich dann automatisch auf dieses Wissen bzw. den aufrechtzuerhaltenden Gedanken aus und unterstützt Dich darin, immer weiter voranzuschreiten! Verinnerliche Dir mit höchster Priorität, dass Du durchgehend Spiegelungen bzw. Karma erschaffst! Die ersten Schritte sind immer wieder bei Dir!

Ein weiser Lehrer sagte einmal, man solle Worte nur zum Heilen, Helfen, Danken oder Segnen benutzen, dann könne nur Gutes zurückkommen. Beginne damit, Worte weise und bewusst einzusetzen, denn Du bestimmst Deine Aussaat auf dem Acker Deines Lebens, und damit auch Deine Ernte! Verwende Worte, wenn sie wahr und freundlich sind und nur wenn der richtige Zeitpunkt dafür ist, aber auch, wenn sie nötig sind. Der Mensch im Allgemeinen ist sich durch das ständige Reden, Plappern, Jammern, Nörgeln und Lästern nicht bewusst, welche Energien er zu sich zieht und zu seinen Mitmenschen aussendet!

Worte können sein wie Waffen, sie können Dich und andere tief treffen und verletzen! Worte können aber auch helfen und heilen, wenn sie wohlwollend, liebevoll, lobend und aufbauend genutzt werden. Sie können einen Menschen erhöhen, stärken und erheben!

Worte und Emotionen haben eigene Frequenzen und Schwingungen, die messbar und fühlbar sind. Spüre einmal für Dich selbst in diese Sätze hinein:

- „Ich liebe dich von ganzem Herzen! Du bist einzigartig und so wunderbar!"
- „Du allein bist schuld, schäme dich!"
- „Ich hasse dich und dein ganzes Sein!"

Spürst Du den Unterschied in Deiner Brust, wenn Du diese Sätze laut liest?

Sei Dir immer bewusst, was Du Dir für Dein Leben wünschst. Mit Hass wirst Du keine Liebe ernten, genauso wenig wie Du mit Weizensaat Kartoffeln ernten wirst!

Schwüre, Zaubersprüche, Eide, Versprechen, Gelöbnisse und Flüche bestehen alle aus Worten in tiefer Emotion und sollten in dieser Form nicht benutzt werden, denn sie binden Dich und andere auf Seelenebene und über das Leben hinaus. Verstehe dies im Bewusstsein der Trennung von Ego und Verstand. All das funktioniert, aber willst Du Seele es wirklich? Der Mensch bindet sich gern aus Angst vor dem Alleinsein mit Brief und Siegel bis auf „Teufel komm raus"! Die Seele ist stets in der Liebe in ihrer höchsten Form mit allem Leben eins.

Eines der wunderbarsten Beispiele für die Benutzung von Worten ist das Segnen, bei dem Du durch das Aussenden eines Segens andere und dadurch auch Dich selbst stärkst und aufbaust. Das Segnen ist eine ausgesprochene Anweisung an das Leben, die gesegnete Person, Sache, Gesundheit, das Essen oder auch Situationen lichtvoller und segensreich zu verändern. Segne wichtige Termine und segne Menschen, mit denen Du Dich im Widerspruch befindest, und alles wird sich positiv und segensreich wandeln!

Jeder Mensch kann und darf segnen, alles und jeden, den er möchte. Auch wenn Dir die Kirche etwas anderes erzählt, kannst Du dadurch höchstens die Macht des Segnens (die Du nicht nutzen sollst) erkennen. Du kannst selbst Probleme, schwierige Situationen, Gespräche oder Beziehungen segnen und damit energetisch anheben. Segnen, als neue Gewohnheit installiert, kann Dein ganzes Leben zauberhaft verwandeln, denn der Segen sollte immer aus dem Herzen und der Liebe kommen und nur seine Form und Gestalt im Wort finden, dadurch erhält er die höchste Schwingung und größtmögliche Wirkung. Würden alle Menschen mehr Segen aus ihren Herzen senden, wäre die Welt nicht mehr die gleiche!! Frage Dich öfter bei Entscheidungen und Handlungen: Wie würde jetzt die Liebe selbst, Jesus oder Buddha Worte und Emotionen wählen? Worte und Emotionen sind mächtig! Mache Dir das immer wieder bewusst und lerne durch verinnerlichte (Wortbedeutung: bewusst-durch-das-innere-Licht) Selbstkontrolle, sie stets in eine aufbauende, positive und die Welt lichtvoll machende Richtung zu lenken. Wähle Deine Worte weise, sie sind Dein Erbe auf dieser Welt!

„Sprache und Wörter sind die Kleidung Deiner Gedanken.“

– Samuel Johnson, englischer Gelehrter und Schriftsteller –

„Täuscht euch nicht: Gott lässt keinen Spott mit sich treiben; was der Mensch selbst sät, wird er ernten. Lasst uns nicht müde werden, Gutes zu tun; denn wenn wir darin nicht nachlassen, werden wir ernten, sobald die Zeit gekommen ist!“

– Brief des Paulus an die Galater, Kapitel 6, Vers 7 –

„Der Mensch gleicht einem Musikinstrument. Beide müssen von Zeit zu Zeit in die Stille gehen, sich ausmitteln und wieder einstimmen, sonst kommen aus beiden nur noch schiefe Töne, die weder allein noch in Gemeinschaft eine Harmonie entstehen lassen können!“

Zusammenfassend lässt sich konstatieren: Die Handhabung Deiner Gedanken, Worte und Emotionen ist im Gesamten relativ gut vergleichbar mit dem Umgang von Strom und Energie. Wir benutzen ihn täglich, um unser Leben zu vereinfachen, und leiten ihn in die Werkzeuge oder Geräte, die wir benötigen oder die er für uns betreiben soll. Er wird dabei durch feste Bahnen und Strukturen in Form von Kabeln geleitet und somit in kontrollierter Form nutzbar gemacht. Offenliegend und frei ist er für den Menschen jedoch eine Gefahr! Genauso verhält es sich mit den Gedanken, Worten und Emotionen desjenigen Menschen, der nicht um die ihnen innewohnende Macht weiß. Manche Bereiche wie das Unterbewusstsein oder Emotionen entsprechen hier den Starkstrombereichen. Durch den kontrollierten, bewussten Umgang mit ihnen können sie alles für uns erleichtern, erschaffen und sogar Wunder vollbringen, und zwar in dem Maße, in dem wir unseren Geist begrenzen oder an ihn glauben! Lassen wir ihnen dagegen freien Lauf, besonders im unbewussten Ego-Zustand, erhalten wir durchgehend schmerzhafte Schläge, die uns mit der Zeit vom Leben trennen können!

Erkenne die Macht der schöpferischen Gedanken in Dir. Du denkst, sprichst laut oder leise und fühlst jeden Moment des Tages. Trainiere so oft wie möglich die ganz und gar positive Ausrichtung Deiner ausgesendeten Schwingungen und lenke somit Deinen schöpferischen Energiestrom in gesicherten Bahnen in die Richtung Deiner gewünschten Realität! Gehe so dauerhaft in die Trennung von Ego und Bewusstsein und erkenne und befreie Dich von negativen, destruktiven Gedanken und Gefühlen. Sind sie da, dann ist das okay, aber dann dürfen sie gehen, wenn Du sie entdeckt und erkannt hast. Du schickst sie bewusst wieder weg. Stoppe die Identifikation mit ihnen. Hänge Dich nicht an ihnen auf, hole sie nicht durch ständiges Erzählen wieder hoch und verurteile Dich nicht, dass Du sie hast! Du wurdest so über Jahre geprägt, sodass sie zu Deiner Gewohnheit und zu Deinem Glaubensmuster wurden. Aber diese Gewohnheiten und alten Überzeugungen kann man ändern. Immer wieder, jeden Tag aufs Neue, kannst Du Dich von ihnen befreien. So werden Deine positiven Gedanken zur neuen Gewohnheit. Der

Aufbruch zu Deiner Reise ist entscheidend. Dieser Weg besteht seit Anfang Deines Lebens, er ist für Dich stets bereit, wenn Du es bist!

Halte diese täglichen Erkenntnisse und Erlebnisse in den folgenden Wochen-Listen fest und mache sie Dir täglich neu bewusst. Du wirst sehen: Dir werden immer wieder neue begegnen!

Wöchentliche Übungen:

Welche Gedanken, Gewohnheiten und Emotionen in Deinem Leben möchtest Du transformieren? Was für Gedanken und Gefühle hättest Du gerne? Lass positive Gefühle aufkommen und sie werden positive Gedanken mit sich bringen! Komm zurück in Deinen Flow und lasse Dein Leben fließen. Wenn Du möchtest, nutze das folgende Schema, das Du für viele Bereiche dieses Kurses sowie auch generell für Dein Leben nutzen kannst:

1. Werde Dir bewusst, wer gerade denkt. Dein Ego oder Dein Bewusstsein?
2. Erkenne, was für gedankliche Ursachen Du in diesem Moment setzt und welche Auswirkungen diese nach sich ziehen.
3. Wenn sie Deiner gewünschten Realität entsprechen, halte und stärke sie. Wenn sie gegen Dich arbeiten und Dir gefühlte Enge oder Schmerz verursachen, finde ihren entgegengesetzten Pol (z. B. Hass vs. Liebe / Mangel vs. Fülle / Angst vs. Mut / Zweifel vs. Glauben, Zuversicht etc.). Transformiere Deine dunklen Gedanken in Licht bzw. hin zum positiven Pol Deines Minuspols. Richte Deine Aufmerksamkeit und Deine Bewusstheit immer wieder auf das aus, was Du erfahren möchtest und liebst!

1) Gedankenliste:

Welche negativen, pessimistischen Gedanken tauchen oft auf und welche negativen Gedanken will ich bewusst loslassen?

-
-
-
-

Welche positiven Gedanken will und werde ich ab jetzt vermehren und pflegen?

-
-
-
-

2) Gewohnheitsliste:

Welche negativen, nicht förderlichen Gewohnheiten entlasse ich ab jetzt aus meinem Leben?

-
-
-
-

Welche mir förderlichen Gewohnheiten installiere ich stattdessen neu in meinem Leben?

-
-
-
-

3) Liste für Worte:

Welche niedrig schwingenden, destruktiven Worte streiche ich ab sofort aus meinem Wortschatz?

-
-
-
-

Welche aufbauenden, mich erhebenden Worte will ich öfter verwenden? Welche werde ich laut und wahrhaftig aussprechen und leben?

-
-
-
-

4) Liste für Emotionen:

Welche für mich schädlichen Emotionen reduziere ich ab heute? Welche will ich schließlich komplett verwerfen?

-
-
-
-

Welche stärkenden, aufbauenden Emotionen darf ich nun vermehrt leben, um die lichtvolle Seite in mir zu erwecken?

-
-
-
-

Tägliche Übungen:

Starte jeden Tag, in dem Moment, in dem Du Deine Augen öffnest, mit Gedankenhygiene. Verwirf Gedanken wie: „Puh, was kommt wohl heute wieder alles auf mich zu? Was muss ich noch alles erledigen?“ Auf dem Handy herumtippen …

Wähle stattdessen bewusst Gedanken wie: „Wie gut kann mein Tag heute noch werden? Welche Wunder werden mir heute noch begegnen? Wie leicht und spielend werde ich meine Aufgaben meistern? Das Leben umarmt mich und trägt mich auf Händen! Ein wunderschöner Tag kommt auf mich zu!“

Wiederhole diese Übung im Verlauf des Tages und richte Dich immer wieder in dieser positiven Richtung aus. Erkenne in jedem Augenblick bewussten Denkens: „Was ziehe ich gerade jetzt, in diesem Moment, in mein Leben?“ Und denke daran: Die schöpferische Energie folgt immer Deiner Aufmerksamkeit!

Affirmationen zu „Worte und Emotionen“:

- Ich bin zu jedem Zeitpunkt die bewusste Wahl meiner Worte und Emotionen!
- Ich wähle nur noch positive Worte und Emotionen, um meine Zukunft positiv zu gestalten!
- Ich bin, gerade jetzt, die vollkommene Transformation meines Wortschatzes sowie all meiner Emotionen zum Positiven!
- Ich bin der alleinige Gebieter über meine Gedanken, meine Gewohnheiten und meine Emotionen!

Beispiele für Segnungen:

- Ich wünsche allen Menschen und der Erde ein Heil- und Ganzsein! Ich segne alle Seelen auf diesem Planeten und alle Seelen, die mich umgeben und mich reifen lassen!
- Ich segne alles, was ich esse und trinke, um es und damit mich selbst noch lichtvoller zu machen!

- Ich segne alles, was ich denke und spreche!
- Ich segne meine Gesundheit und meinen Körper!
- Ich segne alle meine zukünftigen Wege und meine Bewusstwerdung!

Gedankenimpuls für Woche 2

2. Die Akzeptanz Deines Ichs

Nach dem universellen Gesetz von Ursache und Wirkung bzw. der Funktion des Lebensspiegels bist Du allein der Dreh- und Angelpunkt in Deinem Leben. Alles geht von Dir aus und Du, so wie jeder Deiner Mitmenschen auch, bist der Regisseur Deines eigenen Lebens. Du warst bisher der Impuls- und Richtungsgeber für alle Entwicklungen und Erfahrungen, die Dir in Deinem Leben begegnet und zuteilgeworden sind.

Alles in Deinem Leben geht von Deinem inneren Denken und Fühlen aus, deswegen ist es so unglaublich wichtig, dieses zu sortieren und auf das auszurichten, was Du in Deinem Leben haben möchtest, und nicht auf das, was Du nicht möchtest!

Als kleines Kind hattest Du, wie jeder von uns, das perfekte Selbstbild von Dir selbst, ohne Zweifel, Mängel und Einschränkungen. Wir waren damals aber auch vollkommen offen für alles, womit wir konditioniert oder konfrontiert wurden, um es als absolute Wahrheit und Normalität zu akzeptieren. Als unschönes Beispiel sei hier die Beeinflussung von Kindern in ihren ersten sieben Lebensjahren für extremistische Beeinflussungen oder als Kindersoldaten genannt.

Durch viele Bereiche Deiner Erziehung und kulturellen Gegebenheiten beeinflusst, begannst auch Du dieses Selbstbild anzuzweifeln und dann irgendwann als normal zu akzeptieren. Du wurdest zum Beispiel mit anderen Kindern verglichen, an anderen gemessen oder durch Noten beurteilt. Deine Eltern hatten vielleicht zu wenig oder keine Zeit für Dich und es schlich sich ein Gefühl des Nicht-wichtig-Seins oder des Nicht-wertvoll-genug-Seins bei Dir ein. Infolgedessen nahmst Du Dich als „weniger wert“ wahr und fingst an, um Aufmerksamkeit und Liebe zu kämpfen. Daraus entstanden Schuld- und Mangeldenken sowie gewisse Glaubenssätze, die viele Menschen ihr Leben lang mit sich herumschleppen. Dieses gedankliche Gefängnis lässt sich in viele Bereiche unseres Lebens übertragen. Du findest mit der Zeit und im Verlauf dieses Kurses wahrscheinlich viele weitere gedankliche und imaginäre Begrenzungen, also real nicht existierende Grenzen, die uns meist unbewusst übergestülpt wurden.

Fast kein Kind in unserer Gesellschaft entkommt diesen Erfahrungen. Diese Ereignisse erschaffen in unserm Inneren ein schwarzes Loch, das uns auf die Suche nach Anerkennung, Bestätigung und Liebe im Außen schickt, um dort scheitern zu müssen. Alle Dinge im Außen – sei es in der Partnerschaft, im Beruf, in Freizeit und Hobby oder in der Anhäufung materieller Dinge –, mit denen wir uns selbst umgeben, können die innere Leere bzw. dieses schwarze Loch nicht füllen!

Egal wie schnell Du rennst, um äußere Ziele zu erreichen, oder beginnst materiellen Besitz um Dich herum anzuhäufen, Du hast durch diese Zweifel und Mängel als Kind unbewusst begonnen, diese Leere und Mängel zu erschaffen und zu leben bzw. dieses Loch zu graben, und empfängst bis heute die Spiegelungen davon, oft unwissend, warum sie Dir immer wieder gezeigt werden.

Diese innere Wunde kannst Du zum Beispiel durch das Vermehren von materiellen Gütern bei gefühlter Leere und Mangel oder durch das Suchen nach Liebe und der Anerkennung bei anderen Menschen kurzfristig „verbinden“ oder unterbinden, Deine innere Leere aber nicht damit füllen. Allein die Heilung von innen heraus durch Fülle in Deinem Herzen oder die Selbstliebe und Deine Akzeptanz Deines Selbst werden diese Verletzung heilen und schließen können. Du darfst zuallererst den Ursprung dieser Leere als Ursache der Entzündung in Deiner Wunde beseitigen, um die Heilung zu starten!

Viele Menschen, die scheinbar alles erreicht haben, verfallen Süchten, um vor ihrem Schmerz zu fliehen, der trotz allen Erfolgs und trotz aller Anerkennung in ihnen tobt. Sie können nicht wirklich glücklich sein, weil in ihnen diese Leere herrscht! Ein anderes Beispiel sind Millionäre, die trotz ihres großen Vermögens innerlich verarmen.

Nur durch die Selbstannahme Deines wahren Ichs sowie mittels wirklicher Selbstliebe wirst Du dieses innere, schmerzende Loch wieder auffüllen können und innerlich heilen. Hingegen führen alle Äußerlichkeiten zu Abhängigkeiten, wenn Du Dir dessen nicht bewusst bist, und somit zu einer Fortsetzung Deines Irrweges.

Die wichtigsten Punkte Deiner positiven Selbstannahme:

1) Mitgefühl mit Dir selbst

Vergleiche einmal den Umgang mit Dir selbst und wie Du mit anderen umgehst. Du wirst feststellen, dass Du oft mit Dir selbst am härtesten ins Gericht gehst. Auch bei Dingen, die Dich umgeben, kannst Du den Umgang mit Dir selbst gespiegelt betrachten. Wie oft denkst und sprichst Du schlecht von Dir selbst? Meist schlechter als Du es von irgendeinem Deiner Freunde tun würdest. Bin ich gut genug? Steht mir das überhaupt zu, habe ich so etwas Tolles überhaupt verdient? Das ist Härte gegenüber Dir selbst – wandle sie in Mitgefühl und gönne Dir selbst nur das Beste, vor allem gedanklich, denn nur dann kannst Du das Gleiche an andere weitergeben.

Durch diese früheren Beeinflussungen bist Du oft komplett begrenzt. Höre sofort auf, negativ und begrenzt mit oder über Dich selbst zu reden und zu denken. Jetzt und auch in Zukunft! Benutze niemals niedrig schwingende Worte im Umgang mit Dir selbst!! Du weißt inzwischen um die Macht Deiner Gedanken und Deiner Worte! Frage Dich also lieber selbst: Wo darf ich noch liebevoller mit mir selbst umgehen? Was tut mir gut? Wie gut kann dieser Tag werden? Was ist gut für mich, meinen Körper, meinen Geist und meine Seele? Mache Dir bewusst, wie großartig und wirklich einzigartig Du bist.

Lass Dich einfach mal selbst wieder so sein, wie Du wirklich bist; Zeiten des Stillstandes sind keine „Niederlage“, ganz im Gegenteil: Sie dürfen als willkommene Ruheinsel oder als neuer Startpunkt wertgeschätzt werden. Momente der Ruhe und des Ankommens gehören nämlich genauso zu Deinem Weg! Daraus folgen meist neue und wertvolle Erkenntnisse!

Nutze sie bewusst als Pausen und sammle Kraft, um wieder durchzustarten. Erkenne und finde Dich wieder! Du bist absolut einzigartig und großartig! So, wie Du bist, gibt es Dich nur ein einziges Mal auf diesem Planeten, Du bist ganz speziell und wunderbar! Finde Dich und vertraue auf Deine Intuition. Du bist ein Puzzleteil im großen Ganzen, ohne welches das fertige Gesamtbild aber nie entstehen könnte. Vergleiche Dich nicht ständig mit anderen. Kein Teilchen gleicht dem anderen und doch hat jedes seine Aufgabe. Du kannst Dich selbst nicht annehmen, wenn Du versuchst, jemand anderes zu sein oder darstellen zu wollen. Nur in der Akzeptanz Deiner selbst findest Du die Antwort zu den Fragen: Wer bin ich wirklich? Wo ist mein Platz im Gesamtbild? Akzeptiere Deine Stärken und Deine Schwächen. Dieser Schlüssel zu Dir selbst ist ein Schlüssel zum inneren Frieden, heraus aus der inneren Unzufriedenheit und damit zum Glück! Akzeptiere Deine wunderbare Einzigartigkeit.

2) Vergib Dir selbst!

Lass alles los, weswegen Du Dir Vorwürfe machst! Auch diese Schwingung zieht resonierende Ereignisse in Deine Zukunft. Nämlich eine Zukunft mit weiteren Vorwürfen, Schuld und Schwermut. Lasse alles Vergangene dort, wo es hingehört: in einer nicht mehr änderbaren Vergangenheit. Sie ist definitiv nicht mehr umkehrbar oder veränderbar. Mache Deinen FEHLER zu Deinem HELFER und wachse daran, indem Du Fehler erkennst, sie akzeptierst und sie in Zukunft nie mehr in der gleichen Weise begehst; sie bestenfalls sogar in gegenteiliges Verhalten wandelst! Das ist Dein mögliches Wachstum im Leben und ein Teil Deiner Selbstbemeisterung. Tust Du dies allerdings nicht, werden diese Situationen, die Deine Fehler hervorriefen, immer wieder zu Dir kommen, um Dich darauf aufmerksam zu machen, Dein Verhalten zu ändern. Wirf einmal einen Blick in Dein Leben und schau, welcher Schmerz, welches Leid und welche schönen Momente des Lebens immer wieder zu Dir finden. Was ist Dein immer wiederkehrender Kreislauf? Was darfst Du vielleicht jetzt schon, in dem Moment, in dem Du dieses Buch liest, intuitiv wahrnehmen und erkennen, akzeptieren und verabschieden? Was war gerade Dein erstes Bild oder Dein erstes Wort, das Dir durch den Kopf geschossen ist? Kam Dir spontan ein Gedanke, dann halte ihn fest – und schau ihn Dir genauer an!

Diese Reflexionen über Deine scheinbaren Fehler im Menschsein oder über Deine vielleicht unbewusste, falsche Einstellung zum Leben sind absolut notwendig, um den Hunger Deines inneren Kindes zu stillen und den wiederkehrenden Kreislauf im Lebensfilm (Wochenimpuls „Gedanken“) zu durchbrechen.

Der Sinn hinter diesen Fehlern und Verletzungen durch die entstandene Erfahrung im Menschenleben ist immer die Heilung, die Reifung und Vervollkommnung Deiner Seele, also um Deinen inneren Schatten in Erkenntnis und Wachstum zu transformieren.

Heilung kann durch eigene Vergebung und Nichtwiederholen der begangenen Fehler und Irrwege erreicht werden. Lerne erst Dir selbst zu vergeben und dann im nächsten Schritt anderen zu vergeben. Dieses Thema wird in einem späteren Gedankenimpuls noch einmal wiederholt aufgrund seiner immensen Wichtigkeit! Sei Vorbild und Beispiel, denn Deine Vergebung ermöglicht anderen zu vergeben und zu heilen. Die Vergebung aller Taten durch alle Menschen brächte sofortigen Frieden und Freiheit auf der Welt! Augenblicklich!

Wir sollten diesen ersten Schritt tun. Er verschafft Dir eine erste Befreiung bzw. das Gefühl von Freiheit und Erleichterung als Schritt in Deine Transformation. Nur Du selbst kannst diesen Weg gehen und pflegen, indem Du allen Groll aus Deinem Sein entfernst. In Deinem Lebensspiegel wirst Du dann finden, was für eine großartige Zukunft dadurch auf Dich zurückfallen wird (zur Erinnerung: „Zu-rück-Fall“ als Zufall).

3) Selbstdisziplin

Absolut wichtig für Deine eigene positive Annahme Deines Ichs ist die Selbstdisziplin. Nimmst Du jemanden ernst, der immer nur große Reden schwingt, aber keine Handlungen folgen lässt und einen Großteil seiner Vorhaben schon nach kurzer Zeit abbricht?

Genauso verhält es sich im Umgang mit und im Denken über Dich selbst. Zolle Dir selbst den größten Respekt und genieße die Freude und die Zufriedenheit, wenn Du trotz lustloser oder stressiger Phasen Deine Vorhaben, Deine Trainings- oder Meditationseinheiten, gesunde Ernährung und Übungen so gut wie möglich durchgezogen hast.

Ohne die Selbstdisziplin ist ein Erreichen Deiner Wünsche, das Ändern Deiner Gewohnheiten, ja Deine Transformation in ein neues Leben nur schwerlich möglich! Jede Meisterschaft, auch die über Dein Ego, erfordert einen bewussten, willentlichen Einsatz. Genau hier findest Du das tägliche, stündliche, vielleicht sogar augenblickliche Schlachtfeld zwischen Engelchen und Teufelchen oder Himmel und Hölle Deiner Zukunft. Es geht um die Wahl Deiner Ausrichtung: Wer bekommt Deine Aufmerksamkeit?

Es ist nötig, gerade Deine selbst errichteten Grenzen zu überschreiten und Deine Komfortzone zu verlassen, um Ziele und Träume zu verwirklichen. Habe Respekt vor Deinen Visionen und Wünschen, achte sie als einen wertvollen Schatz und als Gabe und verfolge ihre Umsetzung durch die Arbeit an Dir bis zu ihrer Erreichung! Sonst wird Dich Dein eigenes Unterbewusstsein irgendwann nicht mehr für voll nehmen. Abgebrochene Vorhaben werden dann zu Deiner installierten Gewohnheit und Veränderungen bleiben aus.

Deine neue Gewohnheit sollte die Zielerreichung werden, und zwar so, dass es für Dich immer die idealste Variante des jetzigen Momentes und Deiner Ausrichtung ist, denn auch diese unterliegt immer wieder Veränderungen und vielleicht auch Steigerungen. Fällt es Dir schwer, in bestimmten Momenten Deine Disziplin aufrechtzuerhalten oder eine Übung zu Ende zu führen, denke an:

- den Respekt dem eigenen Wort und Vorhaben gegenüber sowie vor allem den Respekt Dir gegenüber! Du bist der wichtigste Mensch in Deinem Leben!
- die Steigerung Deines Selbstwertgefühls nach dem Abschließen Deines Vorhabens!
- das Hoch- und Glücksgefühl, wenn Dein Sein, Tun und Handeln alle erdachten Ausreden Deines Egos beseitigt und entlarvt hat!

Deine goldenen Regeln zur Selbstdisziplin:

- „Ich tue, was ich mir vornehme, denn ich bin der Schöpfer und Gestalter meines Lebens, nicht mein Ego oder mein innerer Schweinehund!"
- „Ein Mann, der sich selbst besiegt hat, ist ein größerer Held als der, der tausend mal tausend Feinde überwunden hat!" (Buddha)

Werde Dein eigener Held, nur und besonders für Dich selbst!

4) Liebe Deinen Körper!

Erkenne das absolute Wunderwerk Deines Körpers in all seinen faszinierenden Facetten, die für Dich schon zur Normalität geworden sind oder die Dir bis jetzt noch verborgen waren.

Dein Körper ist ein heiliger Tempel, Dein „Vehikel" für dieses ganze irdische Leben, in dem Deine Seele ihre Erfahrungen macht. Respektiere ihn, würdige ihn, pflege ihn innerlich und äußerlich. Er ist Deine Antenne zu Deiner Außenwelt, körperlich und energetisch! Er wird zu Deinem Spiegel Deiner Seelenzustände, wenn Du anfängst, ihn lesen zu können, und er Dich zum Beispiel durch Krankheiten aufmerksam macht, in welchen Lebensbereichen etwas nicht mehr stimmt oder wo ein Ungleichgewicht bzw. ein Energiestau entstanden ist!

In vielen alten Lehren und Naturvölkern sind die Menschen dankbar für ihre Krankheiten, denn sie machen sie auf die Notwendigkeit aufmerksam, etwas in ihrem Leben zu ändern. Jede Krankheit hat einen energetischen Ursprung! Äußerer Druck und Stress zum Beispiel spiegeln sich im Blutdruck, mittels Anspannung und Rückenschmerzen (die Last wird zu schwer) – eindeutig erkennbar als typische Krankheiten unserer Industrienationen und Leistungsgesellschaft.

Erkenne die faszinierenden Bereiche, die Dir Dein Körper ermöglicht. Jeder einzelne Deiner Sinne wie das Sehen, das Hören, das Riechen, das Fühlen und Tasten, das Schmecken sowie auch sämtliche energetische Wahrnehmungen sind ein Wunder!

Schau mal wieder genauer hin und sei dankbar für diese wundervollen Geschenke! Dein Körper schaltet in Millisekunden Nervenimpulse und neuronale Transmitter und steuert mittels chemischer und hormoneller Prozesse Dein Leben für Dich! Er bewegt Dein Blut und versorgt Dich mit Nährstoffen. Er ist ein wundervoller, selbstheilender Organismus, voll von Wundern. Er macht Dich auf seelische Unstimmigkeiten aufmerksam.

Sei dankbar für Dein Geschenk „Körper“, wertschätze ihn als ebensolches und lerne ihn zu lesen und auf ihn zu hören, bis Du ihn idealerweise in Bereichen bewusst selbst lenken und erhöhen kannst, die den meisten verwehrt bleiben. Es ist eine Wahl. Mache nicht immer wieder den gleichen Fehler, die Signale Deines Körpers mittels Symptombekämpfung bzw. Unterdrückung der Krankheitssymptome zunichtezumachen, indem Du stapelweise Medikamente schluckst! Medikamente mögen in Notsituationen notwendig sein, wenn wir unwissend die wahren Ursachen, Handlungen und Änderungen im Leben verpasst haben. Doch noch nie hat ein Medikament wirkliche Heilung gebracht, nur Linderung, bis der Körper Dir erneut Hinweise senden muss. Wirkliche Heilung und Veränderung entstehen, wie alles in diesem Erdenspiel, nur in Innersten!

Ein Sinnbild dazu als Beispiel: Ich sagte anfangs der Körper ist das Vehikel Deiner Seele; dabei fungiert der Verstand als Dein Lenker, Dein Unterbewusstsein als Antrieb und als Motor, während Dein Körper das Auto bzw. die Karosserie ist.

Der eine Autobesitzer nutzt sein Fahrzeug „unbewusst“, er ist sich der Lenkfunktion und der Straßenverkehrsordnung des Lebens nicht wirklich bewusst. Er fährt gehetzt und getrieben durch die äußeren Umstände, die Drehzahlen bewegen sich ständig im roten Bereich, dadurch erzeugt er immer wieder kleinere oder größere Unfälle, Beulen und Schrammen. Wenn möglich, folgen Reparaturen oder es kommt zum Totalschaden. Wenn die Öllampe brennt, wird die Sicherung entfernt, aber kein Öl nachgefüllt, um die Symptome statt die Ursache zu beheben. Das Auto quietscht, ächzt und hat keine Luft mehr in den Reifen, doch dies findet kein Gehör beim Fahrer, der sein Radio überlaut auf Egosender laufen hat und in äußerster Eile ist. Dabei hat er immer die Wahl: Er kann die Hinweise durch die Beschädigungen erkennen, seine Fahrweise ändern und entscheiden, wie lange er sein Auto noch fahren möchte. Dieser sinnbildliche Stress und Ärger sind es letztendlich, die uns die Verweilzeit in diesem Fahrzeug oder Körper verkürzen.

Der andere Autobesitzer kümmert sich um seinen Wagen, pflegt ihn innerlich und äußerlich, fährt bewusst und sorgsam. Dieser Wagen bringt ihn sicher durch das Leben, bis er einen wundervollen, wertvollen, voll funktionsfähigen Oldtimer besitzt, um den andere ihn vielleicht beneiden.

Erkennst Du die Parallelen? Alle Grenzen sind mental oder von außen beigebracht. Im Volk der Hunzas in den Bergen des heutigen Pakistan, wo es das Wort „muss“ nicht gibt, ist das Durchschnittsalter über einhundert Jahre. Legenden von Mönchen und frühen Zeitaltern berichten von einer mindestens doppelt so langen Lebenslänge. Das entspricht nicht unbedingt dem offiziellen Geschichtsunterricht oder was Du glauben solltest. Es geschehe jedem nach seiner Wahl, seinem Verhalten und seinem Glauben.

Auf den Zusammenhang zwischen Stress, unseren Telomeren auf der DNA und der Lebenslänge werde ich im Wochenimpuls 3 noch einmal zu sprechen kommen! Vielleicht wurde uns der geläufige Alterungsprozess und die damit für uns verbundene Normalität des Alterns auch nur übergestülpt. Betrachte doch mal die üblichen Aussagen, die man von älteren Menschen immer wieder hört: „Das ist doch normal ... Diese Zipperlein hat man halt in unserem Alter“ usw. Dies sind hartnäckige Glaubenssätze in den meisten unserer Köpfe. Jeder von uns sendet ununterbrochen seine Gedanken und Glaubensmuster, einzeln und kollektiv. Beobachte das einmal ganz bewusst! Im Übrigen berichtet auch die Bibel von wesentlich längeren Lebzeiten in jener Epoche von ungefähr 120 Jahren als natürliches Lebensalter!

Auch wenn Du jahrelang Deinen Körper ablehnst, nicht wahrnimmst oder vielleicht sogar beschimpfst, hat das Auswirkungen. Ich habe anfangs auf Dr. Masaru Emoto verwiesen, der durch positive oder negative Besprechungen die kristalline Anordnung des Wassers veränderte oder auch die unterschiedliche Haltbarkeit von Reis in Wassergläsern bewies, die entweder mit „Liebe“ oder „Hass“ beschriftet waren (Fotos im Internet). Worte und Emotionen haben, wie gesagt, Schwingungen. Wenn Du diese Fotos gesehen hast mit dem Wissen, dass Dein Körper zu über 70 % aus Wasser besteht, werden Dir gesundheitliche Auswirkungen negativer Besprechungen wahrscheinlich bewusster. Und im Gegenpol erkennst Du vielleicht die Macht von positiven Worten, Affirmationen oder erhebender Musik. Jeder kennt die Auswirkungen klassischer Musik auf Pflanzen – sie wirkt auch bei Menschen.

Liebe und pflege Deinen Körper und baue eine gute, stabile Beziehung zu Deinem wundervollen Werkzeug und Deiner universalen Antenne auf. Er trägt Dich Dein ganzes Leben lang und war Deine eigene Wahl in dieser Inkarnation!

Sei objektiv und verinnerliche, was Deinem Körper wirklich guttut. Lasse ihm gute, lichtvolle Energie aus gesunder Nahrung, richtiger Atmung, genügend Schlaf und Regeneration, Sonnenlicht und körperlicher Fitness zukommen.

Die goldene Regel für Deinen Körper:

„Ich gebe und tue das Beste für meinen Körper und mein Körper gibt sein Bestes für mich!“

Sei objektiv: Was tut mir gut? Was lasse ich in mein System?

- physisch: Wahl der Nahrung, Medikamente usw.
- mental: positive oder negative Gedanken. Welchen Input wähle ich? Was wähle ich dauerhaft? Womit beschäftige ich mich?
- seelisch: Was lässt mich hoch schwingen und was zieht mich runter?

Beantworte Dir selbst diese Fragen immer wieder aufs Neue. Es tut kein anderer für Dich! Du bist Gott in Deinem Körper-Universum aus Zellen und Atomen. Du bestimmst über Dein Erblühen, über Gedeih und Verderb – mit Wort und Tat!

5) Selbstliebe

Je mehr Du Dich selbst liebst, desto größer wird die Fähigkeit, andere zu lieben und diese Liebe nach außen zeigen und schenken zu können.

Je weniger Liebe Du für Dich selbst empfindest oder wenn Du in bestimmten Bereichen gar Selbsthass hegst, desto verbitterter und unzufriedener wirst Du mit Deinen Mitmenschen umgehen, was sich wiederum als Spiegelung zeigen und sich als Bestätigung in deren Verhalten Dir gegenüber bewahrheiten wird.

Deine Selbstliebe muss erkannt, bewusst gelebt und kultiviert werden wie eine junge Pflanze. Du darfst sie nicht immer wieder niedermähen durch Schuld, Sorgen und Ängste, sonst wird daraus kein starker Baum, der Dir und Deinen Liebsten einen Halt bietet. Es geht nicht um Arroganz oder Egoismus, sondern um Liebe, Respekt und Annahme Deines Seins!

Kultiviere Deine Selbstliebe immer mehr durch Deine innere Haltung und stehe zu Dir selbst, vergib Dir selbst für alles aus der Vergangenheit, was Dich belastet, und vergib anderen. Lasse es jeden Tag immer mehr los und starte neu. Es wird heilen!

Überlege einmal, wann und wo Du nur aus Deiner konditionierten egobehafteten Identifikation heraus Wut, Aggression und Zorn als Verteidigung eingesetzt hast für ein sogenanntes „sicheres" Gefühl, anstatt in der Liebe und Freundlichkeit zu bleiben! War es ein lohnender Tausch? Wahrscheinlich ist niemals eine positive Situation daraus entstanden. Lasse Dein Ego immer mehr los. Es will Dich als Menschen verteidigen und recht behalten. Das unbewusste, führende Ego lebt in einer Welt der Dualität anstatt in der irdischen Polarität. Es gibt dort nur richtig oder falsch, keine Abstufungen. Unrecht und Falsch sind immer beim Gegenüber. Erkenne das und frage Dich stattdessen erneut: Wie würde die personifizierte Liebe jetzt reagieren? Du selbst bist die reinste Liebe in Deinem Inneren als Seelenlicht! Wir stammen ursprünglich aus der Liebe.

Führe wieder Dialog mit Dir selbst, mit Deiner Seele, lebe Dein Selbst! Nimm Dich öfter mal selbst in den Arm und sage Dir, wie großartig und einzigartig Du bist! Gehe von Zeit zu Zeit in Dich, finde heraus, welch lichtvolles, faszinierendes Wesen dort wohnt, und wenn Du bereit bist, stelle Dich vor Deinen Spiegel, schau in Deine wunderschönen Augen und sage Dir selbst: „Ich liebe Dich!" Das ist wirkliche Heilung, wenn Du es zulässt und aus Deinem Herzen sprichst! Dann erkennst Du auch im Gegenüber dieses innere Wesen, das vielleicht in seinem Menschen noch andere Ansichten vertritt.

Das ist die ersehnte Rückkehr zu Dir selbst, aus der heraus Du Deine Stärken und Potenziale entdecken kannst, die von den meisten Menschen durch Selbstzweifel und Stress im Außen weggedrückt werden! Lebe und liebe Dein Sein, lebe Deine Stärken und akzeptiere Deine Schwächen, denn sie sind ein Lehrer auf dem Weg Deiner Selbstbemeisterung! Nur Du allein kannst Deine Selbstliebe kultivieren und damit zu Glück und Freiheit gelangen.

„I am what I am, and what I am needs no excuses."

– Song von Gloria Gaynor –

Du kannst von anderen nur so viel geliebt werden, sprich in dem Maße, wie Du Dich selbst liebst und annimmst. Die Selbstliebe wird immer gespiegelt, denn Du kannst Liebe oder Umarmungen nicht annehmen, wenn Du Dich nicht selbst liebst!

Eine wundervolle Parabel aus dem Zen:

Der Vogel der Selbstbefreiung fliegt mit zwei Flügeln. Ein Flügel ist die Selbstanstrengung und Selbstdisziplin, der andere ist Anmut, Liebe und Gnade im Verhalten mit sich selbst. Nur mit beiden Flügeln wirst Du Dich in die Befreiung aus den äußeren

Gegebenheiten zu Dir selbst erheben, hinauf bis zu Deiner inneren Vollkommenheit.

Übung (einmalig): Bitte mache diese Übung jetzt sofort, sonst verliert sie ihren Effekt! Mache diese Übung ohne die anderen Übungen oder den Rest des Wochenimpulses zu lesen.

Nimm Papier und Stift zur Hand und stelle Dir einen Timer auf 5 Minuten. Schreibe einen Text mit dem Titel: „Ich bin ein Apfelbaum“ oder „Ich bin ein Ruderboot“. Wähle ein Thema und schreibe dann 5 Minuten lang alles auf, was Dir intuitiv gegeben wird – halte wirklich alle Bilder fest, die Dir dazu in den Sinn kommen.

Mach diese Übung jetzt! Es sind nur 5 Minuten! Ohne nachdenken, einfach fließen lassen, was Dir in den Kopf kommt! Los geht's!

Ich bin ein Ruderboot! …

Wöchentliche Übungen:

1) Gibt es noch wunde Punkte in Deinem Leben, die es Dir noch zu vergeben gilt? Finde sie und lasse sie nun bewusst aus Liebe zu Dir selbst los, denn sonst kommen sie immer wieder und blockieren Dich in jeglichem Wachstum und Freiheit. Sie sind vergangen, akzeptiere sie, lerne daraus und dann lasse sie gehen! Notiere sie auf einem Extrablatt und wenn Du bereit bist, verbrenne dieses Blatt in einem kleinen feierlichen Ritual als ersten Schritt. Lasse sie bewusst los, akzeptiere sie als abgeschlossen und sie werden beginnen, sich zu transformieren!

Wunde, schmerzhafte Lebenssituationen, die ich mir vergeben, loslassen und nun freigeben darf:

-
-
-
-
-

2) Schreibe eine Liste mit Eigenschaften, die Du an Dir liebst und die Du als Stärken von Dir empfindest. Entdecke vielleicht schon lange Vergrabenes und Verstecktes in Dir wieder! Welche Seiten würdest Du gerne wieder mehr leben und aktivieren? Finde sie und lass sie aufleben!

Seiten, die ich am meisten an mir schätze, respektiere und liebe. Was macht mich aus? Das Beste an mir ist:

-
-
-
-
-

Was darf wieder in mir erwachen, das durch äußere Umstände und Pflichten vergraben wurde?

-
-
-
-
-

<u>Tägliche Übung</u>:

Umarme in ruhigen Momenten oder nach der Meditation imaginär Dein inneres Kind in Gedanken, Dich selbst als Kind, als Du ca. 6 Jahre alt warst. Gib Dir die ganze Liebe, Zeit, Zuneigung oder all das, was Dir damals gefehlt hat und Mangeldenken aufkommen ließ! Frag dieses Kind, was ihm fehlt. Nimm Dir selbst Sorgen und Ängste, die Du dort angefangen hast, Dir selbst aufzubürden. Du, als Seele, heilst Dich jetzt selbst von diesen beigebrachten Dramen, energetischen Gespenstern und Dämonen, die sich in diesem Alter bis zu ca. 14 Jahren bilden. Du nimmst jetzt diese Bürde durch das Erkennen von Dir! Sprich mit Deinem inneren Kind und frage es einfühlsam und liebevoll, was es noch benötigt! Du als Seele bist frei von diesen Dingen und besitzt die Kraft, Deinen Menschen in dieser Akzeptanz zu heilen!

Affirmationen zur „Selbstakzeptanz“:

- Ich bin genug, in jedem Augenblick meines Lebens!
- Ich bin einzigartig und großartig, so wie ich bin!
- Ich bin perfekt, so wie Gott mich schuf!

- Ich vergebe mir selbst und allen Seelen, die mich umgeben!
- Ich bin die Vergebung meiner eigenen Fehler und erkenne ihren Zweck in meinem seelischen Wachstum!

- Ich bin die stetige Umsetzung meiner Ziele und Träume!
- Ich bin der Herr und Meister meines Egos und ich bin der alleinige Gestalter meines Lebens!
- Ich bin dankbar für mein Wunderwerk „Körper“, der mich ein ganzes Leben lang trägt! Er ist mein Freund und treuester Partner!
- Ich gebe das Beste für meinen Körper und mein Körper gibt sein Bestes für mich!
- Ich liebe mich so, wie ich bin!
- Ich bin der Ausgangspunkt für alle Geschehnisse in meinem Leben. Ich liebe mich und strahle es vollkommen aus! Jeden einzelnen Moment in diesem Leben!

Analyse zur einmaligen Übung:

Durch den Anfang „Ich bin …“ wird Dein Unterbewusstsein wachgerufen und Du schreibst in der Identifikation mit dem Baum oder dem Ruderboot. Erkenne die Erlebnisse, Aufgaben und Handlungen Deiner Identifikationen als Deine eigenen, unterbewussten Handlungsweisen und vielleicht sogar seelischen Wege und Aufgaben. Vielleicht kannst Du zur Analyse einen vertrauten Menschen hinzuziehen, der Dich gut kennt. – Hast Du zuerst diese Analyse zur einmaligen Übung gelesen, hat wahrscheinlich Dein Ego mitgeschrieben.

Gedankenimpuls zu Woche 3

3. Vom Stress in die Gelassenheit

Unser idealer Grundzustand als Mensch wäre eine andauernde, energetisierte Gelassenheit, Ruhe, Harmonie und ein tiefer innerer Frieden. Im Gegensatz dazu stehen der Stress und eine in unserer Gesellschaft so weitverbreitete Unzufriedenheit, die sich in Rastlosigkeit und Beklommenheit mit dem Gefühl eines ständigen Drucks widerspiegelt.

Deine Mitte, Dein inneres Gleichgewicht, nennt sich Homöostase und bedeutet einen harmonisch ausgeglichenen Zustand in Dir. Alle Zufuhr von Energie in Form von äußeren Einflüssen, Bildern und Informationen, die in Dein System kommen, muss in der Waage oder im Gleichgewicht mit der Ab- oder Weitergabe der gleichen Menge an Energie stehen.

Im Falle eines dauerhaften Ungleichgewichts, einer Stauung oder bei zu viel Inputs kann ein sogenannter „Overload" entstehen, woraus sich Frust, Unmut, Unruhe und Gereiztheit im Menschsein entwickeln können. Es entsteht Stress!

Diese innerliche Krise oder einseitige Energiestauung ist in allen Lebensbereichen möglich, wie zum Beispiel Beziehungen, Arbeit, Finanzen, überträgt sich meist weiter und führt, wenn sie nicht vorher erkannt wird, zu einem Eskalationspunkt, auch Bifurkationspunkt genannt.

Dies bedeutet eine Gabelung des bisherigen, zur Eskalation führenden Weges in zwei neue Wege oder zwei neue Möglichkeiten. Der alte, bisherige Weg endet hier. Der erste neue Weg ist der der Transformation oder Weiterentwicklung, zum Beispiel durch die Erkenntnis oder die Annahme des Problems und somit die Abgabe der angestauten Energie in die Lösung.

Der zweite Weg ist die Rückentwicklung, der Rückzug oder Rückschritt, um die Spannungen des Overloads abzubauen, um wieder zu sich selbst zu finden und sich seiner selbst bewusst werden zu können. Dieser zweite Schritt spiegelt sich oft in nervlichen Störungen und Krankheiten wider, die dem Menschen mittels des eigenen Körpers aufzeigen – oder ihn sogar dazu zwingen –, eine Auszeit einzulegen und die Situation ändern zu dürfen. Es ist ein Hinweis des Lebens, dass diese Prüfung nicht bestanden wurde und zu einem späteren Zeitpunkt wiederholt wird. Diese heilenden Lösungen finden sich im Leben nur in Form von Weiterentwicklung und Veränderung der Verhaltensweise.

Anhand einer Beziehungskrise wäre zum Beispiel der erste Weg eine beidseitige Erkenntnis und Lösung des zugrundeliegenden Problems, auf welcher Basis dann eine Weiterentwicklung der Beziehung möglich ist. Der zweite Weg wäre eine Trennung und Neuausrichtung mit dem damit verbundenen Leid, bis die neue Beziehung immer ähnliche Probleme mit sich bringen wird, denn letztendlich ziehen wir immer das Gleiche an, was wir ausstrahlen, so lange, bis wir uns weiterentwickeln und neue Frequenzen aussenden.

Woher kommt dieser Stress? Warum haben wir ihn in uns? Was für Vorteile hat er?

Im Stresszustand übernimmt unser Reptiliengehirn die Kontrolle und schaltet in den früher nützlichen Flucht- oder Angriffsmodus. Das Verdauungssystem wird heruntergefahren, die Atmung wird gepresst und eng, die Gehirnaktivität und das analytische Denken und sogar das Immunsystem fahren herunter. Fast die ganze verfügbare Energie fließt in unsere Muskulatur, um fliehen bzw. so schnell wie möglich rennen zu können oder alle Kräfte für den Kampf um das Überleben zu mobilisieren. Voller Ego-Modus im Autopiloten. Zu früheren Zeiten oder in wirklichen Notsituationen eine hervorragende Einrichtung in unserem Körpersystem. Eine ultraschnelle Mobilisierung all unserer Kräfte.

Ein Blick ins Tierreich verdeutlicht Dir die optimale, eigentlich ideale Handhabung von Stress. Eine Gazelle wird gejagt, ihr Körper bringt hundert Prozent Leistung; überlebt sie diese Verfolgung durch ein Raubtier, ist sie in der Lage, wenige Minuten später wieder friedlich zu äsen.

In der heutigen Gesellschaft ist es zwingend „not-wendig", sich bewusst zu machen, dass sich diese Form der Kräftemobilisierung, mit Ausnahme von körperlichen Notsituationen, als Dauerzustand gesehen komplett in allen Bereichen Deines Seins gegen Dich selbst richtet, denn wie vorher beschrieben fährt Dein komplettes Körpersystem herunter! Nicht bewusst erkannt oder nicht abgeschafft, kann der Stress Dich irgendwann vom Leben trennen! Stelle Dir einmal eine dauerhaft gejagte Gazelle vor …

In Phasen des Stresses bzw. dieser Kräftemobilisierung stößt Dein Körper einen Hormoncocktail von Adrenalin, Noradrenalin und Cortisol aus (für Leistung und Schmerzunempfindlichkeit) und hält Dich in ständiger verstandesmäßiger und körperlicher Alarmbereitschaft, die Unruhe, Gereiztheit, einen gestörten Schlaf und Bluthochdruck mit hohen Pulsfrequenzen mit sich bringt. Der äußere Druck spiegelt sich in Deinem Gefäßdruck!

Jede Stresssituation, gleichbedeutend mit der Verneinung des Lebens an sich, die irgendeine Art der Frustration mit sich bringt, hinterlässt im Körper und im Organismus Spuren, die schwer beseitigt werden können. Die Enden Deiner DNA bzw. die Telomere werden durch Stress beschädigt und treiben die Alterungsprozesse in Deinem Körper mit Hochgeschwindigkeit voran! Deine DNA, sprich Deine Zellen ziehen sich bei Stress und Angst zusammen und dies führt zu Verhärtungen im körperlichen System, die sich auf Dauer erst in muskulären Verspannungen, dann in Verengung bzw. Verdichtungen im Blutkreislauf (Schlaganfall/Herzinfarkt) oder in Gewebeverdichtungen bzw. Tumoren zeigen können.

Die inneren, energetischen Blockaden von Stress und Angst lassen das Leben und die Lebensenergie nicht mehr frei durch Deine

Energiezentren, die Chakren und Meridiane fließen und es bilden sich Stauungen, die sich in besagten Krankheiten spiegeln können, um Dich aufmerksam zu machen, dass es einer Änderung Deines Lebensstils bedarf. Erkenne die energetischen Ursachen von Krankheiten.

Jeder Stress, der meist Groll, Kritik und Verurteilung in und mit sich trägt, die Du dann wieder auf andere Menschen wie zum Beispiel einen übel gelaunten Chef wirfst und projizierst, machen Dich durch Anspannungen hart, und ebendiese Härte überträgst Du damit in Dein System! „Wie innen, so außen" heißt es im zweiten der universellen Gesetze. Du bekommst bildlich gesprochen ein hartes oder verhärtetes Herz.

Verbildliche Dir einmal Deine Hand als Dein Herz. Stelle Dir eine Stoppuhr auf ca. 1 Minute und jetzt balle Deine Hand zu einer Faust, so stark, wie Du nur kannst. Du wirst feststellen, dass Du sie kaum noch öffnen kannst. Genau das passiert jedes Mal mit Deinem Herzen, wenn Stress, Groll und Wut in Dir Wohnung nehmen! Es verringert Deinen Kontostand der Dir zur Verfügung gestellten Lebenszeit; so lange, bis Du diese Daueraufträge stornierst.

Zwangsläufig führt das Beibehalten dieser Lebensweise zur Todesursache Nummer 1 in Deutschland. Angst, Stress und Sorgen sind die Freunde unserer staatlichen Rentenkasse. Der Herzinfarkt steht sinnbildlich für eine Kopflastigkeit; der Verstand, unser Ego und unsere Gedanken dominieren und beherrschen unsere Gefühle. Dein emotionales Zentrum zieht sich zurück oder „kollabiert". Im Grunde genommen sind Dein Verstand und der unkontrollierte Gedankenstrom das Einzige, was den Stress in Dir auslöst. Du wirst in jeder sogenannten „stressigen Situation" von außen gesteuert, und zwar nur dann, wenn Du allein es zulässt!!

Der Mensch als Spezies schafft es, sich selbst durch seine Gedanken zu zerfressen, seine Hölle zu erschaffen und sich langsam, aber stetig hinzurichten. Ein einziger kleiner negativer Gedanke, der sich nur durch theoretische, mögliche Zukunftsängste potenziert, kann einen perfekten Tag vernichten, ohne eine eigentliche Veränderung der umgebenden Situation – die Macht der Gedanken in negativer Ausrichtung.

„Angst frisst Seele“ (Buchtitel von Rüdiger Dahlke) und „Angst essen Seele auf“ (letzter Filmtitel von Rainer Werner Fassbinder). Sind Dir diese Sätze möglicherweise geläufig? In einer Studie in Palm Springs wurde dies sogar wissenschaftlich bestätigt. Es wurden die Enden unserer DNA, sprich die Telomere untersucht. Diese sind entscheidend für die Länge unseres Lebens. Es wurde festgestellt, dass hauptsächlich der Stress unsere Telomere wirklich zerfrisst! Ihre Enden lösen sich bei Stress förmlich auf. Sie reduzierten sich verhältnismäßig in dem Maße, in dem der Proband Stress ausgesetzt wurde.

Ebenso wurde bewiesen, dass Menschen, die nur 10 Minuten am Tag bewusst Dankbarkeit empfanden, die Verkürzung der Telomere stoppen und somit den Alterungsprozess stoppen konnten!

Noch beeindruckender ist die Studie mit Menschen, die über einen Zeitraum von 60 Tagen mindestens 5 Tage in der Woche eine halbe Stunde meditierten. Bei ihnen fingen die Telomere wieder an zu wachsen und sich auszubilden! Laut einer Berechnung führte allein diese Versuchszeit von 60 Tagen zu einer Lebensverlängerung von 8 bis 14 Tagen.

Im Grundzustand, in der Homöostase, herrschen in Deinem Kopf immer blauer Himmel und Sonnenschein. Dieser eine kleine Gedanke der Angst oder Sorge über die Zukunft formt sich in Form eines Wölkchens zur Gewitterfront oder löst sich in nichts auf! Du entscheidest und Du erschaffst! Du bist Gott Deines Gedankenuniversums und kannst Deinen Himmel willentlich frei halten, Dein Leben bewusst erhellen und somit sogar Dein Leben verlängern! Es ist eine bzw. Deine freie Wahl!

Bist Du täglich vielen stressigen Situationen ausgesetzt, wie so viele Menschen in unserer schnelllebigen Gesellschaft? Überdenke bitte einmal den Großteil Deiner Stressmomente und frage Dich objektiv: Hat mir der Stress je aus der Situation geholfen? Oder kam die bessere Entscheidung oder die ideale Problemlösung doch erst später in einer ruhigen Minute?

Fange jetzt an zu erkennen, dass in jeder stressigen Situation die Aufgabe, vor der Du stehst, immer die gleiche ist und bleibt, egal ob Du ausrastest oder in Dir ruhst. Du kannst diese Aufgabe mit Wut und Ärger, mit heruntergefahrenem analytischem Denken und Angst angehen oder aber Du siehst das Problem (es ist kein Kontrablem, das Leben arbeitet immer für Dich) als eine Herausforderung des Lebens zur Weiterentwicklung in Deiner Selbstbemeisterung!

In bewusster Ruhe, in Ausgeglichenheit und Gelassenheit, in einem Übergangsbereich von Beta- zu Alphawellen oder in dem Bereich einer aufrechterhaltenen Herz-Hirn-Gleichschaltung (Kohärenz) befindet sich der Mensch im idealen Bereich zur Problemlösung. Das ist Fakt. Es ist auch hier unsere persönliche Entscheidung; die Aufgabe des Lebens bleibt die gleiche. Entscheidungen am Bifurkationspunkt über Weiterentwicklung oder über Rückschritt zurück zum Ausgangspunkt.

Kannst Du mit der Zeit diese Sichtweise einnehmen und in Deiner Mitte bleiben, wird Dir klar werden, dass es nur noch darum geht, die ideale Lösung zu finden und zu realisieren!

Mach Dir selbst klar, dass ein Problem erst durch Deine Ablehnung und Deinen inneren, gedanklichen Widerstand zum Problem wird! Es ist nur eine Situation, die einer Lösung oder eines Auswegs bedarf. Werde Dir klar darüber, dass ein Lösungsversuch unter Stress, der auf Ablehnung basiert, nicht zu einem positiven Ausgang führen kann, da genau diese Ablehnung und nicht die Lösung im Mittelpunkt Deiner Aufmerksamkeit steht!

Allein die Erkenntnis, dass Du selbst in solchen Situationen etwas zu verändern vermagst, dass Du Deine Mitte finden kannst und jederzeit in der Lage bist, die Perspektive zu wechseln, kann schon vieles zum Positiven transformieren.

Dieser Kurs zur Selbstbemeisterung bereitet Dich durch die Wochenimpulse, langsam gesteigerte Abläufe und Entspannungstechniken auf Möglichkeiten zur Kontrolle Deines Stresslevels und die letztendliche endgültige Befreiung von Stress vor.

Zum Beispiel kann die tiefe Bauchatmung bewusst gegen gepresste oberflächliche Stressatmung eingesetzt werden, um innerhalb kürzester Zeit den Stresslevel zu senken; je besser die Bauchatmung trainiert und verinnerlicht wird, desto besser die Ergebnisse!

Die mentale Voraussetzung, dass Dich niemand zum Stress zwingen kann, ist für mich der erste Schritt hin zu mehr Kontrolle, wobei auch hier regelmäßige Übung unabdinglich ist, um sie zu einem Automatismus wachsen zu lassen, der daraus folgt. Die Eliminierung erfolgt letztendlich mit Bewusstheit und der Akzeptanz Deines wahren Seins.

Bei plötzlich auftretenden Stresssituationen, die Dich aus Deiner Mitte bringen wollen, kannst Du Dir zur sofortigen, innerlichen Beruhigung die Gedanken in den Kopf rufen: Ist das Problem wirklich so riesig? Wie würde/werde ich in 10 oder 20 Jahren darüber denken? Wie denke ich darüber auf meinem Sterbebett? Muss ich mich deswegen jetzt krank und kaputtmachen? Hilft mir jetzt Stress? Atme tief in den Bauch und entferne Dich aus der Identifikation mit Deinen Gedanken!

Mache Dir immer wieder klar: Stress ist eine Sünde gegen das Leben selbst, gegen die Freude, das Lachen und die Liebe, die Du in Deinen Lebensspiegel aussendest. Mit Aufrechterhaltung des Stresses richtest Du eine Waffe gegen Dich selbst!! Es sind, wie gesagt, unsere Emotionen, die diese negativen Erfahrungen und Gewohnheitsmuster in uns einbrennen!

Alternativen, um entstandenen Stress und den Druck, den Du vielleicht zu spät erkannt hast und nicht abfangen konntest, durch ein Ventil entweichen zu lassen und ihn somit wieder erfolgreich abbauen zu können, sind:

- Regelmäßige Sport- und Bewegungseinheiten. Bei akutem Stress kannst Du auch, um runterzukommen, kurze, spontane Sporteinheiten (50 Liegestütze / isometrische Übungen oder einen kurzen Sprint) einbauen.
- Spannungen durch bewusste Entspannung ersetzen, z. B. durch Meditation oder Atemtechniken (bewusstes Ausatmen von Spannungen).
- Eine kalte Dusche zwischendurch (der Dopaminspiegel, sprich die Glückshormone, steigt; energetisch gesehen nimmt das Wasser Deine schlechten Schwingungen auf und führt sie ab). Auch den Kopf unter Wasser zu halten, wird Dir helfen, Dich wieder zu zentrieren.
- Entspannende, stimmungsaufhellende oder unbeschwerte Musik hören. Musik vermag Dich innerhalb kürzester Zeit energetisch umzustimmen und Deine Schwingungen wieder zu erhöhen. Aber auch allein den Blick auf etwas Schönem ruhen zu lassen (Tier, Blume, Landschaft, Bild), kann Dich innerlich beruhigen. Habe solche Dinge immer griffbereit in Deiner Nähe, um sie dann zur Verfügung zu haben, wenn Du sie brauchst.
- Gehe in die Dankbarkeit für Dinge, die Du liebst! Richte Deine Gedanken auf Menschen, Dinge und Momente Deines Lebens, die Du liebst, und sei dankbar dafür. Die Dankbarkeit verjagt düstere Gedanken und Stress augenblicklich! Starte Dein morgendliches Wohlgefühl. Singe, summe oder pfeife ein Lied. Singen blockiert augenblicklich Dein Angstzentrum, das auch für den Stress zuständig ist.
- Nimm Dir bewusst Minuten der Ruhe nur für Dich! Mache Dir immer wieder das „Jetzt" bewusst. Du lebst jetzt, in diesem Moment, und nicht in der Vergangenheit oder in der Zukunft! Im „ewigen Jetzt" gibt es keinen Stress!

- Überprüfe immer Deine Perspektive bzw. Deine Einstellung zu dem jeweiligen Problem. Gewinne Abstand! Richte Deine volle Konzentration auf Dich selbst und dann erst auf die Lösung des Problems.

Erschaffe in Dir als langfristigen Schutz gegen den Stress einen imaginären, in Deinem Bewusstsein fest verankerten Rückzugsort oder Deine persönliche Ruheoase. Male sie Dir bildlich aus: eine für andere unzugängliche, uneinnehmbare Festung in Dir, von der aus Du bewusst Dein Handeln und Deine Reaktionen steuerst. Erschaffe sie und male sie mit Liebe und Dankbarkeit aus. In der Mitte Deines Herzens, in der Mitte Deines Seins besteht kein Stress. Stress ist immer nur im Außen und im Verstand! Mit etwas Übung kannst Du diese Ruheoase auch in öffentlichen Momenten nutzen, um Dich wieder in Balance zu bringen.

Kennst Du oder meinst Du, es gab einen gestressten Buddha oder Jesus? Nimm sie Dir diesbezüglich als Vorbild und fange jetzt an, Stress zu reduzieren und zu eliminieren, so gut es Dir nur möglich ist, jeden Tag ein bisschen mehr! Schritt für Schritt. Jeder Weg beginnt mit dem ersten Schritt. Solange Du nicht losläuft, bleibst Du dort, wo Du bist.

Tiefer innerer Friede, Gelassenheit und Ruhe sind Ziele, die automatisch Gesundheit und Glück beinhalten. Welche Stürme und Nöte im Außen auch toben, mache Dir bewusst: Du bist immer Herr Deiner Lebenssituationen, Deiner Reaktionen und Deines Blickwinkels. Übe bewusst im Alltag die Gewohnheit, in Ruhe und Gelassenheit einzutreten, wenn Du es willst! Tausche Härte und Schwere der konditionierten Reaktionen auf negative Situationen gegen Liebe und Leichtigkeit und meistere so alle auftretenden Gegebenheiten des menschlichen Daseins und Dein Leben wird sich komplett wandeln! Denn in diesem Moment verabschieden sich diese Situationen automatisch aus Deinem Leben.

Jesu Jünger sprachen zu ihm:
„Das Königreich [Gelassenheit, Glück, Frieden, Gesundheit im Herzen], an welchem Tage wird es kommen?"

Jesus antwortete:
„Nicht im Erwarten wird es kommen. Sie werden nicht sagen: ‚Siehe hier' oder ‚Siehe dort'. Vielmehr ist das Königreich des Vaters schon ausgebreitet über die Erde [im Inneren des Menschen / im Herzen] und die Menschen sehen es nicht!"

(Logion 113, Thomasevangelium)

Aus meiner Rede zur Selbstbemeisterung von Saint Germain:
„Erlebt ihr dann Schritt für Schritt, wie euch das Vollbringen in der Gelassenheit zu verweilen gelingt, dann beginnt ihr, all diese äußeren Verhältnisse, die euch umbranden, ganz zu vergessen, in einem Gefühl, geborgen zu ruhen in der Umarmung eures mächtigen inneren Meisterselbstes, ohne Begrenzung von Zeit und Raum!"

(33 Reden des Ich Bin/ Godfrey Ray King)

Wöchentliche Übungen:

Notiere Dir 3 Situationen, die Dich im Alltag am stärksten triggern, stressen und aus der Haut fahren lassen. Gehe sie bewusst durch, finde Möglichkeiten und Lösungen für Dich persönlich, die Dich in Gelassenheit verweilen lassen. Notiere sie und bereite Dich mental und seelisch darauf vor, um sie zu meistern. Meisterst Du Dich, meisterst Du diese Situationen, dann wird sich auch Dein Stress in allen anderen Situationen vollkommen auflösen! Mache Dir den „Nutzen" von Stress dabei immer wieder klar.

Welche Situationen im Alltag triggern mich am meisten? Zum Beispiel Verkehr, Arbeit, Familie, Freunde, Pflichten …

-
-
-

Wie kann ich sie auflösen? Kann ich meine Perspektive ändern und wie werde ich mich idealerweise verhalten, wenn diese Situationen wieder auftreten? Wie bleibe ich in meiner Mitte? Was bringen mir Stress und Ärger in diesen Situationen wirklich und wohin führen sie mich tatsächlich?

-
-
-

Tägliche Übung:

Übe immer wieder, im Verlaufe des Tages kurz innezuhalten, 3 tiefe Atemzüge in den Bauch zu nehmen, Deinen Körper zu spüren und herunterfahren! Sage Dir wiederholt: „Ein tiefer innerer Friede durchströmt mich!"

Mache Dir diese Übung auch ohne einwirkenden äußerlichen Stress zunutze, einfach um in die Routine und in die daraus entstehende Gewohnheit zu kommen. Lass Dein wohliges Bauchgefühl Dich durchströmen.

Tägliche Übung:

Fange an, in Bezug auf den Stress bewusst auf Deinen Körper zu hören. Beachte Anzeichen von Stress, die Du womöglich schon als normal zu akzeptieren begonnen hast. Erkenne den „Kipp-Punkt", bevor Du ihn erreichst. Höre und fühle in Deinen Körper hinein, er ist Deine Antenne und sendet Dir wichtige Signale, die Du nicht ignorieren solltest! Beispiele hierfür sind nervöses Zappeln von

Händen oder Füßen, schlechte Laune, Gereiztheit, Nervosität, Aggression, Schuldzuweisungen des Egos bzw. zum Selbstschutz in die Opferrolle schlüpfen usw.

Gehe bewusst aus der Situation heraus, sobald Du sie oder ihre ersten Anzeichen erkennst. Erlebst Du zum Beispiel eine für Dich unerträgliche Situation im Beruf, entziehe Dich ihr durch kurzes Verlassen des Raumes (nutze hierfür notfalls die Toilette), bis Du spürst, dass Du wieder in Deiner inneren Balance bist. Nutze die Bauchatmung, eine (imaginäre) Ruheoase oder was auch immer Dir guttut und Du in diesem Moment benötigst – greife auf das zurück, was Dir am besten hilft oder was Dir in der Vergangenheit schon geholfen hat. Du kennst Deine Seele am besten. Darum wirst Du auch den für Dich optimalen Weg finden.

Affirmationen bei „Stress“:

- Ich bin vollkommene Gelassenheit!
- Ich bin Ruhe und Gelassenheit und ein tiefer innerer Frieden durchströmt mich!
- Ich bin die vollkommene Harmonie in allem, was ich denke und tue!
- Ich ruhe gelassen in meiner Mitte und stehe fest wie ein Fels in der Brandung!
- Ich alleine habe die vollständige Kontrolle über meine Reaktionen und mein Verhalten!
- Ich bin Ruhe und Gelassenheit und ein tiefer innerer Frieden durchströmt mein ganzes Sein. Alles, was nicht wirklich zu mir gehört, fällt augenblicklich von mir ab. Ich bin alleiniger Meister meines Selbst in dieser Situation!
- Ich bin die vollkommene Kraft meiner Selbstkontrolle und entscheide mich bewusst, in jeder Situation vollkommen ruhig und gelassen zu handeln!

- In akuten, plötzlich auftretenden Stresssituationen sage ich zu mir selbst: „Stopp! Stress, bleib draußen! Ich bleibe in meiner Mitte! So ist es!“ Dann schließe ich die Türe zu dieser Situation und spüre den Frieden in mir, der sich wie ein weicher, warmer Mantel um meine Schultern legt.

Block 2

<u>*Zweiter Block / Wochen 4–6*</u>:

Vertiefe Deine Tagesroutine und Deine neuen Gewohnheiten. Erlange durch die Dankbarkeit einen neuen Zugang zu Deinem Herzen, befreie es und öffne es immer weiter. Komme durch Affirmationen, die Kraft des Glaubens und die Kraft der Imagination in Deine ganze Schöpferkraft.

<u>*Übung morgens*</u>:

1) Pflege Deinen Geist.

Gedankenhygiene und Ausrichtung für den Tag, bevor Du aufstehst. Erschaffe Dir Dein Wohlgefühl wie in Block 1 und lasse das Glücksgefühl stetig weiterwachsen, bis ein breites Lächeln Dein Gesicht schmückt. Dann finde 10 Menschen und 10 Dinge, für die Du dankbar bist, sie in Deinem Leben zu haben. Hast Du sie gefunden, segne sie aus Deinem Herzen heraus.

Abschließend sprichst Du Deine positiven Erwartungen für den Tag aus! Wie gut kann mein Tag heute werden? Welche Wunder werden mich heute besuchen? Hülle Dich zum Abschluss in eine imaginäre, energetische Lichtkugel aus reinstem goldenem Licht, um Dich gegen jegliche negative Energie zu schützen! Nimm sie mit in Deinen Tag und lasse sie, wenn nötig, immer wieder neu aufleuchten!

2) Pflege Deine Seele.

Atmung Woche 4:

Nimm wieder Deine ideale Sitzhaltung ein. Atme durch die Nase wie bei der Bauchatmung der letzten 3 Wochen. Tief in den Bauch hinein. Zähle dabei bis 4. Dann halte Deinen Atem für 4 Sekunden. Atme über die Nase aus und zähle dabei innerlich bis 4, indem

Du den Bauch entspannt Richtung Wirbelsäule ziehst. Halte dann wieder den Atem für 4 Sekunden. Wiederhole diesen Zyklus von insgesamt 16 Sekunden. Komme wieder in Deinen Atemrhythmus und spüre in den Atempausen bzw. in dem Halten des Atems die aufsteigende Entspannung und Gedankenstille. Übe Dich wieder für mindestens 5 Minuten, bevor Du in die bewusste 7 Punkte-Entspannung Deines Körpers übergehst.

Atmung Woche 5:

Komme in Deine Bauchatmung und versuche dann die Ein- und Ausatmung auf 7 Zähleinheiten auszudehnen. Einatmen durch die Nase auf 7, halten auf 4, ausatmen durch die Nase auf 7 und dann wieder den Atem halten bis auf 4. Setze auch diesen Zyklus fort, bis ein Rhythmus entsteht, bleibe dabei entspannt und spüre Deine aufsteigende Gedankenstille in den Pausen.

Atmung Woche 6:

Versuche, Deine Atmung auf einen Rhythmus von 4 × 7 Sekunden zu steigern. Bevor Du beginnst, lasse Deine Einatmung in den Bauch noch tiefer werden. Hebe Dein Zwerchfell mit einem langen, maximalen Atemzug noch weiter an und atme noch mehr Luftvolumen ein. Erschaffe neuen Atemraum. Versuche dies nicht verkrampft, sondern im gelösten, gelassenen Zustand. Lasse die Luft langsam durch die Nase strömen bis an Deine noch angenehm empfundene Aufnahmegrenze, versuche sie nicht zu pressen. Lasse die eingeatmete Luft in Deinen Körper sinken und atme danach alle Spannungen und Luft druckvoll durch den Mund aus.

Dann starte Deine 4 × 7-Sekunden-Atmung. Atme die Luft durch die Nase tief auf 7 in Deinen Bauch ein, halte die Luft auf 7, atme die Luft wieder durch die Nase vollständig auf 7 aus, ziehe dabei den Bauch gefühlt ganz zu Deiner Wirbelsäule und dann halte die Luft wieder auf 7. Setze auch diesen Zyklus fort, bis ein automatisierter Rhythmus entsteht. Beginne zu fühlen, wie die Leere der

Atempausen zu einem Gefühl des Freiwerdens von Spannungen in Dir führt, wie ein Ansatz der Erleichterung und Befreiung.
Bildliche Vorstellung zu Deinen Atemübungen:

Wenn Du Deine Atemübungen ergänzen möchtest, stelle Dir vor, wie Deine Lebensenergie durch Deinen Sitz bzw. Dein Wurzelchakra beim Einatmen einströmt und entlang Deiner Wirbelsäule durch alle Chakren aufsteigt bis in den obersten Punkt Deines Kopfes und eine Handbreit darüber in Deinem Kronenchakra. Beim Halten des Atems fließt die Lebensenergie, das Qi oder Prana oder auch Deine unbegrenzte göttliche Energie, nach oben weiter in Dein Kronenchakra und lässt dieses sich wie eine 1000-blättrige Lotosblüte öffnen, aufblühen und erstrahlen. Beim Ausatmen ergießt sich der Nektar dieser Lotusblüte wie eine goldene, reinigende Dusche über Dich, wäscht alles nicht Förderliche von Dir ab und versorgt Dich mental und physisch mit vollkommener Energie, neuem Leben und Licht. Dabei sinkst Du in tiefe Gelassenheit. Beim Halten des Atems wirkt dieser Prozess noch nach, bevor Du wieder neue Lebensenergie mittels Einatmen durch das Wurzelchakra in Dich aufnimmst, indem Du diesen Atemzyklus wiederholst. Es entsteht ein bildlicher Kreislauf. Du kannst Dir den Fluss der Energie durch Dich hindurch auch in der Form eines Torusfeldes vorstellen (auch die äußere Form eines Apfels hat diese Form). Darauf beruht die Energieaussendung jedes Lebewesens, auch die unseres Planeten. Übe und verinnerliche erst das Atmen und dessen Rhythmus, bis Du es in Dir verwurzelt hast, dann erst empfehle ich Dir diese Imagination mit einzubauen.

Die 7 Punkte-Lockerung Deines Körpers

Komm nach der Atemübung in Deine natürliche ruhige Atmung zurück, löse wie in Block 1 Deine Schultern, Deine Fußsohlen und Deine Handflächen, Deine Augenwinkel, die Stirn und den Bereich um Deine Ohren und lasse Deine Zunge und den Beckenboden in tiefe Entspanntheit sinken. Fühle, wie Dein Körper in eine angenehme Schwere sinkt und wie sich mit jedem weiteren Ausatmen alle Anspannung aus Deinem Körper löst. Spüre eine immer tiefer werdende innere Gelassenheit und Entspanntheit, einhergehend mit dem Gefühl des Absinkens Deines Äußeren – dies immer bei möglichst aufrechter Sitzhaltung, als ob Dein Körper alle Spannungen und Anspannung freigibt und sich fallen lässt. Dein Körper sinkt in einen schlafähnlichen Zustand, doch Dein Bewusstsein wird immer weiter, wacher und klarer. Dann gehst Du über in die Meditation. Jetzt kommt Deine vollkommene Seelenzeit!

Vorschlag für die Meditation in Block 2

– Die seelische Verbindung durch Deine Mitte –

Kommst Du nach der 7 Punkte-Lockerung in diesen tiefen, entspannten Zustand, lasse Dich immer tiefer sinken. Wenn Deine Augen noch nicht geschlossen sind, schließe sie jetzt …

Deine Atmung fließt ruhig, sanft und flach. Vollkommen natürlich und entspannt ganz von alleine. Vor Deinem inneren Auge sinkt eine kleine, schwebende Feder vor Dir herab. Langsam, tänzelnd, kreisend und von der Luft getragen. Während Du sie beim Absinken betrachtest, sinkst auch Du in Deinem Rhythmus in eine noch tiefere Entspannung. Du lässt Deinen ganzen Körper tiefer und immer tiefer in die angenehme, wohlige Schwere des Schlafes gleiten, wobei Du geistig voll präsent bist und bleibst. Deine Wirbelsäule dient Dir dabei als unangestrengte Säule. Vollkommene Entspannung durchflutet Dich! Entlasse alle Gedanken wie Vögel aus einem Käfig oder wie Wolken, die der Wind mit sich trägt. Wenn es Dir hilft, sprich und wiederhole dabei ganz langsam das Wort „entspannen" in lang gedehnter Form.

In dem Moment, wenn Deine Feder den Boden erreicht, bist Du absolut sicher, Du fühlst Dich wohl und vollkommen entspannt. Du beginnst den Dich umgebenden Raum in unendlicher Weite wahrzunehmen. Das vorher bestehende Zimmer ist nicht mehr vorhanden, nur noch Weite und Leere. Je mehr Du Dich auf ihn konzentrierst, desto größer und weiter erstreckt er sich. Vor Dir und hinter Dir. Links und rechts von Dir. Über Dir und unter Dir. Verharre dort in diesem Augenblick, bis er sich Dir vollkommen eröffnet. Nimm ihn bewusst wahr und spüre Dich in seine Unendlichkeit, wie ein Universum ohne Sterne. Unbegrenzte, endlose Weite in allen Richtungen in einem angenehmen, friedlichen Schwarz und allen weiteren Farben, die sich Dir vielleicht offenbaren oder zeigen wollen. Fühle diese Weite, nimm sie wahr.

Richte Deine Aufmerksamkeit nun auf Deine Wahrnehmung und Deine Ohren und lausche in diese Weite. Höre nicht nur mit den Ohren, sondern nimm mit allen Deinen Sinnen diese endlose Weite wahr. Erreichen Dich vielleicht Geräusche, nimmst Du sie wahr, aber erkennst gleichzeitig die unendliche Stille des Raumes, die hinter den Geräuschen herrscht und aus der sie ausnahmslos entstanden sind? Hinter und zwischen allen Geräuschen und Worten herrscht diese wahre, wunderbare Stille als ihr Ursprung. Verbinde gedanklich die ewige Weite des Raumes, die Dich umgibt, und die Stille als Ursprung aller Geräusche. Nimm sie wahr! Erkenne diese einmalige Wahrheit in der Wahrnehmung! Atme diese ursprüngliche Weite tief in Dich ein und spüre Deinen Körper. Spüre und fühle jetzt, wie dieser materiefreie Raum Deine körperlichen Abgrenzungen einnimmt und durchdringt und sage Deinem Ego, dass es sich nicht zu fürchten braucht. Für diese Meditation bist Du von Körper und Ego befreit. Du bist reines Sein, geschützt durch das Licht Gottes!

Vor Deinem inneren Auge erstrahlt ein wundervoller, herrlich leuchtender Stern, der sich direkt über Deinem Kopf befindet und Dich in sein Licht hüllt. Er ist nur eine knappe Armlänge von Deinem Scheitelpunkt entfernt. Es ist Dein Seelenstern, der Dich einlädt, Dich nun für ihn zu öffnen. Sein Licht bildet auf magische

Weise eine vierseitige Pyramide, in deren genauen Mitte Du Dich befindest. Es herrscht eine sehr kraftvolle, lichtvolle und schützende Energie in dieser Pyramide, die Du jetzt dankend annimmst. Spüre und atme in sie hinein und nimm sie mit allen Sinnen an. Fühle ihre magische Energie, die immer mehr zunimmt.

Wie ein Observatorium oder eine sich entfaltende Blüte, beginnst Du nun, Dich vom Scheitelpunkt Deines Kopfes energetisch und imaginär nach oben zu öffnen. Immer weiter und größer tut sich das Tor Deiner Wahrnehmung auf. Spüre wie sich zeitgleich Deine energetische Verbindung zu Mutter Erde mit den Körperstellen, die den Boden berühren und die wie durch Wurzeln strömende Energie in Dir aufsteigt, wächst und Dich stärkt. Je stärker diese Energie fließt, desto weiter öffnet sich Dein Kronenchakra, gleich einem Torusfeld, das sich unten einströmend und oben ausströmend weitet und öffnet. Spüre diese Energie von unten nach oben durch Deine Wirbelsäule fließen und damit durch den Mittelpunkt Deiner Lichtpyramide aufsteigen. Wie ein Baum, der das Wasser durch seine Wurzel in seinen Stamm zieht, um es an seine Äste und Krone weitergeben zu können. Erkenne den Lebensbaum in Dir und Dich in ihm. Erkenne und fühle darin den Kreislauf des Lebens in dieser Form. Lasse diese Energie durch Dich strömen und öffne Dich immer weiter für Deine Verbindung nach oben.

Richtest Du jetzt Deine Aufmerksamkeit nach oben, wirst Du feststellen, wie aus Deinem Seelenstern heraus ein Strahl aus reinem Licht beginnt, wie angenehm warmes, flüssiges Gold in Dein Kronenchakra und weiter in Dein Herz fließt. Reine Eingebung und Offenbarung von allem, was Du Dir zu wissen wünschst, wird durch diese Verbindung möglich. Pure göttliche Energie füllt Dein ganzes Sein; Licht und Liebe füllen Dein Herz und den unendlichen Raum. Du spürst eine vollkommene Anbindung und Führung zu Deinem wahren Sein. Vielleicht spürst Du dabei ein leichtes Ziehen nach oben oder ein Strecken Deiner Wirbelsäule. All diese Energien werden ständig durch Deine Lichtpyramide vervielfacht und wachsen fortan in ein Wahrnehmen Deiner wahren Größe als schöpferisches Wesen.

Jetzt erkennst Du die göttliche Linie des Lichts durch alle Deine Chakren, die wie einzelne Planeten in Verbindung exakt und in harmonischer Ausrichtung übereinanderstehen. Sie richten sich jetzt in vollkommener Perfektion mittig aus, werden nun durch das goldene Licht gereinigt und schwingen, jedes exakt in seiner Frequenz, in göttlicher Harmonie und Einklang. Es entsteht in diesem Zentrum aller Chakren eine klare Verbindung – wie über eine feine, aus reinstem Licht bestehende Schnur. Wie ein Pendel, das von der Spitze der Pyramide und dem zentralen Punkt Deines Seelensterns durch das Zentrum Deiner Chakren und Wirbelsäule verläuft. Dort nimmst Du Deine vollkommene, absolute Mitte wahr. In dieser Mitte bist Du in Deinem wahren Sein. Unendlich tiefe Dankbarkeit und Liebe durchströmen Dich durch diesen lichtvollen Kanal und erfüllen Dich! Vollkommenes Glück und ein tiefer innerer Frieden fließen durch Dich hindurch und strahlen über Dein Herz in Deine Umgebung. Ein übermenschlicher, unerschütterlicher Glaube wächst und erfasst Dein ganzes Sein und es entsteht vollkommene Klarheit, dass Du nun Deinen wahren Ursprung erkannt und gefunden hast. Du bist all das, was Du immer gesucht hast, in dieser Mitte von Beginn Deines Seins an. In diesem Zentrum lenkst Du all Dein Tun und Sein in Deinem menschlichen Leben in allen Inkarnationen. Hältst Du dieses Pendel durch Dein Bewusstsein immer in seiner Mitte, lässt Du göttliche Energie fließen. Immer und jederzeit für Dich verfügbar.

Alle Bilder, Visionen und Situationen, die Du in dieser Mitte erschaffst und die Du frei von allen menschlichen Missklängen und Ausschlägen Deines inneren Pendels bewahrst, werden in Deine Realität treten! Fühle diese Mitte. Ziehe vor Deinem inneren Auge diese gerade Linie, entsprechend Deiner Silberschnur, von Deinem Seelenstern bis zu Deinem Herzen und dann weiter zu Deinem Erdstern und lasse das pure Leben, die Liebe und das Licht fließen.

Du wirst von nun an immer, wenn Du diese Zentrierung Deiner Chakren oder inneren Planeten vollziehst, aus Deiner Mitte heraus Kontakt zu Deinem Geistführer aufnehmen können und das Leben selbst durch Dich fließen lassen. Verbinde Dich durch diese Silberschnur mit Deinem höheren Selbst und der geistigen Welt. Genieße dieses Gefühl und die möglicherweise entstehenden Visionen in grenzenloser, dankbarer Freude, solange Du willst, und spüre diese Energie in Deinen Körper fließen, vom Scheitel über Deine Fingerspitzen bis zur Sohle.

In dieser neuen Erkenntnis kehrst Du nun ganz langsam und in Deiner Zeitspanne in Deinen Körper zurück. Entspanne ihn noch mal über die 7 Punkte. Du nimmst jetzt wieder Deinen Platz in Dir und Deinem Körper ein und erlebst Deinen kommenden Tag als vollkommenes Bewusstsein, das sich seine Gedanken und Erfahrungen frei wählen kann. Fühle Deinen Körper. Wackle mit den Fingern und Deinen Zehen und komme zurück in Deinen Raum und Deine Zeit, in der Zeitspanne, die Du benötigst, dann öffne Deine Augen. Du fühlst Dich frisch und voller Energie!

Affirmation:

Erschaffe Deine eigene Affirmation. Sie muss nicht lang und kompliziert sein. Kurz und kraftvoll ist für den Anfang ideal (siehe Wochenimpuls 4.2). Wiederhole sie im Anschluss an Deine Meditation, um das noch geöffnete Tor zu Deinem höheren Selbst und zu Deiner Kraftquelle „Unterbewusstsein“ – Deinem „Manifestationsverwirklicher“ – zu nutzen. Wiederhole sie mindestens 3 mal, besser wäre, sie 9 mal, 21 mal oder sogar 108 mal zu sprechen. Du kannst sie auch in Form eines Mantras singen. Sprich sie aus der Mitte Deines Herzens, als ob der Zustand des Wunsches schon real wäre. Fühle es in freudiger Dankbarkeit als verwirklicht! Erinnere Dich an die Wichtigkeit der Emotionen und damit an das Fühlen der Affirmation!

Pflege Deinen Körper und Deinen Tempel

Gehe nach Deiner inneren Reinigung und Ausrichtung in Dein morgendliches Energiekatapult und die äußerliche Reinigung durch das Kaltduschen oder Eisbaden. Lasse das Element Wasser alle in Dir verbleibenden, negativen Energien mit sich nehmen und abwaschen. Hebe damit Deine Laune und steigere dadurch Deine Motivation für alle anstehenden Aufgaben des Tages.

Übungen nachmittags und abends:

Gönne Dir selbst Deine persönliche Auszeit nach Deinem Alltag und fördere Deine Gesundheit und Fitness mit einer Sporteinheit oder finde Deine Mitte, indem Du in die Natur gehst!

Beginne direkt danach, nachdem Du Deinen Alltag ablegen konntest und in Deiner Mitte angekommen bist, ein Erfolgs- und Dankbarkeitstagebuch zu führen. Was ist Dir heute besonders gut gelungen? Wo lagen heute Deine Erfolge, bezogen auf Dich oder Deine Selbstbemeisterung? Für welche Menschen, Situationen, Dinge und Spiegelungen in Deinem Leben bist Du besonders dankbar? Schreibe alle diese Erfolge auf und halte sie fest. Notiere in diesem Tagebuch gegen Ende jeden Tages alle Dinge, für die Du dankbar bist. Es wird Dein Leben verändern!!!

Vor dem Schlafengehen:

Wenn Du Dich ins Bett legst, reflektiere Deinen erlebten Tag und nimm, falls nötig, mental entsprechende Korrekturen vor. Beginne morgens beim Aufstehen, erlebe noch einmal Deinen morgendlichen Ablauf, Deinen Arbeitstag, alle Situationen, die Dir begegnet sind. Gibt es Erlebnisse, bei denen Du anders hättest reagieren können? Lasse diese Erlebnisse jetzt als „umerlebten" Idealfall vor Deinem inneren Auge ablaufen. Hast Du Dich zum Beispiel geärgert, erkenne die Überflüssigkeit darin und erlebe die Situation in vollkommener Gelassenheit und mit optimalem Verhalten Deinerseits neu. Hättest Du anders reagieren können? Der Körper und Dein Unterbewusstsein können Realität und gedankliches „Umerleben“ nicht unterscheiden. Programmiere es auf Deine positivsten Handlungsweisen und Ausrichtungen im Zustand des Einschlafens. Auf diese Weise nimmst Du diese Umprogrammierung bis in die tiefsten Gehirnwellenbereiche des Tiefschlafes mit und erhältst damit einen direkten Zugang zu Deiner Kraftquelle „Unterbewusstsein“ zur Ausrichtung auf Dein meisterliches Verhalten für eine optimale Zukunft.

<u>Ab Woche 6: Wochenimpuls „Imagination“</u>:

Nach Bereinigung Deines Tages gehe in einen imaginären Kinosaal, nimm Platz und starte den Dich live umgebenden Film Deines Lebenstraums. Lebe Deine erschaffene Filmszene bis ins kleinste Detail mit allen Sinnen und Gefühlen. Erschaffe Deine Zukunft im Schlaf!

Setze Deine Kraftquelle „Unterbewusstsein“ für Dich in Bewegung! Programmiere Dein Leben in die Richtung, die Du für Dich wünschst und erleben möchtest. Der Schlüssel dazu steckt im Tor zum Unterbewusstsein!

Gedankenimpuls zu Woche 4:

4.1 Dankbarkeit

Sie fühlt sich an wie Wärme, Weite und Glück im Bereich unseres Herzens. Man sagt: „Mir wird ganz warm ums Herz“, wenn man sich an Dingen, Situationen oder geliebten Menschen freuen kann!

Dankbarkeit öffnet uns alle Türen und Möglichkeiten, besonders unsere Herzenstüren und fast immer die Deiner Mitmenschen. Sie wird auch „die Schwester der Liebe“ genannt und wir fühlen uns mit ihr im Fluss mit dem Leben. Selbst die Atmung passt sich an und wird in Zuständen der Dankbarkeit gleichmäßiger und tiefer. Durchatmen. Freier werden. Aufatmen. Der Puls beruhigt sich. Freude und Glück steigen auf. Wie im vorherigen Kapitel beschrieben, kann die Emotion der Dankbarkeit sogar Deinen Alterungsprozess verlangsamen.

Dankbarkeit ist eines der mächtigen Werkzeuge für alles, was Du in Deinem Leben willkommen heißen möchtest, und damit ein goldener Schlüssel zum Glück, zu Zufriedenheit, Erfolg und einem erfüllten Leben. Durch die bewusst eingesetzte und gefühlte Dankbarkeit für die Dinge, die Du liebst, hast Du momentan eine Möglichkeit, aufkommenden Frust, Neid oder Ärger auszutauschen und damit augenblicklich Deine Schwingung und Ausstrahlung zu erhöhen, Deine Gedanken ins Positive zu lenken und somit Dein Bild im Lebensspiegel zu beeinflussen!

Wir können sie als frei wählbares Gefühl jederzeit in Anspruch nehmen, um Glück, Freude und ein wunderbares Wohlgefühl in uns aufkommen zu lassen und alle Schatten in uns zu verjagen. In Momenten, in denen das Ego Dich mit Zukunftsängsten und Zweifeln attackieren will, tauche ab in die Dankbarkeit für alles glücklich Machende, was Dich umgibt, und es wird Dich nicht treffen können.

Du kannst sie, wie das meiste im Leben, bewusst trainieren, um sie Dir als Gewohnheit fest zu installieren und damit zu einer Grundhaltung und zu Deinem allgemeinen Seinszustand zu erheben!

Albert Einstein pflegte die Gewohnheit, Dankbarkeitslisten zu schreiben, wissend um die Kraft der Dankbarkeit, auf diese Weise gewünschte Dinge und Lösungen in sein Leben ziehen zu können.

Erst wenn sich Dinge oder Menschen, die wir als selbstverständlich erachtet haben, aus unserem Leben verabschieden, werden wir uns bewusst, welch große Geschenke sie waren und wie dankbar wir für sie sein konnten. Sei es durch liebevolle Gesten und Handlungen, aber auch durch Dinge, die uns schmerzten, um uns etwas aufzuzeigen. Erst wenn die Sonne 4 Wochen am Stück brennt, können wir den Regen wieder wertschätzen. Mache Dir immer wieder Dinge und Menschen im Leben bewusst, die Dein Leben in vielen Aspekten Deines Seins so unsagbar bereichern und Dir auf seelischer Ebene helfen zu reifen. Sei jeden Tag bewusst dankbar dafür! Sogar die Wissenschaft bestätigt die positive Wirkung der Dankbarkeit auf das Gehirn, die Gesundheit und unsere allgemeine Zufriedenheit. Dankbare Menschen sind optimistischer, einfühlsamer und fitter als andere, besonders undankbare Menschen. Sie sind im Allgemeinen heiterer, glücklicher und zufriedener mit ihrem Leben, denn Dankbarkeit macht glücklich!

Dankbarkeit verbessert Beziehungen und senkt Stress sowie Depressionen, denn sie führt Dich, wie im vorherigen Wochenimpuls angesprochen, zurück aus dem analytischen Verstand in Dein Herz und somit in Dein wahres Sein. Herzfunktion und Schlafqualität gingen in verschiedenen wissenschaftlichen Studien allein durch die Dankbarkeit auf der Skala parallel nach oben. Es gibt also viele Gründe, sich die Dankbarkeit als Gewohnheit und als Grundzustand anzueignen.

Ein wunderbarer, funktionierender Ansatz für ein zufriedenes und befreites Leben ist: „Reine Liebe im Herzen, freudige Dankbarkeit für alles, was das Leben bringt (es will Dich langfristig gesehen immer weiterbringen), und verbale Behutsamkeit in Worten und Gedanken! Ohne Wertung und Verurteilung. Reine Neutralität und Akzeptanz in Bewusstheit. Das ist ein Ziel Deiner Selbstbemeisterung und ein Zustand, der keine negative Zukunft mehr verursachen kann!

Stelle Dir dieses Bild in Deinem Lebensspiegel vor, wenn alles Negative mit der Zeit verschwunden ist. Wisse: Je dankbarer wir werden, desto bewusster werden wir. Und andersherum: Je bewusster wir das Leben annehmen, desto dankbarer werden wir. Ein fantastischer positiver Kreislauf und jeder, auch Du, hat den Zündschlüssel, um ihn zu starten.

Tausche Dein meckerndes Ego und den ständigen Jammerlappen in Dir mittels sofortiger bewusster Änderung Deiner Gefühlswelt gegen die Dankbarkeit aus. Du wirst ein berauschendes Wohlgefühl erleben, in dem Wissen, auch in unangenehmen Situationen durch die bewusste Wahl Deiner Reaktionen immer nur wachsen zu können. Schaffst Du dies, erwartet Dich ein Meer an Glück und Dankbarkeit, die sich wiederum in Deinem Leben spiegeln und offenbaren werden.

Es ist wirklich alle Mühe wert, die Dankbarkeit zu üben und auf diese Weise zu verinnerlichen. Kurt Tepperwein drückt es so wunderbar aus: „Meine gefühlte Dankbarkeit verursacht das, wofür ich dankbar bin.“

Um Wünsche zu verwirklichen bzw. zu manifestieren, nutze die Magie der Dankbarkeit: Du wirst genau das in Dein Leben ziehen, wofür Du von ganzem Herzen dankbar bist. Fühle Dich in einen Zustand des „Schon-erhalten-Habens“, fühle, es schon zu besitzen oder in Händen zu halten, und sei bereits mit großer Dankbarkeit davon erfüllt! Erlebe in Gedanken diesen Zustand, als sei er schon real. Wiederhole dies immer und immer wieder und es wird in Dein Leben treten!

Die Kombination mit einer Affirmation als Verstärkung folgt gleich im nächsten Kapitel. Doch es sind die gefühlten Emotionen, die Dich wirklich stärker wirken lassen. Es gibt so unendlich viel, wofür wir dankbar sein dürfen, falls Du Dich gerade fragen solltest, wofür Du denn wirklich dankbar sein kannst. Vom Moment des morgendlichen Aufwachens bis zum Einschlafen am Abend bist Du umgeben von unendlich vielen Dingen, die Dein Leben bereichern und erleichtern, wenn Du nur allein 50 oder auch 100 Jahre in die Vergangenheit blickst!

Allein wenn Du Deine Augen öffnest, kannst Du dankbar sein, sehen, riechen, hören und fühlen zu können. Du kannst dankbar sein für Deinen wunderbaren Körper mit allen seinen Funktionen. Du kannst dankbar sein für Deinen Verstand, für Deinen Geist und für Deinen freien, göttlichen Willen. Du kannst dankbar sein für das Wissen, jederzeit willentlich wählen zu können, was Du für Dein Leben möchtest. Du kannst dankbar sein für jeden Moment, in dem Du agieren und reagieren kannst und darfst.

Sei dankbar für Dein Leben, die Wahl der Inkarnation und die Möglichkeit, Dich körperlich, seelisch und geistig in dieser Inkarnation weiterentwickeln zu dürfen, mit denen Dir immer klarer werdenden Möglichkeiten Deiner Dir von Gott gegebenen Kräfte! Sei dankbar für Deine Gesundheit, aber auch für Deine Krankheit, denn sie zeigt Dir auf, dass es Dinge im Leben zu ändern gilt! Ich zum Beispiel bin unsagbar dankbar für den Herzinfarkt in meinem Leben, denn er war der Startschuss in ein neues Leben! Sei dankbar für die schmerzhaftesten Erfahrungen in Deinem Leben, denn diese sind es, die uns am meisten wachsen lassen. Schwere Krankheit, Trennung, Abschiede, Leid und Tod haben uns oft rückblickend, mit etwas zeitlichem Abstand, die bedeutendsten Erkenntnisse und Weisheiten des Lebens gebracht, genauso wie Herausforderungen und Probleme, die wir lösen durften!

Sei dankbar für die Menschen in Deinem Leben. Für Deine Familie, für Deine Freunde und Arbeitskollegen, aber auch für Deine Feinde, die Dich stärker werden lassen. Jeder von ihnen hat die Aufgabe, Dir Dinge im Leben aufzuzeigen und zu spiegeln, an denen

Du wachsen darfst und erkennen kannst, wo Deine Stärken, aber auch Deine Schwächen liegen. Sei dankbar für den Wohlstand, für das Essen und Trinken jeden Tag, für fließendes Wasser, für Strom, für Dein Bett, für Dein Auto und für alles, was uns dieser Tage so selbstverständlich geworden ist. Kostbare Geschenke, die viele Menschen nicht genießen können, umgeben Dich rund um die Uhr.

Öffne Deine Augen, aber sieh genauso mit dem Herzen, denn das Herz erkennt die wahren Dinge, wenn man nur sehen und hinsehen will. Geh mit Freude und Dankbarkeit durchs Leben, nimm alle Geschenke des Lebens an, aber teile auch so viel wie möglich mit anderen Menschen, denn auch ihre Dankbarkeit lässt sie und wiederum auch Dich höher schwingen. Halte das Geben und Nehmen im Einklang und in Harmonie und komme so in Deine wundervolle Kraft der Verwirklichung (Hermetik: das Gesetz der Geschlechtlichkeit). Durch Geben und Nehmen, und auch durch die Fähigkeit, annehmen zu können, entsteht in allen Bereichen unseres Seins und in allen Bereichen unseres Planeten neues Leben.

In vielen Kulturen und Religionen wird das Nehmen und Geben gelehrt, um den Fluss des Lebens nicht durch Horten und Mangeldenken stagnieren zu lassen. Auch im Christentum wird diese Lebensphilosophie praktiziert, und zwar in Form des Zehnten: Gibst Du ein Zehntel Deines Lohns, wird Dir nie Mangel begegnen! Sei also dankbar und teile mit denen, die es brauchen. Gib mit Liebe und nimm mit Dankbarkeit, um den Fluss des Lebens dynamisch fließen zu lassen.

Warte nicht, bis andere auf Dich zukommen, sondern fange Du an: Schenke Liebe, Zeit, Freude, ein Lächeln, eine freundliche Geste. Oder beglücke Deine Mitmenschen auch mal mit einem kleinen materiellen Geschenk. Wenn Du mit Deiner Seele schenkst, werden diese Geschenke auch von der Seele des anderen empfangen. Von Herz zu Herz, verbunden durch Dankbarkeit. Lebe das Glücksprinzip (Film: „Das Glücksprinzip“ basierend auf dem Roman von Catherine Ryan Hide)! Mache mindestens 3 Menschen glücklich oder hilf ihnen in irgendeiner Weise. Wenn jeder von ihnen bewusst 3 weiteren Menschen das Gleiche zukommen lässt, wird sich dieses „Glücksprinzip" immer weiter fortsetzen. Auf diese Weise kannst Du unendlich viel bewirken, denn so verbreitest Du Liebe und löst Du eine regelrechte „Schneeballlawine" positiver Gefühle und Schwingungen aus, die sich exponentiell vergrößert und immer weiterwächst!

Erhebe all Deine Lebensbereiche durch Liebe und Dankbarkeit, öffne durch sie Dein Herz und erhöhe Deine Schwingung!

Wochenaufgabe zum Thema „Dankbarkeit“:

Schreibe an zwei Personen aus Deinem Leben einen Dankesbrief. Einmal an einen Menschen, den Du sehr liebst und bei dem es Dir vermutlich leichtfällt, und einmal an einen Menschen, bei dem es Dir schwererfällt. Versuche bei dieser zweiten Person zu erkennen, was sie Dir spiegelt, was genau Dich an ihr triggert, um Dir damit neue Perspektiven und mögliche Sichtweisen aufzuzeigen, die Du vorher so noch nie in Augenschein genommen hast. Tipp: Betrachte auch Deine Schattenseiten, die Dich selbst an Dir stören. Vielleicht erkennst Du sie im anderen wieder, dann hast Du schon einen Grund, ihm dankbar zu sein. Dieser Mensch ist nicht umsonst in Deinem Leben, er dient Dir zur Reifung und ihr habt euch durch gleiche Schwingungen angezogen.

Erkenne in beiden Briefen bzw. in beiden Personen die Geschenke und die Erkenntnisse, die Du von beiden annehmen darfst! Stelle fest, dass alles, was Dich in irgendeiner Weise trifft oder berührt, ob positiv oder negativ, speziell Dich betrifft! Vielleicht magst Du Dir einen geeigneten Moment der Stille nehmen, um darüber nachzudenken.

Tägliche Übungen zur Dankbarkeit:

- Lass direkt nach dem Aufwachen Dein Glücksgefühl in Dir entstehen und sei dankbar für 10 Dinge und 10 Menschen in Deinem Leben. Die Dankbarkeit lässt Dich komplett anders in den Tag starten.
- Lebe Deine Dankbarkeit. Sage öfter und bewusster „Danke schön!“, auch für kleine, selbstverständliche Dinge im Leben. Danke für jedes positive und vielleicht auch negative Geschenk in Deinem Leben, denn alles dient im Endeffekt zum Wachstum und zur Reifung Deiner Seele in Deinem Leben!
- Führe ein Erfolgs- und Dankbarkeitstagebuch über alles an diesem Tag, wofür Du besonders dankbar warst! Notiere

Deine Erfolge und Glücksmomente. Das geschriebene Wort verstärkt die Wirkung! Mit der Zeit wird ein wunderbares, hoch schwingendes Buch entstehen, das Du jederzeit zur Hand nehmen kannst, um nur Glücksmomente darin zu finden, denn Dankbarkeit führt Dich größtenteils zu Bewusstsein und Bewusstheit führt Dich immer zu Dankbarkeit und Liebe!

- Übe Dankbarkeit für alles, was Dir begegnet.

Affirmationen zur „Dankbarkeit":

- Ich bin dankbar für mein wundervolles Leben!
- Ich bin dankbar für all die Wunder, die mir heute begegnen!
- Ich bin dankbar für alle Menschen und Seelen, die jeden Tag mein Leben bereichern!
- Ich bin dankbar für alle Situationen in meinem Leben, weil alles zu meinem höchsten Wohle dient!
- Ich bin dankbar für die stetig wachsende Fülle in meinem Leben!
- Ich bin dankbar für all die Dinge, die mein Leben so wundervoll bereichern!
- Ich bin dankbar für mein Sein, so, wie ich bin! Vollkommen einzigartig und so, wie das Leben mich will!

4.2 Die märchenhafte Kraft der Affirmation

Eine Affirmation ist eine Bejahung oder Verstärkung eines gewünschten Zustandes. Sie ist eine Feststellung einer gewünschten Realität, die noch nicht in Erscheinung getreten ist. Durch ihre häufige Wiederholung in positiv formulierten Sätzen wird sie als Installation in Deinem Unterbewusstsein tief verankert, dessen Kraft Dir inzwischen bekannt sein dürfte! Sie ist eine Ankündigung von Lebenszielen und Wünschen, die in Dein Leben treten sollen. Trainier- und steuerbar ist unser Unterbewusstsein und dessen Fokussierung, wie in Wochenimpuls 1 bereits detailliert erklärt, durch die Kraft der bewussten Gedanken und den daraus neu entstehenden Gewohnheiten, aber auch durch die Prägung des Geistes durch häufiges Wiederholen von Affirmationen oder Mantras in einfachen kurzen Gedankenkomprimierungen in den niedrigen Gehirnwellenbereichen im Alphazustand. Diese sogenannte Umprägung Deines Unterbewusstseins könnte auch als Neuprogrammierung Deiner „Festplatte“ in Richtung Deines Wunsch- und Zieldenkens bezeichnet werden.

Der Trick oder die Kunst besteht beim Sprechen und Wiederholen von Mantras und Affirmationen darin, in einen sogenannten Flow zu kommen und den aktiven Verstand verstummen zu lassen. Genau dieser Flow lässt uns dann in den Alphazustand gelangen, in dem unser Unterbewusstsein offen und direkt ansteuerbar ist, eben durch den Rhythmus und die Monotonie des wiederholten, gesprochenen oder gesungenen Wortes, was unser bewusstes Denken ausschaltet und dieses für die Dauer der Affirmation optimalerweise nicht mehr aktiv sein lässt!

Eine weitere Möglichkeit, in den gewünschten, tieferen Alphazustand zu gelangen, besteht darin, beim Sprechen – am besten beim lauten Sprechen oder Singen von Mantras und Affirmationen –, dass Du Dich im Voraus in einen entspannten Gefühlszustand begibst und die Affirmationen vor dem Einschlafen oder nach der

Meditation nutzt. Daraus entsteht ein maximaler Effekt. Du erhältst so einen direkten Zugriff auf Deine Kraftquelle „Unterbewusstsein", welches beginnt, sich auf die Richtungsänderung in Deine gewünschte Zukunft auszurichten und in Orientierung daran diese Schwingungen sowie inneren Überzeugungen auszustrahlen und sie dadurch zu verwirklichen.

Deine Affirmationen versorgen das Unterbewusstsein mit den neuen Informationen und Programmierungen Deiner gewählten Neuausrichtung, lösen gleichzeitig festgefahrene, negative Glaubensmuster und Glaubenssätze auf und ersetzen diese durch neue, falls vorhanden. Durch häufiges Üben, Trainieren und „Bespielen" Deines Unterbewusstseins mit Deinen gewünschten Ausrichtungen hast Du einen weiteren wichtigen Schlüssel, um Dein Leben in eine neue Richtung zu lenken und Deine zukünftige Realität zu beeinflussen und zu gestalten. Diese Transformation vom Negativen ins Positive Deiner Gedankengänge wird somit automatisiert und die Lebensziele neu justiert.

Hast Du Dir die Kraft der Dankbarkeit verinnerlicht, kannst Du sie genau jetzt als Emotion und damit als Verstärker Deiner Affirmation einsetzen! Dies wirkt als noch kraftvollere Kombination! Nimm das Erleben Deines affirmierten Zustandes innerlich in Besitz, sieh Dich visuell darin und fühle dabei in Dir die Dankbarkeit darüber, schon empfangen zu haben, freue Dich daran, so als wäre der ersehnte Zustand schon real und existent!

Ebenso wichtig ist es, den Störprogrammen Deines Egos, das sich gerne gegen Neuerungen wehrt (z. B. mit Sätzen wie: „Das bringt doch eh nichts"; „Ich könnte doch jetzt mal wieder aufs Handy schauen" usw.), keinerlei Beachtung zu schenken. Verabschiede Dich umgehend von deinem Ego mit dem Gedanken: „Schön, dass Du da warst, aber Du wirst jetzt nicht mehr gebraucht!" Oder füttere es mit den Wochenimpulsen, bis es diese aus der Logik heraus anerkennen und eine vorteilhafte Änderung darin erkennen kann.

Beziehe Deinen Verstand als Freund und Unterstützer mit ein, dann dient er Dir zu hundert Prozent!

Mache Dir immer wieder klar, wer jetzt die Führung in Dir übernommen hat. Das Ego liebt das Bekannte und alte Gewohnheiten, weil diese angenehmer, vertraut und vermeintlich „sicher" sind, weshalb es sich krampfhaft daran festhält. „Besser ein rationales, berechenbares, wenn auch teils schmerzhaftes Leben", argumentiert unser Verstand. Er braucht die Überzeugung und die ersten, zarten Beweise, bis es Dich vollkommen unterstützt. Ohne diese sträubt er sich und bockt meistens wie ein kleines Kind. Doch so können Veränderungen weder in Dir noch in Deinem Leben noch im Außen erfolgen. Du musst also mit oder ohne Ego den Sprung ins Neue wagen, um zu erfahren, wie wundervoll es sein kann!

Die Verwendung der wahrlich magischen (!) Wörter „Ich bin" oder auch allein das Wort „Ich" setzt Deine universelle Energie, die Dich dauerhaft durchströmt und die diese realitätserschaffende Wirkung mit sich bringt und mit der Du Dein Leben lenkst, in Bewegung. Jeder kann das „Ich" immer nur auf sich bezogen nutzen, deswegen spielt es im Energiefeld und in Deiner Realitätserschaffung eine so große Rolle! Das letzte Kapitel greift diese immens wichtige Thematik dieses finalen Startschusscodes für Deine Schöpferkraft nochmals auf und offenbart Dir die gewaltige Macht dahinter!

Bevor Du mit den Affirmationen startest, setze Deine momentane Situation auch gedanklich und gefühlt auf null. Du kannst nicht etwas in Dein Leben ziehen, wenn Du im Mangel oder im Minus startest. Gleiches zieht Gleiches an. Gefühlter Mangel, egal ob materiell oder emotional, würde Mangel anziehen. Akzeptiere Deinen momentanen Istzustand ohne Bewertung und ohne ins Negative abzudriften. Akzeptiere den jetzigen Zustand, denn er wurde durch Dein bisheriges Sosein manifestiert. Es ist, wie es ist! Du bist jetzt die Veränderung.

Wähle innere Gelassenheit und freue Dich in tiefem Vertrauen, freudiger Erwartung und festem Glauben auf Deine kommende Veränderung, die Du genau jetzt bewirken wirst! Erfülle Dich mit Dankbarkeit und Freude. Das Vergangene ist vergangen und Du kannst es ändern, aber immer nur jetzt! Nicht in der Vergangenheit und nicht in der Zukunft. Es geht immer nur „jetzt". Das Jetzt ist der einzige Zeitraum, den wir haben und nutzen können, um etwas zu verändern und Schritte zu gehen.

Es ist wichtig, Affirmationen oder „Ich bin"-Sätze niemals mit etwas Negativem oder mit einer Verneinung auszusprechen. Vermeide darum stets Wörter wie: „nicht", „keine", „aber", „falls" oder „wenn" im Sinne einer Bedingung! Sie stehen für Verneinung oder Zweifel! Das Unterbewusstsein kennt diese Worte nicht und würde entsprechende Aussagen deshalb ohne Verneinung interpretieren.

Ein weiterer wichtiger Aspekt: Affirmationen werden stets im Tempus des Präsens, also in der Gegenwartsform, gesprochen. Sie sind eine Feststellung Deiner gewünschten Realität. Verlegst Du sie in die Zukunft, werden Deine Wünsche und Ziele in der Zukunft bleiben müssen.

Sage also nicht:

- Ich werde oder will keine Krankheit mehr haben. – Es würde Krankheit anziehen!
- Ich bin nicht mehr krank. – Auch dies würde Krankheit anziehen!
- Ich bin in Zukunft nur noch gesund. – So würde die Gesundheit in der Zukunft bleiben müssen!

Mit Sätzen wie diesen installiert Dein Unterbewusstsein „Krankheit" oder „krank". Nutze deshalb stets positive (Um-)Formulierungen oder formuliere das Erwünschte als bereits eingetretene Tatsache (in unserem Beispiel also nicht „Krankheit", sondern „Gesundheit")! Sieh Dich in Freude und Dankbarkeit bereits in Deinem erlebten Wunschzustand!

Sage Dir (egal wie Dein momentaner Zustand wirklich ist):

- Ich bin vollkommene Gesundheit. Ich bin vollkommen gesund und jede Zelle meines Körpers funktioniert absolut perfekt!

Festige Deinen Glauben daran. Viele Menschen denken, so was funktioniert doch nicht, doch keiner von ihnen würde sich jeden Tag vorsagen, er sei todkrank! Gedanken, Wörter und Emotionen erschaffen Deine Realität. Programmiere Dich im gelassenen oder meditativen Zustand auf Deine gewünschte Lebenssituation mit der gebündelten Kraft von Affirmationen und Dankbarkeit. Traditionsgemäß werden Mantras und Affirmationen 108 mal (die göttliche 9 in der Quersumme) wiederholt, um in den Alphazustand kommen zu können und direkt das Unterbewusstsein zu erreichen. Mantra bedeutet: Verstandestransformation („Man“ = Verstand; „tra“ = Transformation).

Jesus sagte einmal:
„Alle Dinge sind möglich dem, der da glaubt!“

(Markus 9,23)

„Herr, das, was ich am meisten fürchtete, ist über mich gekommen, und was mich sorgte, hat mich getroffen!“

(Hiob 3,25)

Beispiele aus altem, lebensanleitendem Wissen über die Kraft und Macht Deiner Überzeugungen!

Darum: Richte Dich bewusst auf das, was Du in Deinem Leben möchtest – nicht auf das, was Du nicht möchtest oder was Dich schmerzt! Und das so oft wie möglich! Nutze die Macht Deines Unterbewusstseins durch die Kraft der Affirmation und die Kraft der Dankbarkeit!

Positive, lebensbejahende Sätze, die Dir als Beispiel dienen können:

- Ich bin dankbar für all die Wunder, die genau jetzt in mein Leben treten. Das Leben beschenkt mich mit allem und noch schöner, als ich es mir je hätte träumen lassen!
- Alles ist gut, alles ist möglich, alles dient zu meinem höchsten Wohl! Ich bin im empfangenen Modus und alles von mir Gewünschte kommt schnell zu mir. Ständig öffnen sich mir neue Türen und meine tiefsten Herzenswünsche manifestieren sich auf eine Art und Weise, wie ich es mir nie hätte träumen lassen!
- Ich bin einzigartig, großartig und magisch! Ich bin Schöpfer meines Lebens! Ich bin, was immer ich wünsche zu sein oder zu erschaffen! Ich bin ein kosmischer Gewinner in allen Situationen des Lebens und dankbar für alle Geschenke des Universums, die mir heute und in Zukunft zuteilwerden!
- Ich bin Licht, Liebe und Harmonie! Ich bin Glück, Zufriedenheit und überbordende Freude an jedem neuen Tag! Ich bin vollkommene Ruhe, Gelassenheit und ein tiefer innerer Frieden durchströmt mich! Ich bin Fülle, Wohlstand und Reichtum in jeder Ebene meines Lebens! All dies nehme ich in tiefer Dankbarkeit an!
- Ich bin das Bewusstsein von Weisheit, Liebe und Freude!

Wöchentliche Übungen:

Finde Deinen wirklichen Herzenswunsch! Was wäre Dein Wunsch, Dein Traum, Dein Glück, wenn kein Mensch außer Dir ihn mitbekommen würde? Was würde Dich in dem Fall bereichern, erhöhen und zu Deinem Glück führen? Was wäre Dein vollkommenes inneres Glück?

Gehe tief und ohne Eile in Dich, finde Deinen Herzenswunsch und packe ihn in Deine selbst formulierte, wunderschöne Affirmation. Sei dankbar für die Erfüllung und ziehe Deinen Herzenswunsch in Dein Leben! Überlege nicht, „wie“, sondern sieh Dich bereits in der erfolgten Erfüllung! Fühle es, als schon bestehend, als wäre Dein Wunsch bereits manifestiert und real! Nutze Deine persönliche Affirmation jeden Tag so oft wie möglich!!

Gedankenimpuls für Woche 5

5.1 Das Glück in Dir

Erst die Kontrolle über Deine Gedanken ermöglicht Dir also, Deinen überlaufenden Verstand und somit Deinen ständig quasselnden, nörgelnden Begleiter zum Schweigen zu bringen und auf Dein Herz zu hören, denn allein Dein Herz ist das Zentrum für dauerhaftes Glück! Du kannst das Glück sogar als Lebensfilm wählen, indem Du Dein Herz weit öffnest, Dich stets darauf ausrichtest und Deinem Bewusstsein darin die Programmwahl Deiner Körper-Antenne überlässt. Andernfalls kannst Du nur auf die Verstandessteuerung, die Fremdsteuerung und die Abhängigkeit der von außen einströmenden Sendungen, Kanäle und Zufälligkeiten, auf die das Ego so gerne anspringt, setzen und vertrauen.

Um Deinen Begleiter „Ego" – in kontrolliertem Zustand optimalerweise Dein Freund und Unterstützer – mit einzubeziehen bei der Erklärung dessen, was sich hinter dem großen Wort „Glück" verbirgt, kannst Du das Glück als entsprechend große oder kleine Menge an körpereigenen Opiaten und Endorphinen betrachten, wobei das Erleben des Glücks und vor allem das Fühlen im Herzen der wesentlich schönere Zustand ist! Die Erschaffung des Glücks erfolgt im Ursprung wieder über die Steuerung der Gedanken, durch das gedachte oder gesprochene Wort als Auslöser, um sie dann zu Gefühlen und darauffolgenden Handlungen wachsen zu lassen. Der Glückszustand ist je nach ausgeschütteter Menge des Cocktails an Botenstoffen von Freude über die Begeisterung bis hin zur Euphorie steigerbar. Er ist immer ein großartiger Booster für unser Immunsystem, der beste Dünger für neue, positive Ideen und neuronale Verknüpfungen sowie das natürlichste Schmerzmittel auf der Welt. Sorge daher so oft wie möglich bewusst für eine Flut oder sogar Überflutung davon in Herz- und in Verstandesform! Lebe Deine Träume, strebe nach Zielen und erschaffe Visionen, denn sie lassen diese Flut entstehen. Verbanne Mangel, Zweifel und somit das „Aber“ und den daraus entstehenden Aberglauben! Erinnere Dich an die nur im Geiste existierenden Grenzen. Jedes Wunder und jede äußere Verwirklichung wurde als Vision geboren, bis sie sich materialisiert hat. Lasse Deine schöpferische Energie Deiner kontinuierlichen positiven Aufmerksamkeit dem Glückskompass in Deinem Herzen folgen! Achte auf Deine Wünsche, denn sie könnten sich erfüllen. Achte auf die bewusste Lenkung Deiner Gedanken über Dein Herz.

Unsere Welt im Außen in unserer Gesellschaft ist voll von Tausenden Glücksmomenten. Was ist wirkliches Glück und was ist ein „Leckerli“ für ein konformes, erwünschtes Verhalten unserer Umgebungswelt oder ein kurzer Freigang aus Deiner privaten Haftanstalt „Leben in unbewusstem Zustand“? Die Werbung wird Dir dann schon vermitteln, was Du angeblich zum Glücklichsein brauchst. Familienglück oder -drama hinter einer flimmernden Scheibe als Identifikation, ein kurzes Abenteuer, mein Haus, mein Auto, mein Boot, zwei- bis dreiwöchiges Urlaubsglück?

Was „erfüllt“ den Menschen wirklich und langfristig? Wie schnell lässt Dein Glücksgefühl nach dem Erwerb von etwas Neuem nach?

Du solltest im Leben wirklich nach allem streben, wovon Du träumst, denn schon allein dieses Träumen befeuert Deine Glückshormone. Aber begrenze Dich nicht selbst durch das Anhaften daran und die Abhängigkeit von Deinen Wünschen oder materiellen Dingen. Stürzt mein Glück wie ein Kartenhaus in sich zusammen, wenn ich diese Dinge verliere?

Was brauche ich oder wo finde ich das wirkliche Glück? Was würde Dich „wirk-lich“ oder „wirk-sam“ (erkenne die Wortbedeutung: etwas „wirkt und verwirklicht“ Dich) mit Glück erfüllen? Wie kommt es, dass Angehörige von Naturvölkern, die vieles, was wir haben, überhaupt nicht kennen, geschweige denn besitzen, glücklicher sind als Du, obwohl diese Dinge so ausschlaggebend für Dich sind?!

Für einen Indianer zum Beispiel hängt der Erfolg nicht davon ab, wie viel er verdient oder was für eine Stellung er innehat, sondern einzig und allein davon, wie glücklich er ist! Rufe Dir immer wieder die Tatsache ins Gedächtnis, dass das Anhaften an materiellen Dingen antrainiert ist und Deine Abhängigkeit davon immer ein Festhalten und Klammern ist, was sich früher oder später womöglich in einen „goldenen Käfig" verwandelt – also genau das Gegenteil von dem, was Du Dir wünschst: Freiheit und Glück. Festhalten und Klammern sind immer ein Ausdruck von innerem Mangel. Inzwischen kennst Du die Auswirkung oder Spiegelungen im Leben: Im Lebensspiegel betrachtet, sind Anhaften und Horten ein Ausdruck von Angst und Mangel, was spiegelbildlich zu Begrenzungen führt! Diese Abhängigkeit stößt Frisches und Neues bzw. eine neue Fülle von Glück ab. Auch hier gilt jedoch wiederum: Das Leben will fließen ...

Fazit: Genieße alles, was Dich glücklich macht, das dürfen auch materielle Dinge sein, und sei dankbar dafür,, damit es bleiben darf, aber baue niemals das Fundament Deines Glücks darauf!

Wenn Du phasenweise freiwillig bewusst in den Verzicht gehst und Dich mit Deiner Dir innewohnenden Liebe und Dankbarkeit für Dein Sein und das Sein Deiner Dich umgebenden Seelen verbindest, wirst Du die Unwichtigkeit vieler Dinge im Außen und in Deinem Alltag erkennen und wahrnehmen, dass Du das Glück und die Zufriedenheit in übergroßer Fülle in Dir selbst trägst! Die Dankbarkeit und die Erkenntnis des Hier und Jetzt sind die Pflastersteine auf dem Weg dorthin, wie bereits weiter oben erläutert.

Viele Menschen verrennen sich auf der Suche nach dem Glück in Alkohol und Drogen, so auch zahlreiche erfolgreiche Stars und Prominente, die offensichtlich trotz großer Erfolge im Außen kein wirkliches Glück darin zu finden scheinen und sich infolgedessen in Süchte begeben, um diesen desolaten Zustand zumindest für einen Moment auszublenden und gegen ein verschleiertes, vernebeltes Glück auszutauschen. Diese Flucht vor der inneren Wahrheit kann niemanden, ob prominent oder obdachlos, langfristig aus seiner traurigen Situation befreien und ins Glück führen. Stattdessen wird das Leben immer weitere, stärker werdende Hinweise des Lebens heraufbeschwören, die Realität anzunehmen und in die Veränderung in Richtung des inneren Glücks zu kommen.

In solchen Ausflüchten erfahren die Betroffenen nur kurze Glücksmomente, um danach, wenn der Rausch nachlässt oder der ungeliebte Alltag wieder einkehrt, umso härter mit einer satten Bauchlandung in der Realität aufzuschlagen – so lange, bis es wieder zum Bifurkationspunkt kommt. Die Suche nach dem Glück im Außen inkludiert implizit die mentale Haltung oder Einstellung: „Wenn alles im Außen passt, finde ich mein Glück!"

Wenn Deine Glückssuche mit den Worten „Wenn ich ..." beginnt und dieser Satz mit den Worten „... dann werde ich glücklich" endet, dann wirf diesen Ansatz bitte sofort über Bord!!! Du übergibst damit die Verantwortung für Dein Glück den Umständen, die Dich umgeben, und der Zukunft. Es kann so nicht erscheinen! Auch Dein ersehnter Traumpartner, an den Du vielleicht diese Last noch vor jeglichem Kennenlernen hängst, kann Dir Dein langfristiges Glück nicht geben. Weder ein Auto noch ein Haus noch ein Pool noch irgendein ein Status vermögen dies zu tun. Aus einem solchen Denken entsteht nur die unersättliche Gier des Menschen nach immer mehr und nach immer Größerem! Nur Du kannst Dein Glück und Glücksgefühl heraufbeschwören, niemand kann es Dir geben. Kein Mensch und kein Ding!

Die richtige Einstellung zum wirklichen Glück ist die folgende: „Ich finde mein Glück und meinen Frieden im Inneren, dann passt und fügt sich alles im Außen!"

Verinnerliche bitte: Dein inneres Glück und die innere Vervollkommnung werden sich im Außen spiegeln, genauso wie Dein Kampf und Deine innere Unzufriedenheit. Du hast auch hier die Wahl. Die Akzeptanz und die Ausrichtung auf Glück aus Deiner Mitte heraus oder der ständige Kampf gegen die geistig selbst erschaffenen Windmühlen und Spiegelungen! Auch die Vorstellung, Dein Glück sei von Deinen Dich umgebenden Mitmenschen oder Verwandten abhängig, ist ein Trugschluss. Jeder von uns hat eine Seelenaufgabe und jeder lernt vom anderen. Vielleicht bindest Du ja Deine Seelenaufgabe durch dauerhafte Schwingungen der Sorge in die Frequenz der Schwere und des „Mit-leidens". Wer hilft Dir in solchen schweren Momenten selbst am besten? Ein fröhlicher oder ein schwermütiger Mensch? Strahlst Du dieses Glück, die Zuversicht und Leichtigkeit aus, hilft Du oft am meisten! Durch Trübsal erwächst keine Veränderung in Richtung Leichtigkeit und Glück. Erst wenn Du für Dich einen Weg zum Glück findest und Dich von Trübsal befreist, bist Du bereit, anderen eine Befreiung zu sein.

„Es gibt keinen Weg zum Glück! Glücklich sein ist der Weg."

– Buddha –

Die Lösung, um in Dein Glück und Deine Lebensfreude zu kommen, ist einerseits der Weg über die Nutzung Deiner Potenziale sowie Deiner inneren Träume und Visionen als Wegweiser und andererseits ein ganz einfacher Schritt über Deine innere Einstellung und Deine Selbstbemeisterung!

Raus aus der Identifikation mit Deinem Verstand! Raus aus Zukunftsängsten und Festhängen in der Vergangenheit!

Die Leichtigkeit, das Glück und die Freude sind in jedem Moment – immer wieder nur im jetzigen Moment fühlbar – verborgen, und das nur auf Gefühls- und Seelenebene. Dein Kopf kann das nur ganz schwer verstehen, denn Du kannst es nur fühlen. Anhaften, Abhängigkeit und Besitz kennt Dein Herz nicht, die kennt nur der Verstand!

Jesus spricht:
„Es war ein reicher Mann, der viel Vermögen hatte. Er sagte: ‚Ich werde mein Vermögen verwenden, um zu säen, zu ernten, zu pflanzen und meine Scheunen mit Frucht zu füllen, damit es mir an nichts fehle.' Das ist es, was er dachte in seinem Inneren. Und in jener Nacht starb er. Wer Ohren hat, der möge hören!

(Logion 63)

Wenn Du ganz und gar präsent bist, wenn Du voll im Hier und Jetzt bist, nimm wahr, wie gut es Dir geht! Gehe über die Dankbarkeit, Dein Wohlgefühl und die Liebe in Dein Dir innewohnendes Glück. Gehe bewusst in jede Situation, tue alles, was Du tun willst, mit voller Achtsamkeit, und Du wirst die Fülle des Lebens um Dich herum in jedem Moment wahrnehmen. Wiederhole Deine Übungen im Alltag immer wieder, verzichte und genieße Deinen Verzicht wiederum bewusst. Sei dankbar für das, was Du hast, und trainiere Deine Gegenwärtigkeit. Dein Leben findet nur im „ewigen Jetzt" statt. Du kannst nur jetzt glücklich sein und damit dieses jetzige Glück in Deine Zukunft strahlen und somit einen glücklichen Moment an den anderen heften, um ein glückliches Leben zu erschaffen! Ob in schweren oder wundervollen Momenten: Glück ist immer eine persönliche Wahl!! Dein Schlüssel zum Glück ist jene Präsenz. Raus aus der Unbewusstheit und dem meckernden Ego, rein in die Bewusstheit und in ein dankbares Sein im Hier und Jetzt!

Glück entsteht auch durch Geben und Teilen, denn Glück ist das Einzige, was sich vermehrt, wenn Du es teilst!

„Glück entsteht oft durch Aufmerksamkeit in kleinen Dingen, Unglück oft durch Vernachlässigung kleiner Dinge."

Wilhelm Busch –

Das bewusste, innere Glück in Dir ist am Anfang, wie auch die Dankbarkeit, noch ein schwaches, zartes Pflänzchen, aber durch

Deine tägliche Pflege wird daraus der mächtige Baum in Dir wachsen, der Dir in allen Lebenssituationen Halt und Schutz bietet. In wirklich allen Situationen! Das fest verwurzelte, überbordende Glück in Dir kann Dir von niemandem genommen oder gegeben werden! Außer von Dir selbst. Es ist immer in übergroßer Fülle als frei wählbares Gefühl in Dir vorhanden!

Sei Dir über den Lebensspiegel bewusst: Sendest Du dauerhaft die Frequenz des Glücks aus, dann wirst Du nur noch glückliche Momente, Stunden und Tage anziehen! Du hast jederzeit die freie Wahl – auch in scheinbar schwierigen Situationen –, Dich für das Glück zu entscheiden. Du trägst das maximal erlebbare Glück, das Dir in Deinem Leben begegnen kann, immer in Dir und mit Dir! Egal ob ein Lottogewinn, vollkommene Gesundheit, uneingeschränkte Harmonie oder was auch immer Du Dir wünschst, das zukünftige Gefühl ist bereits in Dir. Findest Du dieses Gefühl in Dir, wirst Du auch genau diese Schwingung und Frequenz dieses Wunsches finden, die genau diese Realität in Dein Leben zieht! Nichts im Außen kann es vergrößern oder verkleinern, die Grenzen liegen allein in der Bandbreite Deines Gefühls des Glücks sowie auch des Leidens. Und Du erkennst wiederum die freie Wahl des Menschen. Schwinge Dich selbst so oft wie möglich in die höchsten Bereiche Deines Glücks und installiere sie Dir als Gewohnheit! Lebe Dein Glück!

Tägliche Übung:

Sei genau in diesem Moment und in allen folgenden Momenten des Tages bewusst aus Deinem Inneren heraus glücklich! Es gilt einfaches Sein im Hier und Jetzt zu üben. In so vielen Augenblicken des Tages wie nur möglich. Benutze Dein bereits installiertes Wohlgefühl des Aufwachens, vielleicht in Kombination mit einer Affirmation, auch hier immer wieder den ganzen Tag über, um in Dein vollkommenes Glück zu kommen!

Affirmationen für „Glück“:

- Ich bin das vollkommene Glück, das mir jederzeit und immer in meinem Herzen zur Verfügung steht!
- Ich bin Glück und Freude in der Mitte meines Herzens!
- Ich bin glücklich, zufrieden und voller Freude!
- Ich lebe in diesem Moment, in dem ich vollkommen glücklich bin! Ich selbst bin der Schlüssel zu meinem Glück!

5.2 Glaube und Überzeugungen

Ob Du es glauben kannst oder nicht: Du bist einer der erfolgreichsten Unternehmer auf diesem Planeten! Zeitgleich mit allen Menschen, die auf dieser Erde leben! Natürlich basierend auf der Sichtweise der hermetischen Gesetze und betrachtet im Lebensspiegel Deiner seelischen Erfahrung. Aus menschlicher Sicht und der Perspektive Deiner vielleicht noch unbewusst denkenden Mitmenschen kann das natürlich vollkommen anders aussehen. Der Erfolg ist schlicht und einfach die Auswirkung, die auf eine ausgesendete Ursache erfolgt oder folgen muss. Er folgt als universelles Gesetz auf die Ursachen und Schwingungen, die Du ausgesendet hast. Genauso wie Dein Spiegelbild im Spiegel erscheint, sobald Du davor trittst. Du warst bis jetzt also zu hundert Prozent erfolgreich mit dem, was Du erschaffen hast, und kannst demzufolge auch nie erfolglos sein! Erfolg und das am Anfang beschriebene Schicksal sind dasselbe. Nur kann es sein, dass es für Dich im unbewussten Zustand nicht erklärbar ist, warum sich Deine gewünschten Erfolge so selten verwirklichen. Oft sind es die tief verwurzelten Glaubensstrukturen im Unterbewusstsein, das, wie beschrieben, die Hauptantriebskraft unserer Manifestationskräfte ist, die stärker schwingen als Deine neuen, auf Deine Wünsche ausgerichteten Denkweisen.

Dein Glaube und Deine inneren Überzeugungen, im Ursprung wiederum entstehend aus Gedanken, ob nun eigenständig gedacht oder von anderen übernommen, erschaffen Deine Realität. Alles, was Du jetzt erlebst, zeigt das auf, was Du bis jetzt geglaubt und für wahr angesehen hast! In Matthäus 7 heißt es: „An ihren Früchten sollt ihr sie erkennen." Alles, was Du an Dir sowie auch an anderen Menschen erkennen kannst, sind Spiegelungen innerer Einstellungen. Ohne Wertung. Denn alles dient dem Menschen, um seelisch zu reifen und eigene Erfahrungen zu machen. Unsere Erziehung, Programme und Prägungen aus der Kindheit, sowie unsere übernommenen Denk- und Handlungsweisen formen zum großen Teil unseren Glauben und damit auch unsere Überzeugungen. Erkenne die in dem Wort „Überzeugung" enthaltene Bedeutung: „eine Erschaffung oder Zeugung der Realität, die sich über all Deine gewählten, erschaffenden Gedanken stellt" – sozusagen Dein programmierter Autopilot im Unterbewusstsein. Bewusst gelesen, verbildlicht das Wort seine enorme Kraft und Wirkweise!

Wie Du inzwischen weißt, glauben Dir Dein Körper und Dein Unterbewusstsein immer zu hundert Prozent. Sie glauben tatsächlich und ohne Ausnahme alles, worauf Du Deine Aufmerksamkeit lenkst, und nehmen das, womit sie gefüttert werden, als absolute Wahrheit an, vor allem Deine bisherigen Überzeugungen!

Realitätserschaffung erfolgt also in Verbindung mit Gedanken und fokussierter Aufmerksamkeit.

Da unser Verstand gerne im Alltag auf diesen Autopiloten schaltet – ein Zustand im Unterbewusstsein, der Gedanken entstehen und ihn „unbewusst" Entscheidungen treffen lässt –, laufen diese Programme und Überzeugungen immer und immer wieder unentdeckt und nicht von uns gesteuert ab, ob nun zu unserem Vorteil oder Nachteil, und diese Frequenzen senden wir dann in unser schöpferisches Feld. Darin zeigt sich die unbedingte Notwendigkeit, sich seine Glaubensmuster klarzumachen, die destruktiven auszumerzen und diese durch positive, aufbauende zu ersetzen.

Wie Du Dein Unterbewusstsein neu programmieren, ausrichten und steuern kannst, hast Du in den vorherigen Wochenimpulsen erkennen können, doch wie verhält es sich mit Deinen tief sitzenden, installierten Glaubenssätzen? Die meisten davon aus Deiner Kindheit sind veraltet. Sie sind hinderlich in Deinen Vorhaben, blockieren und schaden Dir oft ungemein. Durch stetige, automatische Wiederholung des Verstandes wurden sie zu Deinen Denk- und Handlungsmustern. Genau diese, in unserer Psyche so tief verwurzelten Überzeugungen sind für Dich absolut selbstverständlich, sodass sie gar nicht mehr als fest installierte Glaubenssätze oder Gedankenmuster erkennbar sind. Sie sind in Deinem Leben absolute Normalität und werden folglich bedingungslos akzeptiert!

Beispielsätze für negative Glaubenssätze:

- Wer hoch fliegt, fällt tief!
- Ohne Fleiß kein Preis!
- Erst die Arbeit, dann das Vergnügen!
- Du kannst nicht alles haben!
- Geld verdirbt den Menschen! Geld stinkt!
- Ich bin nicht gut genug.
- Das traue ich mir nicht zu.
- Das ist eine Nummer zu groß für mich.
- Im Leben wird dir nichts geschenkt!
- Nur die Harten kommen in den Garten!
- Stöhnen ist die halbe Arbeit!
- Wirkliche Freiheit gibt es nicht!
- Ein Indianerherz kennt keinen Schmerz.
- Wer Gefühle zeigt, ist ein Schwächling!
- Das Leben ist kein Ponyhof!

Durch Dein jetziges Wissen über den Lebensspiegel und die Erschaffung der Realität mittels Gedanken, Emotionen und Gewohnheiten kannst Du anhand Deiner bisherigen Handlungsmuster und der Art, wie Du Dinge im Leben angehst und gestaltest, Deine vorhandenen Glaubenssätze herauskristallisieren. Dieser Teil der

Selbstbemeisterung ist das wirkliche Extrahieren in Deiner Transformation von Blei zu Gold, es ist wie eine tiefe Trennung oder ein Herausschmelzen der Grundsubstanzen in der materiellen Alchemie, denn einige Grundstoffe oder Glaubenssätze sind fest verhaftet. Darum benötigt es mehr als eine äußere Reinigung!

Fange an, die negativen Überzeugungen zu identifizieren, sie loszulassen und dafür Positives zu installieren bzw. sie zu transformieren!

Beispielsätze für positive Überzeugungen:

- Alles fällt mir leicht! Ich bewältigte alles, was ich mir vornehme, in Leichtigkeit! Jegliche Herausforderung sehe ich als Geschenk, um daran zu wachsen.
- Ich bin von Natur aus ein Gewinner!
- Ich kann alles schaffen, was ich will!
- Ich kann machen, was ich will, ich habe immer genug Geld, um mir alles zu leisten, was ich möchte!
- Geld fließt wie Wasser!
- Alles, was ich anfasse, wird zu Gold!
- Alles, was ich tue, tue ich in absoluter Leichtigkeit und Freude. Glück ist mein ständiger Begleiter!
- Alle Grenzen sind nur mental! Ich bin grenzenlos, magisch und ein schöpferisches Wesen!

Deine Erfahrungen und erlebten „Tatsachen“ sind die Beweise und die Bestätigung dessen, wovon Du innerlich überzeugt bist. Dies ist wiederum der viel gerühmte „rote Faden“ im Leben, der sich immer wieder durch unsere Handlungen und immer wiederkehrende Situationen zieht.

Wenn Du glaubst, Du bist für etwas nicht gut genug, Du bist zu klein oder Du hättest etwas nicht verdient, dann wird sich dies immer wieder in Deinem Leben bestätigen! Aus diesem Glaubenssatz werden nie Handlungen erfolgen, die Dich in die von Dir gewünschten Bereiche bringen! Ein Stillstand oder vielleicht sogar eine dauerhafte Verschlechterung durch dieses Mangeldenken wird die Folge sein. Und genau diese Tatsache wird Dir dann wiederum bestätigen, dass Du nicht gut genug bist, dass Du zu klein bist und dass Du auf keinen Fall etwas Besseres verdient hast.

Daraus entsteht ein Kreislauf, der Dir immer wieder bestätigt, was Du glaubst, so lange, bis Du ihn erkennst und verlässt. Das Leben, das Universum, das Quantenfeld, Gott oder was auch immer – jeder so, wie er es nennen mag – bestätigt Deinen Glaubenssatz immer mit einem „Ja". Ich bin nicht gut genug – Du bekommst ein „Ja". Das kann ich nicht – Du bekommst ein „Ja". Das schaffe ich mit Leichtigkeit – Du bekommst ein „Ja" … Es ist diese beschriebene freie Wahl des Menschseins, die schon in der Bibel beschrieben wird. Gott gab dem Menschen den freien Willen.

Du bist wirklich der Einzige in Deinem Leben, der diesen Kreislauf unterbrechen oder die Laufrichtung wenden kann! In dem Bild des Kreislaufes kannst Du die von mir zuvor beschriebene Torusform sehr gut erkennen. Es ist die Form Deiner energetischen Aussendungen und Spiegelungen. Der verselbstständigte, unbewusste Verstand oder das Ego bringt der äußeren Welt und deren Konditionierungen alles Vertrauen entgegen! Nun ist es an Dir, Deine Herrschaft zurückzufordern und Deinen Freund „Verstand" dazu zu bringen, das gleiche Vertrauen, das er der Unvollkommenheit seiner Prägungen entgegenbringt – meist durch unbewusste, oft negative Menschen –, nun auch der Macht der eigenen Fähigkeiten und des Schöpferwesens in Dir zu erweisen! Durch diese entstehende Klarheit beginnt die Weichenstellung Deiner neuen Überzeugungen.

Glaubst Du zu hundert Prozent, dass Dir alles möglich ist, und wagst dann neue Schritte heraus aus Deiner Komfortzone, wirst Du Erfolg haben und bestätigt werden! – Dies ist der Kreislauf, den viele von uns so gerne (er-)leben würden! Was Du hierfür brauchst, ist Vertrauen in Dich sowie Vertrauen in die universellen Gesetze, die Dir all das bescheren, wovon Du wirklich überzeugt bist.

So viele Menschen erleben – in Unkenntnis dieser universellen Gesetze und der geistigen Realitätserschaffung – den ewigen energetischen Kreislauf in die andere, negative Richtung. Sie strampeln im „Hamsterrad", ohne je eine Möglichkeit zu sehen, ihm zu entkommen – oft bis zu ihrem Tode, ohne die schmerzhaften Hinweise des Lebens lesen zu lernen. Ob dies von führenden Personenkreisen und Eliten so beabsichtigt ist oder nicht, soll jeder für sich selbst beantworten; auf jeden Fall erweist sich die Bevölkerung in einem solchen Zustand als eine wunderbar lenkbare (kollektiv-magisch-erschaffene) Schafherde, die dem Nachrichten-Schäfer blind in die Zukunftsängste folgt. Kontrolliere stets, wem oder was Du Aufmerksamkeit und Glauben schenkst und ob Du diese Ursache mit den dazugehörigen Auswirkungen in Deiner zukünftigen Realität willkommen heißen möchtest.

„Ob du glaubst, du kannst es, oder ob du glaubst, du kannst es nicht, du wirst in beiden Fällen recht behalten."

– Henry Ford –

Um diesen „Teufelskreislauf" – in unserem Fall den unbewussten „Ego-Kreislauf" – zu durchbrechen und Deine bestehenden Glaubensmuster identifizieren und extrahieren zu können, musst Du Dein Leben wieder so objektiv wie möglich betrachten. Nimm Dich dazu raus aus dem Alltag und versetze Dich in einen ruhigen, gelassenen Zustand. Suche nach dem „roten Faden", der sich durch Dein Leben zieht. Vor allem in den Bereichen, die für Dich nicht wirklich stimmen oder in denen Du gerne eine Änderung erleben würdest. Das ist manchmal nicht schön, kann sehr schmerzhaft sein und erfordert viel Toleranz Dir selbst gegenüber sowie eine Nichteinmischung Deiner Emotionen. Wahrscheinlich ist ein mehrfaches Wiederholen notwendig, doch auch hier wirst Du Schritt für Schritt Deine alten Glaubenssätze erkennen und transformieren! Bleibe Dir selbst gegenüber objektiv und ohne Bewertung (!), wie wenn Du das Leben eines Fremden analysieren würdest, denn nur durch das Erkennen Deiner Überzeugungen – und somit Deiner Ausgangssituation – kannst Du eine Änderung bewirken! Freue Dich auf diese Entdeckung, denn darin schlummert Deine neue Ausrichtung. Es ist die Extraktion der bleiernen Schwere, die Dich nicht in Deine Leichtigkeit und Freiheit kommen lässt!

Schau genau hin und erkenne, welche Realität Du Dir durch Deine Glaubenssätze geschaffen oder auch nicht geschaffen hast, d. h., alle Gegebenheiten und Umstände, die sich öfter wiederholen, sind immer die Folgen vorheriger Überzeugungen und Gedankenmuster.

- Welche angenehmen, gewünschten Ereignisse wiederholen sich?
- Welche unangenehmen, nicht gewünschten Ereignisse wiederholen sich ständig?

Deine Realität und Dein Leben sind ein Abbild Deiner Leitsätze und Grundsätze. Durchleuchte die verschiedenen Phasen Deines Lebens, wie zum Beispiel die Überzeugungen Deiner Eltern in Deinen ersten sieben Lebensjahren, Deine Schulzeit, Deine Jugend, Deine Lehre, Dein Studium, Deinen Beruf, Deine Familie etc.

Welcher Glaube muss vorherrschend gewesen sein, um genau das, was Du erlebst bzw. erlebt hast, hervorzubringen? Welcher Glaube verhindert eine Änderung in Deinem Leben oder die Erfüllung Deiner Herzenswünsche?

Hieraus ergibt sich die nächste Frage, um etwas Wichtiges herauszukristallisieren: Welche Überzeugungen in Dir müssten denn vorhanden sein, um genau das in Dein Leben zu ziehen, was Du in Deinem Leben haben möchtest?

Erinnere Dich zurück an den Wochenimpuls zum Thema „Gedanken“ und werde Dir noch einmal klar darüber, dass nur Du Deine Gedanken kontrollieren kannst. Somit kannst Du auch Deinen Glauben ändern und „bewusst“ lenken, und zwar indem Du stufenweise die Aufmerksamkeit Deiner Gedanken bewusst in Richtung

Programmierung (Steuerung) Deines Unterbewusstseins lenkst und sie von dort zu „Gewohnheiten“ wachsen lässt bis hin zur „Überzeugung durch reale Bestätigung“! Es ist diese immens wichtige Verinnerlichung, die Dich weiterbringt: nämlich dahin, wo Du wirklich hinmöchtest!

Der Glaube ist Deine werdende Frucht, entstehend aus Deinen Gedanken, Deiner Saat! Die Ernte ist die Realität, die sich Dir offenbart. Du kannst nur ernten, was Du säst!

Nutze Deine bewusste Achtsamkeit, um Deine bisherigen Glaubenssätze zu erkennen und zu identifizieren, sie gegebenenfalls zu löschen und dann neue Überzeugungen zu installieren! Genau in dieser Reihenfolge, sonst bleiben Deine alten Glaubenssätze möglicherweise unerkannt und schlummern weiter in der Tiefe Deines Unterbewusstseins! Du hast im Leben so viel Glück, Gesundheit, Geld und Liebe, wie Dein innerster Glaube es zulässt!

- Ein Beweis für Deinen Verstand, um die Macht des Glaubens zu bestätigen, ist zum Beispiel der Placeboeffekt. In Annahme und in dem Glauben, der Patient hätte das neueste, absolut beste und wirksamste Medikament gegen sein Leiden erhalten, unwissend, dass es sich zum Beispiel nur um eine Zuckerpille handelt, erfolgt schnellste Genesung.
- In Versuchen wurde Menschen reinstes Wasser gegeben und nachher gesagt, es sei bakteriell verseucht gewesen. Die meisten, je nach ihrem Glauben oder je nach Intensität ihrer Befürchtungen, wurden schwer krank, obwohl es vollkommen reines Wasser war. Erkennst Du nun die Macht des Glaubens?
- Eines der eindrücklichsten Beispiele ist der Mann, der einen Kühlraum oder Kühlcontainer warten wollte und sich versehentlich darin einschloss. In der Annahme, der Kühlcontainer sei in Betrieb, erfror er darin mit nachweisbaren Erfrierungserscheinungen, obwohl jener Container gar nicht eingeschaltet war.

„Alles, was du denken, dir vorstellen und glauben kannst, kannst du auch erreichen!“

– Arnold Schwarzenegger –

Arnold Schwarzenegger kann sich als erfolgreicher Bodybuilder, Schauspieler, Geschäftsmann, Politiker und Immobilienmakler rühmen – fünf Karrieren in einer Person! Kraft seines Glaubens wurde aus dem kleinen Buben aus Österreich eine weltweite Ikone!

Überdenke und kontrolliere immer wieder Deine Überzeugungen. Der größte Feind ist hier der Zweifel. Im Zweifel steckt das Zahlwort „zwei“: zwei Optionen, zwei Wege. Der feste, vollkommene Glaube hingegen kennt nur einen Weg: den Weg der vollkommenen Erfüllung!

Halte jegliche unbewusste Negativität von Dir fern. Genauso wie Schuldgefühle, die Dich glauben lassen, Du hättest etwas nicht verdient. Richte Dich immer auf Glauben und freudiges Vertrauen aus. Du hast immer nur das Beste verdient, denn nur dann kannst Du Dich selbst und somit auch Deine Außenwelt bereichern, Erfüllung schenken und erleuchten. Im Opfermodus wirst Du diese Welt nicht verbessern. Das Leben in seiner ursprünglichen Form ist immer Fülle und Liebe, bevor es durch äußere menschliche Einflüsse beschrieben oder gemindert wird. Die bewusste Lenkung Deiner Gedanken und des Glaubens – vor allem an die Macht des Glaubens – kann Dich in ein neues Leben katapultieren!

Stelle Dir in Gedanken ein Mischpult vor, um negative Gedanken und Gefühle zu transformieren. Das ist in allen Bereichen möglich. Glaube und Zweifel. Liebe und Hass. Mut und Angst. Überfluss und Mangel (das Gesetz der Polarität in der Hermetik).

Schiebe Deine imaginären Regler vor Deinem inneren Auge immer so weit wie möglich nach oben. Ist es Dir nicht möglich, ihn ganz nach oben zu schieben, dann schiebe ihn so weit, wie Du es momentan kannst! Immer gemäß Deinem Glauben. Korrigiere

Deine Regler immer wieder, schiebe sie höher, und wenn Du willst, kannst Du sie dort imaginär fest einrasten lassen, sodass sie nicht mehr nach unten rutschen können.

Erschaffe Dir als Ausgangspunkt immer wieder Dein maximales Wohlgefühl, beispielsweise mittels Dankbarkeit, und dann arbeite an Deinem Mischpult und an Deinem Glauben. Unterstütze sie durch diese positive Emotion. Richte Dich immer wieder positiv aus. Den Unterschied zwischen „möglich“ und „unmöglich“ machen Dein Glaube, deine Entschlossenheit und deine Beharrlichkeit!

„Wir glauben noch zu sehr an die Macht des Wissens und wissen zu wenig über die Macht des Glaubens!“

– Albert Einstein –

Installiere Dir Deinen eigenen, felsenfesten, unerschütterlichen Glauben – am besten als neue Gewohnheit – und übernimm die volle Verantwortung für Dein Leben.

Sei Dir immer bewusst: Was Du glaubst, bestimmt Dein Leben, und worauf Du Deinen Fokus richtest, dem folgt Deine schöpferische Energie und lässt es wachsen! „Die Erfahrung folgt immer deiner Überzeugung. Die Wissenschaft stellt Tatsachen fest, aber der Glaube erschafft Tatsachen!“

Richte Deinen Glauben jetzt auf die höchste und absolut beste Version Deines Seins und Deines Lebens aus, im Zusammenspiel und in Harmonie von Körper, Geist und Seele! Lebe diese vollkommene Version Deines Ichs, für die Du auf dieser Erde bist!

Jesus sprach: „Es geschehe euch nach eurem Glauben!“

(Matthäus 9,29)

„Bittet um was ihr wollt, glaubt nur, dass ihr es schon erhalten habt, und es wird euch gegeben werden.“

(Markus 11,24)

Wöchentliche Übungen:

Finde Antworten auf diese Fragen und schreibe sie für Dich auf:

- Was zieht sich wie ein „roter Faden“ durch mein Leben? Welche Zufälle, welche Momente, welche Art von Menschen, welche Ereignisse, welche Krankheiten oder schmerzhaften emotionalen Erlebnisse wiederholen sich bei mir immer wieder?
- Durchleuchte, wie schon beschrieben, alle möglichen Phasen Deines Lebens, Deine Kindheit, Deine Schulzeit, Deine Jugend usw. Lass dabei Dein Herz und Deine Intuition Dich leiten. Was taucht immer wieder auf, vielleicht in verschiedenen Varianten, doch immer mit der gleichen oder ähnlichen Thematik?
- Welcher Glaube muss vorhanden gewesen sein, um genau das, was Du erlebt hast, zu erschaffen?
- In der Schule und in der Arbeitswelt wurden wir zum größtmöglichen Nutzen konditioniert, um zu „funktionieren“. Wie oft in Deinem Leben hast Du Verhaltensweisen übernommen, die Dich selbst verbiegen oder gehorchen lassen, um zu gefallen und Dich ins System zu integrieren? Wo findest Du innere Widerstände, die Du überschritten hast, nur um anderen zu gefallen oder Bestätigung zu erhalten? Ist hierbei möglicherweise Deine Seele auf der Strecke geblieben?
- Welcher Glaube verhinderte ein traumhaftes Leben?
- Welche Überzeugungen und Glaubenssätze hatten Deine Eltern, Deine Geschwister, Deine Familie oder Dir nahestehende Menschen, die Dich spiegeln? Erkennst Du übernommene Glaubenssätze an Dir, gerade aus der Kindheit?

- Schlummert irgendwo in Dir der Glaube, nicht gut genug zu sein, etwas nicht verdient zu haben, oder hast Du den Hang, Dich kleinzumachen? Horche in Dich hinein und erforsche, ob Du solche Prägungen in Dir entdecken kannst.

Erkenne und finde in dieser Woche – und darüber hinaus – Deine Verinnerlichungen, die Dich von Deinen eigentlichen Zielen, Wünschen und Träumen abhalten! Es ist eine der intensivsten inneren Erkundungen an sich selbst, die aber unglaublich befreiend ist! Denn durch dieses Erkennen verlieren sämtliche ungesunde Prägungen und hinderliche Glaubenssätze ihre Kraft! Nachdem Du sie nun erkannt hast, kannst Du sie auflösen und in ausschließlich positive Glaubenssätze transformieren.

Gehe nun über zu den nächsten Fragen und halte auch diese Antworten schriftlich fest:

- Welche Glaubenssätze benötige ich, um mir ebendieses traumhafte Leben zu erschaffen?
- Welcher Überzeugungen bedarf es hierfür?

Wenn Du diese beiden Fragen beantwortet hast, heiße Deine neuen Glaubenssätze und Überzeugungen in Dankbarkeit willkommen und formuliere entsprechende Affirmationen. Glaube felsenfest daran und festige diese Glaubenssätze und Überzeugungen tagtäglich! Hüte sie wie ein Neugeborenes oder wie einen zarten Trieb, um sie vor allen äußeren Einflüssen, die ihnen in irgendeiner Weise schaden könnten, zu schützen. Wende hierfür Deine ganze Kraft auf!

Tägliche Übung:

Stärke jeden Tag bewusst Deinen Glauben an Dich selbst. Erkenne die Großartigkeit Deiner Individualität und gehe neue Schritt in Deinem Alltag – im festen Glauben statt mit alten Zweifeln! Nur so wirst Du Änderungen bewirken! Traue Dir Dinge zu, die Dir vorher nicht möglich schienen. Wage neue Schritte! Reiße selbst erschaffene Schranken ein und sprenge Deine Grenzen!

Glaube und vertraue auf Dich und arbeite täglich am Mischpult Deiner Gedanken und Emotionen.

<u>Affirmationen zu „Glaube und Überzeugungen“</u>:

- Ich bin mein fester Glaube und bleibe standhaft in ihm! Ich bin die Befreiung von jedwedem Zweifel!
- Ich bin immer der resultierende Erfolg von allem, was ich mit Bewusstheit denke, spreche und in mein Umfeld sende!
- Ich bin der Glaube an ein wunderbares, lichtvolles Sein und Leben!
- Ich bin vollkommene Überzeugung und unerschütterlicher Glaube von allem, was ich in meinem Leben willkommen heißen möchte!
- Ich bin unerschütterlicher Glaube, Entschlossenheit und Beharrlichkeit! Somit kann ich alles, was ich mir vorstelle, erreichen und erschaffen!
- Ich vertraue fest auf mein von Gott gegebenes Potenzial und ich bin, was immer ich wünsche zu sein oder zu erschaffen!

Gedankenimpuls für Woche 6

6. Dein Zauberstab der Imagination:

Wie Du gleich sehen wirst, folgen nun – in Kombination mit dem Wissen aus den vorigen Kapiteln und Wochenimpulsen – eine weitere Steigerung und ein weiterer goldener Schlüssel zur Lebenserfüllung.

Die Imagination, die bildliche Vorstellungskraft, ist die „göttliche" Schöpferkraft im Menschen. Außer dem Menschen besitzt kein Lebewesen oder Tier auf diesem Planeten die Kraft der bildlichen Vorstellungskraft, sprich der möglichen gedanklichen oder imaginären Zukunftserschaffung.

Um diese bildhafte Vorstellung zu ermöglichen oder zu verbessern, ist es notwendig, dass die linke und die rechte Gehirnhälfte synchron arbeiten. Je synchroner, desto besser funktioniert die klare Erschaffung gedanklicher Bilder. Die linke Gehirnhälfte steht für den rationalen Verstand, den männlichen Aspekt im Menschen. Sie steuert Deine rechte Körperseite. Die rechte Gehirnhälfte ist für emotionale, weibliche und intuitive Aufgaben zuständig und steuert Deine linke Körperseite. Je ausgeglichener diese gebenden, strukturierten und annehmenden, erschaffenden Anteile im Menschen einander gegenüberstehen, je harmonischer sie zusammenwirken, desto schneller erfolgen die Manifestationen. Die Hermetik sagt dazu: Vereinen wir alle unsere zweigeschlechtlichen Qualitäten, ebnen wir den Weg zu all dem, was wir uns wünschen, und zu unserer vollkommenen Schöpferkraft.

Du wirst hierzu eine Atemübung in der nächsten Woche bekommen. Um die Synchronisation noch weiter zu verbessern, gibt es zum Beispiel in Büchern oder im Internet viele Übungen für die Koordination beider Hände und Füße, die Du bei Interesse gern mit hinzuziehen kannst. Ebenso kannst Du üben, Bilder gedanklich zu gestalten. Erlebe zum Beispiel einen Baum in allen Details und im

Wandel der verschiedenen Jahreszeiten. Du kannst in allen möglichen Bereichen üben.

Imagination läuft Hand in Hand mit Deinen Gedanken, Emotionen und Deinem Glauben, wodurch Dir die Wichtigkeit des Hirnhälftenausgleichs bewusst werden dürfte, denn genau diese lässt Deine Wünsche und Sehnsüchte real werden, indem Du bildliche Vorstellungen, Emotionen und Sinne miteinander vereinst und bündelst.

So schaffst Du die Grundlage für Deine zukünftige Realität und wirfst bildlich Deine inneren Vorstellungen an die Leinwand des Lebens oder in Deinen Lebensspiegel! Dies kann wiederum wissentlich oder unwissentlich geschehen, doch das interessiert das Leben nicht. Es liefert einfach. Erinnere Dich an das universelle „Ja“.

Viele Menschen kennen die unbewussten, negativen Auswirkungen. Sie malen sich unwissentlich Angstszenarien und Misserfolge in der Zukunft oder in bevorstehenden Situationen aus. Sie überlegen bis ins kleinste Detail, was alles passieren könnte, um dann direkt mit der Feststellung: „Hab ich es doch gewusst“ den Erfolg ihrer Imagination bzw. Manifestation bestätigen zu können. Zufall oder Bestellung? So gesehen das Gleiche, oder was meinst Du?

Für Deine Wunscherfüllung musst Du Dir Deinen Wunsch in Gedanken und Bildern so genau wie möglich ausmalen, bis in die kleinsten Feinheiten. Einzig der Mensch, erschaffen nach dem Ebenbild Gottes, Gottessohn, bekam diese Fähigkeit, geistig zu erschaffen und Geist in Materie zu verwirklichen, sowie den freien Willen, über das, was er kreiert, zu bestimmen – wie gesagt: wissentlich wie auch unwissentlich! Diese verwirklichenden, realitätserschaffenden Prozesse laufen ununterbrochen in uns ab.

Du erschaffst und kreierst rund um die Uhr, jeden Augenblick Deines Seins. Vielleicht erkennst Du nun immer mehr die Notwendigkeit Deiner Selbstkontrolle.

Bevor Du eine Imagination startest, komme wieder in Deine entspannte Haltung, wenn möglich, in Deinen Alphazustand mit direktem Zugriff auf Deine magische Kraftquelle, das Unterbewusstsein. Der beste Zeitpunkt, die Imagination zu praktizieren, ist vor dem Einschlafen, um sie vom Dämmerschlaf mit in den Zustand des Träumens zu nehmen, um dort noch tiefere Frequenzbereiche zu betreten und die Tür zum Unterbewusstsein noch weiter zu öffnen.

In diesem Zusammenhang möchte ich Dich nochmals kurz darauf hinweisen, welche Programmierungen auf den vor dem Fernseher einschlafenden Menschen im Dämmerschlaf oder Tiefschlaf gespielt werden können, von Angstszenarien über Sorgenbringer der sogenannten „Nachrichten“ bis hin zu Horrormeldungen. Du bist inzwischen im Bilde über die Gehirnwellenbereiche und weißt um die Macht des Unterbewusstseins …

Nimm Dir für Deinen imaginären Film Deinen Gedanken-Türsteher mit, der mittlerweile alle negativen Gedanken selbstständig und automatisch abweist. Denn diese kannst Du hier gar nicht gebrauchen. Du nimmst Deinen Wunsch im entspannten Zustand als Grundgedanke in Deine Imagination, dann fängst Du an, ihn wachsen zu lassen, ihn auszuschmücken und immer weiter auszubauen, bis zu einer kompletten bewegten Filmszene, die sich um Dich herum abspielt. Du gehst sie immer wieder durch, baust sie immer wieder aus, bis sie für Dich perfekt erscheint. Gehe hierbei voller Lebendigkeit in alle Details und Nuancen erlebter Realität, sieh alles in bewegten Bildern vor Dir! Dann lass das vollkommene Gefühl der Freude und Dankbarkeit über die so rasch erfüllte Verwirklichung Deines Wunsches in Dir aufkommen. Fühle zum Beispiel das Lenkrad des neuen Wagens, rieche den Geruch des neuen Autos, spüre die Sitze, sieh die Gesichter Deiner Freunde, wie sie sich für Dich freuen, und höre, wie sie Dich beglückwünschen und Dir gratulieren.

Fühle genau das, was Du fühlen würdest, wenn sich Dein Traum schon verwirklicht hätte, mit allen Deinen Sinnen! Rieche, schme-

cke, höre, schaue, fühle und taste, lass nichts davon aus! Du besitzt eine unglaubliche Macht der Realitätserschaffung!
Alles auf unserem Planeten im Universum entstand durch den Geist, die Gedanken und die Imagination. (Hermetik: erstes Gesetz: „Alles ist Geist. Alles ist geistig.“)

In der Bibel steht: „Am Anfang war das Wort, und das Wort war bei Gott, alles ist durch das Wort geworden. Ohne das Wort wurde nichts, in ihm war das Leben“ (Johannes 1,1–4). Der schöpferische Gedanke, das Wort und das darin enthalten Bild sind der Ausgangspunkt von allem. Entdeckst Du diese Macht in ihrer ganzen Fülle, fällst Du nie mehr in Dein altes, vorheriges, von äußeren Umständen abhängiges Leben zurück!

Mache Dir bewusst: Die bildliche Vorstellung allein kann zwar schon recht viel bewirken, den stärksten Schub erhält die Entfaltung Deiner Kraft jedoch durch die Kombination dessen, was in den vorangegangenen Kapiteln dargelegt wurde. Es gilt, Dich komplett in der erfolgten Erfüllung als bereits bestehender Realität wahrzunehmen. Das ist Dein Schlüssel zur Manifestation. Sieh und fühle mit jedem Deiner Sinne das Gewünschte, als wäre es schon längst in Deinem Leben. Fühle es tief in Deinem Herzen, atme es direkt in Dein Herz ein!

Habe weder Scheu noch Ängste noch Zweifel, Deine Träume groß oder gar riesengroß werden zu lassen. Vielleicht meldet sich jetzt schon wieder einer Deiner alten Glaubenssätze. Stopp! Du hast diese Gabe erhalten, denn Gott schuf uns nach seinem Ebenbild – mitsamt seiner Schöpferkraft! Für das Universum oder für Gott spielen Dimensionen wie „groß oder klein“, „ein Euro oder eine Million Euro“ und dergleichen keine Rolle. Nur Dein Verstand macht diesen Unterschied. Benutze diese Fähigkeit aber nie gegen ein anderes Wesen!

Bleibe beim Manifestieren anfangs immer innerhalb Deiner Glaubensgrenzen, denn es geschehe Dir nach Deinem Glauben. Der Zweifel storniert jegliche Bestellung beim Universum. Beginne mit kleinen, Dir glaubhaften Dingen, um Dir Deine Kraft und Selbstwirksamkeit durch erste kleinere Erfolge zu bestätigen.

Setze Deine Wünsche für Dich und für die lichtvolle Seite ein. Beachte, dass Du nie einen anderen dadurch schädigst oder verletzt. Es würde letztendlich Dich selbst treffen. Auch dies ist ein universelles Gesetz!

Verstand und alte Glaubenssätze werden versuchen, Dir einen Strich durch die Rechnung zu machen. Sie orientieren sich, wie schon beschrieben, an Tatsachen und Erfahrungen. Nun gilt es für Dich, neue Fakten zu schaffen, um neue erwünschte Dinge in Dein Leben zu ziehen. Lass Dich auf die Imagination ein, in der Gewissheit und in dem Wissen, dass neue Erfindungen und Entdeckungen immer zuerst im Geiste entstanden sind, durch alle Zeitepochen hindurch!

Was hätten die Menschen vor hundert Jahren wohl zu der Idee eines Handys gesagt? Übermitteln von Nachrichten in Sekundenschnelle rund um die Welt! Niemand hätte das für möglich gehalten.

Deine Vorstellungskraft bringt Dich innerlich in die Welt der Möglichkeiten, die real werden müssen, wenn Du aus ihnen heraus denkst und sie nur lange genug in Dir aufrechterhältst und sie pflegst. Es zählt wiederum Dein Glaube, Deine Entschlossenheit und Deine Beharrlichkeit.

Übe zunächst mit kleineren Wünschen, mit einfachen Dingen, die einfach zu glauben sind. Findest Du diese bestätigt, wächst Dein Glaube vom Pflänzchen zum stabilen Baum, wie im vorherigen Wochenimpuls beschrieben.

Das Leben sagt immer „Ja!“. Es hat gar keine andere Wahl, als zu liefern. Erkenne Deine schlummernde Magie in Dir, Deine Schöpferkraft und Deine Unbegrenztheit! Übe und glaube beharrlich mit Intensität, mit Ausdauer und mit Disziplin! Lebe Deine Träume!

„Die Welt, die wir geschaffen haben, ist ein Prozess unseres Denkens. Sie kann nicht geändert werden, ohne unser Denken zu ändern."

– Albert Einstein –

„Fantasie ist wichtiger als Wissen, denn Wissen ist begrenzt. Fantasie hingegen erschafft. Was wirklich zählt, ist die Intuition"

– Albert Einstein –

Wöchentliche Übung:

Mache mir noch mal Deinen tiefsten Herzenswunsch aus den Affirmationen deutlich, verbinde ihn mit den neu gebildeten, benötigten Glaubenssätzen und erstelle Dir eine Filmszene Deines Lebenstraums. Male Dir diese Filmszene, wie weiter oben beschrieben, in allen Farben, Details und bewegten Bildern aus! Nimm sie mit in den Schlaf oder in die Meditation, um sie tief in Dein Unterbewusstsein zu verankern. Erlebe sie im Zustand des Dämmerschlafes zwischen Wachsein und Schlafen, denn dort entwickelt sie ihre magischen Kräfte!

Tägliche Übung:

Nimm zur täglichen Glaubensstärkung für diese Woche bildhafte Erfolge in Deine Imagination. Sieh Dich in Alltagssituationen, die Dir sonst schwerfallen, erfolgreich und in Leichtigkeit, und erkenne, wie viel leichter diese Dinge sofort werden!

Beginne mittels Imagination mit Manifestationen kleiner Dinge, wie zum Beispiel ein freier Parkplatz, kleinere Geldbeträge oder liebevolle Begegnungen, bis Dein Vertrauen darin bestätigt wird und zu wachsen beginnt. Ich wünsche Dir dabei viel Spaß und den größten Erfolg!

Manifestationsübungen für einen großen Traum:

- Erstelle Dir ein Visionboard oder eine Collage. Hole Dir Zeitschriften, Kataloge oder drucke Bilder aus, welche die Themen Deines Wunsches beinhalten, kombiniere sie mit Fotos von Dir und den Menschen, die Du in Deinem Leben haben möchtest, und erstelle eine Collage mit allen Facetten, genau wie bei Deinen imaginären Filmszenen. Das ist Dein direkter Wunschzettel ans Universum. Dieses Bild kannst Du Dir immer wieder verinnerlichen, ins Unterbewusstsein installieren und nach außen senden. Es ist megastark. Nimm Dir diese Zeit.
- Eine weitere Möglichkeit, um Dich mehr und mehr in die gewünschten Schwingungsbereiche kommen zu lassen, ist das Verfassen und Verschicken von E Mails, SMS oder Briefen an Dich selbst. Diese bestätigen Dir das Empfangen Deines Wunsches.
- Du kannst Dir auch selbst Schecks ausstellen über die Summen, die Du Dir wünschst. Freue Dich daran, als wären sie real. Dein Unterbewusstsein kennt den Unterschied nicht!

Block 3

Block 3: Woche 7

Lösen von festsitzenden Blockaden durch die intensive Atemarbeit. Zusammen mit dem Wochenimpuls des Loslassens wirst Du Dinge in Deinem Leben finden, die Du unbedingt kennen und loslassen solltest. Bei dieser Befreiung hilft Dir die neue Atemtechnik besonders gut.

Übung morgens:

1) Pflege Deinen Geist.

Richte Dich für den kommenden Tag so positiv wie nur möglich aus, erkenne das erste Geschenk in ihm selbst! Folge weiter dem in Block 2 beschriebenen Weg. Kommen Dein Glücksgefühl, Dein Wohlgefühl und Deine positiven Gedanken schon automatisch, wenn Du aus dem Schaf erwachst? Dann machst Du alles richtig. Wenn sich dieser Prozess noch nicht automatisiert hat, bleibe dabei und meistere Deinen Verstand und Deine erste Ausrichtung. Du schaffst das, denn Du bist der Einzige, der das für Dich übernehmen kann. Stimme Dich auf ein Gefühl ein, die Welt am heutigen Tag aus den Angeln zu heben! Alle morgendliche Trägheit und Antriebslosigkeit sind nur unentdeckte, frühere Gewohnheiten! Freue Dich auf alle Herausforderungen, die Dich reifen und wachsen lassen. Das Leben hat schon alles für Dich hergerichtet und wartet mit Deinen Bestellungen und Geschenken auf Dich! Ergreife sie!

Erwecke Dankbarkeit und Segen in Dir zu Beginn des Tages. Sei dankbar für mindestens 10 Menschen, Freunde oder andere Seelenhelfer und für mindestens 10 Dinge, die Dein Leben bereichern.

Erbaue Dir erneut Deinen energetischen Schutz für den Tag und umgib Dich mit einer für negative Energien undurchdringlichen goldenen Lichtkugel oder Lichtsäule! Sie schützt Dich über den gesamten Tag vor allen niedrig schwingenden Ausstrahlungen, ausgesendet von negativen Menschen, oder vor negativen Situationen, die eventuell auf Dich zukommen werden. Stelle Dir diese Kugel aus reinstem Licht immer ausgehend von Deinem Herzen vor und besprich sie mit den Worten: „Ich hülle mich in meine Kugel oder Säule des Lichts, ausgesendet durch Gott in meinem Herzen! Gottes Licht umstrahlt mich hell, ich bin vollkommen durch Liebe geschützt. Nichts außer Liebe und Licht kann mich in meinem Sein berühren. So ist es! Ich bedanke mich in Licht und Liebe."

Stelle Dir vor, wie Du in jeder Situation des Tages und der Nacht durch diese Lichtkugel vollkommen sicher und geschützt bist. Körperlich, mental und emotional.

2) Pflege Deine Seele.

<u>Atmung für Woche 7</u>:

Diese Atmung hilft Dir, Deine linke und Deine rechte Gehirnhälfte in größere Harmonie zu bringen. Sie verbessert ebendiesen Hirnhälftenausgleich und somit die Imaginationsfähigkeit Deines Gehirns. Beginne mit 3 tiefen, reinigenden Atemzügen. Die neue Atemtechnik basiert auf dem Rhythmus der Atemtechnik aus Woche 6. Einatmen auf 7, auf 7 halten, ausatmen auf 7 und wieder halten auf 7. Führe diesen Atemkreislauf ein- bis zweimal durch, nach dem Ausatmen und beim Halten legst Du den Daumen Deiner rechten Hand auf Dein rechtes Nasenloch und den Ringfinger der rechten Hand auf Dein linkes Nasenloch und verschließt so Deinen Atemweg. Beim nächsten Einatmen löst Du Deinen Ringfinger und atmest auf 7 durch Dein linkes Nasenloch ein. Dann schließt Du wieder beide Nasenlöcher zum Halten auf 7. Ausgeatmet wird durch das rechte Nasenloch durch Lösen Deines Daumens auf 7. Beim Halten auf 7 schließt Du wieder beide Nasenlöcher. Das nächste Einatmen erfolgt dann durch das rechte Nasenloch durch

Lösen Deines Daumens. Es entsteht der Kreislauf, der Deine Gehirnhälften – also rationales Denken und Intuition – in Harmonie bringt. Der Beginn erfolgt über die linke Seite, die eine kühlende und damit beruhigendere Wirkung als die rechte Seite hat. Im weiteren Verlauf erfolgen zuerst das Ausatmen und das Einatmen immer auf der gleichen Seite, dann wird das Nasenloch gewechselt:

- einatmen auf 7, linkes Nasenloch
- halten auf 7
- ausatmen auf 7, rechtes Nasenloch
- halten auf 7
- einatmen auf 7, rechtes Nasenloch
- halten auf 7
- ausatmen auf 7, linkes Nasenloch
- halten auf 7
- einatmen auf 7, linkes Nasenloch
- halten auf 7
- ausatmen auf 7, rechtes Nasenloch
- halten auf 7
- einatmen auf 7, rechtes Nasenloch usw.

Finde wieder in Deinen Rhythmus. Gewöhne Dich an diese neue Atemtechnik. Atme Anspannungen sowie Themen, die es loszulassen gilt, aus, denn diese lassen Deine Anspannungen überhaupt erst entstehen. Lasse sie jetzt gehen und atme sie aus!

Die Lockerung Deines Körpers:

Gehe wieder in die 7 Punkte-Entspannung, lockere Deinen Körper vollständig. Entspanne ihn in allen Bereichen. Lass Deinen Atem in eine natürliche Bauchatmung übergehen und lass die restliche Anspannung aus Deinem Körper weichen, lass sie durch Deine Füße und Deine Hände ausfließen. Du kannst diese Lockerungsübung in der nachfolgenden Meditation immer wieder durchgehen, wenn Du merkst, dass bestimmte Körperpartien sich wieder verspannen oder zusammenziehen.

Meditation für Block 3:

– Die Reise in Dein Herz –

Erreichst Du in der 7 Punkte-Lockerung diesen tiefen, entspannten Zustand, lass Dich immer tiefer sinken. Wenn Deine Augen noch nicht geschlossen sind, schließe sie jetzt …

Die Atmung fließt ruhig, sanft und flach. Vollkommen natürlich und entspannt. Vor Deinem inneren Auge sinkt eine kleine, schwebende Feder vor Dir herab. Langsam, tänzelnd, kreisend und von der Luft getragen. Während Du sie beim Absinken betrachtest, sinkst auch Du in ihrem Rhythmus in eine noch tiefere Entspannung. Du lässt Deinen ganzen Körper immer tiefer und tiefer in die angenehme, wohlige Schwere, gleich der des Schlafes, gleiten, wobei Du geistig voll präsent bist und bleibst. Deine Wirbelsäule dient Dir dabei als unangestrengte Säule. Vollkommene Entspannung durchflutet Dich! Entlasse alle Gedanken wie Vögel aus einem Käfig oder wie Wolken, die vom Wind fortgetragen werden.

In dem Moment, wenn Deine Feder den Boden erreicht, fühlst Du Dich absolut sicher, Du fühlst Dich vollkommen wohl und entspannt. Du beginnst den Dich umgebenden Raum in unendlicher Weite wahrzunehmen. Das vorher bestehende Zimmer oder Deine vorherige Umgebung ist nicht mehr vorhanden, nur noch Weite und Leere. Je mehr Du Dich auf ihn konzentrierst, desto größer und weiter erstreckt er sich. Vor Dir und hinter Dir. Links und rechts von Dir. Über Dir und unter Dir. Verharre dort in diesem Augenblick, bis er sich Dir vollkommen eröffnet. Nimm ihn bewusst wahr und spüre Dich in seine Unendlichkeit, wie ein Universum ohne Sterne. Unbegrenzte, endlose Weite in alle Richtungen in einem angenehmen, friedlichen Schwarz und allen weiteren Farben, die sich Dir vielleicht offenbaren oder zeigen wollen. Atme ihn ein und lass Deine körperlichen Begrenzungen mit ihm verschmelzen.

Deine Aufmerksamkeit kehrt zurück zu der kleinen Feder, die Dich so treu und vertraut in die unendlichen Tiefen Deiner Entspannung geführt hat. Da beginnt sie wie in Zeitlupe, wie durch Zauberhand, wieder zu steigen. Du fühlst Luftströme, die sich magisch erheben. Mit jedem Zentimeter, den die Feder wieder steigt, beginnt sie zu wachsen. Parallel zu ihrem Steigen und Wachsen wachsen in Dir jetzt überbordende Leichtigkeit und Fröhlichkeit. Nimm wahr, wie beides in einem harmonischen Zusammenspiel zueinander wächst! Mehr und mehr, bis die Feder und Deine Leichtigkeit überdimensionale Ausmaße erreichen. Fühle dabei diese aufsteigende, immer größer werdende Leichtigkeit, das Glück und die Fröhlichkeit in Dir.

Du schaust an Dir herab und nimmst wahr, wie alles Vergangene, was Dich je gefangen und in Ketten gehalten hat, loslässt und von Dir abfällt. Jegliche angezogene Dunkelheit bricht auf und fällt von Dir ab. Licht und Leichtigkeit breiten sich in Dir aus. Da lädt die zauberhafte, überdimensionale Feder Dich freundlich ein, mit ihr zu kommen, und in dem Moment, in dem Du diese Chance ergreifst und auf ihr Platz nimmst, beginnt sie sich mit zunehmender Geschwindigkeit in den endlosen, Dich umgebenden Raum zu erheben. Mühelos gleitend geht die Reise durch unterschiedliche Leben, Welten, Himmel und Dimensionen, vollständig frei von Zeit und Raum. Je höher die Feder steigt, desto größer wird Deine Leichtigkeit. Du wirst gänzlich frei von dem, was Dich gehalten hat, frei von allen existierenden und geistigen Grenzen, frei von jeglichen Ängsten, und Du steigst auf in die vollkommene Freiheit!

Dieser befreiende, Dich von allem entbindende Flug der Freiheit endet auf einer Plattform eines hohen, malerischen Turmes, der in der Mitte eines prachtvoll geschmückten Tempels steht. In Dir steigt das wunderschöne Gefühl des Heimkehrens und zugleich des Ankommens nach einer sehr langen Reise auf. Befreit von all

Deinen Zwängen und mit Leichtigkeit und Dankbarkeit im Herzen setzt Dich Deine Feder ab. Du spürst vollkommene Harmonie und Frieden in Dir und bist voll und ganz in diesem Moment.

Dein Blick fällt auf eine Türe, die in den Turm des Palastes führt. Es ist eine prachtvolle Tür aus Materialien, die Dir vollkommen entsprechen, kunstvoll und verziert, jedoch ohne Griff, Klinke oder Schloss. Bei näherer Betrachtung fällt Dir eine Inschrift auf. Dort steht Dein Name, eingearbeitet in einer wunderschönen Schrift. Es ist die Tür zu Deinem Herzen, als höchster Punkt in Deinem eigenen Tempel. Dein seelisches Zuhause. Du bist bei Dir selbst angekommen! Durch das Lesen und Aussprechen Deines irdischen Namens und durch Deine überbordende, innewohnende Liebe und Dankbarkeit öffnet sich Dir diese Türe und es herrscht in Dir absolute Klarheit, dass kein anderer außer Dir diese Türe je öffnen kann. Nur Deine reine Liebe, Dein Sein und Deine Schwingung können diese Türe öffnen.

Du betrittst nun den heiligen Raum Deines Herzens. Er entspricht vollkommen Deinen Idealen. Und nur Du kannst ihn gestalten … Die Türe schließt sich leise hinter Dir und wieder weißt Du innerlich, dass kein Wesen außer Dir oder nur Gott in Dir diesen Raum je betreten kann. Uneingeschränkte Sicherheit und Geborgenheit umgeben Dich. Göttliches Licht und reine Liebe empfangen Dich.

Du siehst in der Mitte einen erhöhten prächtigen Thron, gehst auf ihn zu und nimmst Platz. Im gleichen Moment beginnst Du mit dem Thron zu verschmelzen, Du verbindest Dich mit dem Turm, Deinem ganzen Tempel und mit Mutter Erde, auf der alles erbaut wurde. Du nimmst jetzt bewusst Platz in Deinem Seelensitz als reines Sein! Vollkommen angekommen in Dir als Bewusstsein und heimgekehrt. Alles geht in eine grenzenlose Einheit über und strahlt Deine Liebe und das Licht von Deinem Turm aus in die Welt, die Dich umgibt. Dadurch werden auch andere Menschen den Platz in ihrem Herzen, ihre Leichtigkeit und Freiheit finden, um dieses Licht in die Welt zu tragen.

Von diesem Platz aus kannst Du die Energie wahrnehmen und spüren, die hinter all der umgebenden Materie Deiner irdischen Umgebung und hinter allen Geräuschen im unendlichen Raum steht. Von diesem Platz aus dem Zentrum Deines Herzens bist Du der Schöpfer Deiner menschlichen Realitäten. Alles, was Du als Mensch wahrnimmst und bislang wahrnehmen konntest, entstammt diesem zentralen Raum in Deinem Herzen. Es wurde durch Deine Frequenzen zu Dir gezogen und entstand als Materie durch Deine Schwingung, Aussendungen und Licht in der unendlichen Weite des Dich umgebenden Raums des Alls. Keine Dramen, keine Ängste, keine Dunkelheit sind hier existent, nur die Liebe und hellstes Licht als Ursprung des Lebens. Klarheit, ein tiefer innerer Friede und grenzenlose Liebe hüllen Dich in Dein höchstes Lichtgewand. Verweile dort, solange Du magst.

Langsam, ganz behutsam kehrst Du in Deinen ruhenden, meditierenden Körper zurück, indem Du ihn immer mehr wahrnimmst und spürst. Stets in der verbleibenden Bewusstheit, der zu sein, der Du wirklich bist, und von nun an Dein Leben zu führen. Aus der Mitte Deines goldenen Herzens.

In dieser neuen Erkenntnis kehrst Du nun ganz in Deiner Zeit vollkommen in Deinen Körper zurück. Entspanne ihn noch mal über die 7 Punkte. Du nimmst jetzt wieder Deinen Platz in Dir und Deinem Körper ein und erlebst Deinen kommenden Tag als vollkommenes Bewusstsein, das sich seine Gedanken und Erfahrungen frei wählen kann. Fühle Deinen Körper. Wackle mit den Fingern und Deinen Zehen und komme zurück in Deinen Raum und Deine Zeit, in der Zeitspanne, die Du benötigst, dann öffne Deine Augen. Du fühlst Dich frisch und voller Energie!

Nachfolgende Affirmationen:

Nutze den ausklingenden, meditativen Zustand, um Deine Affirmationen Deinem Unterbewusstsein einzubrennen. Leiere sie nicht als Pflicht herunter, wie erzwungene Vokabeln. Respektiere Deinen

Traum und zolle ihm Respekt, indem Du Deine Affirmationen aus reinem Herzen, dem Sitz Deiner Seele und in freudiger Überzeugung sprichst im Gefühl der bereits erfolgten Erfüllung.

3) Pflege Deinen Körper.

Kalt duschen oder eisbaden. Folge der Routine der letzten Wochen!

Übung abends:

Steige um auf ein rollierendes System:

- Am ersten Tag pflege Deinen Körper und Deine Fitness durch eine Sporteinheit oder einen Spaziergang in der Natur. Hast Du schon Deine Freude daran gefunden? Wenn nicht, probiere neue Dinge. Bleibe nicht in Stagnation stecken. Finde eine körperliche Betätigung, die Dir Freude bereitet. Betreibe diese Einheit für mindestens eine halbe Stunde.
- Nimm Dir am anderen Tag Deinen morgendlichen Ablauf der Bauchatmung – in welcher Form Du möchtest oder in der Form, die Dir am meisten liegt –, die Lockerung und die Meditation auch abends vor.

Wechsle diese Routinen der Bewegung und der Meditation täglich. Pflege Deine Seele und Deinen Körper abends im täglichen Wechsel.

Beispiel:

- Montag: Sporteinheit
- Dienstag: Atmung, Lockerung, Meditation
- Mittwoch: Sporteinheit
- Donnerstag: Atmung, Lockerung, Meditation
- Freitag: Sporteinheit oder Dein gewählter freier Tag

Ab Woche 8 steigst Du morgens in eine neue Atemtechnik ein, die Dir hervorragende Ergebnisse bringen wird und durch die Du festsitzende Blockaden in Deinem System beseitigen und entfernen kannst. – Daher diese Neuerung im gewohnten Tagesablauf.

Vor dem Schlafengehen:

Verfahre wie in Block 2. Erschaffe inneren Frieden, indem Du Deinen Tag bewusst reflektierst und, falls nötig, mental korrigierst. Fühle jene innere Zufriedenheit durch das Auflösen von nicht idealen Situationen. Dann nimm Deine Imagination mit in den Schlaf und kreiere Dir dort Dein neues Leben!

Gedankenimpuls für Woche 7

7. Selbst erschaffene Fesseln auf dem Weg zu Deiner Selbstfindung und Meisterschaft:

Alles, was den Menschen in seinem Leben bindet, ist er selbst. So beschreibt es Buddha in einem Beispiel, als ein Schüler den Meister fragt, was ihn selbst denn noch so stark an sein altes Leben bindet. Durch die Wochenimpulse der Gewohnheiten und Glaubenssätze kennst Du schon die stärksten Fesseln. Alles, was den Menschen bindet, ob nun erlernt oder selbst kreiert, wurde erfahrungsgemäß so von ihm praktiziert. Was uns daran hindert, unser Leben umzukrempeln, etwas wirklich zu ändern und neue Wege zu gehen, sind immer nur wir selbst.

In den beiden folgenden Kapitel möchte ich Dir nun noch mehr Klarheit darüber verschaffen, was Dich möglicherweise bindet oder was noch Stolpersteine oder Bremsklötze auf Deinem Weg zurück zu Deinem Sein darstellen könnte. Oft erkennen wir diese erst nach und nach, finden aber so immer mehr Möglichkeiten, sie aufzulösen oder loszulassen.

1) Müdigkeit, Antriebs- und Energielosigkeit:

Vielleicht hast Du an manchen Tagen nicht genügend Antrieb und Energie für Deine Übungen und Dein Ziel. Du fühlst Dich wie ausgebrannt, und wo Deine lodernde Motivation herrschte, ist nur noch ein schwaches Glimmen zu spüren?

Gönne Dir eine bewusste Pause und nimm Dir eine kleine Auszeit. Wie gesagt, auch Stillstände sind manchmal nötige Stationen für Wachstum auf Deinem Weg. Vielleicht gehst Du in die Stille, ohne Handy und äußere Beeinflussung. Vielleicht gönnst Du Dir auch ein wundervolles Treffen mit lieben Freunden und geliebten Menschen. Diese Auszeit ist dann bewusst nur für Dich! Du kannst anderen und Dir selbst nicht helfen, Dich nicht weiterentwickeln und nicht lichtvoll sein, wenn Du selbst im dunklen Keller sitzt. Tanke neue Energie! Finde Deinen persönlichen Weg dafür.

Unser innerer Antrieb und Wille hat seinen Sitz im dritten Chakra, dem Solarplexus Chakra, das im Symbol des Feuers und somit der Energie steht. Du kannst zum Beispiel speziell in diesen Zeiten in diesem Bereich atmen oder meditieren.

Wenn es Dir an Energie fehlt, fehlt es Dir auch an Feuer. Tanke viel Tageslicht und Sonne und betreibe Erdung, wenn möglich in der freien Natur. Nimm just dieses Bild und überlege, was Du dort benötigen würdest, um ein Feuer zu entzünden.

- Zündfunken: Um Dein inneres Feuer wieder zu entfachen, nütze Deine Träume, Ziele, Visionen und Ideen als Funken und Lichtblitze. Motiviere Dich mit den Visionen Deines am Ziele angekommenen Ichs. Male sie Dir erneut in allen Facetten aus und lasse sie leuchten. Es sind Deine Träume und Visionen, Deine lichten Gedanken und entflammten Herzenswünsche, die Dich für etwas brennen lassen. Spüre die Wärme, die dadurch entsteht. Das ist reine Energie, schöpferische Energie! Befeuere Deinen Willen!
- Was brauchst Du, um Dein Feuer am Brennen zu halten? Was ist Dein Brennstoff? Beste Energie aus gesunder, nicht belastender Ernährung. Lichtvolle, gewachsene Lebensmittel, genügend Schlaf und konsequente, körperliche Bewegung und Fitness. Barfußgehen in der Natur und bei Sonnenlicht sorgt für einen Ionenaustausch und Antioxidantien. Lade Deine Energie immer wieder bewusst auf. Du hast einen Energie- und Lichtkörper, der gespeist werden will! Er dient Dir auf all Deinen Wegen, nimm ihn mit!
- Was lässt ein Feuer heißer brennen? Sauerstoff lässt es heißer brennen und mehr Energie tanken als vieles andere. Die Atmung und Meditation reinigen Dein inneres Feuer, lösen Blockaden und lassen wieder Energie, Enthusiasmus,

Begeisterung und Mut in Dir und Deinem Solarplexus, dem Manipura-Chakra, wachsen! Tiefe Bauchatmung ins obere Zwerchfell verschafft Deinem Feuer wieder Raum und nimmt die Enge! Halte diesen Kreislauf Deines Feuers ganz bewusst, auch imaginär, am Laufen und lege immer wieder nach, damit es nicht erlischt. Dieses innere Feuer lässt Dich alle Aufgaben und Herausforderungen bewältigen und alle inneren Begrenzungen zu Asche verbrennen! Seelenenergie ist Feuerenergie!

2) Positive Ablenkungen im Außen:

Ein Ziel des Menschen besteht darin, seine Mitte und Harmonie zu finden. Die Ausgeglichenheit zwischen Erkenntnis des höheren Selbst und einem Leben in der Realität des Menschen im Außen. Die Harmonie zwischen Spiritualität und dem weltlichen Leben auf diesem Planeten.

Häufig lassen wir uns auf unserem neu eingeschlagenen Weg durch schöne, positive Ablenkungen, alte Gewohnheiten oder Verhaltensmuster wieder davon abbringen und ändern unsere neue Route unbewusst.

Dies ist keine Anspielung oder Aufforderung, das Leben eines Mönches zu führen. Es ist absolut wichtig, Dich von Freude, Glück und Leichtigkeit leiten zu lassen, und es spricht überhaupt nichts dagegen, gelegentlich Teile oder Übungen Deines Programms ausfallen zu lassen, um etwas Tolles oder Bereicherndes zu erleben oder zu unternehmen. Dein Allgemeinzustand in den positiven, höchsten Schwingungen und Glücksmomenten soll und darf natürlich gelebt und gepflegt werden. Alles, was Dich in einen, vor allem in Deinen Flow versetzt oder Dich, wie in Kindheitstagen, die Zeit und den Alltag vergessen lässt, ist Gold wert, Balsam für Deine Seele und führt Dich innerlich auf Deinen Seelenweg!

Das Leben auf diesem Planeten ist uns zur Freude gemacht. Leben, Lieben, Lachen sind höchste Güter im Leben! Einfach glücklich zu sein, im Jetzt und in bewusstem Erleben.

Das sind nicht die Ablenkungen, die ich ansprechen will. Ich meine die Beeinträchtigung durch Deine Dich umgebende Außenwelt. Ganze Forschungszweige sind damit beschäftigt, die besten ausgefeiltesten Methoden zu entwickeln, um Deine Aufmerksamkeit zu bekommen. Sei Dir bewusst, dass alles im Außen um Deine Aufmerksamkeit und Energie buhlt!

Ständiges Erreichbarsein, Handy, Kanäle, Links, Likes, Internet, Fernsehen, Werbung, Lichtreklame und das Leben in Serien und Staffeln als Realitätsflucht, als Flucht vor dem eigenen Leben! Ein Ein- oder Abtauchen in Dein Inneres ist durch diese oft schon an eine Sucht erinnernde Dauerbeschäftigung Deines Ratio-Verstandes nicht mehr möglich. Ich überlasse Dir wieder selbst die Überlegung, ob gewünscht oder zufällig. Vielleicht ist die Rückkehr zu Deinem/unserem wahren Selbst mit all den Schöpferkräften nicht gewünscht, um Deine Lenkbarkeit durch die Abhängigkeit an Äußerlichkeiten und des uns umgebenden Systems aufrechtzuerhalten. Ebenso wie über Deine von außen indoktrinierten Sorgen, Ängste und Nöte. „Unser Diener, der rationale Verstand, wurde zum Herrn erhoben", sagte schon Albert Einstein.

Das Nutzen und Genießen dieser Dinge bringt natürlich auch Vorteile mit sich, nur musst Du jetzt selbst entscheiden, wie viel davon zu Deinem Nutzen ist und was davon Abhängigkeit ist. Vorsicht ist wiederum geboten beim Anhaften an Dingen und Äußerlichkeiten und daraus entstehenden Gewohnheiten!

Machst Du Dein Glück davon abhängig? Immer genau dann wird es Zeit, diese Dinge zu überdenken und vielleicht für einen gewissen Zeitraum darauf zu verzichten. Beginnst Du, auf Dein Herz und auf Deine innere Stimme zu hören, anstatt auf die Gewohnheiten Deines inneren Schweinehundes, wird Dir absolut klar sein, was Dich fördert und was nicht. Stichwort „Gewohnheiten": Frage Dich: Was will ich wirklich? Dient mir diese Tätigkeit zur Erreichung meiner Ziele? Wer will das jetzt? Mein Ego oder mein Bewusstsein?

Sei Dir dessen immer wieder bewusst! Gehe jeden Tag bewusster durchs Leben und wisse, dass Deine Selbstfindung in Dir selbst und nicht mittels Handy oder Fernsehen stattfindet. Dich nicht anzustrengen und gemütlich durchs Leben zu schlendern, werden nicht zu einer Meisterschaft über Dein Ego und zur Erhebung Deines höheren Selbst zum Herrn führen. Es ist die Wahl zwischen Lenken und Gelenktwerden. Willst Du Schöpfer oder Opfer sein? Willst Du im Leben reagieren oder willst Du agieren?

Wenn Du vielleicht Dinge tust, die Dir nicht unbedingt dienlich sind (was genau das ist, wirst Du am besten wissen), genieße sie kurzfristig absolut bewusst, freue Dich daran und tanke Energie. Doch halte Maß und erkenne den Grad Deiner möglichen Abhängigkeit und Dein Anhaften daran. Werde Dir dessen bewusst, resette Dich immer wieder und richte Deinen Fokus auf Dein Ziel. Du selbst entscheidest mit Deinem eigenen freien Willen über Erreichen, Gelingen und Länge Deines Weges gemäß Deinem Glauben daran!

3) Negative Emotionen sowie Einmischen des Verstandes:

Auf dem Weg zu Deinem höheren Selbst und dessen Befreiung sind Dein Ego, Dein innerer Schweinehund und Dein menschliches Äußeres Deine größten Feinde, und zwar so lange, bis Du sie als Freunde mittels Erklärung über den Nutzen des neuen Verhaltens und Weges mitnimmst und aufklärst. Dann, wie bereits erwähnt, wird Dein Ego Dein Freund und Begleiter und wird Dich vollkommen unterstützen und Dir wieder dienen, anstatt ständig zu versuchen, Dich von neuen Wegen abzuhalten.

Das Ego im Menschen ist, vereinfacht erklärt, oft zu vergleichen mit einem Hund, der versucht, den Besitzer gegen Unbekanntes durch laute Unmutsäußerungen zu beschützen, unwissend, ob das Neue von Vorteil oder von Nachteil für sein Herrchen ist. Je kleiner, schwächer oder angreifbarer er sich fühlt, desto lauter wird er kläffen. Es lassen sich dabei sehr viele Parallelen finden. Du kannst Dein Ego wie einen Hund durch die Gabe von Belohnungen (Leckerli-Effekt oder Belohnungseffekt in Wochenimpuls 1.1) in die Richtung erziehen, die Du anstrebst.

Du kannst beim Menschen wie beim Hundehalter erkennen, wer wen im Griff hat. Ob ein kontrollierter Mensch sein Ego oder ob ein unkontrolliertes Ego den Menschen im Griff hat. Genauso erkennst Du, ob der Mensch oder der Hund – jeder an einem Ende der verbindendenden Leine – die Richtung angibt. Wer geht mit wem spazieren? Wieder ergibt sich dann der Idealfall, wenn beide zusammen in Harmonie, ohne Ziehen und Zerren, im Einklang in die gleiche Richtung laufen. Vielleicht sogar dann ohne Leine …

Funktioniert Dein Rückruf, wenn sich Dein Hund oder Dein Ego verselbstständigt? Ist Dein Ego noch abrufbar, wenn es sich in Deinem Gegenüber unnötigerweise verbeißen will? Daraus ergibt sich auch die Erkenntnis der unbedingten Konsequenz, der Ausdauer in der Erziehung und der Bemeisterung des Tieres in Dir, denn es sucht dauerhaft nach Ausweichmöglichkeiten und sogenannten „Ausnahmen".

Dürfen die beiden jetzt auf das Sofa oder nicht? Bleibe ich streng in meinem angestrebten Ziel oder gebe ich nach? Häufige Ausnahmen lassen neue, nicht förderliche Gewohnheiten entstehen. Dein Ego wird Dich phasenweise regelrecht mit Ausreden bombardieren, um Dich zu beschwichtigen und Dir zu begründen, warum Du doch ruhig mal von Deinem Plan abweichen kannst: „Ich hab keinen Bock!", „Das bringt doch eh nichts!", „Mach doch mal 'ne Pause!" oder „Mir geht's heute nicht so gut", winselt Dein Verstand …

Wer ist jetzt der Herr in Deinem Haus? Wen lässt Du entscheiden? Dein höheres Selbst oder Dein Ego und Deinen inneren Schweinehund?

Jesus sprach:
„Es ist unmöglich, dass ein Mensch zwei Pferde besteigt und dass er zwei Bögen spannt; es ist nicht möglich, dass ein Diener gleichzeitig zwei Herren dient."

(Logion 47, Thomasevangelium)

Welcher Herr bekommt hauptsächlich Deine Aufmerksamkeit? Lass ganz bewusst Deine Seele Herr in Deinem Hause oder Tempel bzw. in Deinem Körper wohnen und weise Deinem Ego die Rolle eines Freundes oder Untertanen zu! So wird ein innerer Frieden in Dir einkehren, der Unzufriedenheit und negative Emotionen von Dir fernhält!

Wie gesagt, für Neuerungen und Weiterentwicklung ist Dein Verstand kein guter Berater, denn er lebt von Tatsachen der Vergangenheit und von Bewertungen. „Ich kann noch nicht, weil dann passiert dies und jenes." Vor der Zukunft fürchtet er sich und zweifelt. Darum: Lass Dein inneres Selbst die Führung übernehmen. Verlasse Deine verstandesmäßige Opferrolle, nimm aber Deinen Verstand in kontrolliertem Zustand mit. Führe ihn mit Dir wie einen lieben, treuen Hund als Seelenhelfer und Freund an Deiner Seite. Beide lieben Dich grenzenlos, frei von jeglichen Bedingungen, oft mehr und bedingungsloser, als es ein Mensch je tun könnte. Der Hund wird spirituell als Spiegel des Unterbewusstseins gedeutet. Achte einmal bei Dir selbst oder bei Freunden darauf! Lass Dich von der Intuition aus Deinem Herzen leiten!

4) Depressive Verstimmungen:

Solche Verstimmungen können entstehen, wenn Du Dich aus Deiner Mitte entfernst und Deine Aufmerksamkeit ins Außen abgedriftet ist. Dein Verstand hat sich mal wieder verselbstständigt und ist nun mit all den von außen hereinprasselnden Umständen, Informationen und Negativmeldungen überfordert.

Eine Depression ist ein Rückzug oder eine Missachtung Deiner Seele. Durch die Vertiefung darin, verstärkt durch Selbstmitleid und die unbewusste Opferrolle des Menschen, potenziert sich meist das erdrückende Gefühl. Jegliches Fehlen des nötigen Verständnisses der meist selbst gesetzten Ursache verursacht dann immer wieder eine Verschlimmerung oder führt letztendlich zu einem kompletten Burn-out oder Kapitulation des Lebens. Weitere Beispiele sind Hörstürze, Sehstörungen oder gar Erblindungen als Verweigerung Deines Unterbewusstseins, weitere Äußerlichkeiten auf- und anzunehmen.

Übelkeit und/oder Durchfall sind in diesem Fall deutliche Anzeichen, Aufgestautes loslassen zu müssen. Du kannst nicht mehr „festhalten“! Es sind Warnungen und gleichzeitig Hilferufe, endlich Dinge zu ändern, sich selbst zu erkennen und besser anzuerkennen!

Bedenke: Stress, Depressionen und Burn-out werden, objektiv betrachtet, immer durch unsere Außenwelt verursacht. Es sind westliche, industrielle Krankheiten! Verstand und Gedanken haben fast den ganzen Raum eingenommen, die Seele ist verkümmert und zieht sich zurück. Hier stoßen wir wieder auf unseren Bifurkationspunkt. Und auf die Not zur Wende in der Notwendigkeit der Veränderung!

Entweder wir versinken darin und müssen weit zurückgehen oder wir suchen die Problemlösung durch einen Perspektivenwechsel. Was sagt uns eine Depression? Eine Depression kann man als ein Zerfließen in eigenen Sorgen und Selbstmitleid oder als Gedankenchaos vieler, gefühlt Tausender Probleme bezeichnen, die wir nicht mehr unter Kontrolle haben – bildlich gesprochen: ein mentaler „Durchfall“.

Die Lösung liegt oft in der „Kompression“ als Gegenteil der Depression. Du benutzt zum Beispiel eine Kompresse, um eine Blutung oder ein Ausfließen von Blut zu stoppen.

Genau so benutzt Du die „Kompression“ bzw. die „Fokussierung“ Deiner Gedanken auf Dich und Deine sich zurückziehende Seele, weg von dem Auseinanderfließen Deiner Gedanken in tausend Richtungen, meist von Dir selbst erschaffen aus Sorgen und Zukunftsängsten, die real gar nicht existent sind. Es sind nur Veränderungen und das Leben ruft Dich zur Ein-Sicht (nicht Viel-Sicht!), um zu erkennen, worum es im Leben wirklich für Dich geht. Für Dich!

Atme tief durch und wisse: Das Leben arbeitet im Endeffekt immer zu Deinen Gunsten. Immerzu und fortwährend! Gerade solche Erfahrungen können, wenn sie erst einmal überstanden sind und wenn dies erkannt wurde, unendlich großes Wachstum und wertvolle Einsichten in sich bergen.

Motiviere Dich zum Sport und bewege Dich so viel wie möglich in der freien Natur. Das löst wie beim Stress die energetische Aufstauung auf. Dann komprimiere bzw. fokussiere Deine Gedanken und lenke die Kontrolle Deines Geistes zurück auf Dein Ziel: Deine Selbstfindung und Seelenaufgabe! Sonst zwingt das Leben Deine Selbstaufgabe in die nächste Inkarnation bzw. das äußerliche, körperliche Ende, um Dir den Blick auf Dein inneres Licht zu ermöglichen!

Bist Du nicht bei Dir selbst, kannst Du im Außen keine Probleme lösen. Das Einzige, was für Dich wirklich zählt, bist einzig und alleine Du! Wie am Ende vieler meiner Texte steht und fällt der Anfang des Weges, sein Verlauf und sein Ausgang nur mit Dir. Keiner wird Dir Deine Wahl, wie Du Dinge wahrnimmst, oder dieses Kreuz in Deinem Menschsein abnehmen können. Trage es mit wachsender Bewusstheit und erkennenden Augen der menschlichen, selbst auferlegten Lasten, bis Du es ablegen kannst. Lass Dich nicht am Kreuz der beigebrachten Glaubenssätze, was der Mensch angeblich alles müsse, festnageln. Steh zu Dir selbst und sieh auf zu Deinem inneren Licht!

Jesus spricht:
„Wenn ein Blinder einen Blinden führt,
fallen beide hinab in eine Grube!“

(Logion 35, Thomasevangelium)

Ich selbst habe dort unten in der „Grube“ meine dunkelsten Erfahrungen gemacht und möchte den Hinweis geben, dass alle Medikamente und Antidepressiva einen an der eigentlichen Aufgabe des Lebens, sein wahres Problem zu erkennen, es zu lösen und zu einem selbst zurückzukehren, durch das Herunterfahren des Geistes daran hindern. Wenn man es nicht selbst löst, wird es einem immer und immer wieder vom Leben serviert oder man läuft im dauerhaft heruntergefahren Dämmermodus durchs Leben. Alles, wirklich alles dient dazu, um Dich wachzurütteln aus auferlegten Illusionen, die nicht Deine sind. Das ist meine persönliche Meinung und kein ärztlicher Rat. Nur Deine Selbstfindung ist eine dauerhafte Lösung aus dem Seelenrückzug. Medikamente lindern meist die Symptome, was in extremen Momenten wahrscheinlich auch gut ist. Sie beheben jedoch so gut wie nie die Ursachen.

5) Der verselbstständigte Gedankenstrom:

Ein rastloser Verstand, der ständig wie ein aufgeregter Affe schreiend und kreischend von Ast zu Ast springt, in der Annahme, durch vorangetriebene Eile Probleme schneller sortieren und lösen zu können, verhindert meist jegliche Lösung. Genau darin besteht für Dich jedoch auch die Möglichkeit der Identifikation dieses Verstandes im Alltag. Angst vor der Zukunft, Chaos und Eile herrschen nur im Verstand und unbewussten Momenten, als Charakterzüge des Egoaffen.

Der Egoaffe lässt keinen Fokus zu. Der unbewusste, unkontrollierte Verstand rennt über erlebte Situationen aus der Vergangenheit in die multidimensionalen Möglichkeiten der Zukunft, aber der einzige Moment, in der Du Änderungen und Lösungen angehen kannst, ist allein die Gegenwart.

Bist Du gegenwärtig und genau in diesem Augenblick, was Du auch tust, hört Dein Egoaffe momentan auf zu rennen. Es unterstützt Dein Unterbewusstsein, wenn Du Deinem Ego tatsächlich einen Namen gibst und es damit gedanklich personifizierst. Dadurch entbindest Du es – zumindest für den Moment – von seiner eigenmächtig ergriffenen Führung. Du kannst zum Beispiel sagen: „Ach, Du lässt Dich auch mal wieder blicken! Das ist ja schön und gut, aber Du wirst hier gerade nicht gebraucht! Du kannst jetzt wieder gehen!"

Du kannst Dein Ego aber auch imaginär streicheln und ihm ein bisschen Liebe zukommen lassen. Dann wird es umso schneller zur Ruhe kommen und Du wirst rascher Deine innere Fokussierung finden. Es funktioniert wirklich!

Auch hier liegt der Schlüssel zur Lösung im ersten Schritt in der Erkennung und Identifikation des Egos. Allein hierdurch ergibt sich der Führungswechsel in Dir und andere Perspektiven werden möglich.

Mein Tipp an Dich: Wenn der rastlose Verstand für Dich ein Problem darstellt, verinnerliche und übe wiederholt, alltägliche Dinge ganz bewusst zu tun. Viele Menschen verfallen immer wieder einem sogenannten „Last-Minute-" oder „Fast-Food-Verhalten", das manchen von uns schon in der Kindheit eingeprägt wurde! Hör augenblicklich auf damit! Gewöhne Dir stattdessen die Verhaltensweise an: Wenn ich sitze, sitze ich. Wenn ich esse, esse ich. (Ohne dabei in Gedanken schon wieder unterwegs zu sein oder aufs Smartphone

zu schielen oder in die Flimmerkiste zu stieren.) Beginne Deinen verselbstständigten Verstand zu erkennen!
Übe Deine Bewusstheit konkret in Tätigkeiten. Liebe das, was Du tust. Richte Dich auf das aus, was Du wirklich willst! Optimiere es, optimiere Dich und werde zu Deinem eigenen Meister. Konzentriere Dich auf ein Thema und gehe bei diesem Thema in die Tiefe. Der Mensch kann in ein, maximal zwei Dingen in die Tiefe gehen. Oder aber Du beschäftigst Dich oberflächlich mit hundert Dingen. Du hast wie stets die Wahl!

6) Die Angst vor Veränderung:

Was werden die Leute denken, wenn ich das jetzt wirklich durchziehe? Habe ich überhaupt das Zeug dazu?

Wie in den vorherigen Punkten angesprochen, wird Dir Dein Verstand bei neuen Schritten keine Antworten geben können. Er kann Dir aber helfen, in analytischen Schritten so gut wie möglich Vorbereitungen zu treffen oder die Schritte, die andere vor Dir getan haben, zu analysieren.

Kennst Du den Satz: „Wir machen Pläne und Gott lacht uns aus?“ Das Leben ist da, um zu lernen und zu wachsen! Oft ist unser Weg in die Veränderung genau da, wo die Angst in uns verborgen liegt.

Früher, wie auch heute, gab es den Weg der Kontemplation, in der sich Mönche und Suchende „extremen“ Herausforderungen und der Isolation stellten, um durch Ängste zu sich selbst zu finden und zu wachsen. Letztendlich musst Du in die Handlung kommen, denn nur wenn Du den Weg tatsächlich gegangen bist, wirst Du auch Antworten bekommen. Sonst bleiben es ständige Fragezeichen oder die Erfahrungen aus Erzählungen. Du bist der Gestalter und Schöpfer Deiner Zukunft. Viele Menschen verschieben ihre Träume, Ziele und Herzensangelegenheiten, bis sie nicht mehr realisierbar sind. Mach nicht den gleichen Fehler. Warte nicht. Lebe Deine Träume! Jetzt. Hier. Heute.

Bereite Dich bestens vor, aber dann mach Dich auf! Wage Deine Schritte! Und sollte der Versuch nicht optimal klappen, machst Du Deine FEHLER wiederum zu Deinen HELFERN, lernst daraus, wächst daran und entwickelst Dich weiter. Hör nicht auf, bis Du Deine Ideallösung erreicht hast. Schau auf Deine Kindheit, als Du laufen lernen musstest. Wage Deine ersten Schritte, auch wenn Du am Anfang vielleicht hinfällst. Stehe wieder auf, richte Dich neu aus und gehe Deinen vorgesehenen Weg, bis er zur Selbstverständlichkeit wird. Lebe Dein Leben, sonst wirst Du das Deiner Eltern oder Deiner Nachbarn leben müssen.

Fällt es Dir schwer, Entscheidungen zu treffen? Zu lange hinausgeschobene Entscheidungen binden Dich und rauben Dir enorm viel Energie. Wenn Dir Entscheidungen schwerfallen, reflektiere Dich selbst und gehe die Wahl Deiner Schritte mit folgenden Entscheidungshelfern an:

- Höre ich hauptsächlich auf mein Bauchgefühl oder bediene ich mich zu einem großen Teil des Erfahrungsbereichs meines Verstandes?
- Wird mein Leben besser und die Entscheidung leichter, wenn ich meine Wahl immer weiter hinausschiebe oder hinauszögere?
- Wie würde ich mich fühlen, wenn ich mich entschieden hätte? Wäre ich erleichtert oder befreiter?
- Wie würde ich mich entscheiden, wenn ich nicht mehr viel Zeit in dieser Inkarnation hätte, oder wie würde ich in 10 Jahren darüber denken? – Zoome Dich in verschiedene Zukunftsvisionen, das nimmt Deinen ängstlichen Verstand heraus und ermöglicht Dir momentane Einblicke in die Wahl des Herzens.
- Machst Du Dich bei dieser Entscheidung abhängig von Mitmenschen und/oder von einer bestimmten Situation / von

bestimmten Bedingungen? Entspricht diese Entscheidung Deinem wahren Herzenswunsch?

Mache Dir auch bewusst, dass Deine Ängste und Sorgen immer nur gedanklich in Zukunft und im Außen existieren, mit Ausnahme von direkten physischen Notsituationen natürlich, die Du aber irgendwann trotzdem als Lernsituationen und Spiegelungen erkennen wirst. Wie viele offizielle Schreckensmeldungen oder negative Ankündigungen haben Dich schon aus der Bahn geworfen? Welche davon haben Dich letztendlich wirklich persönlich berührt?

Dein Selbst im „Hier und Jetzt“ hat keine Angst. Es nimmt nur wahr. Deine Ängste sind zu 99 % gedankliche Eigenkreation oder durch Einflüsse von außen bedingt, wie zum Beispiel Nachrichten, die Deine negativen Gedanken und Ängste aufkommen lassen, installieren und erschaffen, um Dich zu lenken! Wie oft hätte die Welt schon untergehen müssen? Wie oft hätte das Benzin schon ausgehen müssen, Kometen einschlagen oder die Sonne kollabieren müssen und so weiter und so fort … nur um die Masse in angstvollen, niedrigen Schwingungen zu halten?

„Ent-wickle“ Dich aus solchen äußeren (Ver-)Wicklungen, die Dich gefangen und umschlungen halten! Sei wie der junge Adler, der den Sprung aus dem Horst wagen muss, um sich fliegend wiederzufinden, in unvergleichlich anmutiger Weise auf dem Weg ins vorhergesehene Leben und zu seinem Glück.

7) Motivationsverlust durch Stornieren Deiner Manifestationen:

Wenn Du Dich fragst, warum Deine universellen Bestellungen und Manifestationen sich einfach nicht verwirklichen wollen, solltest Du Dich auf die Suche nach dem Fehler machen. Es bedeutet meistens, dass sich Deine schöpferischen Kräfte irgendwo aufgehoben haben. Alles, was Du gedanklich und bewusst manifestierst, muss sich laut den universellen Gesetzen verwirklichen! Immer! Du hast also eine klare Vorstellung, arbeitest vielleicht mit Visualisierungen, Affirmationen und hast auch schon den Film des Lebens erstellt? Und doch zeigen sich kaum Ergebnisse?! Die Schöpfung hält doch immer ein „Ja“ als Antwort auf alle Deine Bestellungen für Dich bereit?!

Meistens liegt genau hier der Fehler. Es ist eigentlich vollkommen offensichtlich: Die Ursache liegt in Deinen alten, noch nicht gelösten Gewohnheiten und Glaubenssätzen, in der Diskrepanz zwischen Deinen Gedanken und Deinen Worten. Worte und Emotionen haben Schwingungen und sind im Grunde genommen verstärkte Gedanken. So setzt Du vielleicht Deine gedanklichen Bestellungen in energetische Bewegung, arbeitest aber in Deinem Alltag durch widersprüchliche Worte und Handlungen dagegen. Lebe und sprich also noch bewusster Deine Wahrheit und Ziele! Schäle weiterhin – vielleicht noch unentdeckte – Glaubenssätze und Gewohnheiten ab, so wie Du es in den vergangenen Wochen (Gedankenimpuls 1.2; 5.2) getan hast, und Du wirst sehen, sie werden sich Dir mit der Zeit immer mehr zeigen und offenbaren.

Manifestierst Du Dir zum Beispiel vollkommene Gesundheit, erzählst aber bei jedem zweiten Gespräch, was Dir fehlt, oder schilderst ausführlich, was Dir alles wehtut, weshalb Du dies und das nicht tun kannst, hebt sich Deine Bestellung für Gesundheit förmlich auf. Du stornierst mit diesem Verhalten Deine Bestellung und bestellst Dir im gleichen Moment weiteres Leid! Du kannst nicht gesundheitliche Fülle bestellen und zugleich Mangel und Krankheit leben und diese auch noch wörtlich, emotional und energetisch bestätigen. Deine Bestellung hebt sich folgerichtig auf, denn auch hier bekommst Du immer Dein „Ja“!

Diese Stornierungen führen oft zum Verlassen des neu eingeschlagenen Weges, rein aus dem Grund, weil der Mensch dieses Fehlverhalten nicht erkennt und den Löwenanteil seiner Aufmerksamkeit auf dem Missklang verweilen lässt, wodurch er selbst immer wieder beim Universum abbestellt. Das führt zu der irrigen Erkenntnis, dass „das alles eh nicht funktioniert“. Doch genau das Gegenteil ist

der Fall und ein letztendlicher Beweis für das universelle „Ja“ zu Deiner gedanklichen Ausrichtung.
Bleibe stets in vollkommener Kontrolle Deiner Verhaltensweisen. Praktiziere Deine Fokussierung in Wort und Tat und Deine Manifestationen werden sich zeigen. Dann bleibt auch Deine Motivation hoch und die erfolgten Bestätigungen befeuern Dein weiteres Vorankommen.

Wöchentliche und tägliche Übung kombiniert:

Übe Achtsamkeit und Verzicht:

Mache Dir in Zusammenarbeit mit Deinem Ego und Verstand im offiziellen Konferenzraum in Deinem Kopf Deine eigenen Abhängigkeiten oder verinnerlichten Gewohnheiten bewusst. Öffne bewusst, am besten in wirklicher Stille oder in Meditation, die Sperre zwischen linker und rechter Hirnhälfte, indem Du diese Absperrung imaginär wie eine Schiebetür öffnest. Versuche es wahrzunehmen. So fühlst und denkst Du einmal ganzhirnig oder ganzheitlich, wo mögliche Unaufmerksamkeiten bestehen oder sich eingeschlichene Abhängigkeiten oder gar Süchte verstecken. Zum Beispiel Verhaltensweisen, Selbstsüchte, elektronische Abhängigkeiten, Koffein, Nikotin etc., auch sogenannte „positive Gewohnheiten“ können ein selbst installierter, goldener Käfig sein.

So kann der Mensch zum Beispiel ein ständig plapperndes Wesen sein, sich ständig nur noch negativ wiederholend. Erkenne auch darin eine möglicherweise versteckte Sucht, um einen Mangel oder ein Defizit auszugleichen. Erkenne vor allem, was für Realitäten dies möglicherweise im Lebensspiegel erschafft. Befasse Dich mit Dir selbst, reflektiere Dich in unterschiedlichen Bereichen und erkenne mögliche Abhängigkeiten. Finde eine für Dich derzeit passende Harmonie. Es geht hier primär um das objektive Erkennen und Entdecken sowie um Deine bewusste Aufmerksamkeit! Die Änderung bleibt im weiteren Fortschreiten Deine Selbstkontrolle und Selbstbemeisterung durch die dauerhafte Ausrichtung. Der erste nötige Punkt ist jedoch immer das Erkennen Deiner möglicherweise destruktiven Einstellungen.

Finde heraus, welche Dinge Du in Deinem Du unbewusst tust; Dinge, die Dir einfach zur Gewohnheit geworden sind oder die Dich möglicherweise bereits in Abhängigkeit gebracht haben oder gar schon zur Sucht geworden sind. Tue diese Dinge nun jeden Tag der Woche bewusster und sei dankbar, dass Du sie in diesem Moment wahrnehmen darfst. Entscheide selbst darüber, wie Du diese Dinge künftig handhaben möchtest.

Mögliche Beispiele für „Achtsamkeit":

- Ich esse bewusster und in Dankbarkeit, wissend um die Arbeit und Energie, die dazu nötig war, es zu erschaffen.
- Ich rede bewusster und drücke mich nicht mehr durch niedrig schwingende Worte aus, um nur noch Positives zu erschaffen.
- Ich höre meinem Partner / meinen Mitmenschen wieder bewusst dazu. Ich schenke ihnen meine volle Aufmerksamkeit und mein ganzes Interesse.
- Ich liebe alles, was mir begegnet, und sehe die Seele in jedem Menschen, in jedem Tier, in jedem Baum und in jedem Stein.
- Ich atme, ruhe, genieße, glaube … – bewusster!

Wenn Du möchtest, kannst Du Dich jeden Tag mit einem Bereich oder auch mit mehreren Bereichen an einem Tag beschäftigen.

Mögliche Beispiele für „Abhängigkeiten":

Ich verzichte jeden Tag der Woche auf ein oder mehrere Dinge:
(Du kennst Deine „Steckenpferde" und „Laster" am besten.)

- Handy (90 % der Handy-Aktivitäten sind Ablenkung.)
- Fernsehen
- lästern, nörgeln, schimpfen

- schlechte Laune
- essen (Fastentag)
- Worte, um Dir ihrer wieder mehr bewusst zu werden (Schweigetag)
- Schuld, Angst und Zweifel

Wähle Deine Schwächen! Erkenne das, was Dir zur schlechten Gewohnheit wurde und Dich in Deiner eigenen Selbstentwicklung und Verwirklichung bremst! Finde Dich! Übe und gestalte bewusst Deine Transformation heraus aus den Dingen, die Dich blockieren und gefangen halten. Behalte diese Übung am besten Dein Leben lang bei. Intensiviere oder wiederhole Tage, die Dich treffen, mit zeitlichen Abständen, dort ist die Abhängigkeit am größten. Du kannst ebenso einen Kreislauf installieren, an dem Du wöchentlich oder zum Beispiel 3 tägig auf etwas verzichtest. Um Deine Wahrnehmung zu schulen oder Dein Ego von nicht förderlichen Gewohnheiten zu entwöhnen.

Affirmationen zur „Selbstfindung“ und „Auflösung von Barrieren“:

- Ich bin die stetige Besinnung auf bereichernde Tätigkeiten in meinem Leben, die mich in meiner Mitte und Harmonie halten!
- Ich bin Meister und Herr meines Egos und meines menschlichen Seins!
- Ich bin die Konsequenz in meinen Handlungen!
- Ich bin die reine Kompression und Bündelung meiner Gedanken auf mich und mein höchstes Selbst! Ich bin der wichtigste Teil und größte Schatz in meinem Leben!
- Ich bin Gelassenheit und fokussiere mich stets auf mein wichtigstes Anliegen!
- Ich bin meine vollkommene Befreiung von Zweifeln und Ängsten. Ich wähle jetzt den Schritt zu Veränderung und Wachstum im Leben!

Block 3: Wochen 8–9

Ab Woche 8 erfolgt eine Neuerung in Deinem Tagesablauf. Morgendliche Atmung, Lockerung und Meditation werden nun durch intensive Atemarbeit bzw. eine neue Atemtechnik ersetzt. Diese wird Dir eine neue Möglichkeit einer vollkommenen Entspannung ermöglichen, kombiniert mit einem meditativen Zustand durch einen erhöhten DMT-Ausstoß im Gehirn. Diese Technik führt zu Auflösungen von wirklich festsitzenden Blockaden. Ein neues Gefühl der Entspannung und des Loslassens wird Deinen Körper ergreifen und Dich aus äußeren Verstrickungen lösen. Die Resultate dieser Atemtechnik haben bei vielen Menschen schon nach einigen Versuchen teilweise eine größere Befreiung bewirkt als die Ergebnisse jahrelanger Sitzungen bei professionellen Psychologen.

Übung morgens:

1) Pflege Deinen Geist.

Richte Dich, wie in Woche 7 beschrieben, für den kommenden Tag aus. Morgendliche Gedankenhygiene mit Dankbarkeitsübungen wie in der vorherigen Woche. Füge Deiner schützenden Lichtkugel oder -säule eine weitere blaue äußere Schicht hinzu!

2) Wähle die Abfolge der intensiven Atemarbeit oder des Kaltduschens, je nachdem, welche Befreiung oder Erweckung – ob innerlich oder äußerlich – Du zuerst erleben möchtest.

Die Atemtechnik: Intensive Atemarbeit. Atme Dich in Deine Freiheit!

Du brauchst dafür eine Unterlage wie zum Beispiel eine Yogamatte, eventuell ein niedriges Kissen und ein etwas höheres Kissen (z. B. ein Yoga-Kissen oder eine Schaumstoffrolle) als Unterlage für Deine Beine unter dem Kniebereich, um Deinen unteren Rücken in eine entspannte Haltung zu bringen. Halte eine Decke bereit, um Dich in der Ruhephase warm zu halten, falls es Dich fröstelt.

Diese Atemtechnik wird im Liegen ausgeführt. Du legst Dich mit dem Rücken auf die Yogamatte und schiebst das dickere Kissen unter Deine Knie, sodass Dein Rücken, Dein Becken und Deine Beine in eine entspannte Haltung kommen. Nimm Dir für den Anfang einen Timer oder Dein Handy und stelle Dir einen Alarm für einen Zeitraum zwischen 15 und 20 Minuten. Diese Atmung wird allein über den Mund durchgeführt. Falls Du Probleme hast, ohne ein Kissen flach auf Deiner Matte zu liegen, benutze ein flaches Kissen unter Deinem Kopf. Es sollte nicht zu hoch sein, um den gewünschten, starken Atemstrom durch die Kehle nicht zu mindern. Lege dabei die Arme wie in der sogenannten „Totenstellung“ bequem neben Dir ab.

Die Atemarbeit besteht aus einem tiefen Atemzug durch den Mund in den Bauch, danach erfolgt ein zweites Einatmen in den Brustkorb und dann erst erfolgt ein längeres, loslassendes Ausatmen. Alle 3 Atemschritte erfolgen durch den Mund.

Einatmen in den Bauch, Einatmen in den Brustkorb und das Ausatmen aller Luft und Spannungen.

Du kannst zur Übung auch Deine linke Hand auf Deinen Bauch legen, um zu spüren, wie er sich bei der Bauchatmung hebt, und Du kannst Deine rechte Hand auf Deinen Brustkorb legen, um zu spüren, wie sich Dein Brustkorb beim zweiten Atemzug weitet und hebt.

Atme bei beiden Atemzügen möglichst tief und voll ein, ohne zu verkrampfen, wobei das eingeatmete Luftvolumen des ersten Einatmens immer größer sein sollte als das des zweiten.

Die Tiefe Deines Atems ist ein entscheidender Faktor für die Loslösung Deiner inneren Blockaden. Je tiefer Dein Atem dringt, desto tiefere Blockaden werden sich lösen.

„Atman“, also Atmen, bedeutet Seele. Lass Deine Atmung mit der Zeit in die Tiefe Deines ersten Atemzuges kommen, als Du auf diesen Planeten gekommen bist und geboren wurdest. Jeder dieser tiefen und tiefsten Atemzüge führt Dich näher zu Deinem Sein, Deinem „Atman“. Atme Leben ein!

Das Ausatmen erfolgt durch den Mund, lasse dabei Deinen Atem strömen und fließen. Du kannst ihn Dir vorstellen wie einen reinigenden Fluss, der inneren Schmutz in Form von Gedankenchaos, Anspannungen und allem Negativen mit sich reißt und aus Dir wäscht.

Dieses bewusste Ausatmen kann Dich von allem reinigen, was sich in Dir festgesetzt und festgeklammert hat und nun von Dir erkannt worden ist und nicht mehr erwünscht ist. Wähle Deine Bereiche und vergleiche sie mit diesem Wochenimpuls des Loslassens.

Die 3 Atemzüge erfolgen ohne Pause. Einatmen, einatmen, ausatmen! Einatmen, einatmen, ausatmen …

Die Übung gestaltet sich dann wie folgt:

- 20 Atemzyklen (einatmen, einatmen, ausatmen), dann die Luft nach dem 20. Ausatmen für 20 Sekunden halten.
- 30 Atemzyklen, dann die Luft nach dem 30. Ausatmen für 30 Sekunden halten.
- 40 Atemzyklen, 40 Sekunden halten
- 50 Atemzyklen und dann die Luft, je nach Fähigkeit, so lange wie möglich halten, ohne in Verkrampftheit zu verfallen. Es geht hier nicht um Rekorde. Halte die Luft nach Deinen eigenen Fähigkeiten an. Durch die hohe Sauerstoffsättigung und mit etwas Übung werden tiefe meditative Atempausen möglich! Ungefähr nach dem Zyklus von 30 oder 40 Wiederholungen wird sich ein starkes Kribbeln, zuerst in den Füßen und Händen, entwickeln, das sich über Deinen ganzen Körper ausweiten kann. Du wirst ein Pulsieren in Deinem ganzen Körper wahrnehmen, vielleicht auch ein Rauschen in Deinen Ohren. Spüre in Dich hinein, genieße dieses Gefühl

und stelle ohne Zwang fest, ob und wo sich Spannungen im Körper befinden.

Mit der Zeit wirst Du dieses Kribbeln in die Bereiche Deines Körpers lenken können, in denen Deine Blockaden sitzen, um diese zu lösen und zu befreien. Nach dem Zyklus der 50 Wiederholungen lässt Du Dich komplett während des Haltens des Atems fallen. Halte den Atem, so lange Du kannst – wie gesagt ohne Anstrengung –, und fühle vollständig in Dich hinein. Lasse restlos alle Anspannungen in Deinem Körper los. Stelle Dir vor, Dein Körper wäre aus Salz und Du lägest am Grunde des Meeres. Alles löst sich, alles Alte lässt los. Ein leichtes Gefühl des Schwebens kann sich einstellen. Komme in diesem Ruhezustand und nach Deiner Atempause zurück in Deine natürliche, vollkommen ruhige Atmung …

Sie wird sehr sanft und flach sein, weil Dein Körper mit Sauerstoff überflutet ist. Lasse jetzt Dein morgendliches Wohlgefühl entstehen und wachsen in ein Strahlen, ein Licht und eine überbordende Freude und Glück in Deinem Inneren, im Bereich Deines Bauchs und des Herzens! Fülle bewusst den Platz, den Deine Spannungen vereinnahmt haben, mit Liebe zu Dir und allen Lebewesen. Wenn Du möchtest, kannst Du Deine Affirmation benutzen. Du kannst aber auch einfach nur „liegen und sein", in Deinen tiefsten Bereichen.

Ein wunderbares Gefühl wird sich in Dir einstellen. Halte es solange Du willst. Zum Auflösen vertiefst Du Deine Atmung über Dein Kronenchakra bis in die Füße und kommst langsam zurück in Deinen Raum und Deine Zeit.

Sollte Dein Mund während der Übung trocken werden, schlucke immer wieder, um dies zu verhindern. Es könnten Krämpfe in Händen, Armen oder Beinen entstehen, die das Lösen von Anspannungen bestätigen. Atme in diese Bereiche und die Krämpfe werden gehen. Sollten angestaute Emotionen weichen, passiert das meistens in Form von Weinen oder Tränen. Lasse es zu, auch Deine Tränen aus den Spiegeln Deiner Seele reinigen Dich von Vergangenem. Alles dient Deiner Entwicklung aus emotionalen und körperlichen Verstrickungen. Lasse sie fließen und lasse sie gehen!

Nimm diese seelische Reinigung und Deine innere überbordende Freude, wenn Du sie gefunden hast, mit in den Tag. Es ist Platz für Neues in Dir entstanden und Du ziehst nur noch das Beste zu Dir heran.

(Bei fortgeschrittener Übung dieser Atemtechnik kannst Du zwischen den Atemzyklen ein das Zwerchfell lockerndes Lachen einbauen. Dadurch kannst Du noch tiefer einatmen. Das Lachen kann absolut künstlich, wie vom schlechtesten Schauspieler, sein. Versuche laut und heftig, leise, hoch und tief zu lachen. Maximal 2 Lachrunden pro Atemarbeit.)

Affirmationen: Du kannst den ausklingenden Zustand Deiner tiefe-ren Gehirnwellenbereiche nutzen, um Deine Affirmationen direkt in Dein Unterbewusstsein einfließen zu lassen.

3) Pflege Deinen Körper: eisbaden oder kalt duschen

Übung abends:

Programm wie in Woche 7. Einen Tag körperliche Aktivität, d. h. eine Sporteinheit oder ein Spaziergang.

Den folgenden Tag wähle eine Atemtechnik, die 7 Punkte-Lockerung und eine nachfolgende Meditation. Nimm Dir auch Auszeiten und 1 bis 2 Nachmittage in der Woche frei, um Deine Motivation hoch zu halten und die Wochenübungen der Gedankenimpulse aufzuschreiben!

Vor dem Schlafengehen:

Reflektiere Deinen Tag und „repariere“ ihn gegebenenfalls. Durchlebe ihn erneut mit dem Loslassen negativer Situationen und deren Transformation in den gedanklichen, optimalen, möglichen Verlauf in Deiner inneren Realität.

Schlafe ein mit der schönsten Vision Deiner höchsten Version Deines Selbst in Deiner imaginären Filmszene. Erschaffe Deine Zukunft jede Nacht neu, sie wartet schon auf Dich!

Gedankenimpuls für Woche 8

8.1 Loslassen als Weg des Lebens

Was wäre, wenn alles, was Du suchst, alles, was Dir Glück und Freude bereitet – vollkommene Freiheit, tiefer innerer Frieden, Ruhe, Gelassenheit, Liebe und Harmonie –, schon seit Anfang Deines Lebens unbegrenzt in Dir wohnen würde?

Stelle Dir einfach mal Dein Leben als Reise vor. Du startest, unwissend, wohin es überhaupt gehen soll und wie das Reisen so funktioniert, angewiesen auf Deine Eltern, die Dich in die von ihnen vorgegebene Richtung stellen und Dir den von ihnen gepackten Koffer – in Form von ihren Verhaltensweisen, Überzeugungen, Glaubensmustern, Liebe und Erziehung – in die Hand drücken.

Nach Deinem Start wird dieser Koffer durch Dein Umfeld, Deine Lehrer, Deine Kultur und möglicherweise durch die Religion über die Jahre Deiner Kindheit, Jugend und Ausbildung bis zum Bersten gefüllt. Ein ordentliches Gewicht kommt da zusammen!

Im Laufe der Jahre beginnst Du, meist bevor Du Dir selbst Zielklarheit verschaffst, in Form von vielen selbst auferlegten Pflichten und Dingen, die der Mensch in unseren Kreisen nun mal so tut oder so dringend braucht, Deinen Koffer noch mehr zu füllen. Dein Körper fängt an, die ersten Warnsignale zu senden (es zwickt schon hier und da), vielleicht schauen auch in regelmäßigen Abständen mehr oder minder harmlose Krankheiten vorbei, um Dir „Bedenkpausen" zu verschaffen, aber auch das nimmst Du nicht so ernst, ein Indianerherz kennt schließlich keinen Schmerz!

Moment mal: War da nicht einmal ein Wunsch oder ein Traum tief in Dir, ein Ort, wohin Du auf Deiner Lebensreise gerne gereist wärst? Aber da fährt Dein Zug auch schon wieder weiter, es gibt immer weniger Haltestellen zur Neuorientierung und Dein Hauptproblem ist jetzt hauptsächlich die Handhabung Deines Gepäcks. Irgendwann fragst Du Dich, warum Du gar keine Karte oder verschiedene Routen gesehen hast, geschweige denn ein eigenes Ziel festgelegt hast.

Meist kommt dieser Punkt, wenn Dir das Leben höchstpersönlich von hinten in die Kniekehle tritt und Du mit Deinem ganzen Gepäck ins Wanken und Straucheln gerätst, vielleicht auch schon fällst! Vielleicht taucht auch wieder jener Traum oder der Wunsch nach mehr Lebensfreude und Freiheit auf. Aber wie sollst Du das machen? Du kannst doch nicht noch mehr tragen, und Zeit findest Du sowieso keine …

Du bist angefüllt mit Deinem Gepäck, bis über beide Augen und sämtliche Sinne, es nimmt Dir die Sicht auf das Wesentliche, und meist fragst Du Dich erst dann, was davon Du wirklich brauchst, wenn Du stürzt und Dein Koffer – beispielsweise in Form Deiner Gesundheit, Deiner Beziehung oder Deines materiellen Besitzes – vor Dir auf den Boden der Realität knallt und Schaden nimmt. Das Leben spricht zu Dir. Erst leise, dann immer lauter werdend sagt es: „Schau mal genau hin! Hier gibt es etwas anzuschauen und zu ändern, es wird Zeit!" Wäre Deine Reise nicht schöner mit leichtem Gepäck? Was von Deiner Last würdest Du mitnehmen, was würdest Du davon noch brauchen, wenn Dir gesagt würde, dass diese Deine Reise bald ein Ende findet?

Loslassen und ausräumen von allem Ballast und Gepäck, dass Du teils völlig unnötig durch Dein Leben schleppst und das Dich vielleicht schon zu Fall gebracht hat, ist ein riesiger Schritt in Richtung Leichtigkeit, Freude und neu entdeckter Flexibilität, die sich hundertprozentig körperlich durch ein Nachlassen Deiner Rückenschmerzen und Krankheiten spiegeln wird, es entsteht „Er-leichterung"!

Das Loslassen von allem, was nicht wirklich zu „Dir" gehört, ist ein dauerhafter Prozess, der nicht von heute auf morgen zu bewältigen ist, auf jeden Fall für die meisten von uns. Je härter Dein Fall bzw. Dein Aufschlag in der Realität war, desto schneller lässt Du wahrscheinlich los. Ebenso gilt: Je bewusster Du durchs

Leben gehst, desto einfacher ist der Schritt des Erkennens und des Loslassens.

Doch anfangen musst Du wiederum im Jetzt, im gegenwärtigen Moment, sonst wird das Gepäck nicht leichter! Allein das Vorhaben oder eine hinausgezögerte Absicht wird Dir keine Befreiung ermöglichen.

Lass los, was Dich nicht bereichert und glücklich macht. Mach Dir jetzt noch mal klar, was oder wer bindet Dich daran. Es bist immer nur Du selbst, der sich an Menschen oder Dinge bindet. Löse Verbindungen und Verknüpfungen, die Dich stagnieren lassen und in Ketten legen, das Leben ist Veränderung! Es ist immer Deine freie Wahl. Um einen Koffer loszulassen, musst Du nur Deine Hand öffnen. Erinnere Dich daran: Die einzige Konstante im Leben ist die Veränderung.

„Der unbewusste Mensch alleine schmiedet seine eigenen Ketten, die ihn binden! Bewusstheit ist der Weg zur Freiheit! Die Seele kennt keine Begrenzungen, nicht einmal den Tod! Die Begrenztheit liegt allein im Menschsein!“

Was Du unbedingt loslassen solltest:

- alle Tätigkeiten, die Dir keine Freude machen
- alle von Dir identifizierten äußerlichen Abhängigkeiten, eine nach der anderen
- nicht erfüllende Beziehungen
- die Vorstellung, alle anderen seien schuld und müssten sich ändern, und somit alle Opferrollen sowie dadurch entstandener Hass und Groll!
- alle Umstände, die Dein Herz eng machen mit allen negativen Gefühlen und Emotionen, vor allem Schuld und Zweifel
- alle begrenzenden Vorstellungen und Glaubenssätze

- ganz wichtig: Deine Vergangenheit
- Ärger, Stress, Gefühl der Minderwertigkeit, Mangel und Eifersucht!

All diese Aspekte im Leben erschaffen immer Spiegelungen in Deinem Lebensspiegel, die Dir fortwährend in die Beine grätschen und Deine Seele bzw. das Leben zum Eingreifen auffordern, um Dich in die richtige Richtung zu weisen. Achte und lerne die Sprache des Lebens, denn alles dient Dir zur Weiterentwicklung.

Akzeptiere und erkenne, was für Dich in Deinem Leben nicht stimmt oder was sich nie richtig angefühlt hat – das ist der allererste Schritt! Damit meine ich nur Dich! Nicht Dein Umfeld, Dein Verwandten- und Bekanntenkreis. Sei dabei bewusst und objektiv, achte wieder auf Spiegelungen, die Dir durch Menschen und Situationen gezeigt werden. Erkenne und lass los, was nicht wirklich zu Dir gehört.

Selbst Vorstellungen, Erwartungen, Bewertungen und Urteile, wie Dinge zu sein haben, können losgelassen werden. Eine unglaubliche Freiheit kann dabei entstehen.

Um Deine Dir innwohnende Freude und Leichtigkeit, die durch all diese äußeren Umstände im Leben eingewickelt wurden, zu befreien, darf Schicht für Schicht, Koffer für Koffer von dem, was Dich eingesperrt hat und belastet, losgelassen und ausgepackt werden.

Je mehr Du von dem, was so schwer auf Deinen Schultern lastet, abwirfst und abschüttelst, desto leichter und freier wirst Du sein und umso besser wird die Erkenntnis in Dir gedeihen, dass alles, was Du wirklich brauchst und suchst, schon immer in Dir vorhanden ist.

Du wirst auch erkennen, dass diese Lebensreise, so wie Du sie bisher begangen und erlebt hast, Dir zu diesem Zweck oder zu dieser Erkenntnis dient und notwendig war, um dieses Ziel überhaupt erst zu entdecken.

Eine Befreiung aus den äußeren Umständen und den menschlichen Missklängen dieses Planeten führt Dich zu Deinem wahren Leben und Ich, das ist die Selbstbefreiung und ein Teil Deiner Selbstbemeisterung. Doch wir sind hier auf Erden, um beide Aspekte zu meistern: zum einen unsere Selbstfindung und zum anderen um das weltliche, äußere Leben als Spiegel, um Lebensbereiche zu erkennen, die wir ändern und optimieren dürfen! Du kannst wirklich Dein ganzes Leben verwandeln, indem Du loslässt, was Dich „bedrückt", und damit einen neuen freien Raum in Dir schaffen, den Du mit dem auffüllst, was Dich glücklich macht. Deine Freiheit beginnt im Inneren und wird sich im Äußeren zeigen!

Nimm Deinen Wochenimpuls zu dem Thema „Gewohnheiten" gedanklich in Deinen Kopf und installiere Dir auch das Loslassen zur Gewohnheit. Das Loslassen ist ein lebenslanger Prozess, denn selbst das Letzte, was wir in unserem wundervollen Leben machen, ist das Loslassen unseres Körpers. Sei Dir immer bewusst, dass alles im Leben, was Du loslässt und was wirklich zu Dir gehört, dann trotzdem bei Dir bleiben wird.

Du betreibst das Loslassen schon Dein ganzes Leben lang, von der Geburt an, mit Deinem ersten tiefsten Atemzug, bei dem Du das Leben einatmest und Dein Atman / Deine Seele den Tempel bzw. Körper bezieht, bis zum letzten tiefen Ausatmen und Loslassen bzw. wenn das Leben aus dem menschlichen Körper entweicht.

Atempausen

Atmen und loslassen kannst Du beides bewusst oder unbewusst tun. Permanentes Ansammeln und immer nur einatmen im Leben geht beides nicht dauerhaft gut. Es kann nur etwas Neues in Dein Leben oder in Deine Lungen kommen, wenn Du Altes loslässt bzw. ausatmest. Es wird Dich sonst ersticken.

Ersetze Dinge und Situationen aus der Vergangenheit, die Dir treu gedient haben – in tiefer Dankbarkeit, dass sie zu Dir kamen –, durch neue, positive, von Dir gewünschte oder manifestierte Bereicherungen in Richtung Deines Herzenswunsches. Richte Deine Aufmerksamkeit darauf. Das ist die Veränderung, die Dich am Leben und bei Gesundheit hält. Atme das Leben ein und atme es wieder aus und finde in den Atempausen zu Bewusstheit, was jetzt gehen darf oder bleibt.

Solche Atempausen sind wunderbarere Momente der Fülle und der Lehre, die oft in Deiner Klarheit und in wertvollen Erkenntnissen resultieren. Manche Indianerstämme nennen es „heilige Momente“ in der Anwesenheit des Großen Geistes oder des Lebens. In diesen Momenten erfahren wir echte Stille und Gedankenstille! Reines Sein! Tue beides , das Ausatmen sowie auch das Loslassen, immer wieder bewusst, jeden Tag, und Du wirst staunen, welche Veränderungen und was für eine Erleichterung in Dein Leben treten werden.

Wenn Du allen menschlichen Schmutz, der Dich umgibt, loswirst, wird eine Reinheit in Dir zu strahlen anfangen, in der Du Deine Seele und Dein wahres „Ich“ immer mehr in einem leuchtenden, goldenen Licht wirst erkennen können! Loslassen schafft den Raum für Deine Transformation und somit Platz für das, was Dich immer mehr zu Dir selbst und zu dieser inneren Reinheit führt! Loslassen führt zu vollkommener Freiheit und am Ende zu Deinem wahren Ziel: „reinem Sein“! In seiner schönsten Form! Der Christus in Dir.

Übungen zum Loslassen:

Schau in den kollektiven Lebensspiegel unserer Gesellschaft. Der Mensch sperrt fast alles ein und klammert sich daran fest, in Unwissenheit um seine ihm innewohnende Macht. Alles wird hinter Gitter gesperrt oder in feste Schemata gepresst: Vögel, Nutztiere, Haustiere, Flüsse, die Natur und am Ende sich selbst …

Frage Dich selbst: Wo sperrst Du Dich selbst ein, wo legst Du Dich in Ketten, welches sind Deine Fesseln, was hält Dich gefangen? Welchen Namen hat Dein „goldener Käfig“, der Dich selbst nicht mehr fliegen und strahlen lässt?

Bist Du überhaupt bereit für die Freiheit? Bist Du schon in der Lage, alle Deine selbst erbauten „schützenden“ Zäune einzureißen?

Mache Dir Deine eigenen Schöpfungen Deiner Vergangenheit bewusst, die Dich anketten und die Dich von Deinen Träumen abhalten. Nimm Deine Liste oder Deine Notizen über Deine negativen Glaubenssätze, Gewohnheiten und Widerstände zur Hand und ergänze bzw. überarbeite sie mit Deinen nicht mehr dienlichen Schöpfungen, die es loszulassen gilt:

Was darf ich schnellstmöglich und priorisiert aus meinem Leben verabschieden? Was hindert mich, meinen Traum zu leben? Entscheide einzig für Dich – und nicht für die Dich umgebenden Mitmenschen – und tu es so objektiv wie möglich! Du kannst hier ebenso an die vergangene Übung der Woche anknüpfen und Dir nicht mehr dienliche Dinge loswerden. An was oder wen binde ich mich zu intensiv?

-
-
-
-
-
-

Affirmationen zum „Loslassen“:

- Ich bin die vollkommene Befreiung und das Loslassen von Vergangenem und alten Glaubensmustern!
- Ich öffne meine Hände und meinen Geist und lasse los. Alles, was wirklich zu mir gehört, wird bleiben. Alles andere darf gehen!
- Ich bin die Befreiung meines wahren Ichs, indem ich loslasse!
- Ich bin, der ich bin, wenn alle Fassaden und Rollen um mich herum fallen!
- Ich bin, genau in diesem Moment, die Freigabe von allem, was mich in meinem Wachstum hindert. Ich danke dafür in Licht und Liebe! … (Mensch oder Situation einsetzen) lasse ich nun im absoluten Frieden, in Liebe und in Vergebung gehen!
- Ich bin gerade jetzt meine ewige Befreiung von aller menschlichen Unvollkommenheit!
- Ich bin, ich bin, ich weiß, ich bin frei! Vollkommen frei von … (Situation oder Mensch einsetzen).

8.2 Lebensfreude und Leichtigkeit: Deine Wegweiser zu Deinen Potenzialen

Ein Verlust der Lebensfreude ist, wie bereits erwähnt, ein erster Hinweis oder ein sanfter Schubser des Lebens selbst, dass etwas auf Deinem Lebensweg nicht stimmt. Oft ist dies schon die Vorstufe einer entstehenden Krankheit. Deine Seele meldet sich, um Dir die Notwendigkeit eines Richtungswechsels in Deiner Lebensführung zu verdeutlichen bzw. zu signalisieren!

Die Missachtung der Lebensfreude ist in unserer westlichen Welt leider Gottes zur Normalität in der Gesellschaft geworden, festgefahren durch ihre Richtlinien, Verhaltensweisen und Glaubenssätze, die Du ja bereits zu enttarnen und in ihren Ansätzen zu erkennen versuchst oder die Du vielleicht sogar schon in Teilen abstreifen konntest.

Lebensfreude und Leichtigkeit sollten Dein Navigationsgerät durchs Leben sein, denn, wie schon angesprochen, nur Du allein kannst Dein Leben lenken und Dein Ziel auf Deiner Reise durch das Leben bestimmen; andernfalls wirst Du Dich in Deiner Opferrolle wiederfinden und Dich von ihr lenken lassen.

Bestimmst Du Deine angesteuerten Ziele über die Lebensfreude und die Leichtigkeit, wird dieser Lebenskompass Dich immer zum Glück führen. Vertraue unbedingt auf Dein Gefühl und Deine Intuition! Die Lebensfreude und die Leichtigkeit sind Deine Wegweiser zu Deinen Potenzialen, Deinen Begabungen, Deinen Talenten und zu Deiner Berufung. Jeder sollte danach streben, seine Berufung zu finden und sie zu seinem Beruf zu machen, dann wäre die Arbeit keine Arbeit mehr, sondern Lebensfreude und Erfüllung. Man würde sich am Sonntag schon auf den Montag freuen und der Alltag würde zum Urlaub werden, denn Du könntest den ganzen Tag Deiner Freude folgen, Deinem Hobby frönen und Deine Leidenschaft leben.

Welche Tätigkeiten bringen Dich in Deinen Flow? Was lässt Dich fließen und schwerelos werden? Was lässt Dich jegliche Zeit, Essen und Trinken vergessen? Was konntest Du schon immer gut? Was wolltest Du von Herzen schon immer mal tun?

Dieses Glücksgefühl bei bestimmten Tätigkeiten ist der Weg Deiner Seele in dieser Inkarnation und der Zeiger, in dessen Richtung Du Dich bewegen solltest. Scanne Deine verschiedenen Lebensbereiche, um Deine Dir geschenkten Fähigkeiten über das Glück, die Freude und den Flow zu entdecken.

Höre dabei immer auf Dein Herz, denn der rationale Verstand kann Dich auch hierbei nicht anleiten. Wir wurden alle einzigartig geschaffen, jeder mit eigenen Talenten und Gaben. Genauso wie alle Zellen in Deinem Körper unterschiedlichen Bereichen mit unterschiedlichen Aufgaben zugewiesen sind, um den Körper in seiner Gesamtheit und in Gesundheit funktionieren zu lassen, hat jeder von uns seine spezielle Aufgabe mittels seiner geschenkten Talente, um einem großen Ganzen zu dienen und sich selbst darin zu erkennen. Würden alle ihr Potenzial leben, würden wir uns sicherlich wieder in einer großen Einheit – wie in einem riesigen Puzzle – zu einem wundervollen Ganzen fügen. Wir stammen ursprünglich aus einer seelischen Einheit und streben innerlich auch wieder dorthin zurück. Wie eine wundervolle Harmonie oder Komposition, entstehend durch verschiedene Instrumente.

Nimm unbedingt wieder eine neutrale, entspannte und fröhliche Haltung ein. Herzöffnung und Deine Antennen der Intuition sind hier gefragt und Deine besten Mentoren. Um Dein Potenzial und Deine Berufung zu extrahieren, kannst Du dann auch gerne zwei Listen erstellen. Die eine Liste unter dem Gesichtspunkt: „Was kann ich besonders gut?" und die zweite Liste unter dem Aspekt: „Was macht mir große Freude?" Ganz oben auf der Liste steht immer das Beste, was Du besonders gut kannst bzw. was Dir die größte Freude bereitet, dann das Zweitbeste, danach das Drittbeste. Kombiniere dann die zwei oberen Punkte der beiden Listen und Du gelangst zu Deiner Berufung. Frage auch geliebte, vertraute Mitmenschen, wo sie Deine Veranlagungen sehen. Manchmal fällt eine solche „Selbst-Offenbarung" mit der Mithilfe Außenstehender leichter und ist auch objektiver. Erkennst Du dann Deine optimale Kombination, wird sich Dein Leben mit Freude und Glück füllen!

Überlege dann in einem nächsten Schritt: Kann ich daraus eine Tätigkeit entwickeln, die auch anderen Menschen dient? Finde es heraus und mache Dich auf diesem Gebiet zu einem Spezialisten!

Gehe dann erste Schritte in diese Richtung, vielleicht über eine neue Nebentätigkeit, bis Du die Feinheiten abgestimmt hast und auch die finanziellen Voraussetzungen Dir die Basis bieten, in die Eigenständigkeit zu gehen.

Übung: Deine Berufung finden

Was sagt Dein Herz: bei welcher Tätigkeit kommst Du in Deinen Flow und vergisst alles um Dich herum? Tauche ein in Deine Innenwelt, öffne Dein Herz und höre, was es Dir sagt. Wobei stellt sich bei Dir das Gefühl aus Kindheitstagen ein, als Du alles sein und tun konntest, was Du wolltest?

Erstelle wie oben beschrieben die beiden Listen, gerne auch über einen längeren Zeitraum. Be- und überarbeite sie immer wieder, bis Du Dir vollkommen sicher bist.

Was kann ich besonders gut?

-
-
-
-

Welche Tätigkeit bereitet mir die größte Freude? Wobei jauchzt mein Herz?

-
-
-
-

Suche eine Möglichkeit, die oberen zwei Punkte beider Listen in einer Tätigkeit zu kombinieren. Es ist Deine Berufung und vielleicht Dein Seelenweg. Gleiche sie zusätzlich mit Deiner vergangenen Ruderboot-Übung und mit Listen aus dem Wochenimpuls der Selbstakzeptanz aus Woche 2 ab.

Affirmationen zur „Lebensfreude“:

- Ich bin die reine Leichtigkeit und die Freude meines Seins. Ich liebe, lebe und lache, so oft ich kann! Inneres Glück und eine tiefe Zufriedenheit begleiten mich auf meinem Weg!
- Ich bin die Führung durch Leichtigkeit und Freude in meinem Leben!
- Ich bin die Erhöhung meiner Schwingung, indem ich mich durch Leichtigkeit und Freude in meinem Herzen leiten lasse!
- Ich bin die Erkenntnis all meiner mir innewohnenden Potenziale! Ich erhebe diese zu meinem Ziel und lebe sie zu meinem Wohle sowie zum Wohle aller mich umgebenden Menschen!

Gedankenimpuls für Woche 9:

9. Unsere Achtsamkeit und der Fokus als Weichenstellung des Lebens

Unsere Energie folgt immer unserer Aufmerksamkeit! Zu Beginn des ersten Wochenimpulses habe ich Dir nahegelegt, wie immens wichtig dieser Satz ist – und doch wird er nur von den wenigsten beachtet. Die Realitätserschaffung durch Gedanken, Worte, Bilder und Emotionen sowie die daraus entstehenden Gewohnheiten, ob nun positiv oder negativ, hast Du inzwischen sicherlich schon fest verinnerlicht. Trotzdem möchte ich Dich bitten, diesem Wochenimpuls der Aufmerksamkeit dieselbige in größtem Umfang zukommen zu lassen.

Dem Menschen wurden schöpferische Fähigkeiten verliehen. Außerdem wurde ihm der freie Wille gegeben, in seinem irdischen Dasein Entscheidungen zu treffen. Er ist in jedem Moment des Lebens durchströmt von dieser schöpferischen Energie, die in ihrem Ursprung Licht und Liebe ist. Ohne diese beiden Grundstrukturen des Lebens selbst verkümmert jegliches neue Leben und bildet höchstens äußere Formen des Missklangs oder stirbt wieder ab. Durch die freie Wahl unserer Gedanken und Emotionen sind wir in der Lage, diesen göttlichen Energiestrom zu beeinflussen und zu lenken. Da viele von uns sich dessen nicht bewusst sind, verweilen sie jedoch meist in ihrer negativen Vergangenheit oder wälzen die möglichen Probleme des zukünftigen Lebens, um sich diese über die ausgesandten Schwingungen, verstärkt durch ihre damit verbundenen Emotionen, wiederholt ins Leben zu ziehen und nochmals erleben zu dürfen.

Die kontinuierliche Achtsamkeit und der Fokus sind die Weichen, die diesen Energiestrom in seine Bahnen lenken. Vollkommen in seiner Mitte würde der Mensch nur Vollkommenheit aussenden und wiederum anziehen, denn die göttliche Schaffenskraft wäre unbeeinflusst. Die bewusste Rückkehr zu dieser Mitte ist nur durch die kontinuierliche Achtsamkeit in Bezug auf die Reinhaltung des eigenen Gedankenstroms möglich.

Alles in unserem Universum und jegliche Natur ist in Kreisform bzw. in runden, radialen Formen aufgebaut, vom Atom über die Zellen bis hin zu den Wassertropfen. Du wirst keine eckigen, gewachsenen Formen finden. Auch in der Handhabe dieser schöpferischen Energie gilt das Gesetz des Kreises oder auch, wie die Hermetik besagt, das Gesetz von Ursache und Wirkung oder der von mir so oft zitierte Lebensspiegel. Oder halte Dir einmal die typische Redewendung in der deutschen Sprache vor Augen: „Der Kreis schließt sich." Was Du aussendest, das kommt zu Dir zurück.

Dieser energetische Kreis, beginnend als eine Frequenz, die Du aussendest, wird immer geschlossen werden und als eine Situation zu Dir zurückkehren. Das ist ein universelles Gesetz und verstärkt sich bei mehrmaligem, dauerhaftem Wiederholen wie eine Zellteilung, die Dir immer stärker werdende und sich verdoppelnde Auswirkungen Deiner gesetzten Ursachen aufzeigt – dies wiederum positiv oder auch negativ, was für Deine erschaffenden Fähigkeiten und jene unbegrenzt fließende Energie in Dir keine Rolle spielt. Sie strömt unaufhaltsam herbei und erschafft neues Leben. Auf diese Weise baust Du – durch den kontinuierlichen Fokus auf bestimmte Dinge – Deine zukünftige Realität förmlich auf. Du bist sozusagen fähig, Materie zu erschaffen oder zu bewegen. Baustein für Baustein bis hin zu Gestaltung. Der unbewusste Mensch würde es „Magie" oder „übernatürlich" nennen, wobei es die ursprünglichste Form des Lebens auf diesem Planeten ist.

Erkenne auch Deinen Gedankenstrom in diesem unentwegt heranströmenden Energiestrom und darin das Leben, Gott oder die Schöpfung selbst. Du kannst ihn lenken, bewusst steuern oder reduzieren, aber Du kannst ihn nicht dauerhaft stoppen oder „rückwärts denken". Leben kann entstehen oder vergehen, aber es funktioniert nicht rückwärts! Das Leben an sich ist unaufhörliche Gestaltung, in jedem einzelnen Moment.

Erfasst Du vielleicht in diesem Moment die unbegrenzten Möglichkeiten, die dem beseelten Menschen mit dem Ablegen seiner gedanklichen Glaubensbegrenzungen und Zweifel möglich wären? Also brichst und erschaffst Du bereits jetzt Materie in kleinem Ausmaß, und das in jedem Moment Deines Lebens. Nur in minimalen, fast nicht spürbaren Schritten, doch je höher Deine Bewusstheit und je stärker Deine mögliche Fokussierung wird, desto sichtbarer werden Deine Ergebnisse, die bis jetzt vielleicht nur rückblickend von Dir erkennbar sind.

Ich möchte es in der Funktionsweise des Lebens so beschreiben: Für alles, was bis jetzt in Deinem Leben geschah, bist Du verantwortlich. Auch die erste Meditation dient zu dieser Verinnerlichung: Du bist der Schöpfer Deines Lebens. Erkennst Du es inzwischen? Wobei viel wichtiger ist, ob Du es annehmen kannst …

Lass mich Dir ein weiteres Bild als Beispiel in Deine Gedanken zeichnen, vielleicht erschafft es Dir eine weitere Brücke zu Deinem Sein und Deinen Fähigkeiten. Ich sagte Dir, wir sind in allen, gelebten Dingen durch unsere innersten Einstellungen erfolgreich. Wir beiden und natürlich all die anderen Seelen, die hier inkarniert sind und sich auf diesem Erfahrungsplaneten Erde erleben wollen.

Gehe kurz in Deine bewusste bildliche Trennung vom Ego. Nimm Dich wieder als Seele im unendlichen Raum wahr und stelle Dir den Eintritt in diese Inkarnation und auf diesen Planeten Erde, auf dem alles aus einem atomaren, schwingenden Gefüge besteht, durch einen gangähnlichen, lang gezogenen Raum vor. Diese Inkarnation ist der kurze Gang durch diesen Raum, in einem Haus mit sehr vielen dieser Räume. Vielleicht vergleichbar mit einem großen Schulgebäude, in dem die Klassenzimmer mit Pausenräumen aneinander anschließen. Du durchlebst diese Klassenzimmer der Inkarnationen, mit den anschließenden Pausenzeiten des Nachhausekommens und den Rücksprachen mit Deinem Geistführer im seelischen Kollektiv.

Wenn Du nun in einem dieser Klassenzimmer bist, verlässt Du jetzt die Vorstellung als Mensch, Du würdest durch ein Leben reisen. Nimm Dich als ewige Seele, als unendliches Bewusstsein im ewigen, stabilen Jetzt wahr. Das Leben um Dich herum ist nur ein gewählter Film oder ein Theaterstück. In diesem Klassenzimmer wirst Du von einem Energiestrom und Energiemeer geflutet. Dieser immer strömende Energiestrom aus Atomen und Quarks reagiert auf Dein Verhalten und spiegelt Dir Deinen absolut realistischen Lebenslernfilm. Er zeigt Dir die Ausgangsposition des Lebens, die Du als Lernstoff, zusammen mit Deinem Geistführer, gewählt hast.

Du bist Dir dessen als Mensch durch den Schleier dieser Inkarnation nicht mehr bewusst, um diese Lektion anfangs durch gefühlte Erfahrungen zu erleben und im weiteren Verlauf daraus zu erkennen und es letztendlich zu meistern und um Dich dann in Deiner seelischen Vollkommenheit annehmen und wiederfinden zu können. Hierbei hast Du aber immer die Möglichkeit, Einfluss auf diese vorbeiziehenden Energieströme und deren Gestaltung zu nehmen, und zwar in dem Maße, in dem Du dazu bereit bist oder auch nicht, entsprechend Deinem Glauben oder auch Deiner Erinnerung. Über Deinen freien Willen und über die Ausrichtung Deiner Aufmerksamkeit als Weichen Deiner Gedanken, Worte und Emotionen lenkst Du sie!

Du wählst aus der gesamten Bandbreite von Himmel und Hölle des Menschseins. Menschliche, negative Beeinflussung durch Gedanken werden in Verdichtungen durch eine höhere Elektronenmenge im Atom aufgezeigt. Sie spiegeln sich in Dichte oder Härte wider. Leben an sich ist immer Leichtigkeit. Im menschlichen Körper zeigen sie sich als Krankheiten oder Entzündungen im Körper, spürbare Schwere oder Verspanntheit. Die Gefühle und Emotionen spiegeln sich in Schwingungen und der Geschwindigkeit, mit der die Elektronen um den Atomkern kreisen. Man spricht von hohen

Schwingungen (Liebe) oder niedrigen Schwingungen (Angst). Der Wille der bewussten Ausrichtung der Aufmerksamkeit und Achtsamkeit ist die schöpferische Gestaltungskraft! Hältst Du diesen stetigen Energiestrom des Lebens durch diese Aufmerksamkeit rein von jeglichem menschlichen Missklang und in seiner Mitte und Vollkommenheit, absolvierst Du diese Schule. Ich hoffe, Du kannst von dieser Darstellung profitieren.

Jeder setzt dauerhaft Ursachen und unsere kontinuierliche Aufmerksamkeit darauf ist unsere Bestellbestätigung ans Universum. Als Beispiel: Ich richtete meinen Fokus als einen Teil meines Lebens durch bewusste Wahl auf den Sport, speziell das Bodybuilding. Ich erlebte diesen Sport in all seinen Facetten, bekam aber ebenso meine inneren bestehenden Mängel und Zweifel an mir selbst über Jahre in zweiten oder dritten Plätzen gespiegelt (als einen Lebensbereich). Dies, ohne zu wissen, warum, denn ich gab wirklich alles. Ich lenkte diesen Erfahrungsstrom nur minimal negativ um, was aber sofort vom Leben bestätigt wird und in allen Situationen sichtbar gemacht wird. Nur mit der Absicht, es dem Schüler der menschlichen Erfahrung zu zeigen. All die Dinge, die uns in unserem Leben begegnen, sind diese exakten Spiegelungen. Der Strom des Lebens an sich ist vollkommen und erschafft immer wieder neues Leben und neue Situationen, ohne zu fragen, ob es Dir gefällt oder nicht. Jeder Mensch benutzt diese ihm anvertraute Macht, ob nun wissentlich oder nicht! Durch unsere Konditionierungen haben wir das Lesen in unseren Leben allerdings verlernt. Das Leben und das nicht existierende Schicksal dienen immer zur Erkenntnis und Korrektur!

Kreative Menschen oder Erfinder nutzten das Prinzip der Aufmerksamkeit und der Lenkung des Energiestroms, wobei es wahrscheinlich nicht immer wissentlich war. Jeder von ihnen richtete zu Anfang seinen Fokus und den größten Anteil seiner Energie auf sein Interesse; lang genug, um die Spiegelungen zu empfangen. Es funktioniert immer! Der Mensch als Schöpfer der Realität, sowohl einzeln als auch kollektiv, hat immer Erfolg, denn Erfolg, wie das Wort schon sagt, folgt nur den gesetzten Ursachen. Dieser Strom in unserem Menschsein ist nicht abstellbar oder zu stoppen, sondern nur lenk- und veränderbar. Vielleicht kennst Du den Ausspruch: „Sei vorsichtig, was Du Dir wünschst, es könnte Realität werden!"

Das gestalterische Energiemeer aus Atomen in den beschriebenen Inkarnationsklassenzimmern folgt in seinen Schwingungen und denen daraus entstehenden Bildnissen immer und unwillkürlich Deiner Aufmerksamkeit. Ob nun im Sport oder in der Geschäftswelt, ob in Mängeln und Defiziten, ob in Vergesslichkeit oder im chronischen Zuspätkommen. Du wählst aus einem unbegrenzten Feld der Möglichkeiten. Deine gedankliche Ausrichtung lenkt Deine Erscheinungen im Leben. Der energetische Strom selbst urteilt nicht, sondern erschafft Leben, Situationen und Spiegelungen. Wir sehen dauerhaft unsere innersten Einstellungen und halten sie dabei unbewusst für äußere Erscheinungen oder das beschriebene Schicksal. „An ihren Früchten werdet ihr sie erkennen", sagte Jesus (Matthäus 7,16). Jesus sowie auch Buddha gehörten zu denjenigen, die diesen Strom vollkommen rein halten konnten, nicht in Missklang verfielen und stets in der Liebe blieben.

Diese Fokussierung bedeutet also ebenso, Deinen Energiestrom rein zu halten, bewusst alte, destruktive oder negative Gedanken und Gewohnheiten zu erkennen und abzulehnen. Der Entschluss, sich aus ungeliebten Lebenssituationen oder der Schwere des Lebens zu erheben, ist so einfach und doch lässt sich der Mensch so schnell in seine alten, destruktiven Gedankenmuster zurückziehen. Es bedarf manchmal der Abschottung Deiner Gefühle beim Erleben Deiner Außenwelt, um nicht auch diese wieder in Deine Erfahrungen zu ziehen. Alles, was Dich im Außen umgibt, also Deine Spiegelungen, kann durch zu intensive Neuaufnahme in Deine Gedanken Deinen erschaffenden Energiestrom umlenken und zu immer wiederkehrenden Neuauflagen führen. Aber dazu mehr im Impuls der Selbstkontrolle.

Erinnere Dich an die bewusste Gedankenkontrolle von nur 5 %, die imstande ist, die verbleibenden 95 % zu kontrollieren und umzuprogrammieren. Damit lenkst Du eine Kraft, die Du Dir momentan vielleicht noch gar nicht vorstellen kannst. Allein durch Deine Aufmerksamkeit, die Du auf bestimmte Dinge richtest, Deine Achtsamkeit und Deine bewusste Wahl all Deiner Entscheidungen lenkst Du Dein Leben. Dazu sind eine dauerhafte Ausrichtung und Disziplin notwendig, bis diese vollkommen übernommen wurden und völlig normal sind, wenn möglich bis zu ihrer Perfektion, die sich in absoluter Freiheit des Menschseins spiegeln würde. Es ist einzig und allein an Dir, Deine Weichen für diesen Energiestrom zu stellen!

Ich erlebe momentan sehr viele Menschen, die auf mehreren Wegen, oft gleichzeitig, ihren Weg in ihr Heilsein zu finden versuchen. Alle Seminare, alles Wissen und alle Kurse sind wundervolle Werkzeuge, die Dir natürlich weiterhelfen und Deine Schwingungen erhöhen können, doch die wirkliche Befreiung aus ungeliebten Situationen oder Verhältnissen findet nur in der Bemeisterung Deiner Aufmerksamkeit auf Deine Denk- und Verhaltensweisen im Alltag statt, denn allein diese lenkt Deine Bestellungen und Schöpfungen! Die Schöpferkraft fließt ununterbrochen! Alles Wissen ist ohne die Umsetzung nichts wert.

Sogar all unsere Körperfunktionen spiegeln die dauerhafte Ausrichtung unserer Gedanken. Bei Menschen mit gleichen Denkmustern wirst Du oft ähnliche Krankheitsbilder, Körpertypen und Körperhaltungen feststellen können. Letztendlich nur, um uns darauf aufmerksam zu machen. Übe die Aufmerksamkeit durch immer weiter fortschreitende Bewusstheit, denn beides steigert sich immer gegenseitig. Halte Dich gerade, innerlich und äußerlich, diszipliniere Dich in gefühlter Leichtigkeit auf positive, lichte und liebevolle Gedanken aus Deiner Mitte heraus, um Dein Leben in diese aufbauende, immer vollkommener werdende Richtung zu lenken. Hinweise auf diese körperlichen Erinnerungen als Spiegelung der inneren Haltung aus der deutschen Sprache weisen Dir auch hier eine Möglichkeit. „Kopf hoch!" „Lass den Kopf nicht hängen!" „Haltung bewahren" oder „sich aufrichten" und „sich groß machen". Gehst Du mit dieser äußeren Haltung durchs Leben, ändert es sich automatisch, denn es gilt wiederum: „Wie außen, so innen."

In den ersten Kapiteln hast Du gelernt, wie Du Deine Realität gestalten und verändern kannst, was Dich davon abhält und was Du loslassen solltest. Du hast Deinen Herzenswunsch als Imagination gefunden und entdeckt, wo Deine Potenziale liegen. Wirf mal einen Blick auf unsere Gesellschaft: Die meisten Menschen können die Frage nach ihren Zielen, ihren Weiterentwicklungsmöglichkeiten, ihren Talenten oder ihren Herzenswünschen nicht beantworten. Fragt man sie aber, was sie nicht wollen, sprudelt es nur so aus ihnen heraus, um alles wieder und wieder zu erleben.

Beginne neben Deiner Ausrichtung auf Deine Ziele und ein wundervolles Leben die Aufmerksamkeit und den Fokus verstärkt zu üben, um Deine Manifestationen nicht durch destruktive Umlenkungen Deines Energiestroms aus der Vergangenheit oder Gedanken an mögliche beängstigende Zukunftsszenarien zu sabotieren! Vermeide alles niedrig Schwingende in Deinem Leben, ob das nun negative Worte, negative Emotionen oder negative Handlungen sind, denn sie bremsen Dich letztendlich nur aus und halten Dich dort, wo Du Dich momentan befindest, oder verstärken ihre Ausdrucksformen in Deinem Leben sogar noch. Sei Dir dabei klar, dass die Aufmerksamkeit, wie das Leben und Dein schöpferischer Energiestrom selbst, nur im ewigen Jetzt vorhanden und nur dort lenkbar ist. Mache sie Dir zu einer der wichtigsten Gewohnheiten als Installation im Unterbewusstsein, praktiziere sie wie ein körperliches Training. Vielleicht ist es anfangs noch etwas schwer, doch mit der Zeit wird es Gewohnheit werden, vielleicht sogar bis zu ihrer Perfektion!

Möglichkeiten, Deine Achtsamkeit und den Fokus dauerhaft hoch zu halten:

- Richte Dich jeden Tag, am besten schon morgens, in Dankbarkeit auf Deine bewusste Aufmerksamkeit und die Vermeidung aller Negativität aus. Lebe Positivität und Dankbarkeit für alles, was Dir das Leben zeigen will. Nimm immer wieder Deinen vielleicht neu ausgerichteten Herzenswunsch mit in Deine Imagination und Filmszene. Erkenne und verwirf negative Gedanken und Stimmungen.
- Nimm Deine Achtsamkeit weiterhin so positiv wie möglich in Deine Zentrierungen und bejahenden Affirmationen. Richte Deine Aufmerksamkeit nicht darauf, wie schwer das Leben ist, sondern wie gut, wie fantastisch es werden kann! Wie toll kann sich mein Leben noch entfalten, wie hervorragend kann meine Gesundheit sein, wie leicht kann mein spirituelles Erwachen sein, wie gigantisch kann mein Kontostand werden? Distanziere Dich bewusst von Deiner vergangenen negativen Ausrichtung!!
- Nimm Deinen Wunsch und Deine Ausrichtung mit in Deinen Alltag, als wäre dessen Realität zu Deiner jetzigen Realität koexistent! Fokussiere ihn bewusst in Deiner Aufmerksamkeit, dann übe ihn zu halten, auf das gerichtet, was Du erschaffen möchtest. Lasse ihn Dich in Deinem Alltag begleiten und mit der Zeit werden diese Realitäten verschmelzen. Trainiere diese Aufmerksamkeit und lasse dabei jedes Mal ein Wohl- und Glücksgefühl entstehen!
- Schreibe Dir zum Beispiel Notizen oder Symbole, die Dich an Deine positive Aufmerksamkeit erinnern, klebe sie auf Lichtschalter, Kühlschrank, Bildschirm oder installiere ein Hintergrundbild auf Deinem Handy.

Der kontinuierliche Fokus auf Deine Ziele ist das kraftvolle Momentum, das alle Dinge in Bewegung setzt. Er ist Dein Zündfunken für dieses irdische Sein zur Gestaltung Deines Lebens. Er ist die gezielte Konzentration Deiner Aufmerksamkeit auf einen bestimmten Punkt, Dein Ziel oder Deine Lebensvision, und genau dorthin fließt Deine schöpferische Energie! Die bewusste (minütliche, stündliche, tägliche) Ausrichtung und Fokussierung sind mit das Wichtigste bei Deiner Zukunftserschaffung. Hast Du eine negative oder eine positive Ausrichtung? Ängste oder Liebe und Vertrauen? Licht oder Dunkelheit? Begreife und erfasse dieses Prinzip vollkommen und Dein Leben wird sich wandeln. Lasse immer wieder los, was Dir nicht mehr dienlich ist und Dich aus Deiner Mitte wirft.

Diese Gestaltung Deines Lebens mittels Deiner Aufmerksamkeit und Ausrichtung nach Deinen wirklichen Zielen führt Dich letztendlich zu Deinem inneren Glück. Versuche nicht, Dein Spiegelbild zu ändern, sondern sei Du die Veränderung in Deinem Sein und Deiner Ausrichtung, dann folgt der Spiegel im Außen Deiner inneren Veränderung! Sei Schöpfer Deines Lebens durch Dein immer positiveres Sosein!

„Was immer Du tun kannst oder wovon Du träumst – fange es an!
In der Kühnheit liegt Genie, Macht und Magie!“

– Johann Wolfgang von Goethe –

Wenn Du entdeckt hast, was Dich erhebt, was und wo Du Dich verändern möchtest, ja was Dich erfüllen würde, wofür Du brennst und was Deine Seele strahlen lässt, dann triff für Dich eine Entscheidung, nimm diese in Deinen Fokus und wage Deine neuen Schritte. Lasse Vergangenes los und gehe die nötigen, ersten und vielleicht noch unsicheren Schritte. Entscheidungen, die Du nur vor Dir herschiebst, rauben Dir Deine Aufmerksamkeit, Kraft und Energie. Wie im Bereich der Gedanken treffen wir über den Tag verteilt eine enorme Anzahl von kleinen bis hin zu großen Entscheidungen (die Wissenschaft spricht von ca. 15.000 bis 20.000). Bediene Dich hier auch Deines Verstandes als Ratgeber und nicht als Führung, auch hier arbeitet Dein programmiertes Unterbewusstsein. Vertraue bei neuen Entscheidungen auf Dein Herz, Deine Intuition und Deine göttliche Führung! Herz und Verstand in Harmonie bringen Deinen Energiestrom in die vollkommene Kraft und führen Dich zu Deiner innersten Berufung! Nimm Dein Herz in die Hand(lung), richte Deine Aufmerksamkeit darauf und lebe Deinen Traum!

Tägliche Übungen:

Nutze die Möglichkeiten der im Wochenimpuls beschriebenen Liste, um Deine Aufmerksamkeit und die Reinhaltung Deiner Aussendungen zu pflegen und damit Dein Leben zu verändern.

Wenn Du möchtest, gebe ich Dir eine zusätzliche Möglichkeit an die Hand, die einer Meditation ähnelt. Es ist eigentlich eine spirituelle Übung, um Deine Wahrnehmung zu verbessern, aber auch, um Deinen Fokus aufrechterhalten zu können. Entzünde eine Kerze. Setze Dich mit etwas Abstand vor die Kerze und lass Deinen Blick auf der Flamme ruhen. Halte die Augen offen und blinzele nur, wenn Du musst. Richte Deinen Fokus und Deine Aufmerksamkeit einzig auf die Flamme, schicke alle aufkommenden Gedanken in dieses Licht und halte Deinen Gedankenstrom rein. Steigere Deine Verweilzeiten und die Aufmerksamkeit dabei immer mehr.

Vielleicht kannst Du mit der Zeit in der Kerze Spiegelungen und Parallelen zu Dir selbst finden. Eine mögliche aufkommende Reinheit durch ein immer helleres, dauerhaftes Licht in Dir kann heraufsteigen, welches Dich wie Dein morgendliches Wohlgefühl durchfließt. Mit der Zeit und mit wachsender Aufmerksamkeit kannst Du dieses Licht auch imaginär in Dir entzünden und immer heller scheinen lassen als das Zentrum Deiner Aufmerksamkeit. Entzünde dieses Licht mit der Zeit als diese innere Flamme und richte Deine Aufmerksamkeit auf sie. Dann brauchst Du die äußerliche Kerze nicht mehr. Nur eine Kerze, die entzündet ist, sorgt beim Großteil der Menschheit für Entzückung. Genauso kann auch der Mensch mit seiner inneren Entwicklung und seinem Licht auf andere wirken. Jedes entzündete Teelicht hat mehr Ausstrahlung und Magie als eine prachtvolle, nie entzündete Kerze.

Wöchentliche Übungen:

Versuche in Deinem Alltag bewusst, Deine Gedanken noch bewusster ins Positive zu lenken. Beginne, die Weichen neu zu stellen und Deinen Energiestrom bewusst zu lenken! Dehne Deine Aufmerksamkeit auf Dein erschaffendes Wesen immer mehr aus!

Affirmationen zur „Zielklarheit“:

- Ich bin die vollkommene Fokussierung und Ausrichtung auf positive Ziele in meinem Leben!
- Ich bin der reine Fokus auf die Reinhaltung meines göttlichen Energiestroms!
- Ich bin die Erschaffung meiner höchsten Ziele und eines besseren Lebens durch meine innere Ausrichtung und Aufmerksamkeit darauf!
- Ich bin die vollkommene Zielklarheit in meinem Leben!Ich vertraue meiner Intuition und treffe Entscheidungen, die gut für mich sind! Ich lebe das Leben meiner Wahl, um meinen Mitmenschen nur das Beste von mir weitergegeben zu können!

Block 4

Block 4: Wochen 10–12

Aktivierung und Konzentration auf die tieferen, seelischen Bereiche. Erkenntnisse über den Sinn der Vergebung, des Schmerzes und der Selbstkontrolle. Die wahre Liebe und Dein wahres Ich. Es geht in die Tiefe Deines Seins!

Übung morgens:

1) Pflege Deinen Geist.

Öffnet sich mit dem Öffnen Deiner Augen, schon automatisch als Gewohnheit etabliert, auch Dein Herz? Steigere Dein Wohlgefühl und Deine Dankbarkeit beim Aufwachen. Wie groß kann so ein Gefühl werden? Wie hell kann Dein Licht werden und strahlen? Entdecke neue Dimensionen und Weiten Deines Glücks beim morgendlichen Öffnen von Augen und Herz. Danke und segne alles in Deinem Leben! Folge weiter den Grundstrukturen der letzten Wochen beim Aufwachen! Erweitere sie und nimm sie in immer größer werdenden, sich ausdehnenden Zeiträumen mit in den Tag. Wenn Du dieses Gefühl – als großes Ziel – den ganzen Tag aufrechterhalten kannst, dann wirst Du einen perfekten vollkommenen Tag haben!

Wie wäre es mit einer ganzen Woche? Einem ganzen Monat? Einem ganzen Jahr? Einem ganzen verbleibenden Leben als perfektes, vollkommenes Leben? Bedenke: Alles hat nur geistige Grenzen. Genau dort liegt auch die Heilung des Menschen. Todkranke Menschen, die wirklich alles Äußere losließen und sich nur noch auf Glück und Dankbarkeit in ihren letzten Tagen ausrichteten, wurden gesund. Mit Deinem Morgenritual bist Du noch lange nicht am Ende! Es ist erst das Samenkorn eines wundervollen

Lebens … Gepflanzt hast Du es schon, jetzt lass es wachsen zu Deinem Glücksbaum in Deinem Paradies!

2) Pflege Deine Seele.

- Intensive Atemarbeit. Steigere die Tiefe Deines Atems, jedes Atemzuges sowie die Tiefe Deiner meditativen Zustände in der Ruhephase am Ende. Verabschiede Dich von allem, was Dir vielleicht schmerzhaft aufgezeigt wird und was Du noch loslassen und vergeben darfst. Atme Dich frei und werde dabei immer lichter und leichter!

Mit jedem Tag und jeder durchgeführten, intensiven Atemarbeit fällt eine weitere Hülle und ein weiterer Schleier, die Dich in Begrenztheit halten. Atme Dich zurück in Dein wirkliches Leben, in Dein wirkliches Sein. Konzentriere Dich in der Ruhephase auf Dein Herz, auf Dein Glücks- und Wohlgefühl und spüre, wie das Glück und die überbordende Freude sich immer mehr Platz verschaffen. Folge den Anweisungen für die Übung der letzten Wochen.

- Nutze Dein geöffnetes Bewusstseinstor für Deine Affirmation: Richte Dich nach diesem seelischen Reinigen, Ausmisten und Platzmachen neu aus. Installiere mittels der Kraft Deines gesprochenen Wortes neue Leitfäden in die Richtung Deiner gewünschten Zukunft. Manifestiere sie jetzt. Sprich sie aus dem Inneren Deines Herzens, nicht nur in Kopf und Verstand.

3) Pflege Deinen Körper.

Kalt duschen oder eisbaden! Stärke Deine Gesundheit und Dein Immunsystem. Starte voller Energie in Deinen Tag!

<u>Übung abends:</u>

Komm nach Deinem Alltag zurück in Deine Mitte. Richte Dich erneut aus und folge dem rollierenden System der körperlichen Arbeit mit Sport, Bewegung oder Spazierengehen und Deiner seelischen

Aktivierung durch Atemübungen, Entspannung und Meditation. Sammle danach Deine Erfahrungen und Ergebnisse, die Du positiv gestalten konntest, oder auch negative Erfahrungen, die Du erkennen und transformieren konntest, in Deinem Erfolgs- und Dankbarkeitstagebuch. Beginne darin zu blättern, nimm die Schwingung Deiner selbst dokumentierten Worte, Gefühle und Erfolge wahr und nutze sie als Sprungbrett zur Motivation, Dein Vorhaben weiterhin zu pflegen. Verwende hoch schwingende Worte, schmücke und baue Deine Worte und Gefühle aus und staune, wie auch Deine Stimmung und Deine Energie sich dadurch heben. Träume von möglichen Steigerungen! Es ist alles in Dir …

Vorschlag für die Meditation in Block 4

(entweder wie angeboten jeden zweiten Abend oder optional auch in der tiefen Ruhephase der morgendlichen Atemarbeit)

– Reinigung durch die Elemente –

Erreichst Du in der 7 Punkte-Lockerung diesen tiefen, entspannten Zustand, lass Dich immer tiefer sinken. Wenn Deine Augen noch nicht geschlossen sind, schließe sie jetzt …

Die Atmung fließt ruhig, sanft und flach. Vollkommen natürlich und entspannt. Vor Deinem inneren Auge sinkt eine kleine, schwebende Feder vor Dir herab. Langsam, tänzelnd, kreisend und von der Luft getragen. Während Du sie beim Absinken betrachtest, sinkst auch Du in ihrem Rhythmus in eine noch tiefere Entspannung. Du lässt Deinen ganzen Körper immer tiefer und tiefer in die angenehme, wohlige Schwere gleiten, gleich der des Schlafes, wobei Du geistig voll präsent bist und bleibst. Deine Wirbelsäule dient Dir dabei als unangestrengte Säule. Vollkommene Entspannung durchflutet Dich! Entlasse alle Gedanken wie Vögel aus einem Käfig oder wie Wolken, die vom Wind fortgetragen werden.

In dem Moment, wenn Deine Feder den Boden erreicht, bist Du absolut sicher, wohlig und entspannt. Du beginnst den Dich umgebenden Raum in unendlicher Weite wahrzunehmen. Das vorher bestehende Zimmer oder Deine vorherige Umgebung ist nicht mehr vorhanden, nur noch Weite und Leere. Je mehr Du Dich auf ihn konzentrierst, desto größer und weiter erstreckt er sich. Vor Dir und hinter Dir. Links und rechts von Dir. Über Dir und unter Dir. Verharre dort in diesem Augenblick, bis er sich Dir vollkommen eröffnet. Nimm ihn bewusst wahr und spüre Dich in seine Unendlichkeit, wie ein Universum ohne Sterne. Atme diesen Raum tief in Dich ein, bis er eins mit Deinem materiellen Körper wird. Du wirst frei von jeglicher Materie und Zeit. Unbegrenzte, endlose Weite in alle Richtungen nimmt Dich ein und Du weitest Dich darin aus, in einem angenehmen, friedlichen Schwarz und allen weiteren Farben, die sich Dir vielleicht offenbaren oder zeigen wollen.

Aus der Tiefe dieses unendlichen Raums nimmt Dein inneres Auge einen wunderschönen Strand wahr. Leichter Nebel verschleiert Deinen Blick noch und lässt Dich die neu entstehende Realität noch nicht klar wahrnehmen. Mit der Zeit erschließt sich Dir Deine umgebende Landschaft immer deutlicher, auch das Meer und der Himmel, die sich in einer lila, transformierenden Strahlung präsentieren. Du spürst einen angenehmen Wind über Deine Haut streichen, er spricht leise zu Dir von Verwandlung und Entwicklung. Es fühlt sich an wie eine kommende Veränderung … eine Transformation …

Du lässt Dich vollkommen in diese herrliche Situation fallen. Absolutes Vertrauen und Hingabe für diesen Moment erfüllen Dich. Nimm an, was Dir gegeben werden soll … Immer intensiver und mit allen Sinnen nimmst Du Dich in dieser magischen Umgebung und Stimmung wahr, als eine Stimme zu Dir sagt: „Eile Dich, mein Kind; es ist nun an der Zeit!"

Der Wind nimmt zu. Er wird energetisch und kraftvoll … und Du wirst von einem starken Luftstrom erfasst. Es ist Dein Engel, der Dich behutsam von hinten in seine Arme schließt und mit in die Luft hebt. Er führt Dich auf Deine transformierende Reise. Du bist in seinen Händen vollkommen behütet und beschützt. Du reist geschützt und umgeben von reinstem, göttlichem Licht. Lass Dich jetzt in seine Hände fallen und vertraue auf diese höhere Macht, die stets für das Leben und zu Deinem Besten handelt. Nimm an!

Dein Engel fliegt mit Dir aus geringer Höhe auf die Erde zu. Du tauchst ohne Aufprall in die Erdschicht ein und kannst es vielleicht noch nicht deuten. Durch die höhere Schwingung des Lichts, befreit von der materiellen Dichte des atomaren Aufbaus, reist ihr als reine Lichtwesen durch Gesteinsschichten, Erdschichten, unterirdische Höhlen mit wunderschönen kristallenen Feldern, die alle negativen Schwingungen von Dir nehmen. Sie nehmen jegliche Formen der Angst, der Enge und des Schmerzes von Dir, stattdessen steigen Freude und Glück in Dir auf, denn Du spürst die Frequenz und das Leben von Mutter Erde. Du vernimmst innerlich das Wort: „loslassen“. Du spürst ihre Liebe und Fülle, die sie so geduldig an ihre Menschenkinder verschenkt. Das Leben und die Schwingung pulsieren in ihr, genau wie sie in Dir pulsieren, in ein und demselben Rhythmus, in jedem Atom aller materieller Körper, denn sie entspringen alle der gleichen Quelle. Lass los, was Dich schmerzt, gib es ab an Mutter Erde. Tiefste Dankbarkeit und Verbundenheit breiten sich in Dir aus. Du erkennst für immer: Ihre Seele ist Deine Seele.

Das Erdreich endet und Du brichst durch den Meeresboden. Dein Engel führt Dich in endloses Wasser, gleich einem Ozean. Du kannst in jedem Moment vollkommen frei atmen! Die Reise wird schnell, Du wirst durch die Tiefen gezogen und das Wasser umspült Dich und nimmt dabei etwas von Dir. Du nimmst es wahr und fühlst eine Reinigung und eine Abwaschung von Seelenflecken, die sich bis jetzt noch schmerzhaft an Dich geklammert haben. Das Wort „Befreiung“ hallt durch Dein Bewusstsein. Es fühlt sich an wie vollkommenes Freigeben und Vergeben von allem, was Dich noch in Dunkelheit hält. Das Wasser nimmt es jetzt von Dir! Lass jetzt gehen, was Dein Menschsein noch quält!

Ein Wal erscheint neben Dir, begleitet Dich für einen Moment und schenkt Dir durch seinen Blick und seine Aufmerksamkeit ein Gefühl der Dankbarkeit und der spirituellen Verbundenheit mit Dir. Auch ihr seid aus der gleichen Quelle entstanden! Du erkennst die Seele des Wassers und des Wals!

Dein Engel führt Dich an Land und setzt Dich behutsam an der Stelle ab, an der die Reise begann. Du spürst im gleichen Moment ein Feuer in Deinem Herzen aufsteigen. Es verbrennt Dich nicht, es reinigt Dich. Die Flamme Deines Herzens färbt sich violett, wächst schnell und immer größer, bis sie Dich komplett umgibt und umhüllt. Du bist diese violette Flamme selbst und alles Verbleibende, was nicht mehr zu Dir gehört, verbrennt und transformiert sich in dieser Flamme in reine göttliche Liebe. „Transformation", sagt Dein Herz. Du erkennst die Liebe, die Weisheit und Kraft aus der Flamme in Deinem Herzen. Leise fragst Du Deinen Engel: „Für wen ist diese Reinigung?" – „Für mich, Deine Seele", antwortet Deine innere Stimme.

Das Feuer wandelt seine Farbe von Violett in ein strahlendes weißgoldenes Licht, das Dich vollkommen umgibt. Es fließt nun ein zusätzlicher Strahl dieses Lichts durch Dein Kronenchakra in Dein lichtvoll strahlendes Herz. Wärme, Liebe, Reinheit und Segen umfangen Dich! Möglicherweise steigen gerade jetzt Affirmationen oder Erkenntnisse in Dir auf … Sprich sie in Liebe aus Deinem Herzen … Spüre die reine Liebe und Dankbarkeit für diesen Moment, alles in einem unglaublichen Wohlgefühl. Du erkennst die reine Seligkeit in diesem Moment! Fühle sie in Deinem Herzen.

Dein Engel hebt Dich mit seiner Umarmung wieder in die Lüfte. Die Reise führt Dich auf eine hohe Bergspitze, die im Sonnenlicht erstrahlt. Unterhalb des Berges herrscht Schatten. Dunkelheit umgibt den Berg. Im Tal siehst Du unzählige getriebene Menschen, die rastlos und getrieben durch ihr Leben eilen. Eine Art Dunst oder

Nebel umgibt sie noch. In dem Moment des Hebens Deines Blickes und der Wahrnehmung Deiner Umgebung siehst Du Lichter auf Dich zukommen. Sie schweben auf Dich zu in der gleichen weißgoldenen Strahlung wie die, die Dich umgibt. Du erkennst Seelenlichter in ihnen, es ist Deine Seelenfamilie. Sie begrüßen Dich ohne Worte, dafür mit reiner Liebe, und Du verstehst sie genau. Ein unbeschreibliches Gefühl der grenzenlosen, göttlichen Liebe, Geborgenheit und Vertrautheit erfasst Dich im tiefsten Punkt Deines Herzens. Du erkennst die Verbundenheit mit allen Seelen als eine Einheit.

Du vernimmst die Worte Deines Engels in Dir: „Aufgabe: Teile dieses Licht mit denen, die danach suchen!"

Dein Engel bringt Dich zurück an den Strand, von dem aus ihr gestartet seid. Verabschiede ihn in vollkommener Liebe, Licht und Dankbarkeit. Verweile, solange Du möchtest …

Du kehrst nun zurück zu Deinem meditierenden Körper und nimmst ihn wieder in Besitz, aber Du nimmst wahr, wie sich das Gefühl der Klarheit als identifizierte Bewusstheit im Menschen anfühlt: Du beginnst mehr und mehr, diesen Körper und Verstand als Bewusstsein zu führen. Du bist nicht dieser Körper und nicht dieser Verstand. Dein Körper ist ein funktionierender Komplex aus all diesen Elementen. Doch Du bist Seele! Du kommst aus der reinen Liebe. Du bist reine Liebe. Du bist energetisch verbunden mit allem Leben auf dieser Erde!

In dieser neuen Erkenntnis kehrst Du nun ganz in Deinen Körper. Du nimmst jetzt Deinen Platz in Dir und Deinem Körper wieder ganz ein und erlebst Deinen kommenden Tag als vollkommenes Bewusstsein. Fühle Deinen Körper. Wackle mit den Fingern und Deinen Zehen und komm zurück in Deinen Raum und in Deine Zeit, in der Zeitspanne, die Du benötigst. Dann öffne Deine Augen. Du fühlst Dich frisch und voller Energie!

Vor dem Schlafengehen:

Reflektiere und „repariere“ die Abschnitte und Situationen des Tages, die noch verbesserungswürdig sind. Erlebe bzw. durchlebe sie in der bestmöglichen Variante und lenke sie in Dein morgendliches Hochgefühl um. Oder konntest Du dieses den ganzen Tag halten? Vergib Dir selbst und allen Seelen, die Dich umgeben. Mache Dich komplett frei von jeder möglichen Schuld. Bitte um Vergebung und vergib wirklich allen Menschen und Situationen aus ganzem Herzen. Transformiere jeglichen Groll und Hass in Liebe und Vergebung in diesem wunderschönen Gefühl.

Versuche danach, den Übergangbereich vom Wachsein in den Schlaf zu finden, um zu einem noch höheren Bewusstseinszustand zu gelangen. Es fühlt sich an, wie wenn Dein Körper und Dein Geist getrennt wären. Lasse Deinen Körper ins Bett sinken, lasse ihn los und lasse ihn schlafen, versuche Deinen Geist und Dein Bewusstsein noch wach zu halten. Gib beiden klare Anweisungen als lenkende, programmierende Instanz: „Ich bin weder mein Körper noch mein Verstand.“ Beide gehen jetzt in ihre Ruhephase, doch ich als reines Bewusstsein nehme wahr, während mein Körper und mein Verstand schon schlafen. Wiederhole es, sprich es, bis es eintritt. Fühle es! Mit etwas Übung wirst Du den Übergang in den Schlaf bewusst wahrnehmen können. Ein Zustand in reiner Bewusstheit und höchstem Gewahrsein.

Es wird sich ein ähnlicher Zustand wie in der Ruhephase der intensiven Atemarbeit einstellen, indem Du Dein Tor zur Bewusstheit ganz aufstoßen kannst! Du beginnst Dich wirklich wahrzunehmen und erfährst Deine schlafenden Erfahrungsinstrumente als Teile Deines irdischen Seins. Übe diesen bewussten Übergang, dann kannst Du entscheiden, ob Du in ein rollierendes, abwechselndes System mit der Imagination beim Einschlafen übergehst. Entscheide für Dich, was Dir besser liegt oder was Dich besser in die gewünschte Richtung wachsen lässt.

Gedankenimpuls für Woche 10:

10.1 Wachstum und Weisheit durch Schmerz und Leid in unserem Leben:

„Man muss ein Herz brechen, um es zu öffnen.“

– Harry Marlow (1905–1981) –

Jede Herausforderung in Deinem Leben, egal wie schwer oder kompliziert sie war, hat Dich immer wachsen und seelisch reifen lassen. Mit viel Übung und stetig wachsender Reife wirst Du in Deinen, Dich schmerzenden und herausfordernden Lebensumständen seelisch gewählte Erkenntnisse entdecken, die Dir dienen, um Dich als Seele zu vervollkommnen. Das Entscheidende daran ist die Wahl Deiner Reaktion und die Erkenntnis des möglichen Wachstums darin, um sie im Menschsein nicht noch mal als schmerzhaften Hinweis der nicht verstandenen Aufgabe erleben zu müssen. Hast Du schwierige Lebenslagen wie zum Beispiel eine Trennung, einen Todesfall, Verluste jeglicher Art, eine Krankheit oder einen Unfall erst einmal überstanden und kannst mit etwas zeitlichem Abstand auf diese Ereignisse zurückblicken, wirst Du feststellen, dass Du an all diesen gemeisterten Herausforderungen immer gewachsen bist.

Die reifsten, innerlich stärksten Menschen, die mir begegnet sind, zum Beispiel auf spirituellen Seminaren, aber auch im Leben, waren diejenigen, die durch schmerzhafte, schwierige und herausfordernde Situationen geschritten waren und sie gemeistert hatten.

Diese Erkenntnis des Durchschreitens von Erfahrungen, um daran zu wachsen, sie danach loszulassen, sie gegebenenfalls zu transformieren und zu vergeben, wird Dich in Deiner Entwicklung immer weiter voranschreiten lassen. Sie ist, wenn auch schmerzhaft, ein Weg zu Weisheit und Freiheit, denn tatsächlich sind nicht die Menschen die glücklichsten, die nie Probleme hatten, sondern es sind faktisch diejenigen, die ihre Probleme und Herausforderungen in Wachstum, Erkenntnis ihrer Potenziale und Bewusstwerdung transformieren konnten.

Der Mensch hat zwei Möglichkeiten der Weiterentwicklung: zum einen inneres Wachstum aus Interesse; zum anderen inneres Wachstum mittels Leid und Problemen – dies in sich potenzierender Steigerung bei dauerhafter Missachtung der entsprechenden Hinweise und Spiegelungen des Lebens – oder wenn destruktive, negative Gewohnheiten und Verhaltensweisen partout nicht geändert und erkannt werden wollen.

Ein einfaches Beispiel in der Außenwelt hierfür ist die berühmte heiße Herdplatte oder Kerze. Fast jedes Kind muss einmal die Erfahrung „heiß" machen, um sie zu kennen und daraus zu lernen. Je größer Deine seelisch gewählten und zu bewältigenden Aufgaben sind bzw. je heißer Deine „Herdplatten des Lebens" sind, desto größer werden Dein inneres Wachstum, die Erkenntnis und die daraus resultierende Stärke sein. Manchmal darf der Mensch auch öfter auf die gleiche Herdplatte fassen, bis er die Erkenntnis erhält, dies besser nicht mehr zu wiederholen.

Ein Vergleich mit der Größe Deiner Aufgabe im Außen, wenn Du sie als Herausforderung sehen kannst, ist zum Beispiel auch die Besteigung eines Berges. Je größer hier die Mühe, der Aufwand, die Entbehrungen und die Anstrengung waren, desto größer sind der Triumph, die Erfahrung und das Glücksgefühl nach der Bewältigung und dem Erreichen des Gipfels.

Das Leben setzt Dir solche Berge in Form von Problemen oder Krankheiten meist unerwartet und unvorbereitet vor die Nase, um Dich aus alten Mustern aufzuwecken oder wachzurütteln, die nicht Deinem Seelenweg entsprechen, oder um die Richtung Deines Lebensweges zu ändern. Sieh sie stets als Einladungen des Lebens zu Veränderung, Reifung und dem Ablegen von veralteten, meist konditionierten Verhaltensweisen. Das Leben arbeitet nie gegen Dich. Es sind immer Deine angehäuften, nicht erledigten Hausaufgaben im Menschsein.

„Die wirkliche Weisheit eines Menschen wird nicht durch Wissen erlangt; Weisheit kommt durch Erfahrungen und auch mittels Leid im Leben!“

Diese Erfahrungen gehören genauso zur Vollkommenheit, nach welcher der Mensch immer innerlich strebt, denn nur wenn wir die Dunkelheit erlebt haben, können wir entdecken, wie schön und hell das Licht wirklich ist. Deine Wunden bzw. Deine inneren oder äußeren Verletzungen, die Du erleidest, sind immer der Ort, durch den das Licht letztendlich zu Dir einströmt und Dich erleuchtet. Wir erleben hier eine Welt der Polarität. Die Hermetik sagt: „Alles hat Pole. Ohne Nacht kein Tag. Ohne Hass keine Liebe. Ohne Furcht kein Mut.“ Wenn Du das in Dankbarkeit verinnerlichen kannst, dann kannst Du jede Aufgabe bewältigen, denn wir haben beim Erkennen dieses universellen Gesetzes als schöpferisches Wesen die Wahl, welchem Pol wir unsere Aufmerksamkeit schenken. Aus den dunkelsten Etappen Deines Lebens kamen letztendlich die größten Erkenntnisse! Das Leben geht immer weiter, es bleibt nicht stehen und ruft Dich zu Veränderungen. Der erschaffende Energiestrom setzt nicht aus. Fange an, darauf zu achten, Herausforderungen und Zeichen des Lebens frühzeitig zu erkennen und sie nicht so lange aufzuschieben, bis sie sich zu diesen riesigen Bergen auftürmen oder Deine Herdplatten glühen lassen.

Der Mensch frisst sich, unwissend um sein Seelenleben, durch seine Außenwelt, gleich wie eine Raupe es durch ihre Umgebung tut. So häuft er äußerlich und innerlich oft einseitige Stauungen an, sei es Wissen, Materielles, Macht und alles, was ihm so wichtig erscheint, um daran zu wachsen, zu reifen und seine Erfahrungen zu machen, um es dann letzten Endes doch loslassen zu müssen. Gleich dieser Raupe, die sich durch ihr Leben frisst und den ihr innewohnenden Schmetterling in sich trägt, tragen auch wir unseren uns innewohnenden Schmetterling mit uns, und zwar in Form unserer strahlenden Seele, und wir dürfen, so wie die Raupe, durch die Enge und Dunkelheit des Kokons kriechen, um uns durch diese Reibung zu unserem wahren lichtvollen Selbst und zu innerer Schönheit zurückentwickeln zu können. Diese Isolation und das Gefühl des Getrenntseins während dieses Reifeprozesses bzw. der Verpuppung kennen wahrscheinlich viele von uns.

Beide Wesen leben gleichzeitig in einer Verkörperung, wobei der Schmetterling und die Seele immer im äußeren Körper wohnen und um ihr Dasein wissen, während die Raupe und der Mensch oft nichts von ihrem wahren Sein ahnen. Wie diese notwendige Verpuppung zur Vervollkommnung und Transformation des Schmetterlings haben wir als Seele notwendige Schattenseiten gewählt, um uns in unserer eigentlichen Vollkommenheit erkennen zu können. Daraus kann aber auch die Erleuchtung keimen, in diesen schmerzhaften Situationen im Leben die seelische Auswahl an Erfahrungen zu erkennen und sie dadurch transformieren zu können. Indem Du als Mensch erkennst und begreifst, dass Du nicht diese Gedanken und dieser momentane Schmerz bist, und Dich dadurch aus dieser Identifikation trennst, kannst Du diese seelisch gewählten Aufgaben lösen, indem Du wiederum Deine Ausrichtung bewusst wählst.

Erkenne darin Dein, von mir oft als Feindbild dargestelltes Ego, nur um Dich darauf aufmerksam zu machen, als vielleicht Deinen treuesten Freund. Natürlich nur in mitgenommenem und geklärtem Zustand, sonst wird es Dir immer wieder dazwischenfunken. Sieh das Ego als verselbstständigten Teil der Seele im unbewussten menschlichen Sein, der die führende Rolle im Leben ergriff. Alles wiederum nur, um Dir in der menschlichen Verschleierung auf diesem Planeten seelisch gewählte Erfahrungen zu ermöglichen. Ein Ego mit allen Charakterzügen und mit der Persönlichkeit, die Du Seele erfahren wolltest, um zum Beispiel Dualität, Ängste und Getrenntheit begegnen zu können. Durch diese Erinnerung an Dein wahres Sein und wozu das „böse" Ego wirklich dient, kommt es zur Transformation der Führung in Deinem Leben. Bemeistere Dein

Ego also auch in Dankbarkeit. Sperre es nicht weg, sondern weise ihm bewusst die Position Deines helfenden Begleiters zu.

Alles dient Dir im Leben. Nimm im Menschsein diese schmerzhaften Lebenslagen in Dankbarkeit wahr und akzeptiere sie als Hinweis und Wachstum der seelischen Reife zurück ins Licht. Verbildliche Dir das hermetische Gesetz der Polarität als eine Skala (z. B. „Schmerz und Elend“ als Minuspol und „Glückseligkeit und Bemeisterung“ als Pluspol). Begibst Du Dich in diese Sichtweise und findest den im Leid oft als Mangel getarnten Minuspol Deines menschlichen Erfahrungsspektrums, kannst Du Dich bewusst auf das gegenteilige Ende der Skala Deines imaginären Mischpultes ausrichten, um mit Deiner schöpferischen Ausrichtung und der gehaltenen Aufmerksamkeit das positive Gegenteil des Mangels zu bewirken. Ersetze Mangel durch Fülle in allen möglichen Bereichen. Zweifel durch Glauben. Hass und Wut durch die Liebe. Sorge durch Vertrauen. Ängste, Mängel und Sorgen lassen wiederum Deine Zweifel in Negativkreisläufen entstehen. Sie sind nur gewählte Erfahrungen, die von Dir transformierbar sind, um Dich daran in Deine Erleuchtung reifen und wachsen zu lassen. Verlasse diese alten Wege, komm ins Vertrauen auf die universellen Wege Deiner Schöpferkraft und richte Deine Aufmerksamkeit aus!

Noch mal: Du hast durch die ersten Wochenimpulse die verschiedenen Aspekte der schöpferischen, gedanklichen Fähigkeiten des Menschen erfahren. Sei Dir bewusst, jede Art von Wissen oder Kraft und Macht ist vollständig wertlos, es sei denn, Du benutzt es und lebst es!! Erkenne nun in Deinem Schmerz Deine als Seele gewählte Schattenseite und transformiere sie zurück ins Licht! Wähle wieder wie in Wochenimpuls 1 die bewusste Sichtweise. Mit wem identifiziere ich mich wirklich? Suche den Grund oder den Mangel in Deinem menschlichen egobehafteten Schmerz. Richte Dich auf das Gegenteil aus, um diese Prüfung des Lebens zu absolvieren, kontrolliere dabei Dein Ego und halte bewusst die Aufmerksamkeit hoch, denn dieser folgt Deine schöpferische Energie in Richtung des positiven Pols. Richte Dich niemals mehr auf Mangel oder Schmerz aus! Richte Dich stattdessen auf die Lösung Deines Problems aus mit all den beschriebenen Werkzeugen der ersten Kapitel. Transformiere Deine Schatten so vollkommen ins Licht! Auch hier kann Dir der „rote Faden" im Leben dienlich sein, indem Du durch ihn wiederholt auftretende Hinweise und Schmerzen in Form dieser gespiegelten Mängel wahrnehmen kannst und zu lesen lernst. Alles im Leben hat eine Botschaft für Dich!

Die Transformation Deiner Schatten in Kurzform:

1. sich der eigenen Schatten bewusst werden
2. Erkenntnis, worin der Schmerz, der Mangel oder die Ursache verborgen liegt (z. B. Angst als Mangel an Liebe und Vertrauen)
3. Ausrichtung Deiner Aufmerksamkeit auf den gegenteiligen Pol des Schmerzes (z. B. Liebe, Vertrauen, Bewusstheit)

Transformiere Deinen Schatten ins Licht durch Deine in Bewusstheit gehaltene Aufmerksamkeit zur Umprogrammierung Deines Unterbewusstseins auf den Gegenpol Deines Schmerzes (siehe erster Wochenimpuls „Kraftquelle Unterbewusstsein").

Wandle auf diese Weise Deine seelisch gewählten Schatten, die Dich im Menschsein noch verwickelt und umgarnt halten, und entwickle Dich zurück zu Deinem Dir innewohnenden Schmetterling und dem Licht in Dir.

Diese Parallelen zum Lebensspiegel und zur Hermetik findest Du übrigens auch in den Geschichten aus „Tausendundeine Nacht". Auch diese stammen aus frühesten Zeitaltern der persischen Literatur, ursprünglich aus dem Indien des 3. Jahrhunderts. Viele Weisheiten und Religionen entspringen, wenn nicht menschlich und eigennützig verfälscht, diesen Aussagen. Erkenne in Deinem Dir innewohnenden Schöpferwesen den eingeschlossenen Dschinn in seinem verschlossenen Gefängnis oder Körpergefäß. Erst durch die Säuberung bzw. die Reibung an der äußeren Hülle können das Genie und das Schöpferwesen befreit werden und Armut in Reichtum und Wunder verwandeln. Öffne die Höhle zu Deinen verborgenen Schätzen in der Mitte Deines Herzens und schiebe die Versteinerung zur Seite. „Sesam, öffne Dich!"

Halte Dich stets in Deiner Mitte und in Deiner Selbstkontrolle, um nicht erneut negative Ursachen zu setzen. Nach dem Erkennen und Transformieren all Deiner in der Vergangenheit unbewusst gesetzten Ursachen wird Dein Leben ruhiger und gleichmäßiger, leichter, freier und viel glücklicher verlaufen. Merke: Der Mensch erschafft durch den Lebensspiegel Karma – Bewusstsein hat kein Karma! Je bewusster Du lebst, desto mehr befreist Du Dich von diesem Rad der Spiegelungen.

Wöchentliche Übung:

Kannst Du durch die inzwischen gewonnenen Erkenntnisse schon Aufgaben in Deinen schmerzhaften Lebenssituationen und wunden Punkten in Dir erkennen? Erkennst Du zum Beispiel im Leid durch Verluste ein zu starkes Festhalten und dadurch einen Mangel an Freiheit, fehlender Selbstanerkennung oder Bewusstheit? In finanziellen Problemen und Scheitern einen Mangel an Fülle? Im Missbrauch jeglicher Art einen Mangel an Wertigkeit und eigener Anerkennung Deiner inneren Vollkommenheit? Auch in jeder Krankheit steckt ein Hinweis. In so gut wie allen Lebenslagen weist das Leben Dich zu mehr Bewusstheit hin, denn hier liegen die Erkenntnis und die Lösung.

Suche und erkenne die Lichteinfälle in Deinen erlebten Verletzungen, um vollständig loszulassen und zu heilen! Halte Deine Erkenntnisse über Deine Mängel schriftlich fest. Transformiere sie, ebenfalls schriftlich, in ihre Gegenpole, um innere Klarheit zu erschaffen. Durchbrich damit die ausgesendeten Kreise, lasse sie sich vollends in Gelassenheit schließen, ohne sie erneut zu beleben, und erschaffe neue, positive Aussendungen.

Affirmationen zu „Wachstum durch Leid“:

- Ich bin die Erkenntnis des Wachstums in schmerzlichen Situationen. Das Leben weist mich auf Erkenntnisse hin und will immer nur das Beste für mich. Ich bin dadurch die Reifung meiner Seele zurück in ihre Vollkommenheit! Dankbar nehme ich diese Hinweise an!
- Ich bin die Akzeptanz aller Situationen in meinem Leben, ohne Bewertung. Alles ist gut. Alles dient meinem höchsten Wohl!
- Ich bin Wachstum und Reifung durch all meine irdischen Erfahrungen. Alles dient mir!

10.2 Freiheit durch Vergebung

Ich möchte zur Vertiefung der Selbstvergebung aus Woche 2 noch einmal das Thema „Vergebung“ aufgreifen, da diese, in meinen Augen, eine unglaublich große Rolle in der eigenen Entwicklung darstellt.

Die Vergebung ist, wie gesagt, ein weiterer und nötiger Schritt auf dem Weg Deiner Selbstbemeisterung! Dinge oder Worte, die Dir angetan bzw. zugetragen wurden, sitzen wie ein Schatten auf Dir – und teilweise auf Deiner Seele –, aber genauso tun es auch die Dinge und Worte, die Du anderen angetan bzw. an den Kopf geworfen hast. In Deinen stillen Momenten tauchen sie in bestimmten Situationen immer wieder als Trigger, als Déjà-vus oder als Spiegelungen auf, sei es in Deinem Leben, in Büchern oder in Filmen.

Fakt ist: Was Dich schmerzhaft oder auf sonstige Weise „trifft“, das „be-trifft“ Dich! Das ist kein Zufall, sondern erfordert Dein Hinsehen! Tust Du es nicht, werden diese Schatten immer wieder an die Oberfläche kriechen, Deine Aufmerksamkeit besetzen und Dich mental, emotional und energetisch nach unten ziehen.

Durch diese Talfahrt der Emotionen wird Deine positive Ausrichtung Deiner Visionen und Deiner Gedanken massiv gestört und attackiert, solange Du diese Schatten nicht komplett loswirst und abschälst. Sie ziehen Dich mit in die niedrigsten Schwingungen aus Angst, Scham und Schuld. Kannst Du die Ursachen und Auslöser dieser Schatten in Dir nicht vergeben, dann wird das eingebrannte, verinnerlichte Gefühl des Schmerzes und der Wut wiederkehrend Wohnung in Deinem Herz, in Deinem Körper und in Deinen Gefühlen nehmen.

Nicht zu vergeben, ist immer ein Verschließen Deiner Herzenstüren und eine Öffnung Deiner inneren Türe für negative, zerstörerische Gedanken, wie zum Beispiel Hass, Rache oder Groll. Diese Erkenntnisse und Emotionen schickst Du dann oft unwissend durch Deinen Projektor oder in Deinen Lebensspiegel, nimmst sie dauerhaft mit in all Deine Beziehungen im Außen und Deine Entscheidungen und wirst sie auf diese Weise immer wieder zu sehen bekommen!

„Alle aber begegnet einander in Demut! Denn Gott [das Leben und die reine Liebe in euren Herzen] tritt den Stolzen entgegen, den Demütigen aber schenkt er seine Gnade. Werft all eure Sorge auf ihn, denn er kümmert sich um euch. Seid nüchtern und wachsam! Euer Widersacher, der Teufel [in Form des Egos] geht wie ein brüllender, streitender Löwe umher und sucht, wen er verschlingen kann.

Leistet ihm Widerstand in der Kraft des Glaubens [an euer wahres Sein]! Wisst, dass eure Brüder in der ganzen Welt die gleichen Leiden ertragen müssen!“

(1. Petrus 5,5–5;9)

Groll und Rachegedanken des Egos können Dich auf Dauer zu einem kranken und missmutigen Menschen machen und Dich wortwörtlich „verschlingen" und „begraben", und zwar so lange, bis Du die Dinge erkennst und die Ursachen beseitigst.

„Das kann ich nicht verzeihen" klingt menschlich so überlegen und stark, doch allein mit diesem Satz lädst Du Dir eine schwere Last oder einen weiteren Koffer auf und pflanzt den Samen, der Deine negativen Gedanken dauerhaft gedeihen lässt.

Vergebung heißt nicht, die geschehenen, verletzenden Taten, sei es innerlich oder äußerlich, zu legitimieren oder sie gutzuheißen. Vergeben heißt letztendlich, Dich aus der Opferrolle herauszunehmen und nicht zuzulassen, dass Dich der abgeschossene Giftpfeil weiter vergiftet. Nur wenn Du ihn herausziehst und Deine Wunde versorgt, kannst Du heilen! Beginne zu begreifen, dass Schuldzuweisungen und Opferrollen einer Machtübergabe an einen anderen Menschen gleichen, während Du selbst handlungsunfähig, ohnmächtig und klein wirst! Nur indem Du ins Handeln kommst, Verantwortung übernimmst und Vergebung lebst, erhebst Du Dich als Gestalter Deines Lebens und kehrst zurück in Deine Macht. Tritt heraus aus der Situation, die Dir schmerzhaft aufgezeigt wurde, die Dich aber letztendlich reifen lassen will.

Mangelnde Vergebungsbereitschaft bedeutet, die Wunde immer wieder aufzureißen, aufzukratzen oder sogar den Giftpfeil stecken zu lassen.

Verzeihen ist ein großes Stück weit Selbstbefreiung und Selbstheilung und wird Dich enorm voranbringen. Vergebung zeigt ein hohes Maß an Seelenreife und -entwicklung!

Es bedeutet, jemanden oder Dich selbst, je nachdem, wer als Auslöser Deiner Schatten im Raum steht, aus dieser vergangenen Situation zu entlassen und damit ein Stück Vergangenheit loszulassen, denn das Geschehene ist vorbei, nicht mehr veränderbar und diente Dir allein zu Deinem seelischen Wachstum. Erkenne diese Wahrheit und sie wird Dich zu Freiheit führen. Komme immer wieder in die Gegenwart, ins Jetzt, und nimm Dein irdisches Leben bewusst in Deine Hände. Erkenne die seelische Sichtweise darin.

Deine Vergebung ist in erster Linie nicht für die, denen Du vergibst, sondern für Dich selbst. Sie ist ein Vorgang, idealerweise eine Geisteshaltung, die unabhängig davon funktioniert, wie der andere dazu eingestellt ist. Du kannst vergeben, ohne die Tat zu relativieren oder zu entschuldigen, aber nur so findest Du Frieden. Nur so kannst Du Dich von Deinen inneren Schatten befreien. Und nur so kannst Du Dich ungestört auf Deine Ziele fokussieren!

Wie bei allen Themen ist es letztendlich an Dir: Entweder Du gehst diesen Schritt, bist autonom und lenkst damit Dein Leben oder Du trittst auf der Stelle, wirst immer bedrückter, lenkst nicht selbst, sondern wirst gelenkt und regiert von Situationen der Vergangenheit.

Unser Ego – die häufige Ursache für Streit, unnötige Diskussionen und Schuldzuweisungen – liebt es, recht zu behalten. Es spielt sich als Richter auf, um seinen Stolz und seine Ehre zu wahren, koste es, was es wolle. Im Grunde genommen verhält es sich wie mit dem Karma: Mensch: Stolz und Schuld; Seele und Bewusstheit: Vergebung. Erkenne diese Option des Standpunktes (vgl. in diesem Zusammenhang auch die Übung der letzten Woche: Erkenntnisse aus Deinen Verletzungen im Leben).

Unsere Seele hingegen weiß, dass Vergebung nach Verletzungen der einzige Weg ist, diese loszulassen und Raum zu schaffen, um Leichtigkeit und inneren Frieden einkehren zu lassen. Welche Wahl wirst Du treffen? Welchen Film wünschst Du Dir als Deinen Lebensfilm?

Möglichkeiten der Vergebung aus menschlicher Sichtweise (möglicherweise noch unbewusst erfolgend, je nach Bewusstseinsstand):

- Das bewusste Neuerleben der Situation. Finde genau die Wunde, die Dich bis jetzt innerlich leiden und bluten lässt, die Schatten und Groll auf Dich zieht. Lasse den Hass und den Zorn ein allerletztes Mal zu, atme oder schreie sie heraus! Anschließend vergib das Geschehene! Es ist vergangen, nicht mehr änderbar!
- Du erkennst, dass die Vergebung Dich befreit, und hast den Entschluss gefasst, das Geschehene JETZT loszulassen. Raus aus den erschwerenden, verletzenden Verstrickungen zurück in die Freiheit, Leichtigkeit und Gegenwart. Stattdessen hast Du Dich für Weiterentwicklung und Seelenreife entschieden, die Dich bereits herzlich willkommen heißen. Rufe Dir bewusst alle Vorteile des Vergebens ins Gedächtnis. Entdeckst Du diese wunderbare Befreiung, beginnst Du auch mit dem Herzen zu verzeihen.

Möglichkeiten der Vergebung mittels Perspektivenwechsel:

- Versuche, den Blickwinkel zu wechseln und mit einer neuen Perspektive auf die vergangene Situation zu schauen. Nicht aus Deinem Ego-Blickwinkel, den Augen des Betroffenen, sondern aus einer neutralen Beobachter-Perspektive, um damit auch den Täter mit anderen Augen sehen zu können. Vielleicht kannst Du dabei Hintergründe entdecken oder sogar (teils) Verständnis entwickeln. Wichtig ist hierbei, die Tat nicht zu entschuldigen oder zu verharmlosen. Das widerfahrene Unrecht ist als unumkehrbar anzunehmen. Aber jetzt gilt es, die Reaktion des Rückzugs, des Angriffs und/oder der Rache loszulassen und sie im Feuer Deines Herzens zu verbrennen und zu transformieren, um heilen zu können!

Nicht zu vergeben, ist in Wirklichkeit eine Art von Selbstbestrafung und selbst auferlegter Disharmonie Deines inneren Gleichgewichts. Die wirklich einzige Möglichkeit, die Harmonie in Dir wiederherzustellen, ist das Loslassen der Vergangenheit und sie zu vergeben, um den Kreislauf im Lebensspiegel zu durchbrechen. Vergeben ist auch die Erkenntnis der Unvollkommenheit des anderen Menschen oder des Menschseins in geringer Bewusstheit, nicht als Beurteilung, sondern als Erkenntnis über die Anwesenheit einer Seele im anderen, die in diesem Moment eine für ihn nötige menschliche Erfahrung gemacht hat.

„Vergib uns unsere Schuld, wie auch wir vergeben unseren Schuldigern" als Teil des Vaterunsers, in meinem Verständnis die Erkenntnis der einzigen Schuld des Menschen im Getrenntsein des Egos, der Verunreinigung des göttlichen Energiestroms mit menschlichem Missklang in Unbewusstheit und des nicht Wiedererkennens einer ebenso suchenden Seele im anderen, was dessen unbewusstes Äußeres auch von sich gibt. Die Bestrafung dafür übernimmt der Mensch selbst in seinen Gestaltungen und Spiegelungen. Du findest es aber auch in dem Ausspruch: „Vergib ihnen, denn sie wissen nicht, was sie tun" (in menschlicher Unbewusstheit) sowie in dem Satz: „Ihr richtet nach dem Fleische [alles Äußere, auch die Handlung des anderen]; ich richte niemanden" als Lebenshinweise zur Vergebung von Jesus.

Du kannst darin für Dich sogar die Notwendigkeit und den biblischen Aufruf zur Selbstfindung und Selbstbemeisterung des Egos und der äußeren Umstände finden, um damit mehr Frieden, Leichtigkeit und Liebe in Dich und damit in die Welt zu bringen und damit eine lichtvolle Vorbildfunktion einzunehmen.

Entlasse Dich selbst aus der Fremdsteuerung durch Vergangenes. Diesen Groll tief in sich zu tragen, ist einer der gewichtigsten Faktoren und Gründe für körperliche Erkrankungen. Ehrliche Vergebung erfolgt mental (im Kopf) durch das Erkennen und das Verstehen der Notwendigkeit von Vergebung und dann letztendlich und einzig nur in Deinem Herzen!

Möglichkeit der Vergebung aus bewusster Sichtweise:

- Für mich ist die beste Variante die Vergebung aus Seelensicht bzw. aus dem Bewusstsein, denn hier ist keine Vergebung nötig. Es bestehen Absprachen und Seelenverträge, um in dieser Inkarnation auf der Erde bestimmte Erfahrungen, auch die schmerzhaften, machen zu können und daran zu wachsen und zurück zu sich selbst als Seelenwesen zu finden. Aus dieser Sicht heraus kannst Du sogar Dankbarkeit für diese Erfahrungen empfinden! Sie sind Hinweise auf Deine seelisch gewählten Mängel, um zur Vollkommenheit zurückzukehren. Aber dazu mehr in den kommenden Impulsen.

Rebelliert Dein Ego jetzt noch? Wichtig ist, sich jeden Tag bewusst von Groll, Hass und Aggression zu verabschieden, während und vor allem vor Ende des Tages, zu vergeben und sich wieder auf die Liebe, auf Positives, auf die eigene Fokussierung und auf sein Ziel auszurichten.

Vergeben ist ein wichtiger Wegabschnitt in Deinem Heilungsprozess, der am Anfang nicht leicht ist und möglicherweise sehr schmerzt, der aber mit jedem getanen Schritt und jedem bewussten Vergeben immer leichter wird – versprochen! Vergeben und Loslassen sind die Portale Deiner Selbstbefreiung! Den Schlüssel, um diese Portale zu öffnen, trägst Du immer bei Dir.

„Der Schwache kann nicht vergeben. Vergeben ist ein Merkmal der Starken und Gereiften.“

– Mahatma Gandhi –

„Alles, was ihr wollt, dass euch die Menschen tun,
das tut auch ihr ihnen ebenso.“

(Matthäus 7,12)

Wöchentliche Übungen zur Vergebung:

- Vergib bewusst Menschen und Situationen Deiner Vergangenheit sowie auch der Gegenwart. Nimm Dir Deine Notizen zu Deinen wunden Punkten und Widerständen (Woche 2) sowie die Punkte aus Deinen Notizen, was Du loslassen möchtest (Woche 7) und was Dir vielleicht noch schwerfällt. Überarbeite diese Punkte erneut und löse sie in Vergebung vollständig auf.
- Löse Dich vor dem Einschlafen und vielleicht in der Meditation von Menschen und Situationen, die Dich am schwersten belasten, und vergib ihnen. Lasse Deinen Groll und Deinen Hass vor Deinem inneren Auge sich vollständig in der Flamme Deines Herzens auflösen und Dein Licht scheinen. Wandle Hass und Groll gedanklich in eine beliebige Form (das kann z. B. eine Maske, ein Bild oder auch nur ein Stein in einer bestimmten Farbe oder Form sein; nutze Deine Intuition) und sieh dabei zu, wie sich Deine gewählte Form in der lilafarbenen Flamme Deines Herzens in Liebe und Licht transformiert.
- Menschen und Situationen, denen ich noch nicht vergeben konnte:
  -
  -
  -
  -
  -
  -

„Ich entlasse Euch, jetzt in diesem Augenblick und für alle Zeit, in Licht und Liebe und danke Euch für Eure Lehren und Spiegelungen, die ich durch Euch empfangen habe, und dadurch erkennen und wachsen durfte! Ich gebe Euch frei! So sei es!“

<u>Affirmationen zur „Vergebung“</u>:

- Ich bin die Vergebung meiner eigenen Fehler und die aller Seelen, die mich umgeben!
- Ich bin die verzehrende Flamme meines Herzens, die alle vergangenen und gegenwärtigen Irrtümer, ihre Ursachen und ihre Auswirkungen sowie alles, wofür mein Äußeres selbst verantwortlich ist, aufzehrt und auflöst!
- Ich bin die Vergebung in den Gemütern und Herzen eines jeden von Gottes Kindern!
- Bei Groll: „,… (Name einfügen), Ich schicke Dir die Fülle der göttlichen Liebe meines Wesens, um Dich zu segnen, Dir zu danken und Dir zu vergeben!“
- Ich bin die Kraft der Vergebung, die Hass in Liebe transformiert!

Gedankenimpuls für Woche 11

11.1 Die wahre Liebe und ihre menschliche Auslegung:

„Wenn Du eine Blume magst, pflückst Du sie einfach. Aber wenn Du eine Blume liebst, gießt Du sie täglich. Der, der das versteht, versteht das Leben und die Liebe!“

– Buddha –

Wir sind Liebe! Die reine, göttliche Liebe ist der natürliche Zustand unseres Wesens, ohne die äußerlichen Verwicklungen. Alles in uns strebt im Endeffekt zu dieser Liebe zurück, also zu unserem innersten Kern, wissentlich oder unwissentlich. In jedem seelischen Bestreben. Jeder Mensch strebt danach. Die menschliche Auslegung der Liebe sind meist Besitz, Verlangen, Bedürfnis und Befriedigung. In dieser begrenzten, bestimmenden Liebe voll von Erwartungen und Bedingungen kann es letztendlich nur zu Leid, Eifersucht und Schmerz kommen.

Die wirkliche Liebe kann nicht zu Leid führen! Sie erfüllt sich einzig und allein im Geben, denn niemand kann gehindert werden, einen anderen zu lieben. Sie kann niemals besitzen. In der menschlichen Liebe dagegen sind das Besitzen und die Begrenzung des anderen die häufigsten Grundlagen, durch die Probleme in unseren Beziehungen überhaupt entstehen oder vorprogrammiert sind. Diese viel gelebte Form der Liebe ist vergleichbar mit einem Handel, eingeschränkt durch Bedingungen: „Wenn Du dies oder das nicht für mich machst, liebst Du mich nicht wirklich“ oder: „Wenn Du Dich so verhältst oder Dich nicht veränderst, dann werde ich Dich verlassen!“

Eifersucht und Enttäuschungen sind Begleiterscheinungen dieses Handels, durch den niemals wirkliches Glück und Freiheit entstehen kann. Die eigenen Ansprüche an Deinen Partner, wie sie oder er sich zu verhalten hat, schafft die gedankliche Begrenzung und Einengung des eigentlichen Gefühls. So entstehen die nur kurzfristig existierenden Glücksmomente in den meisten Beziehungen, die dann wiederum bald von den Erwartungen überschattet werden. Allein das Wort „Beziehung“ verdeutlicht diese Form des Zusammenseins des Menschen: der eine wird durch den anderen frisch „bezogen“ und verändert.

Wie soll es Deinem Partner möglich sein, in einer unbegrenzten Anzahl von Möglichkeiten, Situationen und Verhaltensweisen immer genau diejenigen zu treffen, die Du – wahrscheinlich noch abhängig von egogesteuerter Laune – gerade erwartest? Enttäuschung ist bei diesem Verhalten vorprogrammiert und endet immer im Leid. Entweder in Deinem Leid oder in dem Deines Partners. – Erkenne auch hier wieder das Wachstum durch Erkenntnis und mögliches Leid in Deinen eigenen Lebensstationen.

Dies ist im Übrigen in Beziehungen ein Grund des Kampfes darum, wer „die Hosen anhat“ bzw. wer das Sagen hat. Ein aussagekräftiges Bild, wenn die Liebe einem Kampf um die Führung oder die Macht gewichen ist. Erkennst Du das Ego? Oder wenn die Beziehung zur gelebten Gewohnheit in festgefahrenen Bahnen mutiert ist, die keinerlei Freiheit und Veränderung mehr zulässt. Gleich einer Absprache führt der eine und der andere folgt. Das ist keine Liebe und Geben, sondern eine geregelte Lebensgemeinschaft mit gelegentlichen, vielleicht gemeinsamen Glücksmomenten. Jeder Mensch sollte wirklich sein Leben leben, seine Entscheidungen treffen und den Partner so annehmen und erleben, wie er wirklich ist!

Die Liebe an sich ist ein bedingungsloses, absolutes Geschenk und niemals ein Handel. Liebe bedeutet, den anderen mit allen Ecken und Kanten zu lieben, so wie er ist, ihm Freiheit zu geben und seinen Partner nicht nach seinen Maßstäben biegen und brechen zu wollen. Liebe bedeutet ebenso, in der Partnerschaft auch sein eigenes Leben führen zu können.

Liebe bedeutet, Spiegelungen und ausgesendete Schwingungen Deines eigenen Verhaltens im Partner wiederzuerkennen, sie zu ändern und vielleicht die Wichtigkeit und Notwendigkeit als Lernaufgabe des Lebens, sich als Erster zum „Traumpartner“ zu entwickeln, bevor Du es von Deinem Gegenüber erwartest. Natürlich, ohne sein eigenes Sein aufzugeben!

Auch Dein Partner wurde durch Deine Frequenz, Deine Schwingung und Dein vorheriges Sein zu Dir gezogen, um Dir Dinge an Dir selbst aufzuweisen und Dich wachsen zu lassen, so wie auch ihr oder ihm durch Deine Verhaltensweisen ein Wachstum zu ermöglichen. Auch hier gilt: Was Dich trifft, betrifft Dich, das heißt, was Dich an Deinem Partner stört, solltest Du bei Dir betrachten, es erkennen und gegebenenfalls ändern! Beiderseits selbstverständlich. Diese Erkenntnis kann zu einer Befreiung der Beziehung führen. Eine Verweigerung führt zu Leid oder zu der anderen Variante der Befreiung, durch ein Ende der Beziehung. Allerdings immer nur, um diese Prüfung in verschärfter Neuauflage nochmals erleben zu dürfen!

Wo findest Du diese uneingeschränkte Liebe? Wie alles, was Du wirklich suchst, findest Du sie immer nur in der Vollkommenheit in Dir, in Deinem Herzen. Je mehr Du beginnst, Dich bzw. Dein wahres Sein zu entdecken, zu akzeptieren und zu lieben, desto mehr wahrhaftige Liebe kannst Du im Außen geben, ohne verlangen zu wollen. Wenn Du Dich selbst nicht liebst, Dich oft selbst anzweifelst und schlecht machst, kannst Du nur das Gleiche nach Außen widerspiegeln und keine wirkliche Liebe geben!

Selbstliebe findest Du im Inneren durch Meditation, Alleinsein und in der Stille, indem Du zu Dir selbst findest, zu Dir vordringst und Dich in Deinem Sein erkennst und akzeptierst. Nicht in dem, wie hoch Dein Bankkonto ist oder was Du alles besitzt, sondern in der Größe Deines Herzens, Deiner Liebe, Deiner Barmherzigkeit und Deines Mitgefühls.

Die Fähigkeit, auch allein sein zu können, entspricht der Fähigkeit, wirklich zu lieben. Ohne diese Fähigkeit begibst Du Dich in die Abhängigkeit und Gnade Deines Gegenübers. Kannst Du allein leben, dann kannst Du wahrhaft lieben, teilen und zum wahren Selbst des anderen vordringen, ohne süchtig oder abhängig von ihm oder ihr zu werden.

Das Zulassen vollkommener Freiheit des anderen gelingt Dir nur im Wissen und in der Bewusstheit, dass Du im Falle des Verlustes oder des Verlassenwerdens genauso glücklich und in der Liebe bist wie vorher auch. Die Liebe im Herzen und nicht im Verstand zu tragen und die Fähigkeit, mit dem Herzen die Seele und das Herz des Partners wahrnehmen zu können. Ein Ziel wäre, ihm oder ihr nur das Allerbeste und die höchste seelische Reife zukommen zu lassen, ohne den eigenen Weg der Seele zu verlassen. Die Liebe und das Glück können so niemals genommen werden, weil sie nicht von anderen stammt. Finde diese reine göttliche Liebe in Dir und erkenne Dich in ihr, dann trägst Du das größte Glück und vollkommene Liebe in Dir – in allen Momenten des Lebens.

„Liebe wird weder genommen noch gegeben noch verursacht. Liebe ist der Ausdruck unserer wahren Natur, des höchsten Selbst und der gesamten Schöpfung."

– Scott Schwenk –

Durch Meditation oder das Ab- oder Eintauchen in Deine Mitte entsteht das Wunder, dass Du Dich immer mehr aus der „Ich will"-Ego-Liebe und Deiner Persönlichkeit heraus entwickelst und bemerkst, dass Deine vollkommene Liebe zusammen mit Deinem wahren Ich an die Oberfläche Deines Seins tritt.

Dieses Entdecken bzw. Aufdecken Deines wahren inneren Kerns als die Liebe selbst, verborgen unter dem Schleier des konditionierten menschlichen Verstandes, ist wie ein spontanes Erblühen einer langsam gewachsenen Blüte im Frühling, denn die unendliche Fülle an Liebe als Quelle ist bereits seit Anfang Deiner Seelenzeit, seit Äonen und Anbeginn der Zeit in Dir vorhanden.

Du schaffst jetzt dieses Klima für das Erblühen Deines Selbst und Deiner wahren, natürlichen Liebe und Größe durch Erkenntnis und Stille. Nur in diesem Klima der Selbsterkenntnis gelingt Dein Erblühen. Ohne Verstand, Kalkulation und dem Abwägen von Vor- und Nachteilen, ohne Störung! Nur in Klarheit und innerem Frieden. Das Herz und die Seele lieben vollkommen, ohne verstehen oder begreifen zu müssen.

Gelangst Du irgendwann in der Meditation oder auch in Deinem Alltag tief genug in das Zentrum Deines Herzens, lässt Du alle verstandesmäßigen Hüllen fallen und öffnest dessen Türe und kannst ein unendliches Feld an Blüten erkennen, das zeitgleich die Blüten öffnet in der Klarheit der Verbundenheit aller Seelen im göttlichen Ursprung oder Christusbewusstsein. Die Liebe ohne Beurteilungen wird möglich. Es überflutet Dich von innen heraus, aus der Quelle der Liebe und des Lichts. Dort findest Du das Leben in seiner reinsten Form! Dort lebt und wirkt Gott in Dir!

Liebe zu allen Menschen, zu allen Lebewesen und Pflanzen als ihre edelste und vollkommenste Form wird möglich, wenn Du alle Unvollkommenheit, die Dich umgibt, ablegst und Dein „anerzogenes" Menschsein zum Schweigen bringst. Dann erkennst Du diesen Ursprung in jedem Leben oder in jeglicher Gestaltung dieses Planeten.

Die reine Liebe ist eine der höchsten Schwingungen im Universum. Diese auf Deinem Weg als Mensch verloren gegangene oder überschattete Liebe, unsere innere Flamme im Herzen, ist der alleinige Antrieb im Verborgenen, der Dich auf diese Suche nach Frieden, Freiheit, Verbesserung und Weiterentwicklung zu Deinem wahren Sein geschickt hat. Sie ist die lichtvolle, energetische Verbindung aller Menschen und Seelen, doch erst wenn wir diese reine göttliche Liebe wieder verstehen und leben lernen, führt sie uns wieder zusammen auf einen Weg in das Licht der Einheit. Lerne wieder, auf Dein Herz zu hören und in die Tiefe Deines Seins abzutauchen. Dort ist diese reine Liebe in unendlicher göttlicher Fülle vorhanden!

Wöchentliche Übungen:

Erkenne an Deinem Partner oder an Dir nahestehenden Menschen, was sie Dir spiegeln wollen und was Du von ihnen lernen darfst. Auch an Menschen, die Dich triggern. Lerne und fange an, sie mit Deinem inneren Auge zu betrachten, und erkenne auch in ihnen das Seelenlicht auf der Suche zurück in die Liebe. Lasse die unbewusste Opferrolle auch in der Liebe los.

Mach Dir Notizen, um zu einem späteren Zeitpunkt diese Spiegelungen immer wieder vergleichen und überdenken zu können.

-
-
-
-
-

Tägliche Übung:

Gehe immer wieder bewusst ins Jetzt, installiere Dir darin, so oft es geht, Dein Glücksgefühl und aus diesem heraus sagst Du zu jedem Menschen, dem Du begegnest – bzw. zu jedem Seelenlicht (das wird es Dir vielleicht einfacher machen) – gedanklich, laut oder leise: „Ich liebe Dich." Schenke ein Lächeln des Herzens.

Beobachte, welche Energie sich in den Menschen mit der Zeit spiegeln wird. Das ist manchmal wie ein Traum! Du wirst sehen: Wunderbare Spiegelungen werden Dich mit der Zeit aus ihnen heraus treffen. Strahle anderen gegenüber das aus, was Du Dir von ihnen zu empfangen wünschst!

Affirmationen zur „Liebe“:

- Ich bin die Präsenz der göttlichen Liebe in mir – zu allen Zeiten!
- Ich bin reine Liebe aus der Mitte meines Herzens!
- Ich bin Liebe, Licht und Harmonie – jetzt und seit Anbeginn der Zeit!
- Ich bin frei im Sein und im Geben der mir göttlichen innewohnende Liebe!
- Ich liebe mich! Dadurch kann ich die Liebe weitergeben und sie in Fülle verschenken!
- Ich komme aus der Liebe! Ich bin zu Hause in der Liebe! Ich bin vollkommene Liebe und Vertrauen! Ich bin!

11.2 Selbstkontrolle

Deine Selbstbemeisterung ist nur durch die Selbstkontrolle im Alltag möglich. Je nachdem, wie Du Dein Leben bisher geführt hast oder worauf Du Deine Aufmerksamkeit gerichtet hast, bekommst Du durch mehr oder auch weniger negative oder positive Menschen und Situationen das Spiegelbild Deines Seins offenbart.

Deine Prüfung besteht hierbei darin, Dich über die freie Wahl Deiner Verhaltensmöglichkeiten für eine positive Zukunft mit den entsprechend positiven Menschen und Situationen zu entscheiden! Halte Dich in einer ausbalancierten Mitte und Harmonie zwischen Deiner Außen bzw. Innenwelt und mache Deine Gedanken- und Gefühlswelt nicht abhängig von Deinen Mitmenschen und Ereignissen, sondern kontrolliere Dich durch ein klares, aufrecht gehaltenes Bewusstsein über Dein Selbst und nicht über Dein erlerntes oder instinktives Ego.

Lass mich an dieser Stelle Deine Aufmerksamkeit noch einmal kurz auf ein paar verdeutlichende Beispiele aus dem wundervollen Wortschatz unserer deutschen Sprache lenken. Die deutsche

Sprache besitzt diesbezüglich – sowie generell – sehr viele Hinweise, die wir in unserem Alltag oft gar nicht mehr als solche erkennen. Zugleich wird hier die Trennung von „Ego“ und „Bewusstsein“ deutlich:

- „Bist Du noch bei Bewusstsein?“ („Bist Du voll im Ego?“)
- „die Beherrschung verlieren, die Kontrolle verlieren“ (die Beherrschung des Egos verlieren oder die Kontrolle über das verselbstständigte Ego verlieren)
- ohnmächtig oder bewusstlos sein (im Ego bist Du machtlos oder Opfer; bist nicht im Schöpferbewusstsein)
- neben sich stehen, nicht bei sich sein (keinen Zugriff auf Körper oder Verstand nehmen können; andersherum: selbstbewusst sein und zu sich stehen!)
- aus der Haut fahren, ausflippen; „Ich bin außer mir vor Wut!“ (Das unkontrollierte Ego übernimmt im Verteidigungsmodus gegen die selbst erschaffenen Spiegelungen.)
- Selbstaufgabe (In diesem Fall müssen das Ego und die Persönlichkeit aufgeben und ihre Führung abgeben, da das Leben vor dem Chaos steht. Stichwort „Bifurkationspunkt“.)
- sich dem Schicksal ergeben (im Ego keinen Ausweg aus den selbst geschickten Ursachen finden)
- Bewusstwerdung, Wahrnehmung (sich seines wahren Seins bewusst zu werden, Wahrheit annehmen, nicht dem Karussell der Gedanken hinterherjagen)
- in sich ruhen, in seiner Mitte sein (die innere Harmonie gefunden haben und nicht abhängig von Äußerlichkeiten sein)

Allein durch unsere Sprache bekommen wir unzählige Hinweise zur bewussten Lebensausrichtung oder Funktionsweise des Lebens. Korrigiere und richte Dich immer wieder bewusst aus. Arbeite stets mit Deinem imaginären Mischpult und transformiere Deine Reaktionen, halte Deine Aufmerksamkeit darauf und nimm somit auch auf Deine Zukunft Einfluss! Ein freundliches Lächeln in Deinem

Gesicht in herausfordernden Situationen ist meist nicht leicht, aber immer und in jedem Fall die bessere Wahl als ein gestresstes, zähneknirschendes Ärgern. Auch diese Situation dient Dir in Deiner Entwicklung.

Das Ziel der Selbstkontrolle ist die vollständige Führung Deines Lebens und die Beherrschung Deines Egos, sprich Deines Körpers und Deines Verstandes, wenn diese meinen, sich einmischen, urteilen oder Dich verteidigen zu müssen. Das Ego nimmt alles an, was der Mensch wahrnimmt, bildet sich ein Urteil und bewertet, doch Du als Bewusstsein hast die Wahl, was Du annimmst, abweist oder einfach stehen lässt. Einen bewussten Menschen kannst Du nicht beleidigen, im Gegenteil: Du würdest ihm so Deine eigene Hilflosigkeit und Unbewusstheit offenbaren.

Ohne Übung wird es anfangs noch ungewohnt und vermutlich herausfordernd sein, seine Aufmerksamkeit im neutralen Bereich zu halten, wenn Du mit unbewussten Menschen, die im Jammermodus feststecken, was in der Welt alles schlecht ist und was so alles falsch läuft, in Kontakt kommst oder beispielsweise beruflich in Gespräche verwickelt wirst. Besinne Dich zurück auf Deine Übungen zur Aufmerksamkeit und dem vielleicht schon brennenden Imaginären Licht in Dir.

Mache und übe hier zusätzlich einen imaginären und gedanklichen Schritt nach hinten, heraus aus Deiner Persönlichkeit bzw. Deinem „Menschen". Nimm eine neutrale Beobachterposition des Gesprächs ein und erkenne Dich als unpersönliches Bewusstsein an, solange Dein Gesprächspartner redet. Es ist immer nur dieser eine kleine Schritt heraus aus der Ego-Identifikation in Bewusstheit. Jederzeit für jeden zu vollziehen und immer wählbar. Wenn Du Dich nicht komplett emotional und menschlich in das Gespräch wirfst, bekommst Du völlig neue Sicht- und Argumentationsmöglichkeiten, indem Du beginnst, über diesen Weg in die Wahrnehmung statt ins Denken zu kommen. Du musst weder Denkweise noch Emotionen des Gegenübers teilen, nimm sie an oder lehne sie ab, wie in der ersten Meditation in Deiner Bewusstseinsblase! Du wirst zu nichts gezwungen; aus Deinem konditionierten Verstand heraus denkst Du vielleicht immer noch, es wäre so, doch in Wirklichkeit bist Du bewusst und in Deiner eigenen Wahrnehmung vollkommen frei und offen in der Entscheidung, was Du in Dein Erfahrungsfeld ziehen möchtest! Du bist nur offen für die wirklichen Einfälle und Wahrnehmungen aus dem universellen, geistigen Bereich, wenn Du bewusst und ausgerichtet bleibst, denn verstandesmäßig bleibt dieser verschlossen. Der Verstand und das Ego sind, besonders im verärgerten, verteidigenden Zustand, sehr unzuverlässige Entscheidungsträger über zu erlebende Zukünfte!

Überdenke kurz in Deinem Verhalten: Was ist anerzogen und konditioniert? Was ist mein freier Wille? Was erschaffe ich durch Jammern?

Vielleicht erwartet Dein Gesprächspartner sogar, ausgehend von seinen Gewohnheiten, bestimmte Verhaltensweisen von Dir, weil das schließlich jeder so macht und es „norm-al" ist! Du bist nie mehr Norm, Du bist ein einzigartiges Lebe-(Licht)-Wesen auf seinem Weg zurück zu sich selbst. Ich spreche nicht von abgehobener Arroganz; sondern von bewusstem Verhalten mit der Erkenntnis Deiner bestimmten Lebensführung, was in keinem Fall die Missachtung anderer beinhaltet, sondern allein auf die Selbstkontrolle von Gedanken und Gefühlen hinweist! Es ist immer Deine freie Wahl, denn Du weißt: Was Du sendest, kommt zu Dir zurück. Lässt Du Dich auf das Gedankenspiel und die Emotionsbereiche eines anderen ein und übernimmst dessen Schwingungen, erschaffst Du mittels Deiner Gedanken und Worte dieses Außenbild in Deiner eigenen Zukunft.

Genau so funktioniert unsere kollektive Manifestation des momentanen Chaos! Wende Dich davon ab und halte ungewollte Schwingungen von Dir fern. Du nimmst sonst die Schwingungen Deines Gegenübers auf. Energie sucht immer einen Ausgleich und die niedere Energie nährt sich von der höheren. Vielleicht fühlt sich

Dein Gegenüber danach sogar leichter. Doch Du mit Sicherheit nicht. Frage Dich, ob Du diese Spiegelungen für Dich und – verstärkt – im Kollektiv erfahren möchtest! Halte Deine gedanklichen und emotionalen Türen geschlossen und versiegele sie durch Deine imaginäre energetische Schutzkugel.

Übe Selbstkontrolle. Übe in allen Situationen Deine verbale Behutsamkeit in Worten und Gedanken, denn das Einzige, was Ärger, Zorn und Jammern mit sich bringt, ist emotionale Frustration, noch mehr Ärger, Zorn – ein einziges Jammertal! Sich zu ärgern, ist immer Selbstbestrafung für das Verhalten anderer.

Vor allem wird das, was wir emotional an uns heranlassen, verstärkt und seelisch tief in uns eingebrannt. Die Folgen sind auf Dauer wiederum die gesundheitlichen Alarmsignale, um uns wachzurütteln. Ärger und Zorn haben noch niemals die Situation verbessert oder eine Problemlösung beschleunigt. „Ärger macht alles nur noch ärger!“ – Wie wahr, denn Du bekommst, so gesehen, immer mehr davon!

Vom Anfang bis zu ihrer Perfektion ist Deine Selbstkontrolle immer das Wachstum Deines Selbst und das Loslassen von ego-, instinkt- und triebgesteuertem, manchmal tierischem Verhalten. Die Selbstkontrolle ist Beherrschung und ein Ablegen von destruktiven Gedanken, Gefühlen und manchmal schon gefestigten Gewohnheiten wie Mangel, Gier, Verurteilung, Sex- oder Pornografiesucht, Maßlosigkeit, Völlerei und so weiter, deren Opfer wir im unbewussten Zustand schnell werden können oder gar schon geworden sind!

Selbstkontrolle ist ein Streben hin zu innerer Vervollkommnung, Liebe, tiefer seelischer Verbundenheit aller Seelen, Klarheit, Hingabe, Barmherzigkeit und Harmonie. Sie ist Dein Weg über die Erkenntnis der beendeten Selbstidentifikation mit Deinem physischen Körper, weiterführend in eine Klarheit über die Beschaffenheit Deines emotionalen und mentalen Körpers als Werkzeug und Erfahrungsinstrument bis hin zu Deinem spirituellen Kausalkörper oder

Lichtkörper und damit die Verbindung zum Quantenfeld oder zur geistigen Welt. In dieser Kausalität wird Dir Deine gleichzeitige Existenz in jedem dieser drei unterschiedlich schwingenden Körper und deren notwendige Harmonisierung durch Deine Kontrolle und durch die kontinuierliche Aufmerksamkeit auf dieses innerliche positive Streben und der Ausrichtung auf die wirkliche Liebe bewusst!

Letztendlich wird Dir auf diesem Weg Deiner Selbstbemeisterung die Kontrolle über egogesteuerte Dinge immer mehr Klarheit und wirkliche Freiheit bringen, ohne äußerliche Abhängigkeiten, Süchte und ihre damit verbundenen wiederkehrenden Spiegelungen aus den niedrig schwingenden Bereichen.

Süchte als Ausweg oder Flucht vor der Realität und dem Gefühl, dass das Leben so nicht stimmt, sind immer unbewusste und verzweifelte Fluchtversuche des Egos. Meist jedoch nur, um sich nicht der Wirklichkeit stellen zu müssen als Ausdruck der Unfähigkeit, diese „Wirk-Weise" des Lebens anerkennen zu dürfen oder zu können. Denn einem wirklichen Hinsehen in Klarheit würde der „Niedergang" oder „Fall" des entlarvten Egos als „Lenker" oder „Führer" in diesem Menschsein folgen. Das Ego möchte Dich in seiner Einfachheit „schützen" und wird immer den Weg des Gewohnten wählen. Die in der Sucht auf unteren Körperebenen erlebten, kurzen Glücksmomente, an die das Ego sich klammert, führen jedoch immer, wie bereits angesprochen, zu einem noch härteren Aufschlagen auf dem Boden der Realität sowie zu Konfrontationen in der weltlichen Realität.

Erkenne das Hilfe suchende Kind oder Tier in Dir, das nicht weiß, wie es handeln soll, um der schmerzhaften Situation zu entkommen, hin und her laufend wie ein Tiger im Käfig oder wie ein überfordertes Kind, das aus seinem vertrauten Umfeld herausgerissen wird.

„Du Seele in Bewusstheit, Du bist in solchen Momenten der Vater oder die Mutter für Dein Ego! Du bist Dein Hafen und Zufluchtsort durch Erkennen und nötige Kontrolle!"

Du allein kannst die Käfigtüre öffnen oder Dein schreiendes, verzweifeltes Kind tröstend umarmen. Nimm die Hand Deines unsicheren Kindes in allen dunklen Passagen und dunklen Alleen im Leben und übernimm die Führung durch die Übernahme der Kontrolle!

Selbstbemeisterung führt und begleitet Dich, Schritt für Schritt, in der Lebensaufgabe, Dich selbst als strahlendes Wesen zu finden und alle menschlichen Unvollkommenheiten, Schattenseiten, allen angeeigneten Müll und überflüssiges Gepäck komplett abzulegen und Dich innerlich zu reinigen, um damit auch äußerlich Freiheit und Glück zu erlangen. Alles, was Dir nicht guttut und Dich nicht näher zu Deinem göttlichen Kern bringt, darf gehen! Spätestens ab jetzt! Richte Dich immer wieder auf Deinen unbegrenzten göttlichen Energiestrom aus, der unentwegt Leben gestaltet. Halte ihn durch bewusste Aufmerksamkeit rein.

Verinnerliche noch mal: Du bist, was Du denkst, was Du aussprichst und was Du fühlst. All das wird zu dem, was Du nach außen strahlst und sendest, und das wiederum wird zu Deinem Leben! Es gibt in diesem Lebensspiel keine „Zufälle"; alles im Leben hat eine Aussage und ist eine Spiegelung Deiner vergangenen Verhaltensweisen, möglicherweise aber auch durch vergangene Inkarnationen. Alles beinhaltet eine Aussage! Der „Zufall" lässt Dir immer „zu-fallen", was Du ausgesendet hast! Dein Schlüssel und Dein Ausweg ist allein Deine Selbstkontrolle!

Behalte Deine Kontrolle, Deine Harmonie und Deine Mitte und Du wirst nur noch das Allerbeste zu Dir ziehen, egal ob in Bezug auf Menschen, Situationen oder Energien! Du empfängst immer Dein „Schick-sal" – also genau das, was von Dir ausging und was Du in Dein Dich umgebendes Feld gesendet oder gepflanzt hast. Die Prüfungen im Alltag werden Dich in großer Vielfalt und mit Wucht treffen. Halte Deine Bewusstheit und bleibe in Deiner Mitte!

All die jammernden, schimpfenden Menschen in unserer Gesellschaft wissen nicht, was sie aussenden und damit auf sich selbst zurückkommen lassen. Tritt Du als positives Vorbild für diese Menschen ein und sieh es als Deine Aufgabe und Herausforderung, mehr Freundlichkeit und Licht in die Welt zu bringen. Lass nicht zu, dass sie Dich in ihre niedrigen Schwingungen mitziehen. Unterlasse dauerhaft jegliche Art von Nörgeln, Tratsch und Lästern, es schadet anderen und am meisten Dir selbst!

Jesus spricht:
„Denn was in euren Mund hineingehen wird, wird euch nicht beflecken. Vielmehr das, was aus eurem Mund herauskommt, das ist es, was euch beflecken wird!"

(Logion 14/5, Thomasevangelium)

Richte Deine Aufmerksamkeit auf das Positive im anderen, richte sie auf die vielleicht noch verdeckte Seele und das Licht in Deinem Gegenüber, egal was der andere auch nach außen trägt. Sei gerade zu negativ agierenden Menschen freundlich, denn sie brauchen es am meisten. Vielleicht siehst Du in ihrem Verhalten das führerlose Tier im Menschen, das verzweifelt hinter den Gitterstäben der beigebrachten Welt wütet und seinen Käfig nicht verstehen kann. Versuche in allen Menschen etwas Sympathisches und das Licht zu finden und Du wirst sehen: Es wird sofort ein spürbarer, energetischer Wechsel ins Positive folgen.

Wenn jemand tobt, schimpft und keift, atme tief und antworte nicht sofort. Werde bewusst, sprich langsam und ruhig, ohne Dich von seiner Energie mitreißen zu lassen. Du hast die Wahl, gegen seinen Käfig zu treten, was ihn noch wütender machen wird, auf Deiner Seite zu toben, wie zwei tollwütige Hunde am Zaun, oder Dich beruhigend zu verhalten oder einfach Deines Weges zu gehen.

Wenn Du es in einer solchen Situation schaffst, dann lächle aus dem Herzen und lasse Dein Licht und Deine Wärme strahlen, benutze Dein Glücks- und Wohlgefühl sowie Deinen energetischen Schutz! Lass Dich nicht auf das Spiel des anderen, auf seine Energie und auf diese Fremdlenkung ein. Schicke ein Licht von Deinem Herzen aus. Du wirst sehen: Die Reaktionen sind verblüffend: von sprachlos über ein plötzliches Mitlächeln bis hin zu einem absoluten Desinteresse, mit Dir zu streiten oder unnötige Diskussionen zu führen. Würdest Du den gleichen Menschen in einem glücklichen Zustand antreffen, wäre Deine menschliche Beurteilung eine komplett andere. Erkenne dabei seinen derzeitigen, menschlichen und aus der Mitte geratenen Zustand und die Erfahrung, die er damit erleben soll.

Beide Seelen kommunizieren immer miteinander, unbemerkt und nichts ahnend von den äußeren, noch unbewussten menschlichen Hüllen und Körperschaften. Sei Dir auch bewusst: Du bist zu keiner Antwort verpflichtet; was der andere über Dich denkt, ist allein seine Angelegenheit!

Bewerte und korrigiere andere nicht! Wenn ein Mensch Wert auf Deine Meinung oder auf Deine Hilfe legt, spürst Du das. Hitzige Diskussionen und Wortgefechte finden keine Gemeinsamkeit. Nur auf einem gemeinsamen Fundament erreichst Du möglicherweise eine Übereinkunft.

Die verbale Behutsamkeit in Deiner Selbstkontrolle ist ein goldener Abschnitt auf Deinem Weg zu Deiner Meisterschaft. Auch hier gilt: Übung macht den Meister!

Deine Gesundheit, Dein Geist und Deine Seele werden es Dir danken und daran wachsen und der Effekt Deiner neuen Ausstrahlung wird sein, dass negative Menschen das Interesse an Dir komplett verlieren. Infolgedessen werden auch daraus resultierende Situationen ausbleiben. Stattdessen wird sich garantiert Positivität in Deinem Sein offenbaren – und zwar in Form von Menschen und Ereignissen.

Es ist der große transformierende Wandel im Leben und dieser öffnet Dich für all seine ihm innewohnenden Wunder! Das Gleiche gilt für Situationen, Gegebenheiten oder sich plötzlich einstellende Ereignisse. Diese Thematik deckt sich teilweise mit dem

Wochenimpuls zum Thema „Stress“. Keine Situation hat sich je durch Panik oder Stress verbessert, ausgenommen, wie gesagt, bei körperlichen Bedrohungen; in diesem Fall ist der vom Körpersystem produzierte Hormoncocktail zur kurzfristigen Leistungssteigerung optimal, niemals jedoch als Dauerzustand!

Das Leben schickt uns Aufgaben und Prüfungen. Als Erstes gilt es, Situationen als Aufgaben zu erkennen, das eventuell hochgefahrene Körpersystem mit tiefer werdender Atmung herunterzufahren, wieder in geistige Ebenen vorzudringen und Lösungen zu finden, statt nur das Problem hin und her zu wälzen.

Behalte Dir im Hinterkopf: Das Leben schickt Dir nur Aufgaben, die Du als Seele schon zu lösen bereit bist. Sei stolz, wie weit Du bist, wenn Du ein größeres Problem vor Augen geführt bekommst. Erkenne in Deiner „Auf-gabe“ Deine Gabe, sie zu lösen, denn sie bleibt, ob positiv oder negativ angegangen, trotzdem die gleiche. Erinnere Dich an den weiter oben beschriebenen „Bifurkationspunkt“, Dein mögliches Wachstum daran durch Deine gefundene Lösung und die Wahl der Herangehensweise kombiniert mit bewusster Selbstkontrolle.

Es gilt, Dich stetig darin zu üben, denn mit dieser Deiner Selbstkontrolle kontrollierst Du wiederum Deine Gedanken und Emotionen als Grundlage und Ausgangspunkt Deiner Zukunft. Die ideale Herangehensweise an jedes Problem oder an jede schwierige Situation wäre eine „freudige Dankbarkeit“, daran wachsen zu dürfen und daran stärker werden zu können.

Das Ziel der Selbstkontrolle ist es, in Ruhe, Gelassenheit und Leichtigkeit, bildlich vergleichbar mit einem buddhistischen Mönch, durchs Leben zu gehen, Situationen sowie Menschen neutral, ohne Bewertung und ohne Urteil zu betrachten. Inneren Frieden und Harmonie in überbordende Freude und Liebe im Herzen wachsen zu lassen und nach außen in die Welt zu projizieren. Wir brauchen es alle in diesen Zeiten.

Der Weg ist das Ziel und jeder Weg beginnt immer mit dem ersten Schritt. Benutze die Dir von Gott gegebene Macht der bewussten Entscheidung im Menschsein, anstatt automatischen, programmierten und erlernten Reaktionen auf äußere Reize zu folgen!

Wöchentliche und tägliche Übungen:

Übe Selbstkontrolle im Alltag! Richte Dich immer wieder bewusst darauf aus. Achte auf verbale Behutsamkeit Dir und anderen gegenüber in Worten und Gedanken! Respektiere, liebe und achte Dich selbst, erst dann kannst Du es auch auf andere ausstrahlen. (Viele Menschen reden oft sehr schlecht über sich selbst.) Erkenne, wenn andere Menschen im Nörgeln, Tratsch und Hass regelrecht „feststecken", und sei dabei freundlich und ohne Bewertung ihnen gegenüber. Lerne dabei! Das Leben wird Dir jeden Tag genügend Übungsmöglichkeiten liefern, wenn Du diesen Lebensweg gewählt hast auf der Suche nach Leichtigkeit zurück zu Dir selbst.

Mache einen Schritt heraus in Deine Bewusstheit und finde bei allem und jedem etwas Sympathisches und das Licht im Herzen des anderen.

Halte positive sowie auch negative Erlebnisse in Deinem Tagebuch fest und transformiere sie mental in ihren Idealfall!

Übe Dich in jedem Dir möglichen Moment in Selbstkontrolle und lenke Dein Seelenfahrzeug auf die Sonnenseite des Lebens!

Erkenne Dich bei Verurteilungen, Bewertungen und Vergleichen.

Finde jeden Tag die Seele und den göttlichen Energiestrom, der in allen erdenklichen Lebensformen, die Dir begegnen, pulsiert und schwingt. Es wird Dich dabei eine unbeschreibliche Dankbarkeit durchfluten. Schaffst Du diesen Schritt, kannst Du Dich freuen: Du bist voll und ganz auf dem Weg!! Gehe ihn beständig weiter!

Affirmationen zur „Selbstkontrolle“:

- Ich bin die unüberwindliche Wache über meinen Verstand, meinen Körper sowie meine Außenwelt. Ich bin mir in jeder Situation und zu jedem Tagesabschnitt meiner selbst bewusst und handle und spreche nur in göttlicher Ordnung!
- Ich bin die alleinige handelnde Kraft und Intelligenz in diesem Körper (um störende Gedanken und Emotionen abzuhalten)!
- Ich bin das Bewusstsein, das alles auflöst und in Liebe verwandelt, was mich zu stören versucht!
- Ich bin in jedem Moment meines Lebens die höchste Kraft meiner Selbstbeherrschung und Selbstkontrolle!

Affirmationen, um gegen plötzlich auftretende Situationen, negative Gespräche, Wut oder Ärger, die Dich aus Deiner Mitte bringen wollen, geschützt zu sein:

- Sage innerlich: „Halt! Ich schließe diese Türe! Bleib draußen!“
- Ich bin gegen jede plötzliche Störung vollkommen gesichert!
- Ich bin unüberwindlich gegen jede niedrig schwingende Einwirkung von außen geschützt!
- Ich weise solche Störungen ab! Sie gehören schlichtweg nicht zu mir! Ich richte mich freudig auf mein Glück und auf inneren Frieden aus!
- Ich bin in Ruhe und Gelassenheit und ein tiefer innerer Frieden durchströmt mich!

Gedankenimpuls für Woche 12:

Der Sinn des Lebens und die Identifikation mit Deinem wahren Ich

Mit wem identifizierst Du Dich wirklich? Wer bist Du im Grunde Deines Seins?

Bist Du Dein Körper? Was wäre, wenn Du zum Beispiel nach einem Unfall gelähmt wärst und Dein Körper ausfallen würde? Es gibt Dich immer noch. Du hast einen Körper!

Bist Du Dein Verstand oder Deine Erinnerung? Was wäre, wenn Du durch einen Zwischenfall Dein Gedächtnis verlieren würdest? Du würdest immer noch existieren. Du hast einen Verstand!

Bist Du Dein Name oder Dein irdisches Alter, mit dem Du Dich identifizierst? Hier ist es genau das Gleiche: Würdest Du Deine Erinnerung an Deinen Namen oder Dein Alter verlieren, wärst Du trotzdem existent!

Bist Du Dein Beruf oder eine der vielen Rollen, die Du in Deinem Leben spielst? Würdest Du auf einer einsamen Insel stranden, würden all diese Rollenbesetzungen enden und Du wärst immer noch der, der Du bist!

Du bist auch nicht Dein Charakter oder Deine Persönlichkeit, die sich entwickeln und ändern! Du bist auch nicht Deine Pflichten und Deine Aufgaben. Diese sind alle austauschbar und ersetzbar!

Du bist tatsächlich derjenige, der dies alles beobachtet. Du bist derjenige, der sich diesen Körper, diesen Verstand und Dein gesamtes Umfeld ausgesucht hat und dann genau in diese „Umstände“ inkarniert ist, um gewünschte Erfahrungen zu machen, um Dich selbst als Seele zu erkennen und zu vervollkommnen.

Daraus wird Dir jetzt vielleicht noch verständlicher, dass wir all diese dunklen Seiten bzw. Schattenseiten oder menschlichen Missklänge, die wir zu erkennen und abzulegen versuchen dürfen, zuerst brauchen und erfahren dürfen, um überhaupt unsere innere Vollkommenheit wahrnehmen zu können!

Wir kommen als Seele aus dem reinsten Licht und lebten dort, aber wie Du kannst Du Licht erkennen, wenn Du nie Dunkelheit gesehen hast? Wie kannst Du Liebe erkennen, wenn Du keinen Hass kennst? Wie kannst Du Freude erkennen, wenn Du keine Trauer kennst?

All diese schmerzhaften Prozesse sind Teil Deiner Vervollkommnung, Du musst sie nur erkennen. Du bist ein reines Energie- und Lichtwesen, das seinen menschlichen Körper und Verstand als Erfahrungsinstrument für diese Inkarnation nutzt.

Dies kann beispielsweise durch Rückführungen verdeutlicht werden: Menschen, Namen, Wohnorte, Straßen, berufliche Tätigkeiten und Tatsachen, von denen Menschen aus Rückführungen in das letzte Leben berichten, können durch historische Aufzeichnungen sichtbar gemacht, abgeglichen und bewiesen werden, ohne dass verwandtschaftliche Verbindungen bestehen!

Ein weiteres Beispiel sind Nahtoderfahrungen von Menschen, die sich selbst über dem sterbenden Körper schweben sahen und erzählten, wie ihre Erfahrungen und ihre Lebensaufgaben in Form von ablaufenden Bildern an ihnen vorbeizogen. „Mein ganzes Leben lief vor mir ab; die wichtigsten Situationen meines Lebens waren mir vor Augen" ist eine immer wiederkehrende Aussage Betroffener.

Wir sind nicht dieser Körper und wir sind nicht dieser Verstand. Hellsichtige und feinfühlige Menschen können wahrnehmen, wenn das Licht im Moment des Todes den Körper verlässt. Du bist wirklich das Licht, das Seelenlicht oder der Energiekörper in seiner blendenden Vollkommenheit. In jeder Deiner Inkarnationen umhüllt der Schleier der Vergessenheit erneut Dein Seelenbewusstsein, damit Du in den irdischen Klassenzimmern Deine Erfahrungen machen und als Seele zur letztendlichen Vervollkommnung daran wachsen kannst. Wir brauchen körperlich nicht zu sterben, um dies zu erkennen. Darin besteht das offene Tor zur Bewusstheit.

Jesus spricht: „Ich bin die Türe, die kein Mensch verschließen kann!“ Er bezog sich dabei auf das Christusbewusstsein als die Klarheit über die Existenz der Seele und die immer vorhandene Verbindung dazu. Die Türe zur Bewusstheit steht immer offen und kann von niemandem verschlossen werden; sie kann höchstens nicht erkannt werden. Nur im unbewussten Zustand ist sie durch den Schleier des Vergessens für den Menschen nicht sichtbar. So wie der Schmetterling immer in der Raupe wohnt, so lebt die reifende Seele immer in uns!

Die folgenden Worte – jahrtausendealt, aus den steinernen Tafeln der Hermetik – gehören zu meinen liebsten Leitsätzen: „Aber der Mensch ist ein lichtgeborener Geist. Ohne dieses Wissen kann er jedoch niemals frei sein! Dunkelheit umgibt den Lichtgeborenen, Finsternis fesselt die Seele. Leuchte heraus, oh Menschenseele, erfülle die Dunkelheit des Raumes.“ Diese Sätze gehören für mich zu den wertvollsten Aussagen, weil sie so gut wie alles sowie auch die wirkliche Aufgabe des Menschen auf ein paar wenige Sätze komprimieren.

Erkenne Dich selbst wieder und erkenne dadurch Deine Aufgabe, Dich durch diese Selbst- und Ego-Bemeisterung (die für die angesprochene Dunkelheit, Finsternis und das Leid des Menschseins stehen) und das Ablegen all dieser menschlichen Unvollkommenheiten zu Dir selbst zurückzuentwickeln.

Wickle Dich heraus aus Deinen Verwicklungen, gestrickt durch das Außen, die Konditionierungen, die Schulen, die irdischen Erfahrungen, das Leid und die Dunkelheit, die Dein Herz in Verstrickungen umschlungen halten. Befreie Dich aus den Klauen Deines übergestülpten Denkens und von dem menschlichen, triebhaften Tier im Menschsein!

In der Bibel steht am Anfang: Einer wurde zu vielen! Entdecke Dich als Seele, als einen Teil der göttlichen Schöpfung in Dir. Du bist einer dieser vielen, in der Form Deiner Seele, und ein Anteil eines kollektiven Seelenbewusstseins – und doch bist Du ein einzigartiges Individuum. Ein Strahl von Gottes Licht und eine Zelle im großen Ganzen. Ich möchte nicht sagen, Du bist Gott, genauso wenig wie eine Deiner Zelle sagen würde, sie ist Dein ganzer Körper.

Was ich hiermit vielmehr zu veranschaulichen versuche, ist das Folgende: Zu wissen, dass das ewige Leben, eine Individuation Gottes in Dir wohnt und absolut nichts als eine Erfahrung mit dem Tod endet, wird Dir eine komplett andere Sichtweise auf Dein Leben geben und Dich nach wirklicher Verinnerlichung zu Leichtigkeit sowie zu einer unglaublichen Befreiung heraus aus jeglicher Angst führen!

„Dies, meine Kinder, soll euer Daseinszweck sein: Dunkelheit in Licht umzuwandeln!"

– Smaragdtafeln der Hermetik –

Erkennst Du darin Deine Aufgabe zur Umwandlung wieder bzw. zur Transformation Deiner dunklen, schweren Seiten und menschlichen Missklänge in Licht, Liebe und Leichtigkeit? Von der bleiernen Schwere in Dein goldenes, reines Sein?

Das Wissen des bisherigen Kursverlaufes über die freie Wahl Deiner Gedanken, über Deinen Glauben, über die Ausrichtung Deiner Aufmerksamkeit sowie über die daraus resultierende Gestaltung Deines Lebens wird durch das Wissen und die Erkenntnis Deines Seelenbewusstseins – Dein innerstes, wichtigstes Steuerelement – nochmals ganz klar bestätigt:

Du bist nicht abhängig von diesen äußeren Geschehnissen, die eigentlich nur Hinweise und Spiegelungen im Spiel des Lebens sind von den Ursachen, die Du oder das Seelenkollektiv gesetzt hat. Alles, was Du aktuell erlebst, ist im Grunde genommen nur die Auswirkung Deiner Vergangenheit. Es sind vergangene, gesetzte Ursachen bzw. Deine Schöpfungen, die Du jetzt erlebst und nur jetzt ändern kannst, indem Du andere Ursachen setzt und somit Deine

Realität in eine bewusst gewählte Richtung transformierst, beruhend auf dem Gesetz der Hermetik von Ursache und Wirkung. Ein Leben und Denken im Mangel wird sich stets im Mangel auswirken. Mangel ist, wie gesagt, nicht nur finanziell möglich, sondern auch in der eigenen Wertigkeit, Zeit, Energie oder Liebe. Er ist einer der größten Angstvertreter der Menschen als Gegenpol zur Liebe.

Jesus sagte zu seinen Jüngern: „Euch ist das Geheimnis des Reiches Gottes [Bewusstheit] anvertraut; denen aber, die draußen [unbewusst] sind, wird alles in Gleichnissen und Spiegelungen gesagt und gezeigt; denn sehen sollen sie, sehen, aber nicht erkennen; hören sollen sie, hören, aber nicht verstehen. Damit sie sich nicht bekehren und ihnen nicht vergeben wird. [So lange, bis sie anfangen zu erkennen, was sie selbst verursachen.]

(Markus 4,11–12)

Das „Spiel des Lebens" zeigt Dir deutlich – jeden Tag –, wie es bis jetzt ist, was Du verursacht hast und was zu ändern ist, wenn Dir Dein jetziges Leben nicht gefällt, denn Du bist jetzt am Zug. Gib Deine Anweisungen und rücke vor mit Deiner Spielfigur in Richtung Ziel mittels Herausforderungen, Wachstum und Glück. Nur wenn Du diese Verantwortung übernimmst, kannst Du Veränderungen bewirken.

Das Universum gibt Dir immer dieses „Ja" – zu allem, was Du voller Überzeugung denkst und fühlst. „Mir geht es so schlecht" genauso wie „Heute hebe ich die Welt aus ihren Angeln". Ja, Du bekommst, was Du willst! Das ist die einzige Antwort, die Du erhalten wirst, entsprechend Deinem Glauben! Erkennst Du die wunderbare Fülle darin? Du bist eigentlich so mächtig, dass wenn Du diese Tatsache nicht akzeptierst und daran zweifelst, auch dies mit einem „Ja" bestätigt bekommst. Es geschehe Dir nach Deinem Willen! Was passiert nun, wenn Dir von klein auf Schuld, Kleinheit und Unwürdigkeit gepredigt oder unbewusst beigebracht wurde? Erhebe Dich zu dem, der Du wirklich bist!

Du setzt jeden Augenblick des Lebens Deine Ursachen, natürlich und, wie schon beschrieben, mit zeitlicher Versetzung, denn niemand will die Erfüllung jedes momentan unkontrollierten Gedankens. Dies funktioniert, wie gesagt, bei vollkommener Bewusstheit, sprich Gottesanwesenheit. Falls Du noch am Warten und vielleicht am Zweifeln bezüglich Deiner Manifestationen bist, sei Dir bewusst, dass Du erst die Spiegelungen Deiner früheren Vergangenheit bekommst, bevor sich die neueren zeigen. Bleibe im Vertrauen, verweile in festem Glauben und Beharrlichkeit, als ob Du einen Freund bei einem vereinbarten Treffen erwartest. Freue Dich in dieser Erwartungshaltung auf Deine Ergebnisse, genauso wie auf diesen Freund!

Je bewusster Du wirst, desto schneller erfolgen Deine Spiegelungen. Je unbewusster Du bist, desto länger sind die zeitlichen Abstände und desto schwerer erkennbar für den Einzelnen. Mache Dir immer und immer wieder klar, wer Du wirklich bist – Mensch/Ego oder Dein Bewusstsein? –, und steuere damit kontrolliert Dein Leben als Mensch zu Deinem bestmöglichen Aufenthalt auf Mutter Erde. Richte Dich immer wieder aus und gehe in das Gefühl, es schon erreicht zu haben, und erhalte diesen Modus aufrecht, bis das Erwünschte sich Dir offenbart! Verharre nicht im Zustand des Wünschens und Wollens, denn auch diese Seinszustände des hoffenden Wünschens kannst Du manifestieren, wenn Du nicht in die gefühlte, schon existierende Erfüllung gehst! Höhere Schwingungen wie Liebe und Glück mit einem offenen Herzen verstärken Deine Gestaltungskraft.

Niedere Schwingungen und Gefühlszustände wie Schuld, Hass oder Angst verringern Deine Kräfte und Dein Wirkungsfeld und machen Dich noch besser von außen steuerbar, um gerade diese unsere gottgegebene Schöpferkraft zu manipulieren. Auch hier gilt: Je unbewusster Du bist, desto manipulierbarer bist Du von außen oder den von außen vorgeschlagenen, gedanklichen Ängsten oder Zweifeln.

Mache Dir klar, dass die Menschheit, unwissend über diese Tatsache, stets gelenkt wurde. Mit dem Wissen über die Inkarnationslehre wurden Kapitel aus der Bibel und religiösen Lehren entfernt, um die Bevölkerung und Menschen in Angst vor Tod und Hölle mit furchtbaren Qualen kleinzuhalten und manipulierbar zu halten. Der Heilige Gral mit dem Blut CHRISTI (stehend für die Klarheit als Bewusstheit), dessentwegen der Heilige Krieg und die Kreuzzüge tobten, war immer die Überlieferung dieses Wissens um die göttlichen Fähigkeiten im Menschen und dessen detailgenaue Anwendung. (Buch: Apokalypse Seele, L.W. Göring, BoD)

Der unbewusste Mensch wurde stets von wissenden Mächten ausgenutzt. „Wenn du dich nicht entsprechend unseren Vorgaben bzw. denen von Gott, dem Richter der Kirche, verhältst, kommst du in die Hölle und wirst unsägliche Qualen erleiden!! Darum: Geh in deine Schuld, geh auf die Knie, werde ‚ohn-mächtig' vor Angst und Ehrfurcht!"

Was erschafft oder manifestiert der Mensch aus dieser Position heraus, unwissend um seine Fähigkeiten? Klein und ohnmächtig, sprich: ohne Macht?! – Komplette Macht- und Hilflosigkeit, „Opfertum" statt „Schöpfertum", gelenkt und abhängig von außen!

Das passt in keiner Weise zu einem liebenden, alles vergebenden Gott, der uns nach seinem Ebenbild erschuf und der dem Menschen einen freien Willen geschenkt hat. Es ist so wichtig, sich diesen freien Willen immer bewusst zu machen, in wirklich allen Situationen des Lebens. Gott, das All und das Leben selbst sind reine Liebe und Licht, immer Leben erschaffend und gestaltend durch ausgesendete, sich bewegende Schwingungen in Dir und jedem Leben! Du als Seele bist Teilchen Gottes und damit ebenso Anteil des Alls, sprich ewiges Bewusstsein in einem sich bewegenden Meer aus Atomen und Energie. Dein Körper und alles in Deiner irdischen Umgebung besteht aus Atomen in verschiedenen Verdichtungen und Schwingungen. Gott ist nicht richtend, verurteilend oder verdammend! Gott ist das Leben selbst, unaufhörlich heranströmend, um Leben zu erschaffen, immer präsent und allgegenwärtig. Auch in Dir und durch Dich wirkend!

Der Missklang und das Leid sind Erfahrungen. Das alles erschafft der Mensch selbst in seinen Spiegelungen und selbst gewählten Erfahrungen. Die wirkliche, „wirk-same“ Sünde, ich entschuldige mich für die Wiederholung, gerade gegen sich selbst, und die wahre Hölle ist das Alleinsein des Menschen zu fühlen oder das Getrenntsein von unserem seelischen Kollektiv mit allen anderen Seelen, allem Leben, Lebewesen und Mutter Erde in unseren Herzen! Sünde ist die Identifikation mit Deinem Körper und Verstand und die daraus entstehende gedankliche Erschaffung allen menschlichen Missklangs auf der Welt. Diese menschliche Erbsünde ist in der Bibel bei Adam und Eva beschrieben, die plötzlich Angst und Scham erfuhren, nachdem sie vom Baum der Erkenntnis des Guten und Bösen aßen und sich dadurch aus dem Paradies in die Erfahrungen von Ursache und Wirkung begaben. Die Hölle ist, die Qualen des Lebens zu akzeptieren als Tatsachen, die das Leben mit sich bringt, die nicht veränderbar sind, und sie nicht als die negativen, unbewussten Spiegelungen Deines Verhaltens durch die eigene Kraft, Schöpfung und Macht zu erkennen! Der Mensch trägt die komplette Bandbreite der dunkelsten Hölle bis zu dauerhaften paradiesischen Zuständen in sich und damit genauso die sich spiegelnden Erfahrungen im Außen. Erkenne auch hier das hermetische Gesetz der Polarität auf dieser Erde und damit eine so wichtige Spielregel im Spiel des Lebens. Ergreife den Schlüssel, der Dir dadurch gegeben wird!

Mache Dir dieses Thema in der Gegenwart bewusst! Alle führenden Kräfte, die unsere Welt so lenken, weit über unseren Regierungen, wissen darum und wollen nicht, dass wir dieses Wissen erhalten. Nachrichten – sie richten Dich nach etwas, sie richten Dich in eine bestimmte Richtung aus. Schreckensmeldungen, Krieg, Mord und Totschlag, Mangel, Klima, Finanzen, Krankheit, Viren – jeden Tag über Fernsehen, Handy und Zeitungen. Alles reine „Vor-Sorge" („Herr, um was ich mich sorgte, ist eingetroffen!"). Meldungen und Nachrichten sind zu 95 % negativ. Sie sind dazu ausgelegt, den Menschen/Dich in Angst zu halten und zu lenken, um Deine Aufmerksamkeit, Deinen Glauben, Dein Unterbewusstsein und somit die gesamte kollektive Schöpferkraft zu lenken, uns zu kontrollieren und uns unsere eigene Hölle, Machtlosigkeit und was sie uns als Idee und Drama vorgeben, zu manifestieren! Dies wäre im Vorauswissen natürlich eine wunderbare Investitionsmöglichkeit ...

„Geh auf die Knie!" „Geh in Deine Schuld (bezogen auf Deutschland)!" Warum wird diese Schuld bis heute gepredigt? „Geh in die Angst und werde ‚ohn-mächtig'!!" Erkenne allein in dem Wort „deutsch" das alte Wort „dei usch" (Gott lat., zum Beispiel wie in Agnus dei), gleichbedeutend mit „das sich Bewegende" oder „das Göttliche". Der mitteleuropäische Raum, gerade der deutschsprachige und keltische, hat hohe spirituelle Schwingungen. Die altarischen Sprachen (Ursprache aus der Sanskrit entstand) sind uralt; viel älter, als uns weisgemacht wird. Aber das ist wiederum ein anderes Thema.

Deine Selbstbemeisterung und die damit verbundenen Möglichkeiten sollen hier im Vordergrund stehen, denn das Herauskristallisieren der göttlichen Vollkommenheit ist das Einzige, was jeder für sich effektiv tun kann, um somit auch kollektiv zu wirken.

Der Mensch ist gefangen in Ketten, die er selbst schmiedet, hegt und pflegt, um nicht aus diesem Hamsterrad entkommen zu können. Wir werden und wurden sprichwörtlich über so viele Jahrhunderte hinters Licht, oder treffender gesagt: hinter unser Licht geführt, um es nicht sehen zu können und unsere Aufmerksamkeit aufs Dunkel zu richten. Mit diesem Wissen darfst Du nun den nötigen Schritt aus Dir bzw. aus Deinem bisherigen Menschsein und der „Hölle", mit all den selbst auferlegten Verstrickungen und Qualen, nach hinten heraustreten, sodass Du wieder im Licht stehst und Deine

„Erleuchtung“ und Deine wirklich magischen Kräfte entdeckst, sie erfährst und Dir damit Deiner eigentlichen Freiheit bewusst wirst.

Jesus spricht: „Ich bin das Licht, der Weg und die Wahrheit! Ich bin diese Wahrheit, die mir nun vollkommene Freiheit gibt!“

(Joh. 14,6)

Damit meinte er nicht nur sich selbst, sondern jeden Menschen bzw. das Christusbewusstsein(Christos) in jedem Menschen.

Mit diesem Wissen bekommen die vorhergegangenen Sätze überhaupt erst ihre wahre Bedeutung. Du bist das Energiewesen, das Licht, das sich über den Weg der Transformation oder Ego-Bemeisterung des Menschseins zu dieser Erkenntnis entwickelt und damit zu seiner Freiheit und der göttlichen Fülle, von der Jesus so oft spricht: Das Himmelreich ist schon in Dir!

Betrachte Dein Leben einmal aus dieser Beobachter-Position, sieh Dir bei Deinem irdischen Leben zu und lenke Dich selbst. Dies ist vergleichbar mit einem absolut realistischen, virtuellen Computerspiel, bei dem Du Deinen Avatar lenkst. Du bestimmst Deine Wege, aber nur wenn Du aus dem Traum oder dem Virtual-Reality-Spiel, das Du noch für die Wirklichkeit hältst, erwachst und die wirkliche Realität erkennst. Wir dürfen diese Brille nun abnehmen. Erwache aus der konditionierten Matrix! Richte Dich jetzt neu aus! Bestimme Deine Zukunft und lebe Deine Träume, Deinen Wegweiser oder den Kompass Deiner Potenziale und nutze Dein Wissen mit Lebensfreude, Leichtigkeit und Hingabe!

Jesus spricht: „Erkennt die Wahrheit und sie wird euch frei machen!“

(Johannes 8,32)

Dieses Leben wurde uns zur Freude gemacht; nicht, um kriechend und kämpfend ums Überleben die Rente zu erreichen und dann den Löffel abzugeben. Wie viele Menschen leben nur für das Wochenende oder den Jahresurlaub? Mit diesem Wissen und dem Schritt zurück ergibt oder erschließt sich manchmal das Bild der Tantalusqualen, in denen das Ersehnte zwar in greifbarer Nähe ist, aber doch nie vollständig zu erreichen ist. Das Leben ist immer nur im Jetzt und jeden Tag neu! Lebe Deine Träume und Potenziale, sodass auch Montag bis Freitag zu Deinem Wochenende und Urlaub werden. Gehe in Dich, begegne und finde Dich!

Es gibt ein wunderbares Beispiel eines ultraerfolgreichen englischen Börsenmaklers, der irgendwann die Lebensfreude verlor und krank wurde. Er lebte seinen Traum und sattelte auf den Beruf des Gärtners um. Darin lebt er nun seine Bestimmung und hat sein Glück gefunden.

Schöpfe bewusst Deine Realität und Deine Zukunft. Freiheit jeglicher Art steht vor Deiner Türe, wenn Du Deine göttliche, schöpferische Energie, die Dich durchgehend durchfließt, einfach nur stets in eine positive, wohlwollende und liebende Richtung fließen lässt, ohne dass die menschlichen Missklänge und Angstmeldungen Dich irgendwie berühren könnten. Befreie Dich selbst durch das Abtrainieren bzw. durch das Ablegen von Kritik, Rechthaberei, Verurteilung und Bewertung. Alles ist immer nur eine menschliche Meinung und jede Wahrheit wird darum zu einer „Halbwahrheit", solange sie dem unbewussten Verstand entspringt, abhängig vom Standpunkt des jeweiligen Menschen.

Halte Deine Persönlichkeit und Deinen Menschen stets in Harmonie, Liebe und Dankbarkeit und lass die negativen Einflüsse, an denen Du meist sowieso nichts ändern kannst, an Dir abprallen und an Dir vorbeiziehen. Du bist dafür nicht mehr empfänglich, vor allem emotional! Je heller Dein inneres Licht scheint, desto größer ist der Schutz gegen äußere Einflüsse.

Erkenne, dass Dein höheres Selbst und Seelenbewusstsein – wie generell in Dir als Mensch – über die Erfahrung nach Vervollkommnung und seiner Seelenaufgabe sucht, dass aber genauso in jedem Mann, in jeder Frau und in jedem Kind auf diesem Planeten eine Seele mit den gleichen Absichten wohnt, ob sie sich dessen nun bewusst sind oder nicht.

Jesus spricht:
„Vergib ihnen, denn sie wissen nicht, was sie tun."
(Dies teilweise in all der Grausamkeit des unbewussten Menschseins.)

(Lukas 23,34)

Ignoriere alles menschliche Fehlverhalten, außer wenn Du für Deine Wahrheit einstehen und Dich oder Schwächere vor körperlicher oder verbaler Gewalt schützen darfst, und sieh allein diese Seelentätigkeit – die Tätigkeit der „Ich bin"-Gegenwart (mit der Bedeutung: Gott in mir bewirkt …) – in jeder Person und vergib in diesem Wissen. Es bestehen Seelenabsprachen und -verträge mit jedem Menschen, der Deinen Weg wahrlich kreuzt.

Versuche niemand anderen zu bekehren, sondern hilf und teile Dein Wissen mit denjenigen, die dafür offen sind und nach Hilfe oder Auswegen suchen. Die Unbelehrbaren lasse ihre Erfahrungen machen, ohne in unnötige Diskussionen zu verfallen, in dem Wissen, dass ihre Seelen diesen Weg gewählt haben. Dein Weg der Selbstberichtigung ist das offene Tor zur Befreiung von allen Grenzen und Deiner absoluten Bewusstwerdung.

Wer sich bewusst vom Äußeren und Negativen abwendet und ins Innere eintaucht, von dem fällt – bei kontinuierlicher Übung – jeder Missklang ab. In jedem Moment, in dem Du Unvollkommenheit wählst, in dem Du die menschliche, aus dem Ego erschaffene Negativität akzeptierst und annimmst, belastest Du Dich. Oder aber Du wählst gesegnete Vollkommenheit und richtest Dich bzw. Dein höheres Bewusstsein positiv aus und wirst entsprechend gelenkt. Betrachte bewusst verschiedene Bereiche Deines Lebens aus der Perspektive der Angst und aus der Perspektive der reinen Liebe und vielleicht erkennst Du hierbei wiederum den freien Willen über Deinen Himmel oder Deine Hölle.

Jesus spricht:
„Ich bin die Auferstehung und das Leben"
[die Auferstehung zu meinem wahren Selbst als Bewusstsein und das Leben und das Licht, die diesen Körper und Verstand in dieser Inkarnation halten].

(Johannes 11,25)

„Du musst nicht kämpfen, um Gott zu erfahren, aber Du musst kämpfen, um die selbst erschaffenen Schleier zu zerreißen, die ihn vor Dir verstecken!"

– Yogananda –

<u>Wöchentliche Übung</u>:

Noch einmal Deine Aufgabe aus der 2. Woche „Ich bin ein …"

Erkenne jetzt mit Deiner neu gewonnenen Perspektive, was Dein Unterbewusstsein Dir vor 10 Wochen beschrieben hat, oder entdecke darin weitere Details. Analysiere Deinen Text neu oder versuche ihn in einer neuen Variante (z. B. „Ich bin ein Apfelbaum") zu wiederholen. Allerdings musst Du hierzu in Dein Bewusstsein gehen und Dich nicht von Deiner Erfahrung oder von Deinem Ego lenken lassen. Finde immer mehr zu Deinem wahren Kern und Sein.

Mögliche Übungen während des Tages:

Das Ziel ist eine harmonische Mitte von Bewusstheit und irdischem Leben als Mensch in Deiner Inkarnation. Es mag sich nicht schwer anhören, doch nur ein kleiner verstandesmäßiger Hinweis: Wenn wir dem Tag 24 Stunden geben, davon großzügig 8 Stunden Schlaf abziehen, verbleiben davon 16 Stunden. Ziel wären davon also 8 Stunden aufmerksame Bewusstheit! Ein wunderbares Ziel, das viele wahrscheinlich noch nicht ganz erreichen; doch letzten Endes bleibt der Weg das Ziel und ihn immer wieder Schritt für Schritt in Leichtigkeit zu gehen. Mache Dir selbst immer wieder klar und nimm diese Frage in Deine gerichtete Aufmerksamkeit auf: Lebe ich als Mensch mit einem höheren Selbst oder bin ich Seele in einem menschlichen Körper und Erfahrungsinstrument, die wirklich bewusst ihre Erfahrungen wahrnimmt und steuert? Die agiert statt zu reagieren? Komme immer weiter in Deine wahre Identifikation! Wen lebst du im Moment?

- Sage Dir immer wieder in Deiner Morgenroutine, nach dem Öffnen Deiner Augen und des Herzens, und genauso während des Tages, am besten bei jedem gestellten Alarm, sowie beim Zubettgehen und nach der Meditation: „Ich bin inkarniertes Bewusstsein und Seele. Ich habe meinen Körper, meinen Verstand, meinen Charakter und meine Persönlichkeit als Erfahrungsinstrumente gewählt und nutze sie, doch ich selbst bin! Ich bin ewiges vollkommenes Sosein!“ Diese Übung erscheint nicht anspruchsvoll, doch sie ist vielleicht die Wichtigste von allem, denn sie kann Dein Leben wenden. Zu Deiner Klarheit, die Dich in Deine Freiheit führt. Wahrscheinlich hast Du Jahrzehnte in der falschen Identität gelebt. Nutze nun diese Übung, sooft es Dir möglich ist, und nimm sie in Deine Aufmerksamkeit auf!
- Stelle Dir Dein Handy oder einen Timer auf ein stündliches Signal. Bei diesem Signal gehst Du kurz in Dich, nur für einige Minuten. Mache Dir klar, wer Du wirklich bist und als wer Du im Moment des Signals durchs Leben läufst. Nach diesem Ausmitten erkenne Dich selbst als die Seele in allem,

was Dir begegnet – in jedem Menschen, in jedem Tier und in jeder Pflanze, als das Leben in jedem Individuum. Erkenne auch in Deinem Gegenüber – ob derjenige es nun weiß oder nicht – die Seele, die Dich durch seine Augen anschaut. Erkenne Dich in allem Leben, was Dich umgibt!

- Beginne Deine täglichen Sätze, die Du für Dich als Mensch so sprichst, öfter wie folgt: „Mein Kopf und mein Verstand sagen mir …" Diese Vorgehensweise trennt Dich von Deinem Kopf oder Verstand und Du entfernst Dich aus der Identifikation mit ihm und bringst Dich in die gewünschte Beobachterperspektive: Ich schaue mir beim Leben zu!
- Oder tu es bewusst aus der anderen Perspektive. Begrüße Dein irdisches Sein morgens vor oder nach Deinem Dankbarkeits- und Wohlgefühl: „Guten Morgen, lieber Körper!" Oder: „Einen wunderschönen guten Morgen, liebe(r) … (hier Deinen Namen einfügen)!" Du darfst nun voller Energie erwachen. Ich bin wieder zurück aus dem Seelenkollektiv. Ich bin es, Deine Seele. Die Liebe, das Leben und das Glücksgefühl in Dir. Ich werde heute verstärkt die Führung über Euch, liebes Ego und lieber Verstand, übernehmen, um Euch ein Erkennen zur Veränderung in Richtung Leichtigkeit und Glück Eures Lebens zu ermöglichen. Lasst mich Euch mitnehmen in einen Tag und Leben voller Wunder!" Am besten Du formulierst es in Deinen eigenen Worten und in Deiner eigenen Ausrichtung.

Affirmationen zur „Selbstidentifikation":

- Ich bin inkarniertes Bewusstsein und Seele. Ich habe meinen Körper, meinen Verstand und meinen Charakter und meine Persönlichkeit gewählt und nutze sie, um Erfahrungen zu machen, doch ich selbst bin!
- Ich bin Energie- und Lichtwesen, inkarniert in diesem meinem Erden-Körper!

- Ich bin das Durchschreiten des menschlichen Schleiers!
- Ich bin die Wahrheit, die mir nun vollkommene Freiheit gibt!
- Ich bin das Licht, der Weg und die Wahrheit!
- Ich bin die Auferstehung zu meinem wahren Sein!
- Ich bin die Annahme und Akzeptanz meiner göttlichen Aufgabe und Bestimmung!

Block 5

Block 5: Wochen 13–15

Finde Deinen eigenen idealen Tagesablauf. Übungen, die Dir besonders gut gefallen haben, oder diejenigen, die Dich am meisten gefordert haben, beinhalten das größtmögliche Potenzial für Dich!

Tausche Übungen, priorisiere und intensiviere diejenigen, bei denen Du starkes Wachstum empfindest oder spürst, sowie die, die Dich nach Deinen persönlichen Veranlagungen am besten in die von Dir gewünschte Richtung wachsen lassen, oder orientiere Dich weiter in neuen Möglichkeiten. Bleibe nicht stehen, verharre nicht, sondern fließe mit dem Fluss des Lebens. Lasse alle Begrenzungen fallen!

Entdecke Deinen persönlichen, für Dich optimalen Weg auf Deiner Selbstbemeisterung. Werde zum Meister Deines Seins auf diesem Planeten und kehre zurück zu Deinem inneren vollkommenen Licht. Bleibe niemals mehr stehen, sondern schreite immer weiter voran bis zu Deinem Gott-Selbst und Licht in Dir. Meisterst Du Dich selbst, meisterst Du das Leben!

Du bist absolut einzigartig, großartig, magisch, unkontrollierbar und grenzenlos, wenn Du Dich nur selbst erkennst!

Vorschlag für die Meditation in Block 5

– Christusbewusstsein –

Die Atmung fließt ruhig, sanft und flach. Vollkommen natürlich und entspannt. Vor Deinem inneren Auge sinkt eine kleine, schwebende Feder vor Dir herab. Langsam, tänzelnd, kreisend und von der Luft getragen. Während Du sie beim Absinken betrachtest, sinkst auch Du in ihrem Rhythmus in eine noch tiefere Entspannung. Du lässt Deinen ganzen Körper immer tiefer und tiefer in die angenehme, wohlige Schwere, gleich der des Schlafes gleiten, wobei Du geistig voll präsent bist und bleibst. Deine Wirbelsäule dient Dir dabei als unangestrengte Säule. Vollkommene Entspannung durchflutet Dich! Entlasse alle Gedanken wie Vögel aus einem Käfig oder wie Wolken, die vom Wind fortgetragen werden.

In dem Moment, wenn Deine Feder den Boden erreicht, bist Du absolut sicher, wohlig und entspannt. Du beginnst den Dich umgebenden Raum in unendlicher Weite wahrzunehmen. Das vorher bestehende Zimmer oder Deine vorherige Umgebung ist nicht mehr vorhanden, nur noch Weite und Leere. Je mehr Du Dich auf ihn konzentrierst, desto größer und weiter erstreckt er sich. Vor Dir und hinter Dir. Links und rechts von Dir. Über Dir und unter Dir. Verharre dort in diesem Augenblick, bis er sich Dir vollkommen eröffnet. Nimm ihn bewusst wahr und spüre Dich in seine Unendlichkeit, wie ein Universum ohne Sterne. Unbegrenzte, endlose Weite in alle Richtungen in einem angenehmen, friedlichen Schwarz und allen weiteren Farben, die sich Dir vielleicht offenbaren oder zeigen wollen.

Verweile weiter in diesem Zustand und schreite nun weiter in Deinen Erfahrungen und dem, was Dir zuteilwerden soll. Lasse noch mehr los, sinke und entspanne noch mehr. Ohne Zeit. Ohne Raum. Lasse vollkommen los und sinke immer tiefer. Erwarte freudig Deine tiefste Entspannung.

Bist Du nun bereit, dann lass Dich im Bewusstsein nach hinten fallen. Du fällst rückwärts in diesen unendlichen Raum und durch alle Zeit in der Sicherheit, dass Du als Seele nicht tiefer als in die Hände Gottes fallen kannst. Voll Vertrauen, ohne Gedanken und ohne Angst. Du fällst in Deinen Geschwindigkeiten und durch Deine Dimensionen. Du fällst wie ein Lichtstrahl der Sonne in den leeren neuen Raum. Vollkommen frei! Spüre diesen freien Fall ohne zeitliche Begrenzung, bis etwas Deinen Fall bremst und ihn leicht und liebevoll stoppt, wie Deine fallende Feder, die letztendlich auf der Erde landet. Du fühlst nun in diese Situation hinein und spürst, dass nichts mehr hinter Dir sein kann. Du bist am Ende des Raums und am Anfang der Zeit angekommen. Am Anfang von allem. Nimm es wahr! Gefallen durch alle Zeiten, alle Räume und alle menschlichen Konstrukte. Du bist weder oben noch unten. Du bist weder links noch rechts. Du bist weder früh noch bist Du spät. Du bist Sein am Ursprung allen Seins. Du bist hinter allen materiellen Schöpfungen angelangt.

Von Deinem inneren Auge geht ein Lichtstrahl aus, der sich kegelförmig nach vorne ausbreitet wie der Kegel eines Leuchtturms in nebliger Nacht oder der Lichtstrahl eines Projektors. Es ist Dein schöpferisches Leuchten, das von Dir ausgeht in die Leere des Alls. Am Ende dieses Lichtstrahls siehst Du Dein menschliches Leben und die Außenwelt, die irgendwo da draußen existiert. Und es entsteht die vollkommene Klarheit, dass diese Außenwelt wie ein vorübergehender Film ist, der nur einen Augenblick in der Ewigkeit darstellt. Ein Augenblick unter vielen, die Du schon erlebt hast, und der Dir dazu dient, Dich zu diesem ursprünglichen Leuchten zurückzukehren zu lassen. Zu der jetzigen Erleuchtung der zu sein, der Du seit Anfang aller Zeit und allen Raums bist. Reines Sein.

Vollkommene Klarheit wächst in Dir und die gleichzeitige Unwichtigkeit aller menschlichen Probleme als vergänglicher Schall und Rauch überkommt Dich. Leben und Tod sind wie ein kurzweiliger Wechsel von Licht und Schatten, wie Tag und Nacht in Äonen und Dimensionen. Es ist für Dich wie das Durchschreiten der menschlichen Verschleierung und des Nebels, die Du als Seele gewählt hast, um Dich selbst wiederfinden zu können, und die Erkenntnis, dieses Leben als Erfahrungen in Liebe, Leichtigkeit und Freude zu leben. Du selbst bist dieses Leuchten Gottes, das von Anfang an war und das in jedem Menschen leuchtet. Wahres Christusbewusstsein erfüllt Dich. Du bist Seele, Du bist und warst zu allen Zeiten reines Christusbewusstsein. Ein Kind und Teil Gottes und er ist ein immerwährender Teil von Dir. Verweile in diesem Bewusstsein in Deiner Zeit, und wenn Du Dich entschließt, in Deinen Körper zurückzukehren, bleibe Dir dessen stets gewahr. Lebe in Leichtigkeit, in dieser Klarheit und in wahrem Bewusstsein.

In dieser neuen Erkenntnis kehrst Du nun ganz in Deiner Zeit in Deinen Körper. Du nimmst jetzt Deinen Platz in Dir und Deinem Körper wieder ein und erlebst den Rest Deiner irdischen Tage als vollkommenes Bewusstsein und in der Freiheit, dass Du Deine Gedanken und Erfahrungen frei wählen kannst. Fühle Deinen Körper. Wackle mit den Fingern und Deinen Zehen und komm zurück in Deinen Raum und Deine Zeit, in der Zeitspanne, die Du benötigst. Dann öffne Deine Augen. Du fühlst Dich frisch und voller Energie!

Gedankenimpuls für Woche 13

13.1 Die Illusionen des Außen:

Ängste, Sorgen und die ständig rennende, eilende Zeit sind Konstrukte des Außen und der Gedankenwelt, durch die Du gelenkt und in Formen gepresst wirst. Ängste halten Dich im Mangeldenken, die Du ununterbrochen aussendest und wiederum geliefert bekommst, sie halten Dich klein und lassen Dich nicht den viel beschriebenen Schritt oder Ausstieg aus dem Hamsterrad wagen, in dem Dich eine Pflicht nach der anderen jagt. „Ich hab doch keine Zeit, die Zeit rennt und ich muss doch noch …", drängt Dein geformter Verstand!

Du hast nicht einmal Zeit zum Aufwachen, erst wenn eine Krankheit an Dir rüttelt oder das Leben Dir einen Knüppel zwischen die Beine wirft. Dann wirst Du gezwungen, eine Pause einzulegen, und beginnst vielleicht, die Dinge zu „über-denken" oder zu „über-legen", um diese Wahrheit zu erkennen und über Deinen kleinen konditionierten Verstand zu legen. Vielleicht nimmst Du aber ein Medikament, das Dir die Symptome nimmt, Dir aber nicht die Ursache aufzeigt, damit Du weiterschlummern kannst und nicht aus dem Traum des Wachseins erwachst!

Zeit existiert auf diesem Planeten, aber nicht so, wie es uns beigebracht wurde. Wir leben in ständigem Zeitmangel, unter permanentem Zeitdruck bei gelegentlicher Freizeit. Frei-Zeit von was? Frei von unfrei oder Gefangenschaft? Erkennst Du das Unwort in Deiner beigebrachten Freizeit?

Wer lebt heutzutage noch „zeit-los" oder in „Zeit-Fülle?"

„Die Zeit ist wie ein Ungeheuer, das nicht mit sich reden lässt. Sind wir ungeduldig, verfällt es in ein Schneckentempo; sind wir müde und außer Atem, rennt es davon wie eine Gazelle."

– Filmzitat aus: „Simon Birch" –

Die Zeit ist relativ und wir biegen sie durch unseren jeweiligen Bewusstseinszustand. Als reines Bewusstsein bist Du frei von Zeit, das ewige Jetzt erkennend. In der physischen, materiellen Welt existiert die Zeit, aber mit wachsendem Bewusstsein wächst Deine Fähigkeit, sie zu erkennen, sie zu formen und ins Jetzt zu bringen, wo sie parallel in manifestierten Regelmäßigkeiten oder Zeitlinien verläuft.

Im Ego treibt uns die Zeit stetig voran und lässt uns nicht mehr zur Ruhe kommen. Wie viele Menschen sagen immer wieder: „Ich habe keine Zeit zu meditieren", und kratzen so nur weiter am äußeren Lebensspiegel, anstatt etwas an sich oder ihren Einstellungen zu ändern! Auf diese Weise manifestieren sie sich weiterhin ihren Zeitmangel in ihre Realität.

Zeitmangel lässt uns im Gedankenkarussell verweilen, eng verstrickt mit den Ängsten, was wohl in der Zukunft passieren könnte, wenn Du nicht funktionierst, oder in der Sorge angesichts dessen, was das Morgen bringt. Auch hierbei gilt der Satz: „Es geschehe Dir nach Deinem Glauben und Dein Gedanke wird durch die kontinuierliche Aufmerksamkeit zu Deinem Schicksal!"

Hamsterrad und Gedankenkarussell werden von Zeit und Angst betrieben, die gleichzeitig auch die Treibstangen der modernen Menschenhaltung sind. Sie müssen nur kurz aufblitzen und der Mensch rennt!

Deine verkaufte Lebenszeit, die Dich in eine niedere Abhängigkeit zwingt, um durch „kleine Freiheiten und Freizeiten", die Du ab und an genießen darfst, belohnt zu werden. Erkennst Du darin das Prinzip „Brot und Spiele" oder „Zuckerbrot und Peitsche"?

Schon die Römer lenkten durch diese kleinen Vergnügungen das Volk von Sorgen, Nöten und auferlegten Zwängen ab. Erkenne hier die Wortbedeutung „ab-lenken": „weg-lenken" von dem, was Dir die Wahrheit aufzeigen würde!

Du bindest Dich mit einer unbewussten Abhängigkeit an das Rad der verkauften Lebenszeit, um mit Deinem erhaltenen Lohn dafür die entstandenen und geschaffenen Produkte unserer Gesellschaft wieder kaufen zu müssen, die Dich eben in diese Abhängigkeiten bringen! Ein vollkommener Kreislauf, aus dem nur leider nicht viele profitieren.

Dieses Außen, diese Matrix zieht und benutzt Deine Lebensenergie, bis sie versiegt, wenn Du nicht aufwachst. Schau mal drauf!

Wie viele freie Zeitbestimmung lässt Dein Leben zu? Sogar die Gesundheitsindustrie – oder besser Krankheitsindustrie – beruht auf diesem Prinzip und einem erschaffenen Kreislauf, in dem sich viele Menschen – unwissend – nicht mehr aus dem Strudel befreien können!

Die erschaffene Zeit ist der Rahmen oder die Illusion, mit der das ganze System am Laufen gehalten wird. Sie ist die unsichtbare Mauer, die Dich in Deinen Begrenzungen hält, um Dich funktionieren zu lassen!

„Die perfekte Diktatur wird den Anschein einer Demokratie machen, ein Gefängnis ohne Mauern, in dem die Gefangenen nicht einmal davon träumen auszubrechen. Es ist ein System der Sklaverei, bei dem die Sklaven dank Konsum und Unterhaltung ihre Liebe zur Sklaverei entwickeln."

– Aldous Huxley –

Was damals „Brot und Spiele" waren, ist in den heutigen Varianten dagegen sehr vielfältig und ausgeklügelt, um unsere Aufmerksamkeit in Beschlag zu nehmen als Ablenkung von Wahrheiten und Fähigkeiten des Menschen. Wie gesagt, alles buhlt um unsere Aufmerksamkeit, um uns mehr oder weniger auch energetisch zu melken. Die oft daraus resultierenden Ängste und Sorgen, diese Ablenkungen besitzen zu müssen, und der dabei entstehende Zeitdruck auf der Jagd nach Geld und oft unnötigen Investitionen sind es, die Dir Deine Lebensfreude rauben. Stress und Sorgen schädigen Deine Gesundheit; letztendlich zeigen sie Dir aber wiederum Deine

Mängel und Deine menschlichen Seiten auf, die Du Dir noch mehr anschauen darfst.

Wo bist Du noch im Mangel? Was macht Dir Angst und Sorgen? Ablehnung, Krankheit, Geld oder Zeit? Wo darfst Du innerlich an Deiner Fülle arbeiten? Hätte „Gott in Dir" Angst davor? Bewusstsein hat keine Angst! Beginne zu agieren, statt zu reagieren, und löse Dich bewusst aus dem gelenkten Strom zurück in Deinen eigenen Energiestrom.

Die Bilder von Angst und Zeit sind im Menschen wie wucherndes Unkraut, das Deinen inneren Garten und Dein Paradies in Dir zuwachsen und verkommen lässt, wenn Du es nicht ausreißt. Sie sind Verdichtungen in Dir – auch energetisch gesehen –, die sich im Außen als Krankheit widerspiegeln.

Mindestens 95 % der Menschen in unseren Kreisen leben nicht wirklich, sondern werden durch äußere Ängste und Umstände gelebt oder gehalten! Sie sind in dieser materiellen, physischen Welt ohne wirkliches Verständnis, wie Leben eigentlich funktioniert, gefangen und werden ohne Verständnis, warum sie immer wieder die gleichen schmerzhaften Erfahrungen in ihr Leben ziehen, in ihren Kreisläufen und Spiegelungen gefangen bleiben. Sie „re-agieren" auf Situationen, können aber nicht „agieren", geschweige denn dem Angst-Karussell entkommen und bewusst ihr Leben führen. Öffne Deine Augen!

Mach Dir zum Beispiel auch die Lenkungen unserer Krankheitsbranche bewusst: Wo wird Deine Aufmerksamkeit überall bewusst auf die Krankheit gelenkt? Wir werden praktisch mit Krankheitsbildern beworben und mit Vor-Sorge und Vor-Ängsten als unbewusste Schöpfer zu Krankheit und der Angst davor dazu erzogen, um sie uns selbst zu manifestieren. Wir bekommen sie dauerhaft als Norm(alität) vorgeführt. Beame Dich mal in „Krankenhäuser" … Das sind keine hoch schwingenden Orte! Wieso sind es keine „Gesundheitshäuser"? Unsere Gesellschaft ist auf Krankheit geschult.

Corona war ein exzellenter Beweis dafür. Die Menschen im Ego-Bewusstsein haben vor lauter Angst schon begonnen, sich sprichwörtlich gegenseitig zu zerfleischen. In der Bibel heißt es: „Herr, was ich fürchtete, ist über mich gekommen, und was ich sorgte, hat mich getroffen" (Hiob 3,25). Die schöpferische Energie folgt immer der Aufmerksamkeit von Gedanken und Worten und somit auch dauerhaften Sorgen und Ängsten! Sorge Dich nicht um Krankheit, sondern richte Dich konsequent auf Gesundheit aus! Wenn sie in Deinem Leben erscheint, nimm sie dankbar an und schau, was das Leben Dir zu sagen hat. Pflege Deinen Tempel, Deinen Geist und Deine Seele und halte Deine Schwingungen hoch, dann wird Krankheit in Deinem Leben immer weniger werden!

Du kannst bei vielen Menschen, die Du kennst – vielleicht auch bei Dir selbst – wahrnehmen, dass das Leben mit einem wiederkehrenden Traum, in manchen Fällen vielleicht sogar einem Albtraum vergleichbar ist, basierend auf dem Lebensspiegel. Bestellst Du durchweg Zeitmangel und Ängste beim Universum, wirst Du folgerichtig keine Ruhe, keinen inneren Frieden und kein Vertrauen bekommen.

Du musst aufwachen aus der Illusion Deines bisherigen menschlichen Lebens im Ego-Bewusstsein und der Sinnestäuschung, Du wärest wach. So wie der Träumende sich im Traum seines schlafenden Selbst nicht bewusst ist, sind sich eben viele der beschriebenen Menschen ihres wahren Seins im Leben nicht bewusst.

Du kannst Träume anfangen zu lenken, wenn Du Dir selbst als Träumender bewusst wirst, und genauso funktioniert das im Leben auch! Richtest Du Dich positiv in Gedanken und Unterbewusstsein aus, entstehen positive Träume und ein traumhaftes Leben!

Als Hilfe zu Anfang betrachte Deine Ängste und die Zeit nur im Hier und Jetzt. Das ewige Jetzt ist das einzige Momentum, das wir wirklich erleben und in dem wir uns durch unser(e) Leben bewegen. Du kannst es Dir vorstellen wie eine große „Blase", die Dich umgibt, entsprechend Deinem Wahrnehmungsbereich und der

Ausrichtung Deiner Sinne. Diese wiederum ist umgeben vom multidimensionalen Raum und Feld der unendlichen Möglichkeiten. Egal wo Du bist oder was Du machst, ob Du an einem Ort verweilst oder in einem Auto fährst – der Raum und die Zeit, die Dich umgeben, sind Dein Leben und Deine Erfahrungen. Diese illusionäre Blase ist Deine Theaterbühne des Lebens! Versuche Dir das bitte bildlich vorzustellen. Du bist gleichzeitig Darsteller, Regisseur und Bühnengestalter! Und die Vorstellung Deines Lebensstücks erfolgt nur im Jetzt! Vergangene Vorführungen sind nicht mehr existent und kommende in ihrem Verlauf noch ungewiss.

Das Denken an andere Orte, kommende Situationen oder schlimme Nachrichten sind in Deiner Jetzt-Blase für Dich nicht real, sondern reine Fiktion und Illusion. Deine Ausrichtung in dieser Blase veranlasst ihre zukünftige Gestaltung, also die Gestaltung Deiner zu erlebenden Realität, welche sich immer nur in aneinandergereihten Jetzt-Momenten im Bereich Deiner Wahrnehmung zeigt.

Deshalb ist „jetzt" immer der einzige Moment, in dem Du Deinen Lebenstraum ändern kannst und bewusst leben darfst. Alles drum herum, auch zeitlich, ist außerhalb Deiner Blase nicht wirklich real. Vergangenheit ist Vergangenheit und alle Gedanken an sie sind objektiv gesehen absolute Zeitverschwendung, gesetzt den Fall, Du möchtest nicht wieder die gleichen Erfahrungen machen. Die Zukunft mit möglichen hineinprojizierten Ängsten und Sorgen existiert noch nicht. Allein Deine momentane Ausrichtung, Deine kontinuierliche Aufmerksamkeit und Deine Auswahl aus den multidimensionalen Möglichkeiten erschaffen Deine Realität. Wähle Liebe und Vertrauen oder wähle Angst und Zweifel als Deine Regisseure.

Gehe immer wieder bewusst in diese Gegenwärtigkeit sowie in das „Hier und Jetzt" und alle Ängste sind nicht real (es sei denn, Du bist im Moment körperlich gefährdet, wie bereits weiter oben erläutert).

Dementsprechend verhält es sich auch mit Zeitnot und Zwängen. Werde jeden Tag bewusster, löse Dich aus der Dich lenkenden Matrix. Je bewusster und gegenwärtiger Du wirst, desto mehr werden Dir diese äußerlichen, gedanklichen Konstrukte klar werden und zu bröckeln und zu zerfallen beginnen. Das ist einer der Wege zur inneren Ruhe und Freiheit, wenn Du Dich aus dieser Ummantelung befreist.

Ängste und Sorgen – genauso aber auch Deine ersehnten Wunder, ob nun materiell oder spirituell – warten und verstecken sich überall im Leben entlang Deiner Wege, und je nachdem, was Du suchst und wonach Du Ausschau hältst, sei es bewusst oder unbewusst, wird sich Dir offenbaren!

Welche Wunder werden Dir heute noch begegnen? Was wählst Du?

Du reist in Deiner Jetzt-Blase seit Jahrhunderten durch die verschiedensten Leben. Erinnere Dich! Was soll Dich noch schrecken? In Deinem wahren Sein bist Du nicht angreifbar oder jemals gefährdet.

Ängste helfen Dir, indem sie Dir Deine Unbewusstheit und Mängel aufzeigen. Du bist noch gefangen in Deiner Gedankenwelt und der menschlichen Identifikation und hast vergessen, wer Du wirklich bist. Gottesselbst und Schöpferwesen. Wovor soll eine Individuation Gottes sich fürchten? Lebe jeden Moment so vollkommen, frei und erfüllt wie möglich im Bewusstsein Deiner Seele.

Der wunderbare Traum des „neuen Goldenen Zeitalters", auf den viele Aufgewachte und Spirituelle so sehnsüchtig warten, existiert schon und wird von niemandem zu uns gebracht, von keinen Flugscheiben oder White Heads – einzig von uns selbst! Ja, wir müssen nur darin eintreten und ihn leben! Und je mehr dies wagen, desto schneller wird sich dieser Traum in der Allgemeinheit etablieren. Wir müssen nur nach dem Zepter der Macht, das jedem von uns gegeben wurde, greifen und es erfassen. Niemand wird diese Aufgabe für Dich übernehmen, nur Du kannst sie als Meisterung Deiner entsprechend gewählten Unvollständigkeit lösen.

Jesus spricht:
„Wahrlich, wahrlich, ich sage euch: Die Dinge, die ich getan habe, werdet auch ihr tun und sogar noch größere Dinge werdet ihr tun.“

(Johannes 14,12-14)

Streife die negativen Illusionen, Albträume und Ängste, die Dich kleinhalten, drücken und Dich ununterbrochen rennen lassen, jeden Tag mehr und mehr ab. Dein Ziel soll die vollkommene Freiheit sein, aus der Du Deinen Lebenstraum kreierst. Lebe als Mensch auf diesem Planeten, aber priorisiere und reaktiviere Dein Selbst und das „Jetzt“, um Deine Zukunft erschaffen zu können. Wir sind spirituelle, energetische Wesen, die einen Körper und einen Verstand als Erfahrungsinstrument erhalten haben. Wähle in Deinem Leben Liebe und Dankbarkeit statt Angst auf Deinem Weg zurück zu Dir selbst.

„Das Einzige, was Dir als Mensch wirklich gehört, ist der gegenwärtige Moment. Alle anderen Dinge sind Leihgaben des Lebens.“

– Marcus Aurelius –

„Der Mensch muss keine Angst vor dem Tod haben, eher vor dem ungelebten Leben.“

– Marcus Aurelius –

Wöchentliche Übungen:

Erstelle eine Liste, was Dich im Leben zwingt, Dinge zu tun, die Dir widerstreben und Dich rennen lassen:

-
-
-
-
-

Schau Dir die Punkte auf Deiner Liste aus Deiner Seelensicht heraus an. Sind diese Punkte Dein Leben, Deine Gesundheit und Dein inneres Glück wirklich wert? Sollen sie der Inhalt dieser Inkarnation werden? Was will mir das Leben damit wirklich aufzeigen? Nimm Dir die Zeit und gehe in Dich.

Gleiche die Liste mit dem Wochenimpuls von Woche 3 ab („Vom Stress in die Gelassenheit"). Gibt es Parallelen? Konntest Du den Stress schon ganz oder teilweise eliminieren? Finde weitere Lösungsansätze mit Deinem erweiterten Wissen:

-
-
-
-
-

Tägliche Übung:

Kreiere bewusste Ruhephasen im Alltag oder wache Meditationen im Alltag, die nur in Deinem Jetzt und in Deiner Blase, sprich im Bereich Deiner Wahrnehmung stattfinden. Suche auch mit offenen Augen diesen Unterschied zwischen der rennenden Außenwelt und Deiner selbst bestimmten Innenwelt. Sinke in Deine Mitte und betrachte das Außen. Reine Wahrnehmung ohne Beurteilungen.

Beschreite immer wieder diese bewussten Realitätswechsel und nimm wirklich wahr, statt zu denken und zu überlegen. Je mehr Du diese innere Welt in Deinen Alltag integrierst und nach Deiner Wahl gestaltest, desto schneller nimmt die Blase, der Raum Deiner Wahrnehmung oder Deine „Theaterbühne" des Lebens Deine gewünschte Gestalt an und wird Realität!

Übungsmöglichkeit:

Wirkliche Ruhe, Stille oder Kontemplation. Bist Du interessiert, Dein wahres Ich zu finden, Deine Ängste und Blockaden zu erkennen, dann empfehle ich Dir, die wirkliche Stille zu suchen. Mindestens 3 Tage, wenn möglich länger, raus aus allem! Eine Innenschau in der wirklichen Stille und Konfrontation mit Deinem Sein ohne Deine verpflichtenden Rollen im Außen wird Dir Dein Sein in einem anderen Licht offenbaren.

Raus aus Familie, Umgebung, Arbeit, Handy und so weiter. Du kannst zum Beispiel irgendwo eine Waldhütte mieten, in der Du ungestört und allein bist. Wandere, sitze, schlafe und meditiere allein. Zuerst kommen oft die äußeren Ängste und Sorgen, diese werden Dich jedoch wiederum zu Deinem Selbst ins Jetzt führen. Es gibt auch geführte Ruhe- oder Kontemplationskurse, falls das wirkliche Alleinsein für Dich noch nicht umsetzbar ist, um das Alleinsein zu entdecken.

Affirmationen:

- Ich bin die göttliche Präsenz und Kraft in mir, die jede Furcht, jeden Zweifel und jedes Misstrauen auslöscht!
- Ich bin Mut, Kraft und Wissen! Ich bin die göttliche Präsenz in mir!
- Ich bin, gerade jetzt, meine Befreiung von Zeit und Raum!
- Ich bin die göttliche Präsenz in mir, die alles auslöscht und verzehrt, was mich zu stören oder zu ängstigen versucht!

- Ich bin unendliches Sein, im ewigen Hier und Jetzt!
- Ich bin der Friede, die Harmonie und der Mut meiner wahren inneren Kraft, die mich heiter durch alles tragen, was auch immer versucht, sich mir in den Weg zu stellen!
- Ich bin, ich bin, ich weiß, ich bin frei! Ich bin von dieser Sache (hier Entsprechendes eintragen) für immer frei!
- Ich bin meine mächtige innere Präsenz, die über die Zeit gebietet, über jede Zeit, die ich benötige!

13.2 Einige meiner Lebenssituationen in der zweiten Auflage

Ich kam als Wiedergutmachungskind, als Grund zur Aufrechterhaltung einer nicht funktionierenden Ehe und zum Überdecken von Problemen in diese Welt. So machte ich als Seele und kleiner Mensch die ersten Erfahrungen darin, die Probleme der anderen zu meinem eigenen zu machen. Mir wurde dieses Gedankenmuster schon während der Schwangerschaft im Mutterleib aufgeprägt und gezeigt! Direkt übergehend in das Gefühl der Schuldigkeit und der Verantwortung für Dinge, die andere sich ausgesucht und gewählt haben.

Dies schreibe ich absolut vorwurfsfrei meinen Eltern gegenüber; mit meinem heutigen Wissen bin ich ihnen sogar sehr dankbar dafür, dass sie mir diese Erfahrung, verbunden mit der Möglichkeit der Erkenntnis, ermöglicht haben.

Sie handelten naturlich absolut unbewusst in ihren gewählten menschlichen Rollen, um als Seelen ihre Erfahrungen machen zu können, entsprechend den gewünschten Zielen in seelischer Absprache mit mir. Dadurch stellten sie meine Weichen in Richtung der Erfahrung, Verantwortung und Lasten für andere tragen zu wollen, die mir bis in die heutige Zeit im Menschsein immer wieder aufgezeigt wird.

Nicht gezeigte Liebe, wie zum Beispiel durch fehlende Umarmungen oder gesprochene Worte wie „Ich hab dich lieb“ oder oft allein gelassen zu werden, ließ diesen Drang, den unstillbaren Hunger im Außen nach Stärke, Liebe und Anerkennung wachsen. Meine Suche nach Kraft, Unverletzbarkeit und Überwindung der „normalen“ Grenzen führte mich zum Bodybuilding. Es war eine Verkörperung der Kraft nach außen, ein Aufbau des körperlichen Egos gleich einem Schutzpanzer gegen die Außenwelt. Eine Entwicklung, die sich momentan bei vielen jungen Menschen zeigt: in einer schnelllebigen Welt eine Rüstung gegen die Außenwelt anlegen zu müssen oder auch das Ego aufbauen zu müssen. Ich selbst war vollkommen begeistert und darin gefangen und es wurde über Jahrzehnte meine geliebte Leidenschaft (beachte bitte die wortwörtliche Bedeutung des Wortes „Leiden-schaft“), unwissend, dass ich dadurch mein Verlangen nach Liebe, Respekt und Anerkennung im Außen niemals würde stillen können.

Durch den Betrug als Spiegelung des „Nicht-wertvoll-genug-Seins“, der sich als roter Faden durch mein Leben zog – bei meinen Eltern, bei Bodybuilding-Meisterschaften und in den ersten Beziehungen – wurde dieser Drang nach Stärke weiter und weiter befeuert.

Ängste, Unsicherheiten, steigender Druck und Zweifel kamen auf und führten zu Wut, die mich den Hass auf mich selbst, nicht gut genug oder stark genug zu sein, auf andere projizieren ließ. Ich ging lange Zeit vollkommen in dieser Opferrolle auf, blind für die eigentlichen Aussagen und Hinweise des Lebens, und ließ den sehr tief sitzenden Zorn oft an meinem Umfeld aus.

Durch dieses gezüchtete, andauernd gespiegelte Unzufriedenheitsgefühl und das Nichterkennen der Notwendigkeit, innerlich aufzuräumen, um dadurch alte Dinge loslassen zu können, wuchsen Frustration und innere Leere, die ich nur im Außen zu füllen versuchte. Damals konnte ich diesen Weg der Selbstreflexion noch nicht sehen oder erkennen. Die Spiegelungen meines Mangels von

Anerkennung und Selbstliebe führten mich auf der Suche nach dieser Stärke in die Türsteherei und in einen Motorradklub. Es war wieder ein Streben nach Stärke im Außen, verstärkt durch Erfahrungen mit sehr dunklen und unvollkommenen Seiten des Menschseins, Alkohol, Drogen und Gewalt.

Die lichte, gefühlvolle, seelische Seite im Menschen wird in dieser Szene absolut verdrängt, bleibt verborgen und wird als armselige „Schwäche" ausgelegt. Je härter, desto angesehener!

Mein Körper schickte mir damals oft massive Rückenschmerzen, direkt bevor ich mich auf den Weg machte, um als Türsteher zu arbeiten, um mich davon abzuhalten, aber ich schob die Schmerzen auf alles Mögliche, nur um nicht erkennen zu dürfen. 2 bis 3 hoch dosierte Schmerztabletten und es konnte losgehen. Ich sollte mir wohl diese dunkle, menschliche Seite anschauen, um die helle, lichte Seite, den wahren Kern des Menschen, erkennen zu können. So viele dieser nach außen harten Jungs sind innerlich so gute Seelen und müssen diese Rollen spielen, um zu lernen und ihre Mängel irgendwann erkennen zu dürfen.

Auch die Verhaltensweisen und das Benehmen der Gäste in ihrem Menschsein, ihre Wichtigkeit im Außen sowie ihre scheinbaren Rollen und Identifikationen waren äußerst lehrreich; mit steigendem Alkoholkonsum waren sie teilweise vergleichbar mit einem großen Affengehege, in dem eine Streit um eine Banane entbrannt war. Meine Frau, mein Geld usw. als immer wiederkehrende Streitigkeiten. Trieb und egogesteuerte Verhaltensweisen bis in die höchsten Ebenen der Gesellschaft. Und dann am besten draufhauen. Im Nachhinein gesehen waren es unzählige Paradebeispiele für die Gefangenschaft des Einzelnen in dieser Ego-Welt, und ich war voll dabei und mittendrin.

Mit diesem Schritt nach hinten betrachtet, ein absolutes Verschließen der Augen, vor allem des inneren Auges, vor unserem wirklichen Sein in der vollkommenen Liebe.

Meine Stärke war meine Sicherheit, mein Anker und der Versuch, meine Außenwelt zu kontrollieren. Ein Kontrollverlust glich einer hereinbrechenden Hölle und Chaos in meinem erbauten Glashaus. Im Grunde genommen eine absolute Realitätsflucht, für mich heute wie ein Leben im falschen Film, wie in einem Traum, aus dem man aufzuwachen versuchte … doch all das war eine notwendige seelische Erfahrung und Reifung im Spiel des Lebens.

Durch die zeitliche Abwesenheit in der Familie mit 2 bis 3 Nebenjobs meinerseits, wiederum geschuldet dem Verlangen und der innerlichen Pflicht, sie finanziell so gut wie möglich zu versorgen, kam es auch in diesen Bereichen zu menschlichen Problemen, wobei auch hier die Suche im Außen und nicht die Veränderung des inneren Mangels zur Fülle erkennbar ist.

Ich entfernte mich immer weiter von meinem seelischen Kern und meiner Suche nach dem Grund meines Seins. Die Inkarnation und seelische Belange waren damals kein ernst zu nehmendes Thema für mich.

Das Leben musste noch eine Schippe drauflegen und der stetige innere Druck und das Rennen, um alle Bereiche und Ziele im Außen abdecken zu können, wuchsen schnell und heftig. Wiederum traten die Spiegelungen meines Mangels in extrem hohen Raten für das finanzierte Haus zum Vorschein, die für mich fast nicht zu stemmen waren, sie ließen mich in tiefe Verzweiflung und Schuld sinken, um diese auf Dritte zu schieben, um wieder komplett in der egogesteuerten Opferrolle zu versinken, anstatt die innere Ursache in mir selbst zu suchen. Ich verletzte mich an der Wirbelsäule und zerquetsche mir eine Bandscheibe im Training. Der linke Arm und die linke Hand fielen teilweise aus, um mir mitzuteilen, dass ich emotional (linke Körperseite) mein Leben nicht mehr steuern oder händeln konnte. Das Leben rüttelte schon an mir, aufzuwachen und hinzuschauen. Ohne Erfolg.

Meine Seele begann sich weiter zurückzuziehen und die innere Wut und der Hass auf alles und jeden wuchsen, tiefe Verbitterung trat in mein Leben! Gefühlt zogen sich die ganzen Verstrickungen um Hals und Brustkorb immer weiter zu, schürten mir die Luft ab und erstickten die Kraft meines Seelenfeuers.

Die Lebensfreude war einem gefühlt unendlichen, verzweifelten Kampf gewichen, gefangen in all den selbst manifestierten Ketten und gegen die geistigen Windmühlen, gleich dem Don Quichotte. Depressionen überkamen mich. Aussichtslosigkeit und Gedanken an die Beendigung meines Lebens zogen wie Gewitterwolken herauf und verdunkelten mein Leben. Eine Ehekrise, von mir ins Rollen gebracht, als neue Offenbarung des Schuldgefühls und die von mir verfehlte Aufgabe der Erkenntnis darin, ließ mein emotionales Zentrum letztendlich kollabieren und der darauffolgende Herzinfarkt war der letzte Wink des Lebens mit dem Zaunpfahl, dieses Leben von Grund auf zu ändern und meine Augen zu öffnen!

Ich weiß inzwischen fast „todsicher", dass die Kraft der Gedanken und der Wunscherfüllung, ob nun bezogen auf negative oder auf positive Emotionen, sehr gut funktioniert. Fast hätte sich mein Todeswunsch realisiert … doch ich hatte wohl noch weitere Erfahrungen zu machen und die gestellten Aufgaben zur Auflösung zu bringen, um letztendlich in meine Berufung zu finden.

Genau dieser Herzinfarkt – sprich die gefühlte, erdrückende Enge und der Schmerz – war für mich die Enge des Geburtskanals in ein neues Leben mit der nach und nach wachsenden Erkenntnis über die Bereiche meines alten Lebens, die es zu ändern galt, und was das Leben mir eigentlich durch Schmerz und Leid mitteilen wollte. Ich durfte erkennen, wie Leben wirklich funktioniert und dass es immer nur unser Bestes will, seelisch gesehen! Würden diese Funktionsweisen in der Schule gelehrt, würde vielen Menschen viel menschliches Leid erspart bleiben! Ich bin davon überzeugt, dass sich vieles auch dort ändern wird. Vielleicht auch erst nach dem erlittenen Infarkt unseres kranken Systems. Oft ist beim Menschen ein Lernen durch Schmerz nötig, um zu erwachen, so auch in der Gesamtheit. Wie im Kleinen, so auch im Großen. Sind viele einzelne Zellen krank, folgt das Organ.

Natürlich gab es auch großartige, wundervolle Zeiten in meinem Leben, die ich nicht missen möchte! Mit meiner Familie und bei meinem Sport. Die große Liebe meiner Frau trotz all meiner menschlichen Fehler, meine wunderbaren Kinder sowie Freunde und Kollegen, die mich im Leben begleiten. Ich versuche nur, an den dunklen Seiten, die mir Leid und Schmerz bereiteten, zu zeigen, was das Leben mich dadurch zu lehren versucht hat, damit Du an diesem Beispiel vielleicht erkennst, dass so viel menschliche äußere Verwicklung durch unsere Konditionierung wirklich absolut schädlich sein kann.

Die Wichtigkeit unserer Außenwelt im Vergleich zur seelischen Innenwelt ist hier vollkommen verschoben worden. Wer hört denn noch wirklich auf sein Gefühl und auf sein Herz? Du bekommst jeden Tag, in jeder Situation, in jeder Begegnung und in jedem Gespräch, vielleicht auch nur in plötzlich bewusst wahrgenommenen Textstellen eines Liedes oder in gespürten Intuitionen, Hinweise des Lebens, die Dich auf notwendige Änderungen aufmerksam machen. Dein Verstand tut sich schwer damit, nur Dein Herz versteht es! Und Du darfst, oder in dem Fall musst Du es vielleicht sogar, wieder lernen, es zu Deinem wichtigsten Informationszentrum zu erheben und seine Sprache zu verstehen, um Dich als Mensch vor Deinen eigenen Spiegelungen schützen zu können und in allen Situationen des Alltags zu erkennen, warum sie Dir gezeigt wird. Noch mal: Wenn Dich etwas im Alltag berührt, wenn Du etwas unerwartet wahrnimmst oder wenn Dich etwas verletzt oder trifft, dann betrifft es genau Dich und hat eine Botschaft für Dich! Sieh darin nie mehr – so wie Du es früher getan hast – einen „Zufall“, sondern sieh in allem immer eine Spiegelung und einen Hinweis, dem Du Aufmerksamkeit schenken solltest, unabhängig davon, ob Du ihn jetzt direkt lesen kannst oder noch nicht. Nimmst Du ihn derart wahr, wird er sich Dir irgendwann erschließen.

Sicher erkennst Du viele Parallelen zu den Themen der vergangenen Wochen. Ich begann den – Dir so oft beschriebenen – roten Faden in meinem Leben und meine Seelenaufgabe zu suchen:

Meine gefühlte Erfüllung und Berufung ist es, Dir und anderen Menschen, die auf der Suche sind nach einem Licht, einem Sinn im Leben, einer Befreiung, der Leichtigkeit oder einer Wahrheit im Leben, einen Weg aufzuweisen und zu helfen.

Ich gebe Dir nun im Folgenden einige meiner Deutungen mit, die Du jetzt, mit dem Wissen dieses Kurses, sicherlich auch erkennst. Vielleicht entdeckst Du sogar Parallelen, die Dich auf Deinem Weg unterstützen können.

Meine persönlichen Hinweise zu meiner Seelenaufgabe:

- Ich liebte im Sport stets das Ziel der Vervollkommnung: so gut wie möglich zu werden, Dinge mit Leidenschaft und Perfektion zu tun. Eigentlich die Suche nach der Vollkommenheit, allerdings nur im Äußeren und unwissend um die schon vorhandene innere Vollkommenheit. Mein ganzes Streben galt damals diesem Ziel. Früher im Äußeren, jetzt im Inneren. Ich gab mein Wissen über Training und Ernährung mit Passion weiter, coachte und trainierte einige Athleten. Es war mir immer eine große Herzensangelegenheit, mich selbst und andere so gut wie irgend möglich in ihre Bestform zu bringen, sie an die Grenzen ihrer maximalen Kraft und Stärke heranzuführen.
- Seelenaufgaben sind auch in den Reihen Deiner Ahnen zu finden. Fähigkeiten, Potenziale und Talente werden oft durch Generationen weitergegeben. Ich inkarnierte in eine lange Tradition und Reihe von Lehrern, väterlicherseits und mütterlicherseits, was mir diese ehrenvolle Aufgabe verdeutlichte, mein erworbenes Wissen weitergeben zu dürfen und Dir somit vielleicht ein kleines Stück weit ein Lehrer sein zu dürfen.

- Mein Hauptberuf war jahrzehntelang Schlosser im Vorrichtungsbau. Ich stellte Schablonen und Vorrichtungen her, um den Kollegen Arbeitsvorgänge zu erleichtern und diese zu vereinfachen, genauso wie ich Dir diese Schablone, von mir gefertigt, an die Hand geben darf, um Dir Deine Schritte aufzuzeigen und sie zu vereinfachen.
- Als Türsteher war es meine Aufgabe, Konflikte friedlich zu lösen – das heißt, das, was mir oder dem Geschäft nicht guttat, fernzuhalten. Das Positive hereinzulassen und das Provozierende, Eskalierende aus dem System zu entfernen.
- Die Übung „Ich bin ein Ruderboot" aus dem dritten Wochenimpuls („Die Akzeptanz Deines Ichs") eröffnete mir eine neue Sicht auf mich selbst, die als Seelenaufgabe im Unterbewusstsein schlummerte.
- In Deinem Namen sollst Du Deine Seelenaufgabe finden können. Du selbst hast ihn für diese Inkarnation gewählt, lange bevor ihn Deine Eltern Dir gaben. „Ilja" zum Beispiel bedeutet: „Mein Gott ist Jahwe = Ich bin, der ich bin" (so sprach Gott als brennender Dornenbusch zu Moses). Er war ein Prophet mit der Aufgabe, eine Botschaft zu überbringen. „Mosche" bedeutet „Moses": „der aus dem Fluss (des Lebens) Gezogene". Seine Aufgabe war, den Menschen als Prophet die Botschaften von Gott zu überbringen und sie aus der Sklaverei zu führen. Mein eigener Nachname „Rückle" ist für mich der Hinweis, „zurückzugehen", zurück zu mir selbst. Dies nicht im Außen zu suchen, auch nicht zigtausend spirituelle Wege gehen zu müssen, sondern die Erkenntnis, dass der Weg im Ablegen von schlechten Konditionierungen und Gewohnheiten besteht. In einer Selbstbemeisterung und dadurch im „Rück-Weg" zu Dir selbst. Als reine vollkommene Existenz. Ich bin, der ich bin, und tue den Menschen kund, wer oder was sie sind, um ihnen aus der Gefangenschaft im

Außen zu helfen. Zurück zu ihrem wahren Selbst! Das wäre mein persönliches höchstes Glück!

Wöchentliche Übungen:

- Nimm diese Woche noch einmal Deine „wunden Punkte" im Leben genau ins Visier. Wo sind Deine Widerstände im Leben? Versuche mit dieser jetzigen Sichtweise, darin weitere Spiegelungen, Hinweise, aber auch Potenziale zu finden. Was wollen sie Dir wirklich vermitteln? Alles, auch Dein Weg, wird für Dich in Deinem Leben beschrieben. Wir dürfen uns nur die Mühe machen, es zu entziffern und es zu erkennen; manchmal tut es im Menschsein weh, aber es sagt immer etwas aus und dient Dir zu seelischem Wachstum! – Es verhält sich wie bei den Übungen: Die leichteste Prüfung und die schwerste Prüfung sind die besten Aufgaben für Dein Wachstum und Deine Erkenntnis. Die schmerzhaftesten, unangenehmsten Punkte, die immer und immer in vielleicht gesteigerter Form wiederkehren, haben auch immer eine große Botschaft für Dich. Bist Du traumatisiert, enthält das immer eine Aussage für Dich, um daran zu wachsen. Merke Dir aber auch: Nur ein Mensch kann traumatisiert sein, Deine Seele ist ein wahrnehmendes Bewusstsein. So steigst Du aus diesem Drama und Trauma komplett aus! Dazu darfst Du, wie zuvor beschrieben, Deine Lebensperspektive wechseln! Wie würde die personifizierte Liebe in Dir, Dein innerer Jesus oder Buddha handeln oder in Deiner konkreten Situation agieren?

Halte erneut schriftlich fest oder erstelle eine Liste – optional kannst Du auch Deine Liste des Loslassens, des Vergebens und/oder der Dankbarkeit überarbeiten –, wenn Du neue Offenbarungen, Hinweise oder Möglichkeiten erkannt hast!

- Erforsche Deinen Namen und dessen Bedeutung(en). Er enthält Deine Seelenaufgabe! Trage ihn mit Stolz und ohne Kürzel. Ich selbst habe mich als Kind oft wegen meines, für die schwäbische Region sicherlich untypischen, ungewöhnlichen Namens geschämt. „Mosche" blieb für sehr lange Zeit geheim und versteckt.

- Wenn Du Deine Seelenaufgabe noch nicht gefunden hast, bleib dran und suche immer weiter, denn sie führt Dich zu Freiheit und ins Glück. Erkenne Dein Herz, Deine Seele und Dein wahres Sein. Übe Dich in Flexibilität, Leichtigkeit und Veränderungsbereitschaft, um kommende Herausforderungen zu bewältigen. Nimm Deine Chancen wahr und ergreife sie, sonst bekommst Du „Schubser" vom Universum. Erkenne die Hinweise des Lebens und mache deren Auflösung zu einer geliebten Gewohnheit in Liebe und Gelassenheit, denn dadurch werden sie zu Deinen Entwicklungshelfern auf Deinem Weg und zu Deiner wirklichen Lebensaufgabe und Reife! Du wirst sehen und staunen: Deine Überzeugungen werden sich vollkommen verändern, wirklich vollkommen!

Gedankenimpuls für Woche 14

14. Die Kraft des Herzens und das L-ich-t darin

Das Herz ist das erste Organ, das im werdenden Körper entsteht! Herz und Hirn erzeugen beide elektromagnetische Felder in Form eines Torusfeldes. Jeder Mensch, alle Lebensformen und auch unser Planet Erde hat so ein aus Schwingungen und Frequenzen bestehendes Torusfeld! Du erkennst es auch hervorragend in der natürlichen Form des Apfels, auch dargestellt im Reichsapfel der Könige im Zusammenhang mit dem Zepter als Symbol der Macht und dem Ring als Symbol für den ewigen Kreis von Ursache und Wirkung! Und Du weißt inzwischen um die Macht des Torusfeldes!

Anders als früher angenommen hat das Herz eine viel größere elektromagnetische Kraft als unser Gehirn, es ist elektrisch 100 mal und magnetisch bis zu 5000 mal stärker als das Gehirn, was die Bedeutung der Emotionen und Gefühle als Verstärker unserer Gedanken in den ersten Wochenimpulsen sehr stark verdeutlicht. Wir leuchten auf unserem inneren Weg, aufgewachsen in einer mit dem Verstand gesteuerten Gesellschaft, bildlich gesprochen, mit einer schwachen Taschenlampe oder einem Teelicht, anstatt unseren einsatzbereiten Suchscheinwerfer des Herzens auf der Suche nach Glück und Freiheit zu benutzen!

Neue anatomische Forschungen abseits der offiziellen Schulmedizin stellen seit geraumer Zeit Thesen und Theorien auf, die dem Herzen die Funktionsweise als Pumpe aberkennen. Für mich sind diese sehr einleuchtend, wobei ich weder Mediziner noch Wissenschaftler bin. Die Theorie der Funktionsweise:

Wir besitzen ein ca. 80.000 Kilometer langes Adernsystem aus Arterien, Venen und feinsten Gefäßen. Von der Aorta bis zu den feinsten Kapillaren mit einem Durchschnitt von 0,5 bis 1 Mikrometer. Mit den physikalischen Berechnungen über das Hagen-Poiseuille'sche Gesetz der linearen Strömung müsste unser Herz für 5 Liter Blut und diese Strecke ca. 14 Bar Druck aufbauen, was einem 20 Fachen unseres messbaren Blutdrucks entspricht. Für eine einzige 300 Gramm schwere, zentrale Pumpe, in Form unseres Herzens – ein nicht zu bewältigendes Unterfangen, rein physikalisch absolut nicht möglich. Man geht davon aus, dass nicht das Herz das Blut antreibt, sondern das Blut treibt das Herz an mit der ungefähren Funktion einer Art elektromagnetischen Schlauchpumpe. Es wurde bei Obduktionen festgestellt, dass das Herz ein einziges spiralförmig gefaltetes Muskelband ist, wobei das Herz und die großen Arterien links und rechts schräg verlaufende Muskelschichten besitzen, um dem Blut eine Wirbelwirkung oder Drehung zu geben. Beides würde nach dem Wirbeltrichter-Gesetz der Physik (wird eine Flüssigkeit als Wirbel in Bewegung gesetzt und in ein sich verengendes Gefäß gegeben, wird sich dieser Wirbel gegen unendlich beschleunigen) dem Blut eine sich beschleunigende, antreibende Wirkung verleihen, was zusätzlich das Schließen der Herzklappen erleichtern würde. Kontrahiert nun das Herz oder die Muskulatur der Arterienwände, würde das Blut einen spiralförmigen Antrieb erhalten, vorausgesetzt natürlich, es gibt einen Impulsgeber.

Wird nun ein entnommenes Herz in Wasser getaucht und gedreht, entsteht ein Linksdrall und ein Rechtsdrall bzw. zwei spiralförmige, gegenläufige Wirbel im Wasser. Das Herz dient anatomisch als Wirbelmaschine, Richtungsgeber des Blutes und als zusätzlicher Antrieb durch die Verwirbelung.

Der eigentliche Impulsgeber oder Zündfunke sitzt in unserem Herz als elektromagnetischer Stromgenerator nach dem Prinzip der Piezozündung über die Stromerzeugung mit isotonischer Flüssigkeit. Dieses Energiezentrum befindet sich in unserer fünften Herzkammer, die auch als der „Sitz unserer Seele“ bezeichnet wird, und veranlasst diese Initialzündungen. Es ist ein minimal kleiner, hermetisch abgeschlossener Punkt in unserem Herz mit wissenschaftlich messbarer, unvergleichlich hoher Elektronendichte und einer

Temperatur um die 100 Grad Celsius. Mehr dazu am Ende dieses Wochenimpulses.

Unser Körper besteht zu etwa 70 % aus ebendiesem benötigten isotonischen Wasser, welches fast zu 100 Prozent Pflanzenplasma (bis auf die rote Färbung des Bluts beim Menschen durch das Eisen) oder isotonischem Meerwasser gleicht (isotonisches Meerwasser kann z. B. als Blutersatz gegeben werden). (Buchempfehlung: Jean-Claude Secondé: Die Quinton Meerwassertherapie – Die Heilkraft des Meeres, Das Neue Licht Verlag) Aus einem gewissen Prozentsatz dieses Wassers bestehen auch unsere Zell- und Adernwände, wobei diese vorher vom Körper in den vierten möglichen Zustand des Wassers, den gallertartigen Zustand, Plasmazustand oder in strukturiertes Wasser umgewandelt und negativ geladen werden. Der Rest verbleibt im flüssigen Zustand, wie zum Beispiel anteilig im Blut oder Lymphflüssigkeiten vorhanden. Diese gallertartigen, negativ geladenen Außenwände unserer Gefäße und Organe treiben nun unser Blutplasma und die einzelnen negativ ummantelten roten Blutkörperchen durch die elektromagnetische Abstoßung zwischen den Zellen an. Auch die Trennung von Salz- und Süßwasser durch eine durchlässige Membran, sprich verschiedene Wasserzustände, erzeugt eine kleine elektrische Spannung durch das Durchwandern der Ionen von Zellwänden. Sprich, die Zellosmose würde diesen Effekt verstärken. Dieses Antriebssystem würde unendlich lange und durch kleinste Kapillaren funktionieren, solange es aufgeladen bleibt, wie ein Perpetuum mobile in einer Röhre. Ein kleiner Beweis dieser Theorie ist der messbare Puls eines 20 Tage alten Embryos, der noch gar kein fertiges Herz besitzt. Dies ist der ungefähre Zeitpunkt, zu dem die Seele, sprich ein elektromagnetisches Lichtwesen, in den neuen Körper inkarniert. Erst unsere Seele, das Licht in unserem Herzen, lässt dieses Körpersystem funktionieren, und wenn das Licht den Körper verlässt, endet dieses Leben.

Erinnerst Du Dich? Wir sind elektromagnetische Lichtwesen. In dieser Annahme würde sich dieser Kreis schließen. Lichtenergie über Haut und Augen … Überlebt die Natur ohne Licht? Energiegewinnung durch Sonnenenergie auch im Körperlichen? Yogis, die sich fast ausschließlich von Licht ernähren … Lichtnahrung? Kirlianfotografie als Beweis für Licht und Energie in jedem Leben? Wiederbelebungen in der Medizin durch Stromschläge gleich Systemaufladungen oder Neustart? Verbindung zu Mutter Erde … elektromagnetisches Feld der Erde, Thema Erdung, Aufladung? Alles lebt in einer Verbindung oder nach dem Motto: „Wie im Kleinen, so im Großen." Auch das Wasser in unseren Flüssen/Adern fließt ohne antreibenden Motor und wirbelt bei Widerständen … Dankbarkeit, positive Schwingungen und Frequenzen oder Meditation zur energetischen Aufladung? Gegenteilig: Negative Schwingungen, Angst frisst die Seele … Stress schädigt die Telomere und verkürzt somit die Lebenszeit! Auch die DNA tritt in zwei spiralförmigen, wirbelnden Strängen auf, gleich dem beschriebenen Herzen. „Wie im Kleinen, so im Großen …"

Alles Themen, die ich Dir im bisherigen Kursverlauf aufgezeigt habe, spiegeln sich in diesem möglichen Energiesystem wider oder ploppen auf. Sogar ein kurzer Blick auf die dunkle Seite unserer Lenkung würde es bestätigen. Wo würden sich magnetische Nanostrukturen oder Graphenoxid aus injizierbaren Medikamenten im Körper sammeln? Natürlich um die zwei größten Elektromagnete im Körper, was den Zugang zu Deiner geistigen Verbindung nicht vereinfachen und das Licht im Herzen nicht heller machen würde … Diesem Aspekt ist jedoch nur ein geringer Teil unserer Aufmerksamkeit zu schenken, denn diese folgt unserer schöpferischen Energie.

Auch Studien des „HeartMath Institute" in Kalifornien zeigen deutlich die Reaktionen des Herzes im Zusammenhang mit Gehirn und Emotion auf Stress in sogenannten Herzrhythmusmustern.

- Blieben die Versuchspersonen, die sich künstlich erzeugten Stresssituationen aussetzten, dabei ruhig und nahmen sie einfach und nicht bewertend an, so blieb das Herz in gewohntem Rhythmus und Frequenz. Das Herzrhythmusmuster blieb gleichmäßig und ruhig. Das entspricht der gewünschten Selbstbestimmung unter Druck und Stress: eine kontrollierte, bewusste Haltung, ohne Einmischung des nervösen Egos.
- Ließen sich die Probanden aus ihrer Mitte bringen oder reagierten sie mit emotionalem Stress, wurde der Herzschlag schneller und unregelmäßiger. Wut, Ärger und Frustration führten zu chaotischen Ausschlägen in den aufgezeichneten Herzrhythmusmustern.

Hier hast Du wieder einen Beweis oder die Bestätigung, dass Gefühle und Emotionen den größten Einfluss auf unser Herz, den Herzrhythmus und den harmonischen Energiefluss in unserem System haben und dass uns dadurch die physiologische Belastbarkeit oder Flexibilität in Abhängigkeit unserer Selbstkontrolle aufgezeigt wird! Ein unkontrolliertes und unharmonisches Auf und Ab der Emotionen im Körper ist vergleichbar mit einem Auto, das hauptsächlich in Vollgas und Vollbremsung bewegt wird, der Energieverbrauch, der Verschleiß und die Belastung sind so um ein Vielfaches höher. Diese Frequenzen entfernen sich immer weiter von Deinem wahren Ich und lassen Dein Licht oder Deine Taschenlampe auf der Suche nach dem Sinn Deines Seins vollkommen erlöschen. Deine Energie nimmt drastisch ab.

Positive, erhebende Emotionen dagegen ließen sich in harmonischen und weicher verlaufenden energetischen Wellen des Herzrhythmus aufzeichnen. Der Körper funktioniert dann, verglichen mit dem Auto, in einer ruhigen, energiesparenden (Fahr-)Weise mit viel weniger Verschleißerscheinungen bzw. körperlichen Beschwerden und Krankheiten. Auf diese Weise bleibt Deine Energie dauerhaft hoch. Diese wissenschaftliche Grundlage sollte Dir zusätzlich die Wichtigkeit Deiner inneren Mitte, von Gelassenheit und Harmonie als Ziel Deiner Selbstkontrolle verdeutlichen!

Das Herz als Organ hat nachgewiesen ein eigenes System von Nervenzellen, ja sogar Gehirnzellen, also die Fähigkeit, sich an Dinge, Situationen als emotionale Zustände zu erinnern und Entscheidungen zu treffen. Man kann wirklich mit dem Herzen denken – es ist ein intelligentes System, das zum Beispiel mit einer eigenen Hormondrüse, die zum Beispiel durch die Produktion von Oxytocin, dem Liebes- oder Beziehungshormon, Einfluss auf unser Gehirn nimmt.

Als Zentrum unseres emotionalen Systems kann es also massiv Einfluss auf unser Denken und Handeln nehmen, indem es nicht, wie so lange angenommen, nur Signale bekommt, sondern genauso oder sogar noch mehr aussendet, je nach Bewusstheitsgrad des Menschen und den Verstrickungen um dessen Herz. Du kannst im Kopf sein oder Du kannst im Herz sein! – Es ist wieder die göttliche Gabe der freien Wahl eines jeden.

Lass Dich immer mehr von Deinem Herzen führen, nicht von Deinem Verstand. Unser Ego oder Verstand neigt unter Stress meist dazu, impulsiv, verteidigend und unweise zu reagieren, wenn er sich in die Enge getrieben fühlt, was selten zur positiven Verbesserung der auslösenden Lage führt, wie Du ja bereits aus den vergangenen Kapiteln weißt. Liebe und lebe bewusst durch und in Deinem Herzen, jeden Tag mehr.

Können wir in unserer Mitte verweilen und die positiven, ausgeglichenen Emotionen hoch halten, vielleicht sogar in den unteren Bereichen der Alphawellen, begibt sich der Körper in einen wissenschaftlich nachweisbaren und messbaren Zustand der Hirn-Herz-Kohärenz.

Fühlen und Denken kommen in Einklang – nicht mehr Herz oder Kopf – sondern Herz mit Kopf! Ein Zustand, in dem unsere magische Selbstwirksamkeit ihren tatsächlichen Anfang nimmt! Es ist ein trainierbarer Zustand, der zu einer Anpassung von Atemrhythmus,

Herzrate und Blutdruck auf eine synchron verlaufende Frequenz führt! Unser System wird harmonisch, gleicht sich an, unsere Energie kann optimal fließen und unsere Aussendungen im Torusfeld des Herzens werden klarer, wie ein deutlich empfangener Radiosender ohne Störfrequenzen oder Rauschen.

Dies bedeutet nicht Entspannung oder Relaxen, es bedeutet einen absolut ausgeglichenen, aber doch hoch energetisierten Zustand, ideal für Konzentration, Entscheidungen, Koordination und Imagination.

Jesus spricht: „Weiter sage ich euch: Wo zwei unter euch eins werden, worum es ist, dass sie bitten, das soll ihnen widerfahren von meinem Vater im Himmel!“

(Matthäus 18,19)

Ein sehr alter Hinweis von Jesus: Wenn zwei unter euch (Herz-Hirn-Kohärenz) eins werden, dann kommst Du in den idealen Zustand der Manifestation oder Erschaffung Deiner Zukunft.

Ein Leben aus dem Herzen und in Freude zusammen mit dem Verstand als Freund führt uns zurück zu Einheitsbewusstsein und universellem Zugang, heraus aus der Trennung der Seelen und Menschen! Heraus aus Deiner Identifikation mit Deinem Ego-Verstand verbunden mit den spiegelnden Krankheiten. Es ist der Weg zurück zur göttlichen Anbindung und zur geistigen Welt Direkt durch Deine Herzenstüre und Dein Kronenchakra. Diese zwei verbunden, werden zum Schlüssel Deiner Schöpferkraft.

Jesus spricht: „Wenn zwei untereinander Frieden schließen und halten im gleichen Haus, werden sie zum Berg sagen: ‚Hebe dich hinweg!‘ Und er wird sich hinwegheben!“

(Logion 48, Thomasevangelium)

Diese Herz-Hirn-Kohärenz in unserem Torusfeld ist sogar wissenschaftlich nachweisbar. Durch bewusstes Hochhalten positiver Emotionen und den damit einhergehenden hohen Schwingungen sowie das Abwenden und Transformieren aufkommender negativer Emotionen und Gedanken können wir unser elektromagnetisches Feld unabhängig von Raum und Zeit ausdehnen, um in Kontakt mit dem Quantenfeld zu kommen. Jede Begegnung mit anderen Menschen findet zuerst energetisch durch Überschneidungen des Torusfeldes statt. Als Beispiel: Du findest jemand sympathisch oder unsympathisch, ohne ihn oder sie wirklich zu kennen, was wiederum bedeutet, man schwingt gleich oder ungleich. Frequenzen ziehen sich an oder stoßen sich ab.

Beispiel eines Versuchs des „HeartMath Institute“:

Bei diesem Versuch wurde die DNA eines Probanden entnommen. In einem abgeschlossenen Vakuum reagierte die DNA auf dessen Emotionen, sogar noch 100 Meilen entfernt, in Nullzeit, d. h. ohne jegliche zeitliche Verzögerung! Bei Angst und Stress zog sie sich zusammen, während sie sich bei von ihm ausgesendeten, hoch schwingenden und positiven Emotionen entsprechend weitete.

Genauso verhält sich Dein Torusfeld in Zuständen von ebendiesen niedrigen Schwingungen wie Scham, Schuld und Angst – Zustände, die ausschließlich gedanklich verursacht werden. Es zieht sich zusammen und Deine wirkende, schöpferische Kraft verliert im gleichen Maß ihre Wirkung. Wir werden nicht ohne Grund in Angst gehalten. Du kennst sicher jenes Gefühl von Enge und Beklommenheit in Situationen von Angst oder Sorge sowie auch das Gefühl von Glück und die Weite, wenn Du herzerwärmende Situationen erlebst.

Gemeinsam haben Emotionen und Gedanken damit sogar Einfluss auf Deine DNA, die wiederum Einfluss auf die Photonen Deiner Atome in Dir bzw. in jeder Deiner Zellen nimmt. Mit diesen in Deiner Frequenz oder Schwingung beschriebenen Atomen, Neutrinos und Quarks strahlst Du diese Frequenzen spiegelbildlich in Dein Wirk- bzw. Torusfeld und ziehst alles in der gleichen Schwingung und Frequenz magnetisch in Dein Leben. Mit ihnen schaffst Du Realität und, je nach Bewusstsein, zeitlich Materie. Du bist somit Sender und Empfänger dieser Wellen in einem Wesen.

Stress und Angst verhindern dies und schädigen Dein Erfahrungsinstrument bzw. Deine „Sende- und Empfangsantenne Körper" massiv. Wie beschrieben, nehmen die Enden Deiner DNA oder auch Telomere durch Stress messbaren Schaden! Wobei eine halbe Stunde Meditation pro Tag die Telomere wieder aufbaut und sogar den Alterungsprozess erheblich verlangsamt!

Du bzw. Deine DNA und Deine Zellen senden und pulsen also ununterbrochen Frequenzen in ein riesiges Energiefeld, auch bekannt als Quantenfeld oder Matrix. Dieses realitätserschaffende Feld ist eine Verbindung aller Menschen und aller Wesen durch Frequenzen und Schwingungen, alle verbunden in einem Kollektiv, das genauso wie Du als Individuum Realität erschafft. Ein Feld, bestehend aus Energie, Schwingungen und Information, vergangene, gegenwärtige und noch nie abgerufene Informationen. Darin besteht das Phänomen der gleichzeitigen Erfindungen oder gleichen Gedanken an verschiedenen Orten. Der Mensch kann sich auf bestimmte Frequenzen gedanklich und emotional einrichten wie durch das Einstellen eines Senders oder Programms in Radio oder Fernseher. Du siehst oder erfährst, was Du wählst. Der Gedanke ist die Wahl, Dein Herz und die Emotion das Signal. Deine Körper-Antenne empfängt und sendet durchgehend ins Feld, Bewusstheit ist ihre Programmierung, wie zum Beispiel auf das Glück, beschrieben in Wochenimpuls 5.1.

Die schon so oft von Dir erbetene Ausrichtung Deiner Aufmerksamkeit auf Deinen Wunsch oder auf Dein Ziel ist dann die bewusste Wahl oder Umprogrammierung eines Senders auf die Favoritenliste, um dauerhaft das zu sehen oder zu hören, was Du willst. Es gibt eine unbegrenzte Anzahl von Kanälen in diesem Quantenfeld und Du richtest Dich genau auf einen aus. Wie gesagt, auch Kanäle und Wege, die noch nicht gewählt worden sind, sind möglich. Sei Dir bewusst, dass Du die ganze Zeit Realität erschaffst, ob Du Dich ausrichtest oder auch nicht, ob Du positiv oder negativ denkst, Du sendest ununterbrochen! Das ist dieses universelle „Ja" zu all Deinen Bestellungen.

Erinnere Dich an den Wochenimpuls der Fokussierung und der Zielklarheit. Schicke die Frequenz Deines Wunsches in gebündelter, energetischer Form von Gedanken, Emotionen und Bildern durch Deinen Projektor Herz als Deinen stärksten Generator und Deine größte Antenne. Am besten als positive Gewohnheit!

Halte Dein Herz dabei weit und groß durch Positivität und ständige Balance und Ausmittlung Deines Selbst, damit vergrößerst Du Dein Wirkungsfeld. In Verbindung mit einer intakten funktionierenden Zirbeldrüse findest Du die Schaltstelle zwischen materieller und geistiger Welt in Dir.

Die Herz-Hirn-Kohärenz ist der optimale Ausgangspunkt, um uns mit dem All-eins-Bewusstsein zu verbinden, energetisch mit allen Menschen und dem Universum zu interagieren und elektromagnetisch alle gleich schwingenden Dinge und Menschen in Dein Leben zu ziehen, entsprechend Deinen Aussendungen und Überzeugungen.

Wir müssen wieder lernen, diese Kraft im Herzen zu bündeln und zu fokussieren, um in unsere gottgegebene Schöpferkraft zu kommen und uns den Verstand zum Diener und Freund zu machen. Wir dürfen uns neue, nicht geistig begrenzte Glaubensmuster und Überzeugungen installieren, um das gewünschte Leben zu verwirklichen, denn diese Frequenzen pulsen wir hauptsächlich als zugeordnet schwingende Atome und Energie von unserem Herzen ins Feld hinaus, ununterbrochen! Erkenne darin wiederum die dringliche Notwendigkeit einer stetigen Ausrichtung und Deiner Ego- und Selbstbemeisterung!

„Die Intuition ist ein göttliches Geschenk, der denkende Verstand ein treuer Diener. Es ist paradox, dass wir heutzutage angefangen haben, den Diener zu verherrlichen und die göttliche Gabe zu vergessen!"

– Albert Einstein –
(als Denker bekannt!)

Zusammenfassung

- Werde Dir bewusst, dass Du in jedem Moment in Deinem Leben Frequenzen sendest und die Wahl hast, was Du empfangen möchtest. Appelliere an Deinen Freund, den Verstand, und mache ihm diese großartigen Vorteile der Transformation klar und nimm ihn mit auf diesem Weg. Zeige ihm die Notwendigkeit und den Nutzen der Führung Deines Herzens auf. Lenke und installiere bewusst gewünschte, positive Gedanken, Emotionen und Gewohnheiten und mache Dir den Vorteil der daraus im Idealfall entstehenden Automatismen klar, denn diese werden zu Deinen Überzeugungen, die Du dauerhaft sendest. Schicke Deine Kraftquelle „Unterbewusstsein" unter bewusster Steuerung auf neue Lebenswege.
- Mache Dir immer wieder bewusst, wer Du wirklich bist: Bewusstsein, inkarniert in Deinen Körper, eine Seele und ein elektromagnetisches Lichtwesen, bestehend aus Energie, das in diesem, Deinem Körper Erfahrungen macht, um zur innewohnenden Vollkommenheit „zurück"-zu-finden und zu reifen.
- Wisse, dass Zweifel immer Störfelder in Deinen Frequenzen sind und niedrig schwingende Emotionen wie Angst und Schuld Deine Schöpferkraft beeinflussen und schrumpfen lassen. Du bestellst und manifestierst vergeblich, denn mit Zweifeln stornierst Du in Dauerschleife Deine Bestellung

und Manifestationen. Deine Aufmerksamkeit bekommt ausschließlich das, was Du in Deinem Leben möchtest! Mit Zweifeln und Überdenken bestellst Du definitiv Deine Wünsche beim Universum immer wieder ab!

- Du bekommst von Gott, dem Universum oder auch dem Quantenfeld immer ein „Ja". „Das schaffe ich locker!" = Ja bitte. „Oh, da hab ich aber Zweifel, ob das auch wirklich klappt!" = Ja bitte. Du hast Zweifel, also warten wir noch mit dem Wunsch. – Deshalb: Sei unerschütterlicher Glaube in dem, was Du bestellst!
- Frage Dich in allen Situationen des Lebens, warum Dir genau diese Situation als Spiegelung aufgezeigt wird, erkenne es und korrigiere eventuell schädliches Verhalten.
- Verbinde immer wieder und gerne die Inhalte der Kapitel dieses Kurses in ihrer Essenz, zusammen mit den Idealen in Deinem Herzen und mit Deiner göttlichen Kraftquelle wirst Du die Wunder anziehen, die Du aussendest!

Die fünfte Herzkammer:

Der göttliche Funke in Dir, so wie in jedem Menschen, ist die Kraft und der am Anfang beschriebene Impulsgeber, der in uns wohnt und uns zum Leben befähigt. Er ist in dieser kleinen geheimen Kammer im Herzen, auch bekannt als das Herz Christi oder der Sitz des Buddha.

Er befindet sich im hinteren Teil der vierten Herzkammer und hat nur die Größe eines Stecknadelkopfes, und doch ist er das Zentrum und die Kraftzelle von allem, was Du bist! Ein Punkt oder eine Kammer, in der ein vollkommenes Vakuum besteht, d. h. ein vom menschlichen Körper abgegrenzter Bereich, hermetisch verschlossen (!), in dem um 100 Grad Celsius herrschen. Die messbare Elektronendichte ist im Verhältnis zum Rest des Herzens und des gesamten Körpers unvergleichbar hoch, so hoch, dass ein physisch erkennbarer Funke darin erzeugt wird. Dieser Funke ist die Sonne und das Licht in unserem körperlichen Universum von Atomen und Zellen: „Wie im Großen, so im Kleinen", sagt die Hermetik. Licht, Wärme, Leben spendende Energie und Ursprung unseres Lebens in unserem Körper. Dein Fahrersitz in Deinem Fahrzeug durchs Leben!

„Es werde Licht!" Ohne diesen Funken, ohne Dein Sein funktioniert und leben dieser Körper und Avatar nicht. Er ist das Zentrum Deines energetischen Lichtkörpers. Er ist reines Bewusstsein. Du bist er und er ist Dein „Ich bin": reines, ewiges Sein!

Um 1920 machte Doktor Hanish die Entdeckung des göttlichen Atoms. Er lichtete es ab und brachte es auf eine millionenfache Vergrößerung. Das Ergebnis: Es zeichnete sich darin eine menschliche Gestalt ohne Geschlecht in jugendlicher Perfektion und Makellosigkeit in diesem Atom bzw. Raum ab, und zwar in Form eines Dodekaeders (Zwölfeck / heilige Geometrie).

Bei allen untersuchten Menschen war diese Gestalt zu sehen, egal ob jung oder alt. Diese Kammer oder Gestalt wird in vielen anderen Kulturen und Religionen als daumengroße Flamme oder Gestalt in der Mitte unserer Brust bzw. im spirituellen Herzen beschrieben. Ein ständig fließender Strom von Elektronen fließt und nährt ununterbrochen diesen Funken (wird z. B. auch als „Chi" oder „Prana" bezeichnet) und lässt ihn in Dir glimmen, direkt aus der göttlichen Quelle bzw. dem göttlichen Licht des Schöpfers in Dein Herz. Es ist Dein Verbindungspunkt zum Höchsten durch die sogenannte „Silberschnur". Tiefe Liebe, Dankbarkeit, Freude und Deine Selbsterkenntnis weiten dieses Zentrum, lassen es sich ausdehnen und entfachen es mit der Zeit zu einer Flamme. Du selbst steuerst die Größe dieser Flamme durch Deine gewählte Einstellung zum Leben.

Du solltest diese Flamme hegen und pflegen, indem Du Dir Deine Sicht- und Verhaltensweisen klarmachst und Deine negativen Seiten bemeisterst. Du bist als Seele, als Bewusstsein diese Flamme selbst! Kein Mensch oder Tier kommt bösartig in diese Welt, wir nehmen das, was wir sehen, als Realität an und akzeptieren unsere Umgebung so, wie sie sich uns von Anfang an offenbart. Wir installieren es als Norm bzw. Normalität und Glaubenssätze in unserem Unterbewusstsein und bauen unwissend diese Prägungen zu menschlichen und tierischen Kehrseiten und gelebten Unvollkommenheiten aus, unser Innerstes bleibt jedoch stets das Licht und Vollkommenheit.

„Ich glaube, dass wir einen Funken jenes ewigen Lichts in uns tragen, das im Grunde des Seins leuchten muss und welches unsere schwachen Sinne nur von Ferne ahnen können. Diesen Funken in uns zur Flamme werden zu lassen und das Göttliche in uns zu verwirklichen, ist unsere höchste Pflicht."

– Johann Wolfgang von Goethe –

Noch mal zur Erinnerung aus den hermetischen Tafeln: Unser Daseinszweck im Menschsein ist es, die Dunkelheit (die wir unwissentlich durch fehlgeleitete Gedanken selbst erschaffen) in Licht zu umzuwandeln! Erkenne und transformiere Deine erlebten, erlernten dunklen Schattenseiten!

Noch mal zur Erinnerung: Himmel und Hölle sind nicht kommende Plätze, an die wir nach dieser Inkarnation reisen oder die wir betreten werden. Es sind wählbare Bewusstseinszustände, die beide dauerhaft in uns verfügbar sind, und wir entscheiden uns in jedem Augenblick, wo wir verweilen. Es ist eine Wahl. Die eigentliche Sünde ist das Gefühl des Getrenntseins und die Unwissenheit um die Seele und das Schöpferwesen in uns. Es ist nur ein einziger kleiner Schritt in die bewusste Klarheit Deines Seins und die Schönheit des Lebens. Die sieben Kardinalsünden, in der Bibel als Überheblichkeit, Triebhaftigkeit, Geiz, Zorn, Völlerei, Neid und Trägheit beschrieben, sind unbewusste Zustände und Gewohnheiten im Ego-Denken, die nicht dem Herzen, der Liebe und bewusstem Handeln entstammen. Die zwangsläufig daraus entstehende irdische Hölle ist die Einsamkeit und die Isolation des Einzelnen, die sich im unbewussten Menschsein in Missgunst, Mangeldenken, Krankheit und Schmerz als Karma widerspiegelt! Allein durch dieses Wissen erklären sich viele Bibelstellen vollkommen anders als beigebracht. Das Ziel ist nicht, wie erlernt, in die Schuld und Opferrolle verfallen, sondern bewusst zu werden, in Dein Herz zurückzukehren und aus Liebe heraus zu handeln.

„Jesus antwortete ihnen und sprach: Wahrlich, wahrlich, ich sage euch: Wer Sünde tut, der ist der Sünde Knecht."

(Johannes 8,34)

Das heißt: Wer sich seiner wahren Identität nicht bewusst wird und in der Getrenntheit des Menschseins verweilt, der bleibt in dieser Verschleierung des Egos und des Verstandes in seinem Karma und seinen Kreisläufen gefangen, wobei Du auch hier wieder die Fesseln der schlechten Gewohnheiten des Menschen erkennen kannst.

„Du solltest deinen Nächsten lieben wie dich selbst!"

(Lukas 10,27)

Denn wir sind alle eins! Es gibt keine Trennung der Seelen, sie existiert nur im unwissenden, unbewussten Menschen. Der göttliche Funke oder das Bewusstsein ist in jedem Menschen, er ist ein Teil oder eine Individuation aus der gleichen Quelle.

Das Leben in der menschlichen Existenz und Deiner Verkörperung wird genährt und erhalten aus dieser innewohnenden, dreifaltigen Flamme in der fünften Herzkammer, deren höchstes Ziel es ist, eine mächtige große Flamme zu werden, welche die Herzen Deiner Mitmenschen vom Glimmen zum Leuchten entfacht und mit für diese Wahrheit brennen lässt, um auch im Kollektiv die Dunkelheit des Außen durch das Licht schwinden zu lassen. Diese Zeit ist jetzt gekommen!

„Schickt Licht und Liebe in die Welt hinaus, als ein Bollwerk, das die Finsternis überwindet und den Menschen ihr wahres Sein offenbart."

– Saint Germain –

Erlischt oder entweicht diese Flamme bzw. der ursprüngliche Funke aus Deinem Herzen, so entweicht auch das Leben aus dem menschlichen Körper. Das wirkliche Sein verlässt diese Inkarnation und kehrt nach Hause zurück. In ein kollektives Seelenlicht und Bewusstsein, einer vollkommenen Einheit aller Seelen. Je vollkommener, liebevoller und lichter Du Dein Leben zu führen und zu gestalten lernst, desto größer und heller strahlt Deine Seele und brennt Deine innere Flamme. Das Herzzentrum ist die erste Zelle und das erste entstehende Organ in jedem neuen Lebewesen und Eintrittspunkt der inkarnierenden Seele.

Jeder Tropfen Deines Blutes, der durch Dein Herz wirbelt, wird mit der göttlichen Energie aus diesem Zentrum gespeist und aufgeladen. Vorbeigeführt an Deiner Seele, an diesem heißesten Punkt in Deinem Körper, wird Dein Blut gereinigt, transformiert und beseelt. Das Herz dient primär als Ladestation für die Lebensenergie im Blut, die durch all Deine Zellen, Nerven und Organe fließt. In Deinem eigentlichen Sein als Energie- und Lichtwesen ist das Herz Dein Sitz und die Sonne für Dein Körperuniversum! Dein Lebensenergie-Spender, dessen Größe, Stärke und Strahlkraft Du beeinflussen kannst. Du bist Gott und Schöpfer in Deinem Körper und Du entscheidest über alles darin! Werde Dir bewusst, dass jede Weiterentwicklung in Dir – sowie in allen Menschen – die Entfachung und

Vergrößerung dieses göttlichen Funkens zu einer großen, Leben spendenden Flamme ist. Wie bereits zuvor erwähnt: Mache Dir die Fähigkeit erleuchteter Yogis bewusst, die sich fast ausschließlich von Licht ernähren und dadurch sehr lange einen jungen Körper mit sich tragen, indem sie auf diesem Weg die Flamme im Herzen und ihren Lichtkörper speisen. Sieh im Gegenteil Menschen, die ihr Leben lang unbewusst dem gleichen Trott folgen: Sie werden krumm, krank und grau, Du wirst dort keine Flamme und keine feurige, beseelte Lebensenergie finden, höchstens ein schwaches Glimmen. Lass Deine Flamme immer heißer brennen und größer werden, entwickle und entfache sie! Sei Feuer und Flamme für den tatsächlichen Grund dieses Erdendaseins!

Alle menschlichen und alle äußerlichen Unvollkommenheiten, destruktive Gedanken und missgünstige, negative Gefühle sind wie Wasser auf diesen Funken. Krankheit, Schwäche und Energielosigkeit sind die Folgen sowie sichtbare Anzeichen im menschlichen Körper – und damit wiederum der nötige Hinweis, das eigene Leben unter die Lupe zu nehmen und es zu ändern.

Öl ins Feuer Deines Herzens sind alle positiven, hohen Schwingungen, Harmonie und die wahre Liebe selbst! Das ist die reine, pure Energie des Lebens.

Jesus spricht:
„Ich habe Feuer in die Welt geworfen, und siehe, ich bewahre es, bis es lodert."

(Logion 10, Thomasevangelium)

Durch Deine Selbstbemeisterung wird Dein Leben zu einem bewussteren und liebevollen Leben, das sich durch die Vergrößerung Deiner göttlichen Flamme und seelischen Leuchtkraft sichtbar in Deiner Aura, in Deiner Ausstrahlung, in Deinen Augen und in Deinem Lichtkörper widerspiegeln wird. Diese kraftvollere Aufladung von Lebensenergie Deines Körpers durch Dein Sein ermöglicht Dir eine stärkere Ausstrahlung in Deinem Torusfeld, wodurch Deine Wirk- und Manifestationsfähigkeit in allen Bereichen Deines Lebens unaufhaltsam wächst.

Das Herz findet sich in fast allen Kulturen, Religionen und Zeitaltern als symbolisches Zentrum und Sitz der Seele: das „Wachsen und Ausdehnen" im Brahman, im Hinduismus als „Weltseele", das Symbol des Herzens weltweit assoziiert mit der Liebe, das Herz als Symbol für Geist in den indischen Upanishaden, das Herzchakra und die Magie der Lotusblume im Buddhismus. Aristoteles bei den alten Griechen sah die Seele im Herz wohnen, im Christentum bekannt als das „heilige Herz Christi". Die Ägypter sahen im Herzen die Seele und die direkte Verbundenheit zur Sonne. Mohammed bekam das Wort Gottes ins Herz geschrieben, um es von dort aus zu verkünden, und in Afrika gibt es die Vorstellung, dass die Herz-Seele eines Vorfahren versucht, in den Körper eines neugeborenen Nachkommen zu schlüpfen.

Dies sind nur einige Beispiele aus unzähligen Bereichen, die auf eine große Wahrheit und einen gemeinsamen Ursprung zurückführen.

„Gehe nicht nach außen, kehre in dich selbst zurück. Im Inneren Menschen wohnt die Wahrheit."

– Augustinus –

„Du aber, wenn du betest [meditierst], gehe in dein Kämmerlein und schließe deine Türe zu und bete zu deinem Schöpfer im Verborgenen! Und dein Vater, der ins Verborgene sieht, wird es dir öffentlich vergelten."

[Gehe in dein Herz / in dein Gottesselbst und die göttliche Verbindung im Herzen und es wird im Außen sichtbar werden.]

(Matthäus 6,6)

Führe alles, was Du in dieser Welt erschaffen und erleben willst, als Herzenswunsch, Filmszene und Bündelung in dieses Zentrum in Deinem Herzen. Wirf diesen Deinen „Wunschzettel" mit größter emotionaler Überzeugung, es schon erhalten zu haben, in Deinen realitätserschaffenden Projektor und Lebensspiegel und er wird es im Außen ausstrahlen und erschaffen. Du bist ein Schöpferwesen nach Gottes Ebenbild. Lass alles los, was Dich eingesperrt hält und zweifeln lässt. Dein göttliches Atom ist Deine Kraftquelle und Dein Elektromagnet, der alles in Deiner Frequenz Schwingende zu Dir ziehen wird! Du wirst dabei spüren, dass je bewusster Du wirst, das Materielle Dich immer weniger interessiert, weil Du weißt, dass Du alles geistig erschaffen kannst, was Du brauchst, und das Glück allein in Dir wohnt!

„In der Mitte deines Herzens beginnt das Leben –
der schönste Ort der Welt."

– Rumi –

Deshalb öffne Dein Herz und lebe die Liebe! Die Aufgabe von uns Menschen auf diesem Planeten ist es, das eigene Licht im Inneren Deines Herzens wieder freizulegen und das unserer Mitmenschen zu entfachen, mehr Licht in Form der Liebe und der Klarheit, wer wir wirklich sind, in die Welt zu bringen und damit die Dunkelheit in und um uns herum auszuleuchten. Tritt jetzt, genau jetzt, immer mehr aus Dir selbst und Deinen Verschleierungen heraus und „rette" diese Welt – durch Deine Auferstehung zu Deinem wahren Sein und Leben! Sei durch Deine Meisterschaft ein Licht für die Welt.

Affirmationen zu „Kraft des Herzens":

- Ich bin die göttliche Gegenwart in der Mitte meines Herzens, die alle umgebende Dunkelheit des Menschseins in Liebe, Licht und Klarheit wandelt!

- Ich bin die Verbreitung und Ausstrahlung von Licht und Liebe, die alle geistigen und egoistischen Begrenzungen auslöscht und mich von jeglichem Groll befreit!
- Ich bin die unendliche Kraft der Liebe, die mich in jedem meiner Mitmenschen dieses wundervolle Seelenlicht erkennen lässt und mich wachsen lässt.
- Ich bin die ewige Flamme in meinem Herzen, die sich stetig vergrößert und selbst verstärkt, bis sie alle mentalen Grenzen überwindet und mich in vollkommene Freiheit führt!
- Ich bin die Kraft des Herzens, die Liebe und das Licht!
- Ich bin in meinem Herzen reines Christusbewusstsein und erkenne darin mein wahres Sein!
- Ich sende und empfange durch die Kraft meines Herzens! Ich wähle Licht und Liebe, um meine Mitmenschen und mich selbst zu erhellen!
- Ich bin ein Teil Gottes in der Mitte meines Herzens!
- Ich bin die Macht und schöpfe Kraft aus der grenzenlosen göttlichen Liebe!
- Ich lebe nach meinem Herzen im Sosein und nach meiner Bestimmung!

Gedankenimpuls für Woche 15

15. Deine „Ich bin"-Präsenz. Gott in Dir bewirkt Dein Leben!

Rücken wir nun noch tiefer in unser Herzzentrum vor, gehen wir noch tiefer bis zum Ursprung unseres Seins, direkt in das göttliche Atom in Form dieser menschlichen Gestalt in ihrer reinsten Form, erkennen wir die einzige Kraft hinter allem gestalteten Leben durch die Atome und den Ursprung der Form aller Materie in unserer Realität. Dort, in diesem Zentrum, befindet sich Deine „Ich bin"-Gegenwart. Hier ist unsere Anbindung zum Göttlichen, dem Sitz der „Silberschnur", über die wir mit der geistigen Welt und dem Quantenfeld verbunden sind. Sie ist die Verbindung des Gottesteilchens in uns mit der Quelle oder Gott. Das Abbild bzw. das Ebenbild des vollkommenen Menschen darin ist die Individualisierung Gottes in Dir, Deine „Ich bin"-Gegenwart! Das Leben im Menschenkörper oder auch die Seele in ihrem Erfahrungsklassenzimmer. Sie wohnt in jedem Menschen und ist der Quell des immerwährenden, ewigen Lebens! Das Leben selbst in jedem Menschen, jedem Tier, jeder Pflanze und jedem Stein. Sie ist die Ursache der Bewegung und Schwingung von Atomen und Neutrinos jeglicher Energie und in aller Materie, um diese zu gestalten und zum Leben zu erwecken und diese Erde und das Universum in allen Facetten und Wundern erlebbar zu machen. Das ist auch der Weg zur Gestaltung von Blei zu Gold, innerlich wie äußerlich. Durch diesen göttlichen Ursprung entsteht willentlich Gestaltung, Lenkung, Transformation oder auf höchstem Niveau sogar Erschaffung von Materie bei vollkommener Bewusstheit durch die Schwingungsveränderung der Atome dieser materiellen Welt.

Die „Ich bin"-Gegenwart ist diese vollkommene, aus reinster Energie bestehende Form des Lebens. Reinstes Licht, Liebe, Frieden, Harmonie, Schönheit und Fülle. Wie gesagt: das Leben selbst.

Es fließt ein unaufhörlicher, ewiger Strom dieser göttlichen Energie mit unseren ursprünglichen Eigenschaften durch uns Menschen und pulst diese nach außen durch unser Kraft- oder Torusfeld, um die dortige Materie zu gestalten. Dies ist der schon beschriebene und durch unsere Aufmerksamkeit rein zu haltende Energiestrom als vollkommener Grundzustand, sprich ein paradiesischer Zustand, in dem keine menschlichen Missklänge existieren. Du selbst erkennst an der Ausstrahlung eines Menschen seinen seelischen Zustand. Die „Ich bin"-Gegenwart in Deinem Herzen projiziert sich in Deinem Lichtkörper, der wesentlich größer ist als Dein menschlicher Körper und durch Deine Aura sichtbar wird. Je nach emotionalem oder seelischem Zustand nimmt Deine Aura eine andere Farbe an (Kirlianfotografie/Aurafotografie).

Durch das menschliche, unbewusste Denken und Fühlen sowie das mangelnde Verständnis für ihre Anwendung und die schöpferische Kraft darin wird dieser reine energetische Strom gestört, verunreinigt und in destruktiv erschaffende Bereiche umgelenkt. Die Unwissenheit um ihre notwendige Bemeisterung und die letztendlichen Auswirkungen sowie die Macht dieser beiden menschlichen Tätigkeiten wurden von den wenigsten Menschen erkannt oder erfasst: Jedwede Tätigkeit des menschlichen Denkens, Fühlens und Handelns entscheidet über sogenanntes „Glück" und „Unglück"! Wie Du weißt, sind Glück und Unglück beide nicht wirklich in diesem Sinne existent, beide sind reine Spiegelungen Deines Schaffens und Wirkens. Das Paradies ist kein Ort, es ist bereits in jedem von uns vorhanden. Das Paradies ist Dein höchster Bewusstseinszustand! Die Hölle ist Deine Gefangenschaft in menschlicher Unvollkommenheit!

„Wisst ihr nicht, dass ihr Gottes Tempel seid und der Geist Gottes in euch wohnt? Wer den Tempel Gottes zerstört, den wird Gott zerstören. Denn Gottes Tempel ist heilig und der seid ihr. Keiner täusche sich selbst. Wenn einer unter euch meint, er sei weise in dieser Welt, dann werde er töricht, um weise zu werden. Denn die Weisheit dieser [menschlichen] Welt ist Torheit vor Gott!“

(2. Lesung / 1. Kor. 3)

„Und Gott der Herr nahm den Menschen und setzte ihn in den Garten Eden, dass er ihn bebaute und bewahrte.“

(1. Mose 2,15)

Der Garten Eden ist das Menschsein und das bewusst erkannte Erfahrungsspiel der Seele auf Mutter Erde. Das Leben auf ihr war von Anfang an vollkommen. Im Ursprung genährt durch diesen reinsten göttlichen Strom des Lebens in Vollkommenheit in ihr und in uns (auch die Erde besitzt ein energetisches Torusfeld). Ihn gilt es in uns rein zu halten von allen Missklängen, sprich, ihn zu bewahren, um den paradiesischen Zustand halten zu können. Durch die menschliche Unwissenheit und Missklänge wie Aggression, Mangel oder Neid des Egos kommt es durch die Zusammenführung der negativen Spiegelungen im Kollektiv zur Verwilderung und Verwüstung dieses paradiesischen Lebensraumes und der ursprünglichen Vollkommenheit des Menschen.

Adam und Eva stehen sinnbildlich für die Menschheit, erschaffen nach dem Ebenbild Gottes, aber auch für die Polarität auf der Erde, den weiblichen und den männlichen Aspekt. Aus einem wurden zwei, wobei sich dies sogar bis in der Zellteilung und dem ganzen materiellen Wachstum widerspiegelt. Die Polarität, immer bestehend aus zwei sich anziehenden und voneinander abhängigen Gegenpolen, wird in allem auf dieser Welt und sogar im Menschen erkennbar, denn jeder hat weibliche und männliche Aspekte. Lilith, die Schlange, steht hier für die Versuchung und die Neugierige im

Menschen. Aber auch für die Weisheit über das Gesetz von Ursache und Wirkung, um die Dunkelheit der unbewussten Trennung, die Scham, die Angst, die Triebhaftigkeit und die Bewertung des Menschen in Vergessenheit, um sich zu erfahren. Als Sinn dieses Erdenspiels.

Der verbotene Apfel vom Baum der Erkenntnis steht für den Materie gestaltenden Energiestrom in der Torusform und somit für die Funktionsweise der irdischen, materiellen Welt, in der das weibliche, liebende und gestaltende Prinzip vom männlich geistigen Prinzip getrennt wurde. Das Ego beginnt ohne wirkliche geistige Anbindung diese Welt zu gestalten, um sich selbst zu erfahren. Die Erkenntnis darüber, erfolgt für den Menschen in Unbewusstheit erst als Schmerz, um dann über die so wahrgenommen Ursachen und Auswirkungen zu seinem wahren Ursprung zurückzufinden. Auch hier erkennst Du darin die Sünde, die eigentliche Ursünde des Menschen in seiner falschen Identifikation. Die Bibel stellt diese Abtrennung zum innewohnenden, göttlichen Prinzip in uns als Scham, Nacktheit und Einsamkeit dar. Daraus entstehen die schmerzhaften, mühsamen Auswirkungen der unbewusst gesetzten Ursachen des Menschen in Materie und niederen Schwingungen. Der Weg zurück ins Paradies besteht in der Erkenntnis der Notwendigkeit, die Harmonie des männlichen und des weiblichen Prinzips im Menschen durch geistige Anbindung, sprich Bewusstheit, wiederherzustellen und die Meisterschaft über das Ego, als Fehlgestalter zurückzuerlangen.

Spiegelbildlich: In dem Moment, in dem Du Dein Ego übernehmen lässt, verlässt Du augenblicklich Dein Paradies und beginnst Hinweise durch gesetzte Ursachen zu gestalten. Du entscheidest mit der Wahl des freien Willens über Bewusstheit mit paradiesischen Auswirkungen oder über menschliche Unvollkommenheit im unbewussten Ego-Zustand und somit Vertreibung aus dem Paradies. Sehr wichtig dabei ist, das Ego mitnichten zu verteufeln und sich seine aufzeigende Funktion von Schattenseiten klarzumachen.

Du wirst nie einen treueren, besseren Freund finden, nirgendwo und in keinem Menschen, nur muss es eben dauerhaft erkannt, bemeistert und kontrolliert werden, gleich einem Tier!
In der biblischen Offenbarung, Kapitel 13, steigt das wilde Tier mit sieben Köpfen aus dem Meer und sucht, wen es verschlingen kann. Man findet es beschrieben als sieben Regierungen, die sich verbünden, um gegen Gottes Streitkräfte zu kämpfen, die von Jesus angeführt werden. Das Meer, spirituell stehend für die Unbewusstheit, kannst Du Dir ebenso als kollektives Spiegelbild einer vorrangig unbewussten Menschheit vorstellen. Setze für Jesus Christus das oder Dein „Ich bin" – das Bewusstsein und die Klarheit – und für das Tier mit sieben Köpfen das Ego mit den sieben zu bemeisternden Lastern des Menschen, dann erhältst Du diesen irdischen Auftrag zur Selbstbemeisterung. Dein „Ich bin" steht in diesem Erdendasein der Herausforderung der Zähmung und Bemeisterung Deiner menschlichen Laster, hervorgebracht aus dem Meer der unbewussten Konditionierungen, gegenüber!

„Und es wurde ihm [dem Tier / dem Ego] gegeben, zu kämpfen mit den Heiligen (Bewusstsein und Geistigkeit) und sie zu überwinden; und es wurde ihm Macht gegeben über alle Stämme und Völker und Sprachen und Zungen."

(Offenbarung 13,7)

„Wer Ohren hat, der höre."

(Lukas 14,35)

Auch hier kannst Du das Erdenspiel „Bewusstsein gegen Ego-Identifikation“ wiedererkennen, indem das unbeherrschte, machtvolle Ego über alle Nationen, egal welcher Herkunft oder welche Sprachen gesprochen werden, herrscht und kollektiv wirkt. Doch auch hier ist ihm die Macht durch die alleinige schaffende Kraft (Gott im irdischen Wirken) verliehen! Es gibt nur eine Quelle!! Dadurch dient wiederum auch das Tier, der Teufel und das Böse als Erfahrung eigener fehlerhafter Ursachen und uns Seelen zur Erkenntnis und nötigen Transformation! Es sind immer menschliche Ursachen dieser oder anderer Inkarnationen!! Hermetik: Dies soll eure Aufgabe sein. Dunkelheit in Licht zu wandeln!

Das „Ich bin“ kennst Du schon aus den Affirmationen, nun wird Dir wahrscheinlich die Tiefe und Bedeutung bewusst. „Ich bin“ gesprochen oder gedacht bedeutet „Gott in mir bewirkt“ oder „Gottes Selbst in mir in Tätigkeit gesetzt“. Erkenne die Verdeutlichung: „Ich bin vollkommene Gesundheit!“ = Gott in mir bewirkt vollkommene Gesundheit!

„Ich bin“ ist die Kraftzelle Deines Seins und der Starter und Impulsgeber für alles, was Du aussendest und anziehst. „Ich bin, der ich bin!“, sprach Gott zu Mose in Gestalt eines brennenden Dornbusches. Mit der Energie des „Ich bin“ beseelst Du das an Deinem Herz bzw. an der göttlichen fünften Herzkammer vorbeiströmende Blut, lädst Deine aussendende atomare Schwingung und pulst diese ins Feld und Deine Umgebung.

Je mehr Du diese Worte, ihre Bedeutung und ihre wahre Macht fühlen und spüren kannst – vor allem gesprochen im Bewusstsein von Gott in Deinem Herzen oder in Bereichen Deiner Gleichschaltung von Herz, Hirn und Seele –, desto größer und mächtiger wird ihre Kraft werden. Was das „Ich bin“ für Dich bedeutet, das kann es auch für Dich vollbringen!! Bedeutet es Dir nichts, wirst Du damit nur geringfügig Erfolg erzielen. Erkennst Du hingegen die wirkliche Macht und sprichst es bewusst voller Überzeugung und

Freude, wird es Wunder für Dich vollbringen und Dich dem Ziel des Menschseins immer näher bringen! Sprich es mit unnachgiebiger Entschlossenheit! Gott und Du sind eins!

„Seht, welch eine Liebe uns der Vater gegeben hat, dass wir Kinder Gottes heißen sollen! Und wir sind es! Deswegen erkennt uns die Welt nicht, weil sie ihn nicht erkannt hat. Geliebte, jetzt sind wir Kinder Gottes, und es ist noch nicht offenbar geworden, dass wir es sein werden; wir wissen, dass wir, wenn es offenbar wird, ihm gleich sein werden, denn wir werden ihn sehen, wie er ist. Und jeder, der diese Hoffnung auf ihn hat, reinigt sich selbst, wie jener rein ist!"

(1. Johannes 3,1)

Jesus: „Ihr sollt vollkommen sein, wie auch der Vater im Himmel vollkommen ist!"

(Matthäus 5,48)

Wir müssen es nicht mehr werden, denn alle Vollkommenheit wohnt Dir inne. Wir dürfen nur die menschlichen Kehrseiten ablegen.

Durch die verkehrte Vorstellung der äußeren, nicht beherrschten Verstandes- und Ego-Tätigkeit, sprich dem biblischen Tier in uns, das aus dem kollektiven Meer des Unterbewusstseins entsteigt, werden dieser wundervolle Strom des Lebens und die daraus entstehenden Schwingungen aus der göttlichen Quelle in Deinem Herzen unbewusst mit menschlichem Missklang und Begrenztheit gefärbt und geschädigt. Das ist das eigentliche, ganz einfache Geheimnis wirklicher Vervollkommnung, wenn es vom Menschen begriffen wird. Die Umsetzung ist wie alles im Leben nur mit Bewusstmachung, Disziplin und auch Übung zu erreichen. Es hört sich vielleicht im ersten Moment schwierig an, aber die Umsetzung dieses höchsten Ziels in einzelnen, bis zur Gewohnheit werdenden Schritten ist verbunden mit einer stetig wachsenden Freiheit, Lebensfreude und

Glück. Wir müssen nicht zig Kurse durchschreiten, um uns selbst finden zu können. Meditationen, Trancen und Atemtechniken sind wunderbare Übungen für die Verbindung zu unserer höheren Intelligenz; die eigentliche Bemeisterung und Erkenntnis finden jedoch im Alltag statt – der Part, den viele Menschen vernachlässigen. Im Grunde unseres Seins sind wir vollkommene Schöpferwesen, wir müssen nur die Verschleierung und die dunklen Seiten erkennen und ablegen. Wir müssen nicht werden, denn wir sind schon! Wir dürfen uns wieder reduzieren, um mehr und größer denn je sein zu können!

Je näher Du diesem Ziel durch Deine Selbstbemeisterung rückst, desto vollkommener gestaltet sich Dein Leben. Kein Unglück oder „Schicksal" bzw. „Machsal" mehr! Bewusstsein hat keine Lebensspiegelungen oder Karma. Ein reines Handeln aus Liebe.

Du setzt mit diesen Worten „Gott in mir bewirkt" dessen Tätigkeit und Schaffenskraft in Bewegung. Jedes Lebewesen fühlt diesen mächtigen Urton des „Om", „Aum", „I am" oder „Ich bin" im ersten Moment, in dem es sich selbst wahrnimmt. Das Leben in sich selbst, das Leben in der materiellen Beschaffenheit des Körpers.

Die Konzentration und die Intensität Deiner Identifikation mit Deinem wahren Sein und dem Schöpfer in Dir entscheiden über die Schnelligkeit des Eintretens einer Manifestation in der Realität. Das bedeutet wiederum: Du kannst frei von jeglichem Zweifel und in vollkommener Überzeugung, gepaart mit Deiner hundertprozentigen Identifikation Deines Gottesselbst, reine Magie walten lassen.

Wandlung aus bestehender Materie oder Manifestationen in Nullzeit sind möglich! Unendlich viele Menschen glauben innerlich oder unterbewusst an die Existenz einer sogenannten Magie. Dieser Bereich übt in Filmen und in auftretenden Magiern und Zauberern eine unglaubliche Anziehungskraft auf Menschen aus. Was zieht uns daran so magisch an? Woher kommt diese unterbewusste Anziehungskraft und innere Suche in diesen Bereichen? Deine Seele kennt die Antwort …

Erkenne die Wirksamkeit Deiner Affirmationen, gesprochen aus tiefstem Herzen, gesprochen im Bewusstsein des innewohnenden vollkommenen Lebens! Eine erzwungene, runtergeleierte Affirmation wird wesentlich geringere Wirkung haben. Schicke Deinen göttlichen Willen und Dein inneres, seelisches Feuer hinein! Glück und gefühlte Freude vergrößern Deinen Sendebereich des Herzens.

Jesus benutzte in allen wichtigen Sätzen das „Ich bin" und sprach: „Das, was ich vollbracht habe, könnt auch ihr vollbringen und sogar noch größere Dinge werdet ihr tun!" (Johannes 14,12) Er sprach von den Menschen als Brüdern und Schwestern, verbunden durch die Liebe im Herzen. Sein „Ich bin" sollte nicht für seine Macht und Fähigkeiten stehen, sondern jedem Menschen die eigene Macht in der Bewusstwerdung und seiner wahren, göttlichen Identität aufzeigen.

Es ist, wie gesagt, meiner Meinung nach absolut richtig und gut, dass 99,9 % der Menschen die Manifestation nicht in der Nullzeit gelingt. Jeder unkontrollierte, menschliche Gedanke in dieser Welt manifestiert wäre ein Albtraum! Eine zeitverzögerte Wirkung, auch auf meisterlichem Niveau, ist für die Menschheit in dieser Unbewusstheit absolut nur förderlich. Doch werde Dir jetzt dieser, Deiner Dir innewohnenden Macht, Größe und Verantwortung bewusst. Es sind reinste Energie und reiner Geist, die durch Dich ausgeschickt werden, um zu Materie und Realität zu werden und Form und Gestalt anzunehmen.

Das All ist Geist und alles ist geistig erschaffen, sagt das erste Gesetz der Hermetik!

„Mit großer Macht kommt große Verantwortung."

(Lukas 12,42–48)

Sagst Du: „Ich bin nicht“ oder: „Ich kann nicht“, so schließt Du alle Türen zu Deiner Dir innewohnenden Kraft. Die Verwendung kann ebenso positiv wie negativ belegt werden: Du wirst das erhalten, was Du aussendest. Aber wisse: Wenn Du diese Macht gegen Dich oder andere richtest, wird sie Dich selbst mit voller Wucht und in dem gleichen Maß treffen, in dem Du sie ausschickst. Es ist ein universelles Gesetz: „Verletze niemanden!“

Du lenkst göttliche Energie! Es ist die Selbstbemeisterung auf höchstem Niveau und die Aufgabe des Menschen besteht darin, sich zu diesem Wesenskern zurückzuentwickeln. Kannst Du Dir vorstellen, welche absolute Freiheit dies Dir bzw. der ganzen Menschheit bringen wird?

Die Aufgabe des „Licht-Schülers“ ist es, in jedem Menschen diese beinhaltete Vollkommenheit und den göttlichen Kern oder die Seele zu erkennen, die durch dieses menschliche Leben reist, um Erfahrungen zu machen und Reife zu erlangen. Sein Auftrag ist es, diese Vollkommenheit zu verkörpern und sie zu fühlen, egal was der menschliche Schein bzw. die äußere Hülle des Gegenübers ausstrahlt und welche Unvollkommenheit sie auch immer von sich gibt.

In dem Augenblick, in dem Du solche Unvollkommenheit erkennst und selbst anfängst zu kritisieren oder zu beurteilen, schadest Du nicht nur diesem Menschen, sondern gestattest der Sache, die Dich an Deinem Gegenüber ärgerst oder die Dich ängstigt, in Deine Erfahrungswelt einzutreten und sie selbst erneut erleben zu müssen.

Somit zwingst Du gerade dieses Verhalten in Deinen Lebensspiegel und bestellst Dir Deine nächste Prüfung. Sei Dir immer bewusst, dass in jedem Menschen jene „Ich bin“-Präsenz schlummert und dass diese Seele die entsprechende Erfahrung noch benötigt. Diese Momente weisen Dir den Weg zur Bewusstheit, sofern Du es erkennst. Schließe innerlich leise eine Türe, um diese Erfahrung nicht zu Deiner zu machen. Durch Gutmenschentum kannst Du diesen Menschen nicht helfen. Hilf durch Vorbildfunktion und hilf nur, wenn Du um Hilfe gebeten wirst. Kontrolliere Deine Emotionen, denn, wie gesagt, sie sind es, die diese Erfahrungen in Deine Seele einbrennen und diese müssen dann erst wieder erkannt, gelöst und befreit werden.

Unsere Aufgabe auf diesem Planeten ist es, unsere Erfahrungen zu machen und diese zu transformieren, die Weite und Kraft unseres Torusfeldes zu vergrößern, damit Licht und Liebe in die Welt zu strahlen, gleich einem stetig wachsenden Sendemast, und nicht unsere Mitmenschen zu verurteilen, zu belehren oder sie zu bewerten. Jeder kann die Aufgabe seiner Selbstfindung und Selbstbemeisterung nur selbst erkennen, akzeptieren und vollziehen. Dies wird kein anderer für Dich übernehmen können. Diese Aufgabe und Verantwortung kann nur jeder für sich vollziehen!

Vergrößere primär stetig Dein eigenes inneres Licht und hilf anderen bei wahrem Interesse, Fragen und Bedarf an Heilung durch Deine Herzenergie, aber auch durch Dein Wissen. Führe sie durch Dein Licht als möglichen Weg aus der Dunkelheit, die ihre Seele noch umhüllt. Ebenso wichtig ist das Wissen um den Schutz durch Deine „Ich bin"-Gegenwart. Je stärker Du Dir Deiner selbst als Gottesselbst, als Dein wahres Sein bewusst bist, desto weniger bist Du von negativen Ausstrahlungen bzw. niedrig schwingenden Energiefeldern anderer Menschen und eingesetzter Energiefelder beeinflussbar. Beispielsweise prallen so negative Äußerungen, Missgunst und Lästereien anderer an Dir ab! Wenn Du unbewusst durchs Leben gehst, bist Du als Mensch offen für diese Energiefelder und spürst sie durch Müdigkeit oder Kraftlosigkeit. Im bewussten Zustand bist Du nicht mehr durch die negativen Worte anderer Menschen angreifbar. Du bist nie mehr beleidigt und enttäuscht und fällst auch nicht mehr in tiefere Schwingungen wie Groll oder Hass. In dieser göttlichen Gegenwart stehst Du energetisch, ob nun absichtlich oder unabsichtlich von außen attackiert, stark wie ein Fels in der Brandung! Nichts wird Dich fortbewegen von diesem Felsen der Wahrheit!

Erkenne bei den Worten „beleidigt“ und „Enttäuschung“ ihre wahre Bedeutung. „be-leid-igt“ = Du wurdest als Mensch mit Leid beladen oder infiziert! „ent-täuscht“ = Eine Täuschung wurde aufgehoben, die schmerzhafte Täuschung Deiner menschlichen Identifikation, wenn Du Dich getroffen fühlst.

Beide Emotionen sind also nur im unbewussten Zustand möglich! Demzufolge könntest Du Buddha, Jesus oder einen erleuchteten Menschen gar nicht beleidigen oder in einen Zustand der Enttäuschung bringen.

Von Deinem Gottesselbst in vollem Bewusstsein werden diese negativen Energien zurückgeworfen mit genau ebendieser ausgestrahlten Absicht und treffen den Absender mit voller Wucht. Habe hierbei bitte kein schlechtes Gewissen, denn es ist ihre Seele selbst, die diese Erfahrung machen möchte.

Übe den wichtigsten all dieser Schritte und trainiere in sämtlichen Alltagssituationen Deine Identifikation mit Deinem Seelen- und Lichtwesen. Will irgendetwas im Außen Deine Aufmerksamkeit durch eine Handlung, durch auffallende Gefühle oder durch schlechte Worte in Beschlag nehmen und Dich unbewusst werden lassen, kehre um und bleibe bewusst. Sage Dir einen der folgenden Sätze im Inneren:

- Selbstkontrolle: Halt, ich schließe diese Türe! Ich bin die Gegenwart Gottes, nicht der Mensch!
- Ich bin (Gott in mir bewirkt) die Gegenwart, die alles auflöst und in Liebe verwandelt, was mich zu stören versucht!
- Ich bin vollkommene Ruhe und Gelassenheit. Allein die „Ich bin“-Gegenwart handelt dort im anderen, um Erfahrungen zu machen, aber ich gehe weiter meinen Weg!
- Ich bin! Ich bin! Ich bin reines Bewusstsein!

Je tiefer Du in dieses heilige Zentrum Deines „Ich bin“ vordringst, desto mehr erkennst Du, welche Art von Gedanken, Emotionen und Überzeugungen es loszulassen gilt, und desto besser wird Deine Verbindung zum morphogenetischen Feld und zur geistigen Welt wie Engeln oder aufgestiegenen Meistern. Diese dürfen Dir laut kosmischen Gesetzen erst durch Deine erbetene Hilfe zur Seite stehen und Dir Führung auf Deinem Weg zur eigenen Meisterschaft zukommen lassen.

„Vergesst nie, dass ihr nicht sogenannte menschliche Wesen seid, sondern Götter und Göttinnen in ihrem Werden, die ihr durch bewusstes Bemühen zu ihrer vollen Herrschaft entwickeln könnt. Löscht aus eurem Verstand für immer aus, dass in dieser bewussten eigenen Anerkennung etwas nicht möglich ist! Ich sage euch, geliebte Schüler des Lichts: Erhebt euch!! Erwacht zu der Fülle eurer Gottesherrschaft. Wendet das ‚Ich bin‘ durch bewusste Lenkung für eure Freiheit, euer Wohlergehen, euer Glück und eure Erleuchtung an. Jeder von euch ist ein blitzendes, blendendes Juwel von Licht, in die Welt des Chaos und der Finsternis ausgeschickt, damit sich die Strahlen eures Lichts immer weiter ausbreiten.“

(Jesus / 33 Reden des „Ich bin“ / Godfré Ray King)

Jeder von uns hat diese Fähigkeiten und dieses Gottesselbst in sich und doch kann jeder als Mensch auf diesem Planeten nur sich selbst finden! Genauso bekam jeder von uns von Gott oder dem Universum den freien Willen, allein zu entscheiden, was in seinem Leben und in seiner Welt tätig und wirksam sein soll. „Himmel oder Hölle“ auf Erden ist Deine freie Wahl! Das Herausschälen ist ein Weg voller Prüfungen, aber dazu dient dieses irdische Leben. Und nach dem ersten Öffnen Deiner Augen für diesen Weg der Selbstbemeisterung werden die notwendigen Schritte immer deutlicher und leichter!

Das oft erwähnte, gepriesene „neue Goldene Zeitalter" ist schon da, wir müssen es nur sehen, die Perspektive wechseln und Schritte gehen, um darin leben zu können. Es existiert und war zu allen Zeiten parallel zu unserer Wahrnehmung immer vorhanden! Eine mit der Zeit immer tiefer werdende seelische Perspektive ermöglicht Dir Dein Paradies wahrzunehmen und zu erschaffen. Je weiter Du Dein Herz öffnest, desto größer und weiter wird der Himmel und wird auch die Welt für Dich werden. Wahrhaftes Bewusstsein ist ein fortschreitender Prozess (außer vielleicht bei plötzlich Erleuchteten), der immer der Lenkung durch Deinen freien Willen unterstellt ist. Und alles ist möglich dem, der glaubt! Auch an eine plötzliche Erleuchtung sowie an die Leichtigkeit und Kürze dieses Weges in kontinuierlicher freudiger Erwartung. Der Weg muss nicht zwangsläufig lang und schwer sein. Es ist immer Deine Wahl und Deine Entscheidung!

Schreitest Du in der Bemeisterung Deines Menschseins fort, werden Dir möglicherweise trotzdem Widerstände und Prüfungen durch Umstände des Lebens begegnen, wobei es wichtig ist, den inneren Widerstand oder das Problem nicht mit menschlicher Bewertung (gut oder schlecht) oder persönlichem Missklang zu verwechseln oder sie damit zu belegen, denn diese wären Deine menschliche Unvollkommenheit. Diese Widerstände oder Prüfungen des Lebens sind als nicht zu bewertende Zustände zu sehen („es ist, wie es ist"), wissend um ihre Notwendigkeit, um weiter daran wachsen zu dürfen und sich daran vervollkommnen zu können, seine noch vorhandenen Schattenseiten erkennen zu dürfen und dass das Universum stets nur das Beste für unsere Entwicklung will. Deine Seele kommt hierher, um sich zu erfahren, und Du entscheidest, ob Du Deine Prüfungen absolvierst oder ob sie in Deinem Leben in verstärkter Form wiederholt werden müssen.

Nimm alles, was kommt, in Liebe, freudiger Dankbarkeit und mit verbaler Behutsamkeit an.

Ungelöste Aufgaben des Lebens werden auch inkarnationsbedingt in die nächsten Leben weitergegeben, was Dir jetzt vielleicht so manche Probleme, chronische Krankheiten oder Charakterzüge erklärt, die Du in diesem Leben nicht direkt verursacht hast oder schon seit Kindheitstagen kennst.

Das Karma entsteht nur auf unbewusster, menschlicher Ebene; je bewusster Du bist, je mehr „Ich bin" Dein Leben bestimmt, desto weniger Karma verursachst Du. Karma ist auch nicht böse und keine endlos wiederkehrende Dauerschleife. Durch Erkenntnis und Bewusstheit löst sich Karma in der Flamme des Göttlichen in Deinem Herzen auf. Aufheben kannst Du Karma zusätzlich durch das Gesetz der Vergebung in der Flamme Deines Herzens und auf Seelenebene. Vergebung Deiner eigenen Fehler und die Fehler aller Seelen, Deiner Seelenfamilie und Ahnen und denen, die Dich umgeben.

Wisse:

Gutes oder schlechtes Karma, beides bindet Dich an das Rad der Wiederverkörperung. Nur durch das Erreichen des Christusbewusstseins, der absolut gelebten Klarheit über Dein wahres Sein, entsprechend der Reinhaltung Deines Energiestroms, und das Alleins-Sein aller Seelen in Gott, das in Deinem Herzen strahlt, ermöglicht Dir die größtmögliche, absolute Freiheit und Deine eigene Auferstehung in höhere Sphären. Du bist Seele, die Deine früheren Leben, Spiele oder Filme frei gewählt hat. Auch dieses Erdenleben hast Du gewählt mit all den Menschen, mit denen Du Dich umgibst, und all den Problemen, Krankheiten und Unvollkommenheiten, die Dir begegnen, um Reifung zu erreichen und letztendlich zu Deiner Vervollkommnung zurückzugelangen.

Erkenne Deine wirkliche Aufgabe, Dein Licht zu finden, es wachsen zu lassen und alle menschlichen, negativen Seiten auszureißen wie Unkraut aus einem Beet. Werde Dir dauerhaft Deines wahren unendlichen Seins bewusst, aber lebe trotzdem hier und jetzt als

Mensch und Erdenkind, so vollkommen und lichtvoll, wie es Dir nur möglich ist, und sei anderen ein leuchtendes Vorbild und Hilfe!

Aus der Sichtweise des Vaterunsers – des großen, täglichen christlichen Gebets – ergibt sich entsprechend folgende Analogie:

Vater unser im Himmel,
Gott, reines Leben, „Ich bin"-Gegenwart in unseren Herzen,
geheiligt werde dein Name.
heilend wirke die Erkenntnis deines Seins in uns.
Dein Reich komme.
Deine Schöpferkraft wirke in uns.
Dein Wille geschehe,
auf dem höheren Weg durch unsere Seele,
wie im Himmel, so auf Erden.
wie in unseren Herzen und Gedanken (wie innen), so auch in der Außenwelt.
Unser tägliches Brot gib uns heute,
Lass uns unser Vertrauen und die Fülle leben,
und vergib uns unsere Schuld,
vergib uns die Getrenntheit im Ego-Verstand und das erschaffene Karma,
wie auch wir vergeben unseren Schuldigern.
lass uns die Seelen hinter den menschlichen Handlungen erkennen und ihnen vergeben.
Und führe uns nicht in Versuchung,
Halte unsere Bewusstheit und menschliche Gestaltung hoch, schwingend
sondern erlöse uns von dem Bösen.
und befreie uns von Missklang in Unbewusstheit.
Denn dein ist das Reich und die Kraft und die Herrlichkeit in Ewigkeit.

Denn durch dich fließt der ewige, reine, göttliche Energiestrom aus Liebe, Weisheit und Kraft und die darin enthaltene Intelligenz des Lebens in uns.
Amen.

A – der erste Buchstabe im Alphabet steht für „Anfang", „Ursprung" oder Gott. Men kannst Du für Mensch und Geist setzen. M als doppeltes A als die Gottes-Anwesenheit sowie der freie Wille des Egos im Menschen (Mars/zwei Pole). E: Die drei Querstriche stehen für die Trinität (Vater/Sohn/Geist). N (Pluto/Geistigkeit) für den Geist. Daraus ergibt sich: Gott wirkt im Menschen im Menschsein! Dreieinigkeit: Vater im Menschensohn und Geist oder freier schöpferischer Wille.

Jeder Mensch auf diesem Planeten hat in irgendeiner Form einen N Amen. Eine individuelle Seele oder Geist in seinem Gott im Menschsein, spricht Inkarnation. Geheiligt werde, heilend wirke ab jetzt Dein N Amen in dieser Erkenntnis. Die individuelle Wahrheit wird durch das Kleine im Großen in einer Wahrheit münden, wie einzelne Funken ein Feuer ergeben, wie einzelne Wassertropfen ein Meer ergeben und wie Atome und Elektronen das Universum bilden und widerspiegeln. Selbst das Größte ist im Kleinsten enthalten und ist eine Einheit. So auch diese Wahrheit.

„Ich bin das Licht, der Weg und die Wahrheit!
Ich bin die Wahrheit, und diese Wahrheit wird euch frei machen!
Ich bin die Wahrheit, die mir nun vollkommene Freiheit gibt!"

– Jesus in Johannes 8,32 –

„Ich bin das Zepter meiner Macht, ich bin die unauslöschbare, dreifältige Flamme meines Herzens, das blendende Licht meiner Seele und die Vollkommenheit, die ihr jetzt im Herzen erkannt habt."

– Jesus über die göttliche „Ich bin"-Gegenwart in jedem Menschen –

Wachse stetig und immer weiter über Dein erlerntes Menschsein hinaus, zurück zu Deinem immer anwesenden Gottesselbst in Dir zu vollkommener Freiheit! Nutze und verinnerliche diese einzige wirkliche Wahrheit und erhelle diese Welt. Erkenne die Heiligkeit des Lebens und verbreite sie! Meistere Dein Ego, lebe Dein Selbst in einzigartiger Harmonie, Erfüllung und Liebe. Ich danke Dir von Herzen für Dein Interesse und für alles, was Du aus diesen Texten mitnehmen kannst, und wünsche Dir alles Licht und Liebe dieser Welt. Das Göttliche in mir grüßt das Göttliche in Dir! Namaste!

Wichtige Grundsätze der Selbstbemeisterung (in Anlehnung an die 33 Reden des Ich-Bin von Godfré Ray King):

- Aufgabe des Schülers und Suchenden ist es, in jedem anderen Menschen und allem ihn umgebenden Dingen die Vollkommenheit und göttliches Wirken zu einem höheren Zweck zu erkennen, sich mit dieser wirkenden Göttlichkeit in seinem Sein zu identifizieren, ohne sich dabei über andere zu stellen oder sie zu beurteilen und sie zu fühlen. Ohne sich von Äußerlichkeiten oder unbewussten, menschlichen Äußerungen und Handlungen beeinflussen zu lassen!
- Die wahre Tätigkeit des Schülers besteht darin, seine eigene innere Welt immer vollkommener zu machen, sprich, seine Gefühls- und Gedankenwelt zu kontrollieren. Der Blick ins Innere, um zu erkennen, welche Gewohnheiten und eigenen Schöpfungen herausgeholt und beseitigt werden sollten.

Befreiung nur durch ein Ablegen von Kritik, Rechthaberei, Verurteilung, Vergleich und Bewertung! Jeder Mensch kann diese Aufgabe nur selbst bewerkstelligen, sie kann ihm nicht abgenommen oder aufgezwungen werden.

- Wichtig ist die Erkenntnis, dass in jeder Person / in jedem Menschen die „Ich bin"-Gegenwart wohnt. Das Menschliche hat nicht zu interessieren! „Kümmert euch erst um das Himmelreich in euch selbst, dann wird es im Außen werden!"
- Bring das Äußere zur Ruhe! Übe es in der Meditation, bis ein vollständiges, immer länger werdendes Übernehmen im Alltag möglich wird! Es bedarf oft eines bewussten Verschließens des menschlichen Verstandes, seiner Neugier (ständiger Gier nach äußeren Dingen) und der Emotionen angesichts all der Unwissenheit und der niedrigen Schwingungen menschlicher Wesen um euch herum! Freiheit jeglicher Art ist jedem möglich, wenn man die Persönlichkeit und den Charakter in Harmonie hält und sich weigert, negative Einflüsse von außen und von Wesen in sterblicher Gestalt anzunehmen und einzulassen, um diese nicht wieder als Spiegelungen erfahren zu müssen!
- Wendet euch jederzeit an eure Seele und innewohnende Vollkommenheit über die Verbindung über die Silberschnur oder Kundalini-Energie und verlangt, den Plan, den ihr befolgen sollt, klar zu erkennen und zu sehen! Sprich häufig und laut: „Ich weiß, was ich tue, und ich tue es! Gott in mir tut es!" So wird ein falsches Handeln unmöglich!
- Wer sich vom Äußeren abwendet und ins Innere eintaucht, von dem fällt gleich jeder Missklang ab!
- Du hast den freien Willen und kannst Deine Werte und Ziele wählen: gesegnete Vollkommenheit oder lastende Unvollkommenheit! Lass nie bewusst oder unbewusst Deine Gedanken von Missklang beeinflussen oder beeindrucken, der Dich im Außen so oft umgibt. Für den Schüler: Selbstbemeisterung

und bewusste Berichtigung des eigenen Verhaltens ist die offene Türe zu Deiner Erleuchtung und Befreiung von allen geistigen Begrenzungen!

Affirmationen für unterschiedliche Bereiche (Verstärkungen):

Um noch tiefer in die Kraft der „Ich bin“-Affirmationen einzutauchen, sage Dir vor Beginn nur das „Ich bin“! Fühle und spüre, wer „Ich bin“ wirklich ist! Gottes Name ist: „Ich bin, der ich bin!“ Er ist das Leben in allem, das Leben selbst, das durchweg in uns strömt. „Ich bin“ ist der individualisierte Teil Gottes in Dir! „Ich bin“ bedeutet: „Gott in mir bewirkt!“ Ohne das „Ich bin“ erlischt das Leben in der menschlichen Hülle.

„Ich bin“ ist Dein Befehl, Dein Wort, das Leben erschafft! Am Anfang war das Wort … und alles war und wird geistig erschaffen.

Alles ist durch das Wort (auch in Gedankenform) geworden und ohne das Wort ward nichts, was geworden ist. In ihm war das Leben und das Leben war das Licht der Menschen (Bewusstheit über das wahre Sein). Und das Licht leuchtet in der Finsternis und die Finsternis hat es nicht erfasst (menschliche Unbewusstheit) … allen aber, die ihn aufnahmen, gab er Macht, Kinder Gottes zu werden, allen, die an seinen Namen glauben, die nicht aus dem Blut, nicht aus dem Willen des Fleisches (Ego), nicht aus dem Willen des Mannes (Menschseins), sondern aus Gott (im Herzen/Christusbewusstsein) geboren sind. (aus: Johannes 1)

Sprich die folgenden Worte allein, bevor Du beginnst! So lange, bis Du es im Herzen spüren kannst!

Ich bin inkarniertes Bewusstsein in diesem, meinem menschlichen Körper. Meinen Verstand benutze ich und meinen Namen trage ich! Doch ich bin reines Sein in einem immerwährenden Jetzt. So gebe ich „jetzt“ bewusst den Auftrag, was in meinem Leben erscheinen wird! Ich bin!

Finde die Affirmation oder die Affirmationen, die am besten zu Dir passt bzw. passen. Fühle ihre Schwingung und Frequenz! Kreiere eigene Affirmationen, die Deine Schwingungen, Befehle, Wünsche und Ziele am besten in Dein Feld pulsen. Du gibst dem „Ich bin" mit der Größe Deiner Überzeugung die Kraft, mit der es wirkt! Sprich sie aus Deinem Herzen, im Bewusstsein an Deine Göttlichkeit darin und in Freude!

Affirmationen für den Tagesbeginn zur Bewusstwerdung:

- Ich bin die Präsenz, die heute meine Welt mit Vollkommenheit erfüllt! Ich bin Vollkommenheit in der Mitte meines Herzens und lebe diese in jedem Moment meines Lebens!
- Ich bin die leitende Liebe, Weisheit und Kraft (sie stehen für die dreifaltige Flamme des Herzens) mit ihrer zugehörigen intelligenten Tätigkeit, die sich heute in jedem kleinsten Ding, das ich denke und tue, auswirkt! Ich gebiete dieser unendlichen göttlichen Präsenz in mir, jeden Augenblick da zu sein und ständig über mich zu wachen, damit ich mich nur in göttlicher Ordnung und Vollkommenheit bewege, handle und spreche!
- Ich befehle für all mein Tun an diesem Tag und allen folgenden Tagen vollkommenen Frieden, Harmonie und Wohlklang!
- Ich bin die stetige Anerkennung meiner innwohnenden Bewusstheit, die heute alles vor mir bewegt und mich immer in meinen Worten und Handlungen berichtigt!

Affirmationen zur Erhöhung des Bewusstseins und der Schwingung:

- Ich bin die Auferstehung und das Leben (die Auferstehung zu meinem wahren Selbst und dem Leben in mir)!
- Ich bin das reine Licht, das ich hier in Tätigkeit sehe!
- Ich bin das Licht, der Weg und die Wahrheit!

- Ich bin die Erhöhung meiner Schwingung und die Lockerung meines atomaren Gefüges!
- Ich bin unbegrenzte göttliche Energie, die mich durchströmt und erleuchtet!
- Ich bin Vollkommenheit in der Mitte meines Herzens!
- Ich bin die Wahrheit, die mir nun vollkommene Freiheit gibt!
- Ich bin die Durchschreitung der menschlichen Verschleierung dieser Inkarnation und die Rückkehr zu meinem wahren Sein!
- Ich bin, gerade jetzt, meine Loslösung von allen menschlichen Missklängen!!
- Ich bin das Zepter der Macht, die unauslöschbare Flamme des Herzens, das blendende Licht meiner Seele und die Vollkommenheit in meinem Herzen!
- Ich bin das ewige Leben. Ich kenne keinen Anfang und werde nie ein Ende finden!
- Ich bin reine, allumfassende Liebe!
- Ich bin in jedem Menschen, jedem Tier, jeder Pflanze und jedem Stein! Ich bin in allem Leben auf diesem Planeten! Ich bin!

Affirmationen für Intelligenz, Verständnis und Geistigkeit:

- Ich bin vollkommene Intelligenz, tätig in diesem Gehirn!
- Ich bin die Aktivierung einer jeden meiner Gehirnzellen durch die göttliche Energie in mir!
- Ich bin die reine Eingebung und Offenbarung von allem, was ich mir zu wissen wünsche!
- Ich bin die vollkommene Wahrnehmung aller geistigen Botschaften, die mir dienen und mein Selbst unterstützen!
- Ich bin die direkte Verbindung zur geistigen Welt!
- Ich bin die Gegenwart, die durch diesen Verstand und Körper denkt!
- Ich bin meine vollkommene Erleuchtung!

- Ich bin der reine Geist Gottes!
- Ich bin die volle Erfassung und Erleuchtung dieser Sache, die ich verstehen und kennen möchte!

Affirmationen zur Manifestation und Wunscherfüllung:

- Ich bin die göttliche Präsenz, die unerschöpfliche Energie, die göttliche Weisheit, die meinen Wunsch zur Erfüllung bringt!
- Ich bin die Gegenwart, die Geld fließen lässt wie Wasser. Geld fließt und kommt immer zu mir zurück!
- Ich bin die Erfüllung meiner tiefsten Herzenswünsche auf eine Art und Weise, wie ich es mir nie hätte träumen lassen!
- Ich bin die reiche Fülle Gottes und des Lebens, die gerade jetzt und fortdauernd zu meiner Verwendung sichtbar wird!
- Ich bin die Wunder schaffende göttliche Präsenz in allem, was ich verwirklicht haben möchte!
- Ich bin der Reichtum Gottes, der in meine Hände fließt und mir dient, und nichts kann dies verhindern!
- Ich bin, ich bin, ich weiß, ich bin die Benutzung von Gottes unbegrenztem Reichtum, der jetzt in meine Hände fließt!
- Ich bin Reichtum und Erfolg!
- Ich bin Fülle, Wohlstand, Reichtum und Überfluss in allen Bereichen meines Seins!
- Zur Anschaffung von Neuem / noch Unbekanntem: Ich bin das Herz Gottes und nun bringe ich Ideen und Werke hervor, die bisher noch nie geschaffen worden sind!
- Ich lebe meine Schöpferkraft!

Affirmationen für Gesundheit und Heilung:

- Ich bin die Heilung und das reinste Licht, die mit größter Leichtigkeit durch alle Bereiche meines Seins strömen, mich umgeben und erfüllen. Ich öffne alle Schleusen und Blockaden und lasse diese Energie frei fließen. Ich lasse alle Krankheit los und wähle die Gesundheit, weil ich die im Innersten bin. Es wirkt mit voller Kraft! Es ist vollbracht! Ich bin vollkommene Gesundheit!

- Ich bin die alleinige, tätige Gegenwart in diesem Körper, daher hat jeder Anschein von Störungen zu verschwinden!
- Ich bin die Gegenwart, die diesen Körper mit reiner elektronischer Kraft lädt!
- Ich bin die vollkommene Tätigkeit jedes Organs und jeder Zelle in meinem Körper!
- Ich bin vollkommene Gesundheit, die sich in jedem Organ, allen Knochen, Nerven, Muskeln und Zellen in absoluter Harmonie ausdrückt!
- Ich bin die vollkommene Sehkraft meiner Augen!
- Ich bin das vollkommene Hören meiner Ohren!
- Ich bin die vollkommene Schönheit, durch alle Zellen strömend!
- Ich bin das Feuer und die Schönheit dieser Augen und ich trage und sende strahlende Energien in alles, was ich anblicke! (vor dem Spiegel sprechen)

Affirmationen zur Freiheit:

- Ich bin die Wahrheit, die mir nun vollkommene Freiheit gibt! „Erkennt die Wahrheit und sie wird euch frei machen!" (Johannes 8,32)
- Ich bin das mächtige Licht, durch dessen Gegenwart und Kraft alles, wovon ich mich befreien möchte, verzehrt und ausgelöscht wird!
- Ich bin vollkommene Freiheit durch die Erkenntnis meines wahren Selbst und die Loslösung von allem menschlichen Ballast, der jetzt und in diesem Moment von mir abfällt!
- Ich bin die offene Türe, die kein Mensch verschließen kann!
- Ich bin vollkommene Freiheit in allen Bereichen meines Seins!

Affirmationen für alle Ebenen:

- Ich bin Licht, Liebe und Harmonie!
- Ich bin Zufriedenheit, Glück und überbordende Freude!
- Ich bin Ruhe und vollkommene Gelassenheit und ein tiefer innerer Frieden durchströmt mich!
- Ich bin vollkommen gesund!
- Ich bin mächtig, einzigartig und großartig! Ich bin unkontrollierbar, grenzenlos und magisch!
- Ich bin Vollkommenheit!
- Ich bin Überfluss, Reichtum, Fülle und Wohlstand!
- Ich bin Dankbarkeit, Vergebung und Segen!

Verstärkungsformen von Affirmationen:

- Ich weiß, es wirkt mit voller Kraft!
- Ich habe die Fähigkeit, dieses zu tun und zu verwirklichen!
- So ist es!! So sei es! Amen!
- Es wirkt mit voller Kraft!
- Ich habe die Fähigkeit, dieses zu tun!
- Ich bin, ich bin, ich bin!

Die sieben Grundsätze der Hermetik

Das Kybalion ist die wohl bekannteste Veröffentlichung aus dem Jahre 1908 dieser alten Geheimlehre, die früher nur an Auserwählte weitergegeben werden durfte. Die Verfasser, nur bekannt als die „Drei Eingeweihten“, gaben ihre weltliche Identität nie preis. Das Kybalion basiert auf der Grundlage der Smaragdtafeln der Hermetik, übermittelt durch Hermes Trismegistos (den dreifach Meisterlichen), und will uns die universellen Wahrheiten und Gesetzmäßigkeiten vermitteln und Dir einen Schlüssel zu wirklicher Freiheit bieten. All diese Grundsätze sind als Ursprung unserer bekannten Weltreligionen zu finden, allerdings ohne die menschliche, machtorientierte Beeinflussung. In ihrem Kern ist sie der Schlüssel zur geistigen Transformation des Menschen, der je nach Bewusstseinsgrad zur Einsicht der notwendigen Änderung und der Eigenverantwortung seiner selbst gelangt ist!

Ich versuche Dir hier einen kurzen, im Alltag einsetzbaren Ausschnitt des Kybalions zu vermitteln und Dir dabei die Parallelen und Grundlagen zum Kurs in der Selbstbemeisterung aufzuzeigen. Es gibt viele Lehren, Kurse und Bücher, die diese tiefe, wunderbare Weisheit umfangreicher vermitteln, falls Du Interesse daran hast. Im Rahmen dieses Buches möchte ich mich lediglich auf die für Dich wichtigen Informationen beschränken und Dir eine für Deinen Alltag gut anwendbare Variante mitgeben.

Die Hermetik und das Kybalion sind die universellen Gesetze, die über den menschlichen Gesetzen stehen, und der Schlüssel zur wirklichen Macht des Menschen als Schöpferwesen und zu den Toren von Freiheit und Glück. Alles liegt immer in der Hand des Einzelnen, denn nur jeder für sich kann seine Gedanken als „das gesprochene Wort als Individuation Gottes“ zur Realitätserschaffung denken und sprechen!

Ein Grundsatz des Kybalions:

„Wenn Halbweise die verhältnismäßige Unwirklichkeit des Universums sehen, bilden sie sich ein, den Gesetzen des Universums trotzen zu können – das sind dreiste, anmaßende Narren, die an den Felsen zerschellen und von den Elementen wegen ihrer Narrheit zerrissen werden. Der wahrhaft Weise, der die Natur und Gesetze des Universums kennt, gebraucht das Gesetz gegen das Gesetz, das Höhere gegen das Niedere; durch die Kunst der Alchemie verwandelt er das Unerwünschte in das Wertvolle und transformiert es so. Meisterschaft besteht nicht aus abnormalen Träumen, Visionen, fantastischen Einbildungen und abnormaler Lebensweise, sondern im Gebrauch der höheren Kräfte gegen die niederen. Der Weise entkommt den Qualen der niederen Ebenen dadurch, dass er höher schwingt und lernt, diese Transformation der Schwingung zu beherrschen. Denkt immer daran: Verwandlung, nicht hochmütige Verleumdung ist die Waffe der Meister. Transmutation, nicht anmaßende Verneinung ist die richtige Handlungsweise. Wir leben nicht in einer Welt der Träume, sondern in einem Universum, das in Bezug auf unser Leben und Handeln sehr wirklich ist. Unsere Aufgabe im Universum besteht nicht darin, seine Existenz zu verleugnen, sondern zu leben und die Gesetze zu nutzen, um vom Niederen zum Höheren aufzusteigen und aus den täglichen Umständen das Beste zu machen. Es gibt nichts zu fürchten, wir sind alle im unendlichen Geist Gottes aufgehoben. Es gibt keine andere Macht außer dem All, die auf uns einwirken könnte."

Jedem Menschen als Ebenbild Gottes ist dessen schöpferische Fähigkeit angeboren:

„Der Prinzipien der Wahrheit sind sieben. Wer sie kennt, besitzt den magischen Schlüssel, durch dessen Berührung sich alle Tore des Tempels öffnen!"

– Kybalion –

1. Das Gesetz des Geistes (der Mentalität)

„Das All ist Geist, alles ist geistig."

– Kybalion –

Erkenne die Bedeutung des Wortes „All" als den Ursprung oder auch Gott. „-es" von „All-es" steht für die geistig erschaffene Materie oder die Schöpfung! „All-es" symbolisiert die Existenz von Leben/Gott in jedem einzelnen Atom in unserem atomaren Aufbau unseres Universums. Alle Atome sind ständige Bewegung, sprich Leben. So wird aus dem ursprünglichen Wortlaut des ersten universellen Gesetzes klar: „Das All ist erschaffender Geist; das Universum ist geistig." = Alles Existierende im Universum ist geistig erschaffen worden. Das All ist der Ursprung und unveränderlich. Das Universum und alles darin Existierende sind durch das geistige Beleben des Alls, des Lebens selbst oder auch Gottes sowie unseres Bewusstseinsfeldes durch die Ich-bin Gegenwart in jedem Menschen in ständiger Veränderung! Nochmals: Du als Seele bist ein unveränderlicher Anteil Gottes, als Mensch auf der Erde lebend in einem Meer aus Atomen, die sich durch die gedankliche und geistige Erschaffung in verschiedenen Dichten manifestieren und auch wieder vergehen. Beispielsweise unsere Körper. Erkenne darin wieder Deine schöpferische Kraft und Möglichkeit und auch stets die Reinhaltung Deiner Gedankenwelt!

„Das All ist über-all! In jedem sich bewegenden Atom eines jeden Lebens in diesem Universum!"

Jeder Mensch kann jederzeit aus der Unwissenheit und unserer lenkenden Matrix in das Wissen des Lebens eintreten und bewusst das Erbe der Vollkommenheit des Menschen und der Schöpfung durch die Geistigkeit annehmen, wobei er stets diesen universellen Gesetzen untersteht.

Dadurch verändert er die Welt!

Gedanken erschaffen und verändern. Deine Gedanken, Dein Bewusstsein schaffen Deine Erlebniswelt. Entscheidend ist dabei die Zielklarheit, die gehaltene Aufmerksamkeit und die Intensität des inneren Wunsches und Sehnens!

Daraus folgt die Klarheit:

1. Alle Grenzen existieren nur in Deinem Geist und bestehen allein durch die begrenzte Weite Deines Glaubens! Als bewusstes Sein in meinem Menschen bin ich grenzenlos und magisch!
2. Ich bin der Schöpfer meines Lebens und meiner Umstände!
3. Mein Leben ist grenzenlos in allen gedachten und noch nicht gedachten Bereichen!

Achte stets und so oft wie möglich auf Deine Gedanken – sie können erschaffen und zerstören!

Affirmationssatz zur Verinnerlichung des Gesetzes der Geistigkeit:

Das All ist überall, es ist in mir und in jedem Leben! Ich bin mit jeder Zelle Teil des Alls.

Das All ist Gott und die reine Liebe, als Ursprung allen Lebens! Allgegenwärtig in jeder Situation, die mir begegnet. Daher bin ich in jeder Situation meines Lebens von göttlicher Liebe, Weisheit und Kraft durchflutet! In all meinen Beziehungen und in all meinen Begegnungen. Jeden Augenblick meines Lebens bin ich vollkommen sicher und geborgen in der göttlichen und liebevollen Umarmung des Alls. In diesem Moment und in allen zukünftigen Momenten bin ich eins mit allem Leben und tief in meinem Herzen weiß ich, dass all-es zu meinem größten Wohle dient!

2. Das Gesetz der Entsprechung oder der Analogie

„Wie innen, so außen." – „Wie unten, so oben." – „Wie im Kleinen, so im Großen."

– Kybalion –

Für alles, was es auf der Welt gibt, gibt es auf jeder Ebene des Daseins eine Entsprechung!

Wie im Materiellen, so im Immateriellen; wie im Immateriellen, so im Materiellen! Bereits ein Atom, eines der kleinsten messbaren Teilchen, besitzt mit seinem Atomkern und seiner Atomhülle den gleichen strukturellen Aufbau wie die Planeten im Universum. Das Kybalion erklärt 3 Hauptebenen des Seins:

1. die materielle Ebene (körperlich und dinglich)
2. die mentale Ebene (hauptsächlich als Verstand und Ego)
3. die spirituelle Ebene (als reines Bewusstsein)

Zwischen diesen Ebenen existieren nach dem Gesetz der Entsprechung immer Analogien, die mit wachsendem Bewusstsein erkennbar werden. Je höher der Mensch schwingt, desto höhere Schwingungen kann er wahrnehmen. Individuell wie kollektiv sind diese Analogien aktiv und spiegeln sie durch und in allen Ebenen.

Jede Ebene hat eine unterschiedliche Schwingung, das ist das Einzige, was sie unterscheidet.

Du kannst das Große im Kleinen und das Kleine im Großen stets erkennen, wenn Du Dich dafür öffnest. Wie Du innerlich bist, so erlebst Du Deine Außenwelt.

So ist die Außenwelt immer Dein Spiegel. Wenn Du Dich veränderst, veränderst Du alles um Dich herum.

In Dir steckt das, was Du von anderen denkst oder in ihnen siehst. Alles, was Dich an anderen stört, ist Dein Problem und Deine Thematik.

Daraus folgt die Klarheit:

1. Alles, was mir begegnet und starke Gefühle auslöst, spiegelt mich. Alles, was mich trifft, betrifft mich.
2. Ich trage die Verantwortung für alle Bereiche meines Lebens und erkenne alle Hinweise, die mir aus meiner gelebten und ausgesendeten Vergangenheit aufgezeigt und offenbart werden!
3. Die Macht der Handhabung über meinen Lebensweg ist grenzenlos und uneingeschränkt!

Affirmationssatz zur Verinnerlichung des Gesetzes der Analogie:

Ich bin in meiner Mitte die Vereinigung von göttlicher Weisheit, Energie und Liebe zu allen Zeiten! In diesem Wissen und dieser Ausrichtung wirkt meine innere Energie und Strahlung auch auf der materiellen, irdischen Ebene und offenbart sich in vollkommener göttlicher Ordnung in meinem Leben! Wie innen, so außen!

Ich bin mir bewusst, dass mit wachsender Erkenntnis dieses Gesetzes auch diese Erfahrung und Wahrnehmung der göttlichen Ordnung in meinem Außen ständig wachsen und sich immer mehr zeigen!

Ich bin die bewusste Anhebung meiner Gedanken, Gefühle und Aufmerksamkeit zu dieser Gewissheit und erfahre wundervolle, gesegnete Situationen in allen Bereichen meines Seins!

3. Das Gesetz der Schwingung und der Resonanz

„Nichts ruht; alles ist in Bewegung; alles schwingt."

– Kybalion –

Alles ist in Bewegung. Sogar feste Materialien schwingen, nur eben langsamer und niedriger. Alle Elektronen und Photonen eines Atoms sind in Bewegung und schwingen. Jeder noch so harte Granit oder Diamant besteht aus Atomen. Wenn Materie sich schnell genug dreht oder schwingt, wird sie für den Menschen bzw. dessen Sinne, wie Auge und Ohren, nicht mehr wahrnehmbar. (Wir sehen zum Beispiel nur einen minimalen Bereich des Farbspektrums und der uns umgebenden feinstofflichen, höher schwingenden Dinge.) Es verlässt dann sozusagen die materielle Ebene und schwingt sich auf die geistige oder spirituelle Ebene. Genauso kannst Du auch die Schwingung von Dingen und Gedanken erhöhen und so auf die höheren Ebenen der Existenz heben.

Das persönliche Verhalten bestimmt die persönlichen Verhältnisse und die gesamten Lebensumstände; es überträgt und schwingt mit in alle Bereiche Deines Seins. Angst zieht Übel an. Wer mit Krankheit, Hass, Eifersucht und Ähnlichem in Resonanz geht, erhöht die Wahrscheinlichkeit, dass die Befürchtungen in seinem Leben sichtbar in Erscheinung treten.

Du bist, was Du tust. Du ziehst in Dein Leben, was Deinen täglichen Gedanken, Emotionen und Handlungen entspricht! Negativität zieht Negatives oder Dunkles an und kann zu Depressionen und Tod führen. Positivität zieht Positives oder Lichtvolles an und kann zu einem mit Liebe, Fülle, Gesundheit und Harmonie erfüllten Leben führen.

Der Schlüssel zur geistigen Schwingungsveränderung besteht darin, vermeintlich negativen Reizen eine neue und positive Bewertung zu schenken. Keine Beurteilung und Mängel mehr, sondern eine reine Akzeptanz von dem, was ist! Es ist, wie es ist! Wir allein geben einem Zustand, einem Menschen oder einem Ding die Bewertung, ob etwas positiv oder negativ ist.

Annahme, Vergebung und Liebe beginnen immer damit, uns selbst anzunehmen, zu vergeben und zu lieben. Und erst wenn wir uns selbst lieben, wird sich die Frequenz der Liebe im Außen offenbaren! Jeder Gedanke, jedes Wort und jedes Gefühl schwingt und zieht so gleich schwingende Erfahrungen in Dein Leben! Wir können ebenso Einfluss auf die Schwingungen anderer Menschen und Gegenstände nehmen. Wer sich mit dem Gesetz der Schwingung befasst, lebt nach höheren Gesetzen als den physischen und scheint Schwerkraft, Raum und Zeit zum Trotz Wunder zu vollbringen.

„Wer das Prinzip der Schwingung begreift, hat das Zepter der Macht ergriffen!“

– Kybalion –

Daraus folgt die Klarheit:

1. Alles ist durch die Selbstkontrolle und eine kontinuierliche positive Ausrichtung veränderbar.
2. Meine Gedanken und Gefühle erschaffen meine Schwingungen.
3. Meine Schwingung erschafft durch die Resonanz meine Realität, denn Gleiches zieht Gleiches an.
4. Liebe ich mich, werde ich geliebt werden.

<u>Affirmationssatz</u> zur Verinnerlichung des Gesetzes der Schwingung:

Ich bin die vollkommene, ewige Erhöhung meiner Schwingung auf allen Ebenen! Ich bin die Lockerung meines atomaren Gefüges! Ich bin die Ausrichtung auf ein wundervolles, traumhaftes Leben und ziehe dieses in meine Realität.

Ich bin die Erhöhung all meiner Gefühle und Gedanken in die höchsten Schwingungen. Sie tragen mich zu vollkommenem Glück und Liebe und inspirieren, heilen und stärken meine Mitmenschen!

Ich bin die Annahme meines inneren Lichtes und der Liebe in mir und erkenne, fühle und spüre diese in jedem und allem, was mich umgibt. Ich entscheide mich bewusst für eine hohe Schwingung und meine wahre, innere Stärke!

4. Das Gesetz der Polarität

„Alles ist zweifach, alles ist polar; alles hat seine zwei Gegensätze; Gleich und ungleich sind dasselbe; Gegensätze sind in ihrer Natur nach identisch, nur in ihrem Grad verschieden; Extreme begegnen einander; alle Wahrheiten sind Halbwahrheiten; alle Paradoxa können in Übereinstimmung gebracht werden – in die Mitte."

– Kybalion –

Urteile und werte nicht. Jedes einseitige Urteil besitzt einen wahren und einen unwahren Anteil, jede Wahrheit ist nur eine Halbwahrheit – außer die Wahrheit Gottes und des Alls, die eins ist.

Nach dem Gesetz der Analogien offenbart sich auch das Polaritätsprinzip auf allen Ebenen. Nicht nur Urteil und Bewertung sind polar. Auch die Nacht endet mit dem Tag und der Tag endet mit dem Beginn der Nacht. Jede Vorderseite hat eine Rückseite. Hart und weich sind Pole mit unendlich vielen, dazwischenliegenden Abstufungen. Wohlstand und Mangel. Wärme könnte nicht ohne Kälte existieren und die Kälte nicht ohne Wärme und doch sind beide nur Bereiche auf einer Temperaturskala! Zwei Pole oder Enden der gleichen Skala.

Häufig wird die durch die Menschheit gelebte Dualität unseres Planeten mit der Polarität verwechselt. Der Grundsatz der Dualität beinhaltet immer die Annahme des Rechts auf die eigene absolute Wahrheit für sich allein. Ein Beispiel dafür sind menschliche Konflikte jeglicher Art, wie zum Beispiel Kriege oder der Streit in Beziehungen. Die Polarität dient Dir als Mensch, um Deine seelische Selbsterfahrung erreichen zu können. Es gilt wie im Kurs: Ohne Dunkelheit könntest Du kein Licht erkennen!

Willst Du eine unerwünschte geistige Schwingung beseitigen, wende das Prinzip der Polarität an und konzentriere Dich bewusst auf den entgegengesetzten Pol dessen, was Du zu transformieren wünschst. Beseitige das Unerwünschte in Deinem Leben, indem Du Deine Polarität und Deine geistige Ausrichtung änderst.

Erinnere Dich an die Übung mit Deinem imaginären Mischpult! Erhöhe Deine Schwingung, indem Du die Regler Deines Mischpultes so weit wie möglich nach oben schiebst in Richtung des erwünschten Pols, um zum Beispiel Mangel in Fülle zu wandeln. Dies ist in allen Lebensbereichen möglich! Die Polarisierung ist eine der einfachsten, aber doch effektivsten Übungen, um negative Schwingungen ins Positive zu transformieren. Sie ist wunderbar praktikabel in der imaginären Anwendung. Denke an die Wichtigkeit Deiner Aufmerksamkeit, denn ihr folgt die schöpferische Energie. Sie wirkt wie Dünger auf Deinem Feld der gedanklichen Aussaat! Wir können die Meister unserer geistigen Zustände sein und müssen nicht mehr ihr Sklave sein!

Daraus folgt die Klarheit:

1. Alles, was positiv ist, kann auch negative Seiten und Auswirkungen beinhalten, je nach Perspektive.
2. Alles, was ich als schlecht bewerte, besitzt auch eine positive Seite.
3. Ich habe immer und in jeder Situation die freie Wahl, was ich denke und wie ich mich fühle.
4. Finde immer etwas Gutes im Schlechten! Das Universum arbeitet immer nur für Dich und will Dich aufmerksam machen!

Affirmationssatz zur Verinnerlichung des Gesetzes der Polarität:

Ich bin die vollkommene Ausrichtung meiner Aufmerksamkeit auf den höchsten Punkt all meiner imaginären Skalen und erlebe so die herrlichsten Varianten aller Bereiche meines Lebensspiels!

Ich bin, gerade jetzt, die bedingungslose, ewige Annahme aller folgenden Zustände:

finanzieller Wohlstand, vollkommene Gesundheit, romantische, liebevolle Beziehungen, spirituelle Verbundenheit, innerer und äußerer Frieden in all meinen Lebensbereichen, wundervolle Beziehungen zu allen Menschen, mit denen ich in Kontakt komme, und reichlich Zeit für mich, für Entspannung und Meditation!

Ich bin die Manifestation all meiner Herzenswünsche – auf eine traumhafte, magische Weise durch meine neue, vollkommen positive Ausrichtung!

5. Das Gesetz des Rhythmus

„Alles fließt; aus und ein; alles hat seine Gezeiten; alles hebt sich und fällt; der Schwung des Pendels äußert sich in allem; der Ausschlag des Pendels nach rechts ist das Maß für den Ausschlag nach links; der Rhythmus gleicht aus."

– Kybalion –

Im Prinzip des Rhythmus verbinden sich die Gesetze der Analogie, der Schwingung und der Polarität. Das Pendel schwingt von einem Pol zum anderen.

Wir atmen ein und wir atmen aus. Das Leben und das Sterben. Ebbe und Flut. Alles untersteht einem natürlichen Zyklus. Der Tag und die Nacht sowie auch das Jahr haben rhythmische Zyklen, die aufeinanderfolgen. Sogar Stimmungsschwankungen fallen unter dieses Gesetz und solange wir keine Kenntnis über diese Gesetze haben, fühlt es sich so an, als hätten wir keine Macht über Gedanken und Gefühle.

Der Pendelschwung zeigt sich in allem. Überwinde Starrheit und lebe Flexibilität. Alles fließt und die einzige Konstante des Lebens ist Veränderung. Alles, was starr ist, muss zerbrechen!

Entscheiden wir uns zum Beispiel nur für einen Aspekt im Leben, sei es das Materielle oder andere Extreme in verschiedenen Möglichkeiten unseres Seins, wird das Pendel immer versuchen, einen Ausgleich zu schaffen. Es werden immer wieder Dinge in Deinem Leben zerbrechen, um Dich darauf hinzuweisen. Das sind dann Schmerz und Leid.

Entscheiden wir uns dann gegen unseren natürlichen Zustand der Liebe in uns, manipulieren wir die Richtung des Pendels. Jeglicher Gedanke, jedes Gefühl und jede Haltung, die auf der Trennung der kollektiven Seelenverbindung bzw. auf dem Ego-Verhalten beruhen, führen zwangsläufig zu negativen Gedanken, negativen Gefühlen und zu Trennung. Wohingegen eine geistige Verbundenheit zu allen Energien, mit denen wir in Kontakt treten, unausweichlich zu dem höchsten Grad von Erfüllung führt.

Hochs und Tiefs im Leben sind alle Pendelausschläge des Lebens, stets als Hinweise, aber mit der Option, die Pendelschläge in Richtung der Tiefpunkte durch bewusst positive Ausrichtung abzufedern oder abzubremsen! Wisse dabei: Selbst wenn die Situation noch so verfahren ist, das Pendel schwingt auch immer wieder in die Richtung des Hochs. Das Kybalion sagt dazu: Die hermetischen Meister oder fortgeschrittenen Schüler polarisieren sich auf das gewünschte Ende der Skala hin, dabei verweigern sie sich sozusagen dem Rückschlag des Pendels. Sie halten bewusst alle Zeiger des Mischpults oben!

Ein in Liebe, freudiger Dankbarkeit und verbaler Behutsamkeit angenommenes Leben führt für Dich und Deine Mitmenschen immer zu höchstem Wohl, zu Deiner harmonischen Ausmittlung. Halte Deine Ausrichtung auch in stürmischen Zeiten auf Deine hoch schwingenden Ziele. Die bewusste Kraft Deiner Entscheidungen kann Dir helfen, in einem ewigen Aufschwung zu leben.

Daraus folgt die Klarheit:

1. Jedes Ungleichgewicht strebt nach einem Ausgleich.
2. Alle Extreme im Leben dienen Dir nicht langfristig! Starrheit wird Dich brechen und die Notwendigkeit zur Änderung aufzeigen.
3. Es existiert immer schon eine mögliche Lösung aller Probleme, wenn Du flexibel und in der Liebe bleibst und in allen Lebenslagen die positivste Ausrichtung bewahrst!

Affirmationssatz zur Verinnerlichung des Gesetzes des Rhythmus:

Ich bin die aufrechte, anmutige und dankbare Annahme von allem Guten, denn ich weiß, dass ich gefahrlos annehmen und erfolgreich sein darf! Meine Dankbarkeit und meine Freude tragen hoch schwingende Energien in die Welt und lassen meine Mitmenschen ebenso höher und lichtvoller schwingen!

Ich bin die Inkraftnahme einer einzigen Aneinanderreihung von wundervollen Momenten in meinem Leben und weil ich diese Vorstellung aussende, manifestiere ich in jeder Situation das bestmögliche Ergebnis! Das Leben ist immer auf meiner Seite. Wenn ich gewinne, gewinnt jeder in meinem Umfeld!

6. Das Gesetz von Ursache und Wirkung (Kausalität)

„Jede Ursache hat ihre Wirkung; jede Wirkung hat ihre Ursache; alles geschieht gesetzmäßig; Zufall ist nur ein Begriff für ein unerkanntes Gesetz; es gibt viele Ebenen von Ursachen, aber nichts entgeht diesem Gesetz.“

– Kybalion –

Die Wirkung entspricht der Ursache in Qualität und Quantität. Gleiches muss Gleiches erzeugen! Die gesetzte Ursache kann auf verschiedenen Ebenen liegen!

Auf jede Aktion folgt eine Reaktion!

Alles geschieht in Übereinstimmung mit dieser Gesetzmäßigkeit, so ist jeder Mensch Schöpfer, Träger und Überwinder seines Schicksals. Jeder Gedanke, jedes Gefühl, jede Tat ist eine Ursache und hat eine Wirkung, die viele Jahre und Existenzen auseinanderliegen können (Karma). Glück und Zufall sind Bezeichnungen für das noch nicht erkannte Gesetz. Nur weil wir vergangene und gegenwärtige Ursachen geistig mit ihrer potenziellen Wirkung in der Zukunft verknüpfen können, sind wir aktive Wesen mit einem freien Willen und dem Potenzial zum Wachstum. Erst diese Kausalverknüpfung macht uns zum bewussten Schöpferwesen.

Man kann den höheren Willen einsetzen, um den niederen Willen zu überwinden. Setze Dein Bewusstsein über Dein Ego. Bemeistere Dein Tier. Vereint mit Übung und Absicht verhilft das Bewusstsein von Ursache und Wirkung, Dich über äußere Beeinflussung zu erheben. Das Kybalion erklärt, dass uns dieses Bewusstsein hilft, Spieler zu werden, statt Spielfigur zu sein; selbst Ursache zu werden, anstatt nur Wirkung zu sein. Achte auf starke Gedanken und Gefühle, die Du durchlebst.

Warum hast Du verschiedene Eigenschaften? Woher kommen Deine Verhaltensmuster? Bedenke bei all Deinem Denken, Fühlen und Handeln die Wirkung. Lasse Hass, Wut und Angst los und öffne Dich dem unbedingten Vertrauen und dass Du allein für Dich selbst verantwortlich bist! Hebe Deine Schwingung bewusst mit dem Polaritätsprinzip, denn das Kausalitätsprinzip fordert Dich auf, die Geschenke des Lebens bestmöglich zu nutzen und ein aktives Leben zu führen, um die Dich umgebende Dunkelheit in Licht zu wandeln!

„Die Meister verstehen die Spielregeln. Sie erheben sich über den Plan des materiellen Lebens und bringen sich in Verbindung mit den höheren Kräften ihrer Natur. Sie steuern bewusst ihre Stimmungen und ihr Energieniveau genauso wie ihre Umgebung. Sie werden zu Spielern, statt Figuren zu bleiben! Das Gesetz gilt sowohl auf den höheren als auch auf den niederen Ebenen.“

– Kybalion –

Laut Hermetik können Menschen das Gesetz benutzen, um Gesetze zu überwinden. Das Höhere behauptet sich immer gegenüber dem Niederen.

Daraus folgt die Klarheit:

1. Alles, was ich denke, fühle oder tue, hat eine Auswirkung auf all meine Lebensbereiche und wird in diesen widergespiegelt.
2. Ich bin die Ursache für jede Veränderung in meinem Leben.
3. Überlege am Morgen nach dem Schlaf: Welche Ursache möchte ich heute sein, um morgen (mein Wunsch) zu sein oder zu erleben? (morgendliche Ausrichtung)
4. Vor dem Schlaf: War ich heute die Ursache, um morgen (mein Wunsch) zu sein oder zu erleben? (Tag bewusst reflektieren und ggf. „reparieren“)

Affirmationssatz zur Verinnerlichung des Gesetzes von Ursache und Wirkung:

Ich bin die Ursache hinter jeder erlebten Auswirkung in meinem Leben durch meine Gedanken und Gefühle! Daher beschließe ich jetzt und immer, meine geistige Polarität auf der höchsten Ebene zu halten!

Ich bin, durch meine bewusste Ausrichtung auf das Höchste, der kontinuierliche Strom von erhebenden und wundervollen Situationen in meinem Leben! Daraus entsteht ein vollkommenes Glück, das ich in tiefer Dankbarkeit annehme und lebe! Ein märchenhafter positiver Kreislauf setzt sich in Gang!

7. Das Gesetz der Geschlechtlichkeit

„Geschlecht ist in allem; alles hat sein männliches und sein weibliches Prinzip; Geschlecht offenbart sich auf allen Ebenen.“

– Kybalion –

Das letzte Gesetz ist ein Ausdruck des Polaritätsprinzips. Alles besitzt männliche und weibliche Elemente und manifestiert sich auf allen Ebenen. Geschlechtlichkeit drängt zur Einheit. Sie ist das Prinzip der Schöpfung! Das gesamte Universum basiert auf dem Prinzip der Verbindung von männlichen und weiblichen Qualitäten, um Manifestationen hervorzurufen.

Es ist dabei nicht die Sexualität oder das physische Geschlecht gemeint. Sexualität ist lediglich ein Ausdruck dieses Gesetzes. Durch das Geben des männlichen Parts und das Nehmen des weiblichen Parts entsteht neues Leben. Zum Beispiel bei Menschen, Tieren und der Bestäubung bei Pflanzen.

Typische männliche Qualitäten sind: aktiv, gebend, richtungsweisend, entschlossen, mutig, handelnd, rational und positiv.

Typisch weibliche Qualitäten sind: passiv, empfangend oder annehmend, austragend, kreativ, sensibel, vorsichtig, anziehend, intuitiv und negativ.

Die Begriffe „positiv“ und „negativ“ sind hier nicht als Wertung zu verstehen, sondern bezogen auf den Fluss der Energie. Alles hat weibliche und männliche Anteile. Denke an die beschriebene Funktion des Blutkreislaufes.

Verbindest Du nun die Rationalität bzw. den Verstand als männliche Funktion und die Intuition des Herzens als weiblichen Part, erhältst Du deren harmonische Verbindung und Ausmittlung (Herz-Hirn-Kohärenz) und gelangst direkt in Deine idealen schöpferischen Bereiche! Jeder in sich muss diese ideale Mitte finden, wobei die Annahme und das Zulassen beider Qualitäten, männlich und weiblich, eine sehr wichtige Rolle spielen. Zu starkes Geben und Nicht-annehmen-Können, aber auch alles Horten und Nicht-abgeben-Können oder Nicht-loslassen-Können sind Bereiche, die ausgeglichen werden möchten. Halte stets Geben und Nehmen in allen Bereichen Deines Lebens in Harmonie, um die Entstehung von Neuem zu ermöglichen. Wir brauchen dieses innere, harmonische Gleichgewicht, um in unser volles schöpferisches Potenzial zu gelangen.

Um psychische Wahrnehmung zu entwickeln, bedarf es empfänglicher weiblicher Energie; ein Übermaß an Bestreben als männliche Energie kann allerdings verhindern, dass man spirituelle Botschaften empfängt. Sowohl für die psychische Entwicklung als auch für die Anwendung göttlicher Magie ist es notwendig, in Harmonie und Ausgeglichenheit beider Energien zu leben. Kreativität, gepaart mit Entschlossenheit, eine harmonische Verbindung zwischen Herz und Kopf sowie ein mutiges, nicht übermütiges Vorgehen mit einer gesunden Vor-Sicht, nicht zu verwechseln mit Angst, sind ideale Vorgehensweisen.

Vereinen wir alle unsere zweigeschlechtlichen Qualitäten, ebnen wir den Weg zu all dem, was wir uns wünschen, und zu unserer Schöpferkraft.

Daraus folgt die Klarheit:

1. Ich besitze männliche und weibliche Qualitäten.
2. Es bedarf einer ständigen Harmonie zwischen beiden Qualitäten.
3. Sind beide in vollkommener Balance, entfaltet sich meine volle Schöpferkraft!

Affirmationssatz zur Verinnerlichung des Gesetzes der Geschlechtlichkeit:

Ich bin die vollkommene Harmonie meiner männlichen und weiblichen Energien und halte beide wach, aktiv und ausgeglichen. Ich pflege beide gleichermaßen, indem ich mich in täglichem, intuitiv inspiriertem Nehmen und Geben übe. Je mehr ich annehmen kann, desto mehr kann ich geben!

Das Geben stärkt meine männliche Energie! (Das Geben kann sich auch auf Zeit oder Aufmerksamkeit beziehen und muss nicht materieller Natur sein; es vollzieht sich auf allen drei Ebenen.)

Das Annehmen und das Empfangen stärken meine weibliche Energie!

Ich bin das stetige Wachstum und die Ausgeglichenheit beider Energien, denn dadurch wächst meine Fähigkeit zu göttlicher Magie!

Ich bin kraftvoll im Nehmen und im Geben. Ich akzeptiere und erfreue mich meiner männlichen und weiblichen spirituellen Energien und danke für alle Geschenke des Lebens, die mir durch dieses Gleichgewicht zukommen!

Zusammenfassende Aussagekraft in der hermetischen Lehre

- Das Leben ist ein Spiel und im Grunde genommen leicht und spielerisch, wenn man die Spielregeln lernt und sie befolgt. Wähle bewusst des Öfteren den Platz des Zuschauers dieses Spiels, um objektiv zu entscheiden. Es bedarf einer Umstellung des bisher konditionierten Denkens, doch dann stehen alle Türen offen. Mühe, Ohn-Macht und Schwere resultieren nur aus Unkenntnis der Gesetzmäßigkeiten.
- Wer Fülle (egal in welchem Bereich) nicht lebt, dem wird sie versagt bleiben!
- Bereichere Dich nicht an anderen. Du musst energetisch alles bezahlen, was Du bekommst, es sei denn, es wird Dir geschenkt.
- Verletze niemanden, um nicht verletzt zu werden!
- Glück und Liebe sind unsere wahre Heimat, Leid und Schmerz nur Wegweiser!

- Das Schöpferische in uns ist nur durch das eigene Vorstellungsvermögen begrenzt!
- Deine Stimmungen und Dein Energieniveau kannst Du durch bewusste Selbstkontrolle und angeeignete Bemeisterung des Egos gleichmäßig hochhalten!
- Unsere Außenwelt ist immer eine Spiegelung unseres Inneren.
- Durch die Kenntnis dieser Gesetzmäßigkeiten kannst Du bewusst Wunder erschaffen! Es steht Dir alles zur Verfügung, um ein glückliches und erfolgreiches Leben zu führen! Du kannst jede Situation bewusst verändern.
- Allein durch Deinen Willen kannst Du das Gesetz der Neutralisierung anwenden, um ein Absinken Deiner Energie zu verhindern. Erhabene, glückliche Gedanken schaffen eine erhabene, glückliche Zukunft! Du bist immer und in jeder Situation der alleinige Herr Deiner Gedanken. Es besteht stets die Möglichkeit zur Wahl Deiner Perspektive und Ausrichtung. Jeder Mensch denkt nur für sich und wählt so sein eigenes Erleben!

„Dies, meine Kinder, soll euer Daseinszweck sein; Dunkelheit in Licht umzuwandeln!“

„Aber der Mensch ist ein lichtgeborener Geist. Ohne dieses Wissen kann er niemals frei sein. Dunkelheit umgibt den Lichtgeborenen, Finsternis fesselt seine Seele. Leuchte heraus, oh Menschenseele, erfülle die Dunkelheit des Raumes!“

Realitätsabgleich der äußeren Welt anhand der Hermetik

Eines Tages wird der Mensch erkennen, dass all die zerstörerischen Kräfte, die auf der Erde herrschen, durch sein eigenes anteiliges zerstörerisches Denken und Fühlen zur Manifestation gekommen sind.

Ein Realitätsabgleich mit dem Außen ist mit den Augen der Seele gesehen nichts weiter als die Feststellung einer Illusion und die Offenbarung der Bewusstseinszustände des Menschen einzeln oder gemeinschaftlich.

Alles, was sich uns in der Außenwelt offenbart, sind die Spiegelungen der Zustände im Inneren des Menschen, verbildlicht in diesem Außen durch unsere schöpferischen Kräfte, die jeder von uns in sich trägt. Werde dir dessen bitte immer bewusster. Deine Erlebnisse spiegeln deine innersten Zustände. Und genauso werden die kollektiv dominierenden Zustände, vertreten durch den überwiegenden Bewusstseinszustand und die Glaubenssätze oder auch Glaubensbesetzungen der meisten Menschen, als scheinbare Zufälle der Ereignisse in unsere Realität zurückgeworfen. Wir leben in einer vollkommenen Spiegelwelt, in der nichts, aber auch gar nichts aus Zufall oder Fremdeinwirkung geschieht! Abgesehen von Seelenwegen, die von einer höheren, geistigen Ebene geführt werden, an dessen Entscheidungen du vor deinen Inkarnationen beteiligt warst. Alles spiegelt sich also auf verschiedenen Ebenen. Auf materieller, mentaler und geistiger Ebene. Diese Spiegelwelt gilt für alle wahren, geschichtlichen Zeitepochen bis hin zum aktuellen Zustand der Welt. Und so wird es sich verhalten, solange die Erde als Erfahrungs-Planet der Seelen existiert. Auch die Lenkung der Menschheit durch Religion, Regierungen oder führenden Eliten in Form der Angstverbreitung, die ich schon oft ansprach und die von vielen als Fremdführung, Fremdsteuerung, Fremdenergien, Macht des Bösen, dämonische Archonten und dämonische Energien wahrgenommens werden, sind nichts als die dunklen, versteckten Anteile im Menschen, die sich je nach Ausrichtung der Menschheit im Einzelwesen oder in einer kollektiven Energie ausdrückt und als Manifestation Formen annimmt. Wenn du beginnst, dies zu erkennen, kannst du darin, in den Geschehnissen und Handlungen des Außen, die unendlich vielen versteckten und teils grausamen Aspekte im unbewussten Menschsein als Spiegelung finden. Unbewusste Glaubenssätze und versteckte Aggressionen in einem Großteil der Bevölkerung manifestieren sich im Einzelmenschen wie auch im Kollektiv als dunkle Kraft unter der offiziellen Fassade und einem Deckmantel des offiziellen rechten Benehmens. Diese verborgenen, negativen Glaubenssätze sind es, die uns, einzeln und kollektiv, als versteckt und geheim agierende, lenkende Macht manipulieren und sie in unserer Außenwelt Gestalt annehmen lassen. Unsere Selbstzweifel, Helfersyndrome, Schuldzuweisungen und destruktiven, zerrissenen Gedanken manifestieren sich in den nicht wirklich dienlichen Gesetzen und dem Hin und Her unserer Regierungen, die wir unwissend zusätzlich noch mit positiver oder auch negativer Aufmerksamkeit energetisch unterstützen.

Natürlich manifestiert sich im Kollektiv auch die lichtvolle Seite in Form unserer göttlichen Liebe und Dankbarkeit, die nur leider viel seltener und vereinzelt ihre Blüten zeigt, entsprechend des Anteils der positiven Gedanken im Menschen. Wirklich ausnahmslos alles und anteilig der Realität entsprechend, auch die Bereiche in uns, die wir nicht nach außen tragen oder wahrhaben wollen, spiegeln sich im Außen. Vielleicht gerade diese vorrangig dunklen Anteile sind es die sich zeigen wollen, je nach Macht und Stärke, die sie in uns einnehmen.

In den Apokryphen des Johannes (das geheime Johannesevangelium) wird das Kollektiv beschrieben als die Weisheit Sophia in Form von Ansammlungen von menschlichem Wissen und Intellekt. Sie vergöttert sich selbst und schöpft ohne höhere, geistige Anbindung. Symbolisch gesehen erschafft das Ego ohne die Anbindung an die Bewusstheit. Verselbstständigt und in egoistischer Weise bringt sie Missgeburten, beschrieben als Archonten, hervor. Diese versuchen in dieser sich selbst verherrlichenden Weise, die Menschheit zu führen. Hier erkennst du auch wieder das Tier der biblischen Offenbarung, das dem kollektiven Gedankenmeer entsteigt …

Wir sind momentan dabei, eine künstliche Sophia zu erschaffen, um noch mehr Verantwortung, Eigenständigkeit und Geistigkeit abzugeben, anstatt uns wieder intuitiv zu verbinden oder die geistige Pionier Tätigkeit eines Johann Wolfgang von Goethes zu betreiben.

Sind in diesem Sinne die Sternenvölker, von denen viele spirituelle Menschen sich Hilfe und Rettung erwarten, doch letztlich auch eine Manifestation der eigenen inneren Anbindung an die Geistige Welt, die uns durch lichtvolle Erhöhungen und Eingaben leitet. Diese Geistige Welt wird in den Apokryphen als höchste ursprüngliche Lebensformen der Menschen als Geistmensch, Aufgestiegener Meister und Engelenergien beschrieben, die die vollkommene Identifikation mit ihrer Seele leben und uns geistig auf diese Weise unterstützen. Dämonen und Archonten sind in diesem Fall tiefste, angstvoll und energetisch entstandene Seinszustände in der Egoidentifikation, die innerlich an uns reißen und zerren und sich durch unsere realitätsschaffenden Kräfte im Außen manifestieren. Man sagt nicht umsonst in Kreisen, die sich mit paranormalen Aktivitäten befasst, dass diese Geister sich von der Angst der Betroffenen ernähren und von ihrer Energie zehren.

Unbewusst sind wir so verletzlich und angreifbar durch die eigenen gewählten Schatten, aber auch durch die kollektive Dunkelheit, die uns schwingungstechnisch beeinflussen kann. In vollkommener Bewusstheit sind wir so mächtig, ewig und unantastbar! Wir erschaffen hier auf Erden alles, wirklich alles selbst. Erkennst du die Macht im Menschen? Ist dir nun ansatzweise deutlich, wie dringend notwendig die eigene Ausrichtung und Selbstbemeisterung ist?

Ein K. Schwab oder ein B. Gates schreiben ihre Vorhaben auf oder machen sie öffentlich, wie zum Beispiel die Weltbevölkerung um die Hälfte zu reduzieren, um sie über das Kollektiv zu manifestieren. Viele denken, es sind unbeseelte Wesen, die uns leiten wollen. Ich denke, es sind nur die Spiegelungen der Hauptanteile des Kollektivs in selbstzerstörerischem Denken, Seelenvergessenheit und Abschaffung dessen, das dir persönlich nicht dient oder Gewinn bringt. Hör dir mal zu, wenn du dich unbewusst über dich selbst oder andere äußerst. Alle „bösen" Mächte sind gespiegelte Anteile des Einzelnen und des kollektiven Seins. Wenn der Fall andersherum wäre und diese „dunklen Führer" sind beseelt, wie groß müssen ihre Seelen sein, um diese Erfahrungen machen zu wollen. Den Schmerz in Gang setzen oder darstellen zu wollen, der so groß wird, dass ein großer Teil der Seelen im Menschsein erwacht. Wie hoch ist diese karmische Schuld und welche Erfahrungen werden ihre Ringe schließen? Waren alle historischen dunklen Führer unbeseelte Wesen oder Seelen, die sich hergaben, um letztendlich die Heilung herbeizuführen? Wir inkarnieren, um Dunkelheit erfahren zu können. Und genau diese bleibt durch unsere ständige, meist unbewusste Schöpfung der menschlichen Realität auch im Außen nicht verborgen. Suche die Lösung in dir und versuche dies ohne jegliche innere Schuldzuweisungen oder Beurteilung. Kannst du objektiv sagen, dass du in deinem Menschen frei von urteilenden, destruktiven Anteilen bist … „Du siehst den Splitter im Auge deines Bruders, aber den Balken in deinem eigenen Auge erkennst du nicht", sagte Jesus dazu. Wie würde die Liebe selbst diese Frage beantworten? Wie würde Jesus in Person und Klarheit/Christus antworteten?

Ins Kleinste gespiegelt wären diese dunklen, verborgenen Führer vergleichbar mit Krebsgeschwüren in einem Körper, die durch ihre Existenz und ihr Wachstum eine Fehlleitung des Systems in Schmerz und wachsendem Druck offenbaren. Sie wachsen langsam, meist unentdeckt heran, sie verdichten und gestalten sich durch unsere eigenen falsch gesetzten Ursachen zu einem entzündeten Furunkel in der Menschheit. Der Körper „muss" nun daran heilen oder er geht daran zu Grunde. Die Menschen sind in diesem Bildnis gleich einzelnen Zellen, die in Interaktion mit anderen Zellen stehen. Jede wirkt für sich und doch wirkt jede kollektiv zur Erhaltung des ganzen Systems. Alle wirken für das umliegende Körperteil und dann für den gesamten Körper und werden von einer höheren Intelligenz oder deinem Denken gesteuert. Es existieren ganz verallgemeinernd die Stammzellen, die Krankheit erkennen, Verluste ausgleichen und sich transformierend oder belichtend ins System einfügen um die Krankheit zu heilen. Dann ist die Mehrzahl der Zellen, die einfach nur in ihren Aufgaben funktionieren und andererseits die Tumorzellen, die durch ihre dunkle, krankhafte Mutation zur Notwendigkeit der Veränderung und Heilung aufmerksam machen. Sind sie denn wirklich böse? Wer würde sonst eine falsche Einstellung oder Lebensweise im Körper oder System offenlegen? Wer startet denn erst als Auslöser eine (R)Evolution oder Veränderung in uns, meistens ein Schmerz. Man muss diese Ursachen dahinter erst erkennen, um wirklich ihre Auswirkungen erkennen zu können!

„Die geistige Höhe kann nur erklommen werden, wenn durch das Tor der Demut geschritten wird."

– Rudolf Steiner auf die Frage, wie man Erkenntnisse der höheren Welten erlangt –

Gott und das Höchste ist in allem Leben! So dient alles vom Kleinsten bis ins Größte. Für den Menschen oft schwierig zu verstehen, denn wir wurden in Vergleichen und Schuldzuweisungen und nicht in Kausalität erzogen. Doch für die Seele existiert nur vollkomme Klarheit. Durch unsere Ausrichtung im Leben entscheiden wir über Leben als Stammzelle, einfach funktionieren oder Krebszelle. Das ist die entscheidende Erkenntnis! Innere Krankheit und äußeres Leid würden abgeschafft oder immens reduziert, würde sich der Mensch bewusstwerden und sich immer weiter ausrichten und innerlich vervollkommnen. Krankheit dient nur als Weg der Erkenntnis durch Schmerz! Wir dürfen beginnen, vor der Krankheit den Weg unseres Seins zu erkennen!

Kriege und Konflikte sind die inneren Widerstände und fehlende Harmonie der Menschen bis hin zum Tod, Hungersnöte sind Abbildungen der inneren Leere und Mängel, Missbräuche jeglicher Art sind die eigene gelebte Kleinheit und Unwürdigkeit, die darin Spiegelungen findet. Nicht nachvollziehbare politische Entscheidungen sind die im egoistischen Verstand und in Zweifel getroffenen Entscheidungen im Menschen, meist unter der Beeinflussung anderer, statt sich von der Einsicht der Seele leiten zu lassen. Pharmaindustrien sind Spiegelungen der menschlichen Unwissenheit und Machtabgabe, indem sie ihren Körper mit ihren unbewussten Handlungen Leid an(-)tun und sich langsam und langfristig vergiftet. Alles unter dem Deckmantel des Wegschauens, weil man sich ja nur anerkannt Gutes tut, bestätigt durch die Meinungen von Experten. Der eigene Verstand wurde durch dargebotene Vorstellungen verstellt. In diesem aktuellen Zeitgeschehen sterben und „verunglücken" Ärzte, die Teile dieses Deckmantels der C-Krise lüften wollten. Nebenbei: Das C hat als kosmischer Buchstabe die Bedeutung der Erfüllung der Aufgabe des Lebens. Es steht somit für die Nichtpolarität, sprich das Göttliche, Christus. Dort im wahren Sein als Seele sind wir nicht dual oder polar, wir sind eins mit allem. Corona entsprechend Krone bedeutet, die Lösung dieser sogenannten Krise kann nur in der Geistigkeit stattfinden. Es ist eine kollektive Aufgabe und Erkenntnis der Menschheit, tief in sich selbst zu suchen, ihre innere Krone und Macht wieder zu benutzen und nicht am Außen zu rütteln. Alles dient uns, denn alles entsteht aus einer Quelle. Ich sehe so in dem Tod der verschwundenen oder verstorbenen Wahrheitssprecher eine Spiegelung der Anteile des Menschen, die die dunklen Anteile und verborgenen Schattenseiten in sich selbst anschauen wollen, dann aber durch das Ego immer wieder weggedrückt oder abgetötet werden. So bleiben die Schatten existent … der Archont oder Jaldabaoth in dir und auch in der Außenwelt, sprich unser Ego und unser Unterbewusstsein, ist stets bemüht die bisherige Ordnung aufrechtzuerhalten. Geistige Wahrheiten und Intuitionen werden solange es geht abgewürgt. Die Veränderung und seelische Aufrichtung im Menschen würde den Fall des Egos(ystems) mit sich bringen. So wie die Bewusstwerdung der Menschheit alle dunklen Kräfte entmachten würde.

„Ich bin die Akzeptanz meiner Schattenseiten und dunklen Anteile, die ich durch die stetige Erhöhung von Liebe in mir ins Licht transformiere."

Deine inneren Schatten wirst du niemals durch Dunkelheit verringern, wie soll es dann im Außen funktionieren?

Weiterer Hass und Widerstand stärkt die dunkle Seite in uns.

Alle dunklen oder hellen uns innewohnenden Glaubenssätze manifestieren sich kollektiv auf dieser Welt. Unser Denken ist nachweislich mehr negativ als positiv, so erhältst du dieses vorrangige Chaos vor den schönen, harmonischen Erlebnissen.

Kannst du zum Beispiel im Bankenwesen, der anderen großen und lenkenden Institution, die an der Menschheit saugt, die Spiegelung des egoistischen Hortens und Bereicherns an anderen erkennen, die so gut wie jeder Mensch im Egomodus praktiziert? So übermächtig ist dieses Denken zum eigenen Vorteil, nicht nur in Geldfragen in jedem Ego vorhanden, dass es unkontrolliert das Handeln des Menschen oder auch der Menschheit lenkt. Erinnere dich an die angebliche Nahrungsmittelknappheit und die Engpässe. Was spielte sich vorrangig in Supermärkten ab? Es gibt wenige, die sich hier ausnehmen können. Der Großteil raffte und hortete. Genauso funktioniert das Geld in der Außenwelt. Wir erleben die Abhängigkeiten unserer Ego-Gebundenheit und Getrenntheit in diesem Bereich jeden Tag …

Religionen sind oft ebenso die Spiegelungen von Abgabe der eigenen Macht an eine höhere bestimmende Macht, statt uns unserer eigenen bewusst zu werden. Unterwürfige Kleinheit und Angst wird niemals eigene Macht und Größe projizieren. Kannst du diese Spiegel jetzt erkennen?

Es heißt, der Polsprung wird alles ändern und den Wandel einleiten. Doch was ist der Polsprung? Der Wechsel der Magnetfelder der Pole? Vielleicht ist es einfach der Wechsel in der Ausrichtung der Menschheit vom vorrangig Negativen und der Angst in die eigene Ausrichtung und Zuversicht, die zuerst innerlich vollzogen werden muss, bevor sie sich im Außen vollzieht. Wenn jeder von uns die Aufmerksamkeit vom Sitz des Egos auf den Pol der Geistigkeit und die lichtvolle Seite wendet und somit mit seinem Aufstieg die Jakobsleiter (spiritueller Aufstieg entlang der Chakren an der Wirbelsäule) hinauf beginnt, wird zwangsläufig die Spiegelung im Außen erfolgen. So wie der Wandel vom Eisenerz-Zeitalters (Erde/Wurzel) ins goldene Zeitalter der Geistigkeit. Die massiven Sonneneruptionen spiegeln die Zerrissenheit und explosionsartigen Emotionen in den Sonnen der Herzen im Menschen in ihrer seelischen Unzufriedenheit.

Wäre jeder in harmonischem Einklang und im festen Glauben an seine Kraft und die Verwirklichung von Wundern, wie würde sich diese Welt dir darstellen? Stelle es dir vor… Das irdische Paradies? Wie würde sich das Leben auf diesem Planeten im Kollektiv in der höchsten Form göttlicher Liebe und Geistigkeit darstellen? Wäre dies im Ursprung unseres Seins vielleicht schon ein Leben wie die Sternenvölker, auf Atlantis und des Geistmenschen?

In diesem Sinne … wie manifestieren wir das goldene Zeitalter. Etwa im Glauben an das höchste Sternenwesen aus anderen Sphären und Ufos von einer Außenwelt, die uns irgendwann retten, während wir in unseren bisherigen Verhalten verharren? Geistige Eingaben werden dich ohne Ausrichtung selten erreichen ...Was manifestieren wir andererseits im Gegensatz dazu in fingerzeigender Angst und energiespendendem Gaffertum mit dem Denken wie grausam die Archonten uns von außen in Sklaverei lenken und halten? Die Spiegelung hierzu ist dein Ego, dass dein Bewusstsein in Gefangenschaft knechtet und am alten festhalten lässt. Gehst du in den Protest damit? Das ist dein Ego ... denn der Pro-test ist der Test, in dem du letztendlich doch für die Dualität und die Seite entscheidest, der du deine Energie schenkst. Alles ist im Menschen! Jeder Innere Seinszustand offenbart sich als Bild in unserer Realität. Und alles spiegelt sich ins Außen! Erkennst du immer noch nicht die Macht und Magie des Schöpfers in jedem Menschen? Alles im Kleinen existiert auch im Großen. Archonten, Plejaden sowie die Hölle und das Paradies sind Zustände im Menschen. Alle gehaltenen Schwingungen manifestieren sich und alle Möglichkeiten existieren in der Gänze der Akasha. So existieren alle Gedanken vor den Gedanken, um sie erfahren zu können. Erkenne es und bitte erfahre es: Der einzige Weg ist dic cigcnc Ausrichtung auf die eigene Vervollkommnung, das Ablegen aller egozentrischen Ansätze und Handlungen und die Befreiung von Missklängen und eigenen Unzufriedenheiten. Erkenne dich oh Seele!

Die Menschheit kann sich nur selbst, wie der Baron von Münchhausen, am eigenen Zopf aus dem Morast der eigenen Lügen ziehen ... Jeder für sich und verstärkend auf seine Nächsten wirkend. Jeder wirkt schwingungstechnisch und energetisch in sein Umfeld durch die Veränderung seiner Seinszustände. So wie momentan die dunklere, angstvolle Seite den größeren Einfluss auf das Kollektiv nimmt, wird irgendwann diese lichtvollere Seite mit dem größeren Anteil anfangen zu wirken, doch nur wenn jeder vor der eigenen Türe kehrt. Die Gänze wird nie von einer Seite allein erreicht werden können, denn diese Welt ist polar. Wie der schwarze Punkt im weißen Teil des Yin existiert immer ein Teil der Gegenseite auf diesem Planeten. Dies ist ein universelles Gesetz. Und doch wirkt alles, ob dunkel oder lichtvoll, immer für eine Weiterentwicklung der Gegenseite in einem bestimmten Rhythmus. Entweder durch Schmerz oder durch Bereicherung. War die letzte Phase des Schmerzes nicht groß genug? Wäre es nicht höchste Zeit für eine bereichernde, positive Veränderung. Der Weg beginnt immer nur bei sich selbst! Handeln in der bedingungslosen Liebe.

Dieser Weg liegt so klar und offensichtlich vor uns und doch wollen ihn die wenigsten gehen, eingehüllt und verharrend in die beigebrachten Er-Läuterungen dieser Welt und wie sie anscheinend funktioniert. Für ein übergeordnetes, großes Bewusstsein müssen wir uns darstellen – wie Insekten, die neben einem weit geöffneten Fenster unentwegt gegen die Scheiben knallen, den Kopf stoßen und sich selbst Schmerzen zufügen. Angezogen von den süßen Düften dieser künstlichen Welt sind wir aus der Freiheit in die Gefangenschaft gekommen, um diese Welt der Räumlichkeit zu erleben und den Rückweg zu finden. Wir streben zurück ins Licht, erfassen die große Freiheit hinter der Scheibe, aber sehen nicht den einfachsten, direkten Weg. Wir warten auf die Befreiung durch das Außen, das uns wie ein Insekt auf einem Blatt Papier einer Anleitung in die Freiheit tragen soll. Doch dieses Außen sind nur die Spiegelungen von Fehlverhalten, die uns durch ihre künstlichen Lichter verführen, nur um daran erneut zu verbrennen.

Dieser Weg des Äußeren ist allein der Spiegel deiner inneren Einstellungen und kann einer großen Fliegenklatsche, die du noch selber führst, sehr ähnlich werden, wenn Du Dir nicht deines Selbst und der Besinnung auf die Einfachheit des Weges klar wirst. Deine Befreiung findet nur in dir statt. Es gibt keinen anderen Ausweg!

Jeder Mensch wirkt durch positive, lichtvolle Veränderung direkt auf sein Leben und Zukünfte ein und er wirkt kollektiv. Die Veränderung des Außen in den sich immer enger schließenden Ketten zeigt die Zeit des Wandels und dessen Notwendigkeit auf. Der Geburtskanal wird enger und steht gefühlt im Zeichen des Erstickens und des Erdrücktwerdens. Befreie dich durch deine eigene Wandlung aus der Getrenntheit deiner Egoidentifikation.

Warum strebst du noch hinaus in die Welt, in den Urlaub oder an andere angeblich bessere Orte und Verhältnisse in deinem Menschsein lieber Leser, was erhoffst du dort zu finden, außer einer Änderung einer Filmszene des Außen. Jedes Außen wird mit der Zeit deine emotionalen Verfärbungen annehmen. Was hat es mit dem Gefühl der Gefangenschaft, das sich so übermächtig ausbreitet, auf sich? Was ist der Grund, wenn Essen nicht mehr sättigt, wenn Schlaf nicht mehr genügend Ausgeruhtheit verschafft, die innere Suche sich als Zeitvertreib auf dem Handy gestaltet oder der Drang nach immer weiter, höher und schneller entsteht? Deine Seele will heraus, doch du verstehst ihre Rufe nicht. Freiheit und Glück sind in diesen sogenannten kurzen Freigängen nicht zu finden. In der Erkenntnis, wer du wahrhaftig bist und was dich gefangen hält, liegen dein Schatz und deine Lösung verborgen. Kein Ort der Welt wird dich finden lassen was du suchst, denn trägst du die Dunkelheit in dir, wird sie dir überall hin folgen. Wäre es nicht an der Zeit, das Glück und paradiesische Zustände in dir zu finden? Dieses Streben in dir hat andere Ursachen. Nur wer in sich in den Äußerlichkeiten einsperrt und unzufrieden ist sucht danach, doch nur aus dem Streben zurück zu deinem inneren Wesen erfährst du ewige Befreiung.

So kann jede Suche im Außen zur Ver-Suchung, sprich Verirrung oder zu einer verblendenden Sucht werden, die dich bindet und dir die Sicht auf das Wesentliche nimmt. Kehre um und lebe das wirkliche, bewirkende Leben, statt dem Leben der äußerlichen Abhängigkeit, das nicht wirklich Leben bedeutet. Diese Realität und ihr stetiger Abgleich sind einzig und allein unsere inneren Zustände, die du aus deiner Umgebung erfährst und die wir als Gemeinschaft auf Erden aufgezeigt bekommen.

Gott handelt auf diesem Planeten nicht selbst! Allein der Mensch verwirklicht (wirkt durch das Licht in Materie) durch die ihm verliehenen Kräfte, die er meist unwissend benutzt und sie unbeherrscht im Außen manifestiert. Der Gedankenstrom, den nur der Mensch in sich trägt, ist diese unentwegt fließende Schöpfung. Er strömt in Form von Bildern und Worten als göttlich erschaffende Energie in unseren Kopf, als möglicher Gedanke vor dem Gedanken. Von dort aus strebt er weiter in unsere Kehle, um sie in den Äther zu tönen und brandet dann in unserm Herz, über das wir sie verstärkend durch unsere Emotionen und entsprechenden Frequenzen als Realität manifestieren. Wir können ihn verlangsamen, ihn in Meditationen reinigen und konzentrieren, aber im Menschsein niemals dauerhaft stoppen. Unsere Aufgabe ist es, diesen Strom bewusst und dauerhaft zu lenken und ihn rein zu halten, um das eigene Leben in die besten Bahnen zu lenken und die selbst gewählte Dunkelheit in Licht zu wandeln. Denn für den Menschen und für die Menschengemeinschaften sind die gespiegelten Realitäten sehr real und oft sehr schmerzhaft, für die Seelen nur Hinweise und Lernaufgaben in einem Spiegel oder einem Film. Je nach deiner Wahl heißen dich beide, sowohl die menschliche Realität als auch das wirkliche Sein, herzlich willkommen! Allein du kannst entscheiden, welche Seite du wählst und welche du auf dieser Welt erlebst!

„Denn die wirkliche Wahrheit ist nicht die Wahrheit,
sondern der überwundene Irrtum.
Und die wahre Wirklichkeit ist nicht die Wirklichkeit,
sondern die überwundene Illusion.
Und die wirkliche Reinheit ist nicht die ursprüngliche Reinheit,
sondern die geläuterte Unreinheit.
Und das wahrhaft Gute ist nicht das ursprüngliche Gute,
sondern das überwundene Böse.
Das gilt für das ganze Weltall, auch für Götter.
Denn: auf dem Weg, auf dem ein Böses umgewandelt wird,
kann sich etwas entwickeln, was ursprünglich gar nicht in dem
Guten enthalten war.

Dadurch, dass Gott sich die Widersacher geschaffen hat, hat er sich gezwungen, sein tiefstes Wesen noch anders zu offenbaren, als er es ohne sie hätte tun können."

– Friedrich Benesch (1907-1991) –

Danksagung

Mein besonderer Dank gilt Herzkrieger Werner und Melitta sowie Hubert Mangler für die Begleitung und große Hilfe auf diesem Weg!

Helga Rückle für viele gemeinsame Jahre und die Eingaben aus der geistigen Welt, sowie Diana, Chyntia und Antonia für ihre spirituellen Eingaben für mich.

Meinen Dank und Hochachtung an den großen Aufgestiegen Meister Saint Germain und die Energie des siebten Strahls der violetten Flamme der Transformation unter Erzengel Zadkiel!

Für dieses Werk genutzte Quellen und Inspiration

Codex Humanus / Vitaminum Pro Life Verlag

Das Wesen des Wassers / Viktor Schauberger / AT Verag

Die Botschaft des Wassers / Masaru Esamoto / KOHA Verlag

Wasser und die Kraft des Gebetes / Masaru Esamoto / KOHA Verlag

Die Quinton Meerwassertherapie / Jean Claude Secondé /Das Neue Licht Verlag

Verschlusssache Zirbeldrüse / Dieter Broers / Dieter Broers Verlag

Die Wim Hof Methode / Wim Hof / INTEGRAL Verlag

Atme und heile dich selbst / Patrick Mckeown / riva Verlag

Der Schlüssel zur Selbstbefreiung / Christiane Beerlandt/ Beerlandt Publications (Psychologischer Kernursprung und Kernlösung von 1.300 Erkrankungen)

Zucker – der heimliche Killer/ Dr. med Kurt Mosetter/ Gu Verlag

Das große Buch vom Fasten / Rüdiger Dahlke / Goldmann Verlag

Earthing / Heilendes Erden / Clinton Ober/ Stephen Sinatra / Martin Zucker / VAK Verlag

Erdung Internetseite earthinginstitute-net (Resultate einiger Studien)

HeartMath Institute Deutschland/ Europa/ california im Internet www.heartmath.com oder Die HerzIntelligenz Methode/ Doc Childre Howard Martin/ VAK Verlag

Unendlich viel begeisterndes Wissen von Kurt Tepperwein in Internet, Meditationen, Büchern und in der Kurt Tepperwein Akademie

Das Herz ist keine Pumpe / Katsuzo Nishi/ Independently published

Das Herz ist keine Pumpe/ Internet/ Rudolf Steiner

Gesammelte Werke u. Bücher von Rudolf Steiner (Anthroposophie/ Die Geisteswissenschaften Rudolf Steiners (beinhaltent auch das Thema, das Herz ist keine Pumpe / zusammenfassende 14 Bände)

Die Lehren des Meisteralchemisten Saint Germain / Elizabeth Claire Prophet / Silberschnur Verlag

Ich Bin – Die 33 Reden von Saint Germain / Godfré Ray King / Saint Germain Verlag

Die Ohrenbarung / Udo Petscher/ Homepage des Saint Germain über Holofeeling (Band 1-8) / in seinen Worten fast 2.000 Seiten für „den hohlen Zahn" des wirklich nach der Wahrheit suchenden Pilgers. Großartige Texte. Vielen Dank!